国家社科基金后期资助项目
出版说明

后期资助项目是国家社科基金设立的一类重要项目，旨在鼓励广大社科研究者潜心治学，支持基础研究多出优秀成果。它是经过严格评审，从接近完成的科研成果中遴选立项的。为扩大后期资助项目的影响，更好地推动学术发展，促进成果转化，全国哲学社会科学工作办公室按照“统一设计、统一标识、统一版式、形成系列”的总体要求，组织出版国家社科基金后期资助项目成果。

全国哲学社会科学工作办公室

国家社科基金
GUOJIA SHEKE JIJIN HOUQI ZIZHU XIANGMU
后期资助项目

缔约过失构成与类型

On the Construction and Types of Culpa in Contrahendo

王洪亮 著

法律出版社
LAW PRESS · CHINA
——北京——

图书在版编目(CIP)数据

缔约过失构成与类型 / 王洪亮著. -- 北京 : 法律出版社, 2023(2023.11 重印)
ISBN 978-7-5197-6898-0

Ⅰ.①缔… Ⅱ.①王… Ⅲ.①合同法-过失(法律)-研究 Ⅳ.①D912.290.4

中国版本图书馆 CIP 数据核字(2022)第 122986 号

缔约过失构成与类型
DIYUE GUOSHI GOUCHENG YU LEIXING

王洪亮 著

责任编辑 赵明霞 王 斓
装帧设计 李 瞻

出版发行 法律出版社
编辑统筹 法商出版分社
责任校对 王 丰 郭艳萍
责任印制 胡晓雅
经 销 新华书店

开本 710 毫米×1000 毫米 1/16
印张 19 **字数** 320 千
版本 2023 年 1 月第 1 版
印次 2023 年 11 月第 3 次印刷
印刷 北京虎彩文化传播有限公司

地址:北京市丰台区莲花池西里 7 号(100073)
网址:www.lawpress.com.cn
投稿邮箱:info@lawpress.com.cn
举报盗版邮箱:jbwq@lawpress.com.cn

销售电话:010-83938349
客服电话:010-83938350
咨询电话:010-63939796

书号:ISBN 978-7-5197-6898-0
定价:68.00 元

凡购买本社图书,如有印装错误,我社负责退换。电话:010-83938349

基金项目
国家社会科学基金后期资助项目，项目批准号：15FFX006

序

缔约过失责任制度是现代债法体系中最为重要的制度之一。我国《合同法》《民法典》对其予以继受,但在构成、类型、体系以及功能上,尚没有进行彻底的反思。本书分析了缔约过失的发展历史、一般构成模式、理论基础,以及缔约过失责任的主要类型的构成要件与法律效果,力图构造出缔约过失的体系与一般理论基础。

缔约过失责任制度为德国法学家耶林(Rudolph von Jhering)所创造。他认为,法律所保护的并非仅是一个业已存在的契约关系,正在发生的契约关系也应包括在内;否则,契约交易将暴露于外,不受保护,缔约当事人一方不免因而成为他方疏忽或不注意的牺牲品。1896 年《德国民法典》接受了缔约过失的基本思想,但并没有进行一般化的规定,只是个别地规定了缔约过失类型。

2002 年德国债法改革后,德国法采取了一般性前提规定加类型化规则的规范模式。我国缔约过失制度虽然没有直接受到德国债法改革的影响,但也采取了一般性前提规定加类型化规则的基本模式。这种体系结构比较有利于法律适用的稳定性以及体系的开放性。

缔约过失责任的一般构成要件有五个:合同订立前、保护义务之违反、可归责、损害以及义务违反与损害之间的因果关系。

在我国现行法上,主要存在缔约之际人身财产保护义务、合同效力阻碍以及过失违反说明义务等缔约过失责任类型。缔约之际保护义务违反之缔约过失责任在现行法上有其立法与司法实践之基础,对缔约人的保护更为有利;合同无效或者被撤销之情况下,当事人并非一定承担缔约过失责任,具体要根据当事人是否阻碍合同生效或者是否违反了对合同无效情况说明义务进行判定。在合同需要批准方可以生效的情况下,也要具体判断当事人是违反了协助义务,还是违反了说明义务。说明义务违反之缔约过失责任类型,在现代法上蓬勃发展,我国《民法典》第 500 条第 2 项规定了故意违反说明义务之类型。而《民法典》第 500 条第 3 项是概括性条款,可以作为过失违反说明义务缔约过失类型的基础,可以解释出过失说明义务违反的缔约过失类型。《消费者权益保护法》《电子商务法》《保险法》《金融法》也广泛地规定了说明义务以及咨询义务。在法律效果上,对《民法典》第 500 条、第 501 条可以进行扩大解释:受害人不仅可以请求损害赔偿信赖利益,还可以请求期待利益损失,特定情况下还可以请求废止合同以及变更合同。

在一般前提与类型化模式下,尤其值得思考的是,缔约过失的性质、功能以及社会基础。从《民法典》等规则以及法律适用的角度来看,缔约过失责任是合同责任与侵权责任之外的第三种责任,但其更类似于合同责任,在法律适用上适用合同责任规则。缔约过失责任的功能是多元的,主要是保护相对人的权利、法益以及利益,其正当性基础主要是信赖之思想。通过诚实信用的桥梁,缔约过失责任映射出深刻的社会、经济以及道德思想及其变迁。

法规缩略语对照表

法律文件名称	简称
《中华人民共和国民法典》	《民法典》
《中华人民共和国保险法》	《保险法》
《中华人民共和国证券法》	《证券法》
《中华人民共和国招标投标法》	《招标投标法》
《中华人民共和国消费者权益保护法》	《消费者权益保护法》
《中华人民共和国旅游法》	《旅游法》
《中华人民共和国劳动合同法》	《劳动合同法》
《中华人民共和国职业病防治法》	《职业病防治法》
《中华人民共和国合伙企业法》	《合伙企业法》
《中华人民共和国建筑法》	《建筑法》
《中华人民共和国反不正当竞争法》	《反不正当竞争法》
《中华人民共和国反垄断法》	《反垄断法》
《中华人民共和国城市房地产管理法》	《城市房地产管理法》
《中华人民共和国矿产资源法》	《矿产资源法》
《中华人民共和国企业国有资产法》	《企业国有资产法》
《中华人民共和国电子商务法》	《电子商务法》
《中华人民共和国土地管理法》	《土地管理法》
《中华人民共和国民法通则》（非现行有效）	《民法通则》
《中华人民共和国合同法》（非现行有效）	《合同法》
《中华人民共和国经济合同法》（非现行有效）	《经济合同法》
《中华人民共和国担保法》（非现行有效）	《担保法》
《中华人民共和国侵权责任法》（非现行有效）	《侵权责任法》
最高人民法院《关于审理技术合同纠纷案件适用法律若干问题的解释》	《技术合同纠纷解释》
最高人民法院《关于审理商品房买卖合同纠纷案件适用法律若干问题的解释》	《商品房买卖合同解释》

续表

法律文件名称	简称
最高人民法院《关于审理建设工程施工合同纠纷案件适用法律问题的解释(一)》	《建设工程施工合同解释(一)》
最高人民法院《关于审理城镇房屋租赁合同纠纷案件具体应用法律若干问题的解释》	《房屋租赁合同解释》
最高人民法院《关于审理旅游纠纷案件适用法律若干问题的规定》	《旅游纠纷规定》
最高人民法院《关于审理买卖合同纠纷案件适用法律问题的解释》	《买卖合同解释》
最高人民法院《关于审理融资租赁合同纠纷案件适用法律问题的解释》	《融资租赁合同解释》
最高人民法院《关于审理劳动争议案件适用法律问题的解释(一)》	《劳动争议解释(一)》
最高人民法院《关于审理证券市场虚假陈述侵权民事赔偿案件的若干规定》	《虚假陈述赔偿规定》
最高人民法院《关于审理期货纠纷案件若干问题的规定》	《期货纠纷规定》
最高人民法院《关于适用〈中华人民共和国保险法〉若干问题的解释(三)》	《保险法解释(三)》
最高人民法院《关于适用〈中华人民共和国保险法〉若干问题的解释(四)》	《保险法解释(四)》
最高人民法院《关于审理食品安全民事纠纷案件适用法律若干问题的解释(一)》	《食品安全纠纷解释(一)》
最高人民法院《关于确定民事侵权精神损害赔偿责任若干问题的解释》	《精神损害赔偿解释》
最高人民法院《关于适用〈中华人民共和国民法典〉总则编若干问题的解释》	《民法典总则编解释》
最高人民法院《关于适用〈中华人民共和国保险法〉若干问题的解释(二)》	《保险法解释(二)》
最高人民法院《关于审理人身损害赔偿案件适用法律若干问题的解释》	《人身损害赔偿解释》

续表

法律文件名称	简称
最高人民法院《关于审理矿业权纠纷案件适用法律若干问题的解释》	《矿业权解释》
最高人民法院《关于审理外商投资企业纠纷案件若干问题的规定(一)》	《外商投资企业纠纷规定(一)》
最高人民法院《关于适用〈中华人民共和国民法典〉有关担保制度的解释》	《民法典担保制度解释》
最高人民法院《关于适用〈中华人民共和国合同法〉若干问题的解释(一)》(非现行有效)	《合同法解释(一)》
最高人民法院《关于适用〈中华人民共和国合同法〉若干问题的解释(二)》(非现行有效)	《合同法解释(二)》
最高人民法院《关于审理建设工程施工合同纠纷案件适用法律问题的解释》(非现行有效)	《建设工程施工合同解释》
最高人民法院《关于贯彻执行〈中华人民共和国民法通则〉若干问题的意见(试行)》(非现行有效)	《民法通则意见》

目录 Contents

绪　论

一、研究的意义与研究目的

在缔约之际，是否保护当事人的人身、财产乃至决定自由等利益，是各个国家法律都要回答的问题。在合同责任与侵权责任体系构建完成之后，缔约之际的权利保护问题处于中间地带，通过缔约过失责任予以救济，可以填补合同责任与侵权责任之间的空白。对此，德国法学家耶林创造性地提出了缔约过失理论，这一理论发现被誉为两千年来民法学上十大发现之一。[①] 缔约过失责任制度是现代债法体系中最为重要的发展之一，在民法请求权体系中，基于缔约过失的请求权是请求权体系中的重要部分之一。本书对缔约过失责任构成与体系的研究，对于民法请求权基础体系的构建与完善具有基础性意义。

法学理论实际上就是对人类生活的本质认识，通过理论的武器揭示社会关系的内在逻辑。依埃塞尔的说法，尚未实证化的法律原则，经常是“借一范例性的事件，实破意识的界阀而进入法律思想之中”[②]。学说或法院有一天会将之表达出来，而因其内在的说服力，其迟早会逐渐被当时的法意识所普遍承认。[③] 耶林的缔约过失理论是在社会生活中案例的基础上发展起来的，而《德国民法典》接受的是耶林的缔约过失理论，不过，只是规定了缔约过失的若干类型，并未进行一般化规定。1896 年《德国民沃典》颁布之后，在德国司法实践中逐渐扩展到缔约之际人身损害、过失违反信息提供义务等缔约过失类型，而日随着认识的不断深入，并借助分析工具进行概念界定、类型化分析以及构成要件分析，人们对该制度也逐渐予以一般性的接受。2002 年，德国债法改革对缔约过失制度进行了一般化的规定。

---

① Vgl. Kindereit, Wer fuehlt nicht, dass es hier einer Schadensersatzklage bedarf-Rudolf von Jhering und die “culpa in Contrahendo”, in: Hoeren (Hrsg.), Zivilrechtliche Entdecker, 2001, S. 107 ff.

② 参见 Esser, Grundsatz und Norm, 1990, S. 53。转引自[德]卡尔·拉伦茨：《法学方法论》，陈爱娥译，台北，五南图书出版股份有限公司 1996 年版，第 328 页。

③ 参见[德]卡尔·拉伦茨：《法学方法论》，陈爱娥译，台北，五南图书出版股份有限公司 1996 年版，第 328 页。

就缔约过失制度,我国合同法上采取的是理论继受的路径,接受了《意大利民法典》、我国台湾地区"民法"中的具体缔约过失类型,如合同无效、被撤销时的损害赔偿责任(《合同法》第 58 条),以及无权代理情况下的损害赔偿责任(《民法通则》第 66 条、《合同法》第 48 条),同时借鉴了《国际商事合同通则》(Principles of International Commercial Contracts,PICC)等国际示范文本中缔约过失的规则,规定了"假借订立合同,恶意进行磋商"的类型(《合同法》第 42 条第 1 项)、违反信息提供义务的类型(《合同法》第 42 条第 2 项)以及违反保密义务的类型(《合同法》第 43 条)。①

值得注意的是,《合同法》第 42 条第 3 项规定了缔约过失责任的一般性条款。对于该一般性条款,须通过司法实践逐渐形成稳定的裁判,进而形成习惯法,方能纳入缔约过失责任制度。有学说即认为,从《合同法》第 42 条第 3 项出发进行类型化,可以发现缔约之际人身及财产保护义务类型以及中断缔约类型的缔约过失责任。《合同法解释(二)》第 8 条已将"有义务办理申请批准或者申请登记等手续的一方当事人未按照法律规定或者合同约定办理申请批准或者未申请登记的"情况,确定为《合同法》第 42 条第 3 项规定的"其他违背诚实信用原则的行为"。另外,《合同法》第 43 条还规定了缔约前的保密义务,在性质上,也是缔约前保护义务的一种类型。

《民法典》第 500 条以及第 501 条接受了《合同法》第 42 条、第 43 条的规则,并将保密义务中的秘密扩展到其他应当保密的信息。

由上可见,我国现行法上缔约过失事实构成类型多元,其构成与法律效果各不相同,理论基础亦不尽相同。学说与司法实践(包含司法解释)进行类推适用,是否具有正当性,应当类推适用哪一种事实构成,在学说上实有予以论证的必要。通过每种事实构成的构成要件、法律效果的分析,进而发现每种类型的制度功能,最后能否在诸多制度功能之中发现一个具有体系性与融贯性的理论基础,亦是法学上有意义的问题。本书的研究目的在于分析缔约过失一般构成与类型构成的基本体系以及一般构成、各个类型构成的具体内容。

二、研究现状综述

早期,我国学者对于缔约过失制度的研究,多以王泽鉴先生的《缔约上

---

① 参见全国人大常委会法制工作委员会民法室编、姚红主编:《〈中华人民共和国合同法〉与国内外有关合同规定条文对照》,法律出版社 1999 年版,第 27 页。

之过失》一文[①]以及刘得宽先生的《德国民法上的若干新观念》一文[②]为基本依据与阐释起点，[③]并结合我国现行法而具体展开。关于缔约过失的概念，有学者认为是指在合同订立过程中，一方因违背其依据诚实信用原则所应负的义务，而致另一方的信赖利益的损失，并应承担损害赔偿责任。[④]这也成为目前对缔约过失这一概念的通行理解。[⑤]

这一理解与前引王泽鉴先生的观点是相似的，但其反对缔约过失责任为契约法上的责任的观点，而认为其是独立的责任。[⑥] 这种观点的根据是缔约过失责任的法定性，其侵害的对象、赔偿范围等的特殊性。独立责任说是目前学理上的多数说，这一观点在发现缔约过失责任的基础在于信赖利益损害这一点上是值得肯定的，但还不足以由此得出独立责任的结论。也有学者结合我国法的特点，主张将缔约过失责任理解为侵权责任的一种特殊形式，将其纳入侵权法的调整范围，[⑦]其主要理由在于二者违反的注意义务并无本质区别，缔约过失行为本质上也是侵害行为，且我国侵权法保护范围较为宽泛等。新近的研究则指出，我国语境下缔约过失责任是否独

---

① 参见王泽鉴：《民法学说与判例研究》（重排合订本），北京大学出版社 2015 年版，第 434 ~ 443 页。

② 参见刘得宽：《民法诸问题与新展望》，中国政法大学出版社 2002 年版，第 474 ~ 493 页。

③ 参见王利明：《合同法研究》（第 1 卷）（第 3 版），中国人民大学出版社 2015 年版，第七章第一节；王家福主编：《中国民法学 · 民法债权》，法律出版社 1999 年版，第 37 页以下；崔建远：《合同责任研究》，吉林大学出版社 1992 年版，第 258 页以下；董安生：《民事法律行为——合同、遗嘱和婚姻行为的一般规律》，中国人民大学出版社 1994 年版，第 156 页以下；钱玉林：《缔约过失责任与诚信原则的适用》，载《法律科学（西北政法学院学报）》1999 年第 4 期。

④ 参见王利明：《合同法研究》（第 1 卷）（第 3 版），中国人民大学出版社 2015 年版，第 337 页。

⑤ 类似的界定，参见李永军主编：《债权法》，北京大学出版社 2016 年版，第 134 页；崔建远：《合同法》（第 3 版），北京大学出版社 2016 年版，第 113 页；苏号朋：《合同法教程》（第 3 版），中国人民大学出版社 2015 年版，第 95 页。

⑥ 参见王利明：《合同法研究》（第 1 卷）（第 3 版），中国人民大学出版社 2015 年版，第 336 页。类似见解，还可参见崔建远：《合同法》（第 3 版），北京大学出版社 2016 年版，第 113 ~ 114 页；钱玉林：《缔约过失责任与诚信原则的适用》，载《法律科学（西北政法学院学报）》1999 年第 4 期；王培韧：《缔约过失责任研究》，人民法院出版社 2004 年版，第 115 页；孙瑞玺：《缔约过失责任论》，知识产权出版社 2005 年版，第 94 ~ 95 页；李永军：《合同法》（第 4 版），中国人民大学出版社 2016 年版，第 61 页；韩世远：《合同法总论》（第 4 版），法律出版社 2018 年版，第 170 页；朱广新：《合同法总则研究》（上册），中国人民大学出版社 2018 年版，第 207 ~ 209 页。

⑦ 参见董安生：《民事法律行为》，中国人民大学出版社 2002 年版，第 116 页以下；李中原：《缔约过失责任之独立性质疑》，载《法学》2008 年第 7 期；冉克平：《缔约过失责任性质新论——以德国学说与判例的变迁为视角》，载《河北法学》2010 年第 2 期；叶金强：《论中断磋商的赔偿责任》，载《法学》2010 年第 3 期；张金海：《耶林式缔约过失责任的再定位》，载《政治与法律》2010 年第 6 期；于飞：《我国〈合同法〉上缔约过失责任性质的再认识》，载《中国政法大学学报》2014 年第 5 期；郗伟明：《论合同保护义务的应然范围》，载《清华法学》2015 年第 6 期。

立于侵权责任,在体系上取决于债务履行辅助人制度的有无。[①]

随着对这一问题探讨的深入,有学者从先契约义务角度论述缔约过失的责任前提。[②] 一般认为,缔约过失理论的日益完善,建立在诸如保护义务、通知义务、说明义务等先契约义务之上。先契约义务的存在不限于契约成立之前,在契约签订后都有所体现。也就是说,契约有效成立、契约无效或不成立、契约仅止于磋商而未臻缔结,均可能构成缔约过失责任。[③] 先合同义务存在的原因在于共同的债务关系之同一性。但有学者将先契约义务与缔约过失制度相分离,认为缔约过失责任是违反先契约义务的一种;[④]另外强调缔约过失只存在于缔约阶段,合同成立后,因为“所谓缔约上过失责任中的‘缔约’二字强调的就是过失于缔约之际”[⑤],并认为缔约期间为合同成立以前,从合同成立到合同生效就不存在缔约过失适用的余地。[⑥] 这种认识具有一定的普遍性,例如有学者认为:“缔约过失责任是缔约人因故意或过失违反先契约义务而应承担的民事责任,所以缔约过失的请求权适用于双方无合同关系的情况,而基于违约的请求权乃是以有效合同的存在为前提的。”[⑦]这种认识与本书所论述的缔约过失理论是不同的,在范围上过于狭窄,其法律基础停留在该理论的早期认识上,有检讨之必要。有学者注意到了这一弊端,承认在合同生效前也存在缔约过失责任的适用空间,认为在合同效力确定之前发生的行为均可计入,[⑧]先合同义务终于合同生效前,[⑨]同时基于对消费者的特殊保护,“先合同义务可以甚至必须于要约生效之前产生”[⑩]。

---

① 参见孙维飞:《〈合同法〉第 42 条(缔约过失责任)评注》,载《法学家》2018 年第 1 期。

② 参见崔建远:《合同法研究》(上卷)(第 2 版),中国人民大学出版社 2011 年版,第 440 页。

③ 参见韩世远:《合同法总论》(第 4 版),法律出版社 2018 年版,第 162 页。

④ 参见姜淑明:《先合同义务及违反先合同义务之责任形态研究》,载《法商研究(中南政法学院学报)》2000 年第 2 期。

⑤ 陈丽苹、黄川:《论先契约义务》,载《中国法学》1997 年第 4 期;姜淑明:《先合同义务及违反先合同义务之责任形态研究》,载《法商研究(中南政法学院学报)》2000 年第 2 期。

⑥ 参见姜淑明:《先合同义务及违反先合同义务之责任形态研究》,载《法商研究(中南政法学院学报)》2000 年第 2 期。

⑦ 王利明:《违约责任论》,中国政法大学出版社 1996 年版,第 42 页。

⑧ 参见梁春海、刘晓军:《缔约过失责任概念辨析》,载《河北法学》2005 年第 8 期。

⑨ 参见唐先锋:《先契约义务的扩张》,载《当代法学》2003 年第 9 期;邹雄:《违反先契约义务责任探讨——兼谈〈合同法〉第 42 条的实现》,载《现代法学》1999 年第 5 期。

⑩ 崔建远:《合同法研究》(上卷)(第 2 版),中国人民大学出版社 2011 年版,第 441 页。

我国学者一般认同缔约过失责任的过失要件。[1] 有学者认为，应以过错责任为主，但信赖观念也发生作用，因此个别场合可承认无过错责任。[2] 在这一问题上，缔约过失制度呈现开放性与不确定性，有些情况下针对过错须采用举证责任倒置的方式，有些缔约过失类型也可能是无过失责任。也有观点将归责事由作为违反诚实信用原则的当然内涵之一，采客观过失观点，缔约过失中所谓过失就是指违反了诚实信用原则。[3] 在此观点的基础上，有学者进一步指出，诚实信用原则本身即包含了行为标准，能够包容基于主观过错的归责要求。[4]

如上文所述，学者探讨缔约过失的责任基础，仍多限于侵权责任、法律行为说与法律直接规定说三者，基本上局限于在法律制度内寻找依据。在此期间，吉尔莫的《契约的死亡》、内田贵的《契约的再生》以及富勒的《合同损害赔偿中的信赖利益》被译成中文，逐渐成为一些学者引用的依据。[5] 我国学者注意到了缔约过失背后的信赖原则，甚至将信赖作为缔约过失责任的唯一基础。

前述吉尔莫与富勒的译文使学者们注意到了英美法系相应的制度——允诺禁反悔之制度。有学者从理论基础、缔约过失责任的最初适用及其向侵权责任领域的推进、一般缔约过失责任在各国的确立等层面较为系统地阐述了该制度，并引用范斯沃斯、阿狄亚等关于先契约义务的论文简明地澄清了英美法系并无系统的缔约过失制度，但存在诸如错误、不当影响、错误陈述、不当得利返还等与缔约过失类似的制度。[6] 但在述及信赖利益时，该学者混淆了英美法系与大陆法系的概念，大陆法系更多关注的

---

① 台湾学者王泽鉴持此观点，其认为“违反诚实信用原则系违反先合同义务，具违法性，有可归责事由为故意或过失问题，二者乃不同的要件”。参见王泽鉴：《债法原理》（第2版），北京大学出版社2013年版，第242页。其他近似见解，参见崔建远：《合同法研究》（上卷）（第2版），中国人民大学出版社2011年版，第442页；荀华、陈宽山：《缔约上过失责任制度的立法完善》，载《法学》1992年第7期；姜淑明：《先合同义务及违反先合同义务之责任形态研究》，载《法商研究（中南政法学院学报）》2000年第2期；尹鲁先：《缔约上过失责任初探》，载《法学研究》1990年第1期；李国光主编、最高人民法院经济审判庭编著：《合同法释解与适用》（上册），新华出版社1999年版，第183页。

② 韩世远：《合同法总论》（第4版），法律出版社2018年版，第172页；于飞：《我国〈合同法〉上缔约过失责任性质的再认识》，载《中国政法大学学报》2014年第5期。

③ 王利明：《合同法研究》（第1卷）（第3版），中国人民大学出版社2015年版，第339页；朱广新：《合同法总则研究》（上册），中国人民大学出版社2018年版，第212页。

④ 张家勇：《论前合同责任的归责标准》，载《法学家》2014年第1期。

⑤ 钱玉林：《缔约过失责任与诚信原则的适用》，载《法律科学（西北政法学院学报）》1999年第4期；马新彦：《信赖与信赖利益考》，载《法律科学（西北政法学院学报）》2000年第3期。

⑥ 参见傅静坤：《二十世纪契约法》，法律出版社1997年版，第24页以下。

是责任的义务基础以及类型化问题；而在美国，富勒以利益法学方法为指导，从损害赔偿救济分析角度提出了信赖利益的问题。大陆法系谈及缔约过失首要的则是义务及其基础，信赖利益的概念淹没在消极与积极利益等概念中。[①]

不过，有的研究注意到了这一症结，在缔约过失的语境下对大陆法系中“信赖利益”“履行利益”“固有利益”等概念与英美法系中“期待利益”“信赖利益”“返还利益”等概念进行了区分。[②] 更有学者从民事责任体系角度出发，主张将缔约过失责任中的信赖责任部分剥离出来，与前者共同构成前契约责任。[③]

以上研究直接触及缔约过失责任的保护范围，从而直接影响损害赔偿的范围。首要的问题在于固有利益是否在缔约过失责任的框架下受到保护。这是一个全局性问题，涉及缔约过失责任的性质和定位、先合同义务的内容以及损害赔偿的范围。就赔偿范围而言，多数学者主张应当将固有利益赔偿与信赖利益赔偿二分，并承认固有利益的赔偿不受履行利益的限制。[④] 学说对信赖利益的理解也并不统一：有学者认为，缔约过失责任的赔偿范围仅限于直接损失，主要理由在于机会损失具有不确定性，易导致赔偿范围过宽或产生道德风险。[⑤] 还有学者认为，应赔偿信赖利益损失（包括直接损失和间接损失，或所受损失和所失利益），并援引司法解释条文作为规范依据。[⑥] 这两种认识或许受信赖产生信赖利益的逻辑影响，或许将认识局限在法定缔约过失类型之上。更宽泛的观点则认为除信赖利益之外，赔偿范围还应当包括期待利益和纯粹经济损失。[⑦] 另一个问题是信赖利益的赔偿是否应受到履行利益的限制。多数学者主张对信赖利益的赔

---

① 参见马新彦：《信赖与信赖利益考》，载《法律科学（西北政法学院学报）》2000 年第 3 期。

② 参见陈吉生：《论缔约过失责任》，法律出版社 2012 年版，第 120 页以下。

③ 参见朱广新：《信赖责任研究——以契约之缔结为分析对象》，法律出版社 2007 年版，第 295 页以下。

④ 参见王利明：《合同法研究》（第 1 卷）（第 3 版），中国人民大学出版社 2015 年版，第 367 页。

⑤ 参见王利明：《合同法研究》（第 1 卷）（第 3 版），中国人民大学出版社 2015 年版，第 366 页。

⑥ 参见崔建远：《合同法研究》（上卷）（第 2 版），中国人民大学出版社 2011 年版，第 447 ~ 451 页；韩世远：《合同法总论》（第 4 版），法律出版社 2018 年版，第 184 ~ 187 页。

⑦ 参见陈吉生：《论缔约过失责任》，法律出版社 2012 年版，第 120 页以下。

偿应当以履行利益为最高限。[①] 但也有反对观点。[②] 有研究指出信赖利益赔偿是否以履行利益为限,不应一概而论,而应结合规范目的、可归责性与损害类型加以综合判断。[③] 还有学者认为,通过司法途径缓和无效(或不生效)合同的法律效果,承认真实合意在满足全部生效要件前也能创设期待利益,尤其是可归责于一方的原因造成效力要件未获满足时,准予赔偿期待利益,在利益权衡上堪称妥当。同时,通过类型建构或赔偿标准的考虑因素确定,则能够避免对法律适用安定性的不当损害。[④] 更有学者认为,当合同一方当事人过错违反先合同信息说明义务导致相对方缔结不合期待的合同时,法秩序应当给予相对方变更合同的机会。[⑤]

缔约过失的适用范围或类型化的问题一直是我国学者感兴趣的话题,但一般局限在契约不成立或无效、给付不能等法定类型。有学者依据合同的效力状态细致地区分为合同不成立型、合同成立型、合同无效型与合同有效型等类型。[⑥] 也有学者尝试跳出这种法律类型的局限,认为适用范围为擅自撤回要约、缔约之际的通知义务以及缔约之际的加害行为等。[⑦] 通过具体分析,有学者进一步拓展了缔约过失适用范围:要约人违反有效要约;悬赏广告;缔约时意思表示不真实;违反初步协议、违反附随义务、合同无效和被撤销;无权代理等。[⑧] 这在缔约过失类型化上迈出了坚实的一步,但各种情况间缺乏逻辑体系,有的是包容关系,其中有些类型在合同法上已经有了解决办法,而且法律基础也是不同的。值得注意的是,现有的类型化研究普遍缺乏具体判例分析,而是主要采用逻辑推理方式。随着研究资料的丰富,有学者专门对中断交涉类型作了详细的制度性研究,分析了

---

① 参见孙森焱:《民法债编总论》(下册),法律出版社 2006 年版,第 572 页;王利明:《合同法研究》(第 1 卷)(第 3 版),中国人民大学出版社 2015 年版,第 366 ~ 367 页;韩世远:《合同法总论》(第 4 版),法律出版社 2018 年版,第 186 页;朱广新:《合同法总则研究》(上册),中国人民大学出版社 2018 年版,第 222 页。

② 参见王泽鉴:《债法原理》(第 2 版),北京大学出版社 2013 年版,第 247 页;崔建远:《合同法研究》(上卷)(第 2 版),中国人民大学出版社 2011 年版,第 450 ~ 451 页。

③ 参见尚连杰:《信赖利益赔偿以履行利益为限吗——从一般命题到局部经验》,载《政治与法律》2017 年第 11 期。

④ 参见张家勇:《论前合同损害赔偿中的期待利益——基于动态缔约过程观的分析》,载《中外法学》2016 年第 3 期。

⑤ 参见林洹民:《论基于缔约过失之合同变更权》,载《内蒙古社会科学(汉文版)》2019 年第 4 期。

⑥ 参见韩世远:《合同法总论》(第 4 版),法律出版社 2018 年版,第 162 ~ 168 页。

⑦ 参见崔建远:《缔约上过失责任论》,载《吉林大学社会科学学报》1992 年第 3 期。

⑧ 参见王利明:《合同法研究》(第 1 卷)(第 3 版),中国人民大学出版社 2015 年版,第 347 ~ 358 页。

缔约的过程，阐述了产生中断交涉缔约过失的各阶段，通过中断交涉缔约过失的构成要件来说明何种中断交涉应负赔偿责任；另外还探讨了预备性合同的违反，预备性合同的类型包括预约、留有空白条款的合同、继续谈判的合同、意向书以及理解备忘录等，区分违反具有拘束力预备性合同以及违反不具有拘束力预备性合同的不同情况。① 就中断交涉中的预备性契约问题，有学者从广义预约角度进行了研究，②还有学者对中断交涉的赔偿范围作了针对性研究。③

关于说明义务违反类型的缔约过失责任，研究者逐渐增多，随着研究的细化，有学者借鉴法国法的相关成果对说明义务的认定进行了要件化分析。④ 有学者认为，缔约过失制度与欺诈制度之间存在评价矛盾，应通过承认"过失欺诈"予以解决。⑤还有学者以凶宅买卖为例，认为需要根据信息重要性、披露可能性、期待合理性及信赖紧密度四个要素判断出卖人是否应告知凶宅信息。出卖人缔约前违反告知义务的，应负缔约过失责任。⑥

关于第三人责任契约，有学者从专家责任的角度进行探究，⑦也有学者建议引入德国第三人责任的学理概念，⑧近年来出现了结合实务案例进行分析的研究倾向。⑨ 但对于在实务中有重要意义的类型化研究，以上论述

① 参见李静：《中断交涉与缔约上过失研究》，中国政法大学2000年硕士学位论文，第29页以下。

② 参见吴颂明：《预约合同研究》，载梁慧星主编：《民商法论丛》第17卷，金桥文化出版（香港）有限公司2000年版，第502页。

③ 参见叶金强：《论中断磋商的赔偿责任》，载《法学》2010年第3期。

④ 参见牟宪魁：《说明义务违反与沉默的民事诈欺构成——以"信息上的弱者"之保护为中心》，载《法律科学（西北政法学院学报）》2007年第4期。

⑤ 参见尚连杰：《缔约过失与欺诈的关系再造——以错误理论的功能介入为辅线》，载《法学家》2017年第4期；刘勇：《缔约过失与欺诈的制度竞合——以欺诈的"故意"要件为中心》，载《法学研究》2015年第5期。

⑥ 参见尚连杰：《凶宅买卖的效果构造》，载《南京大学学报（哲学·人文科学·社会科学）》2017年第5期。

⑦ 关于专家责任，参见郭雪军：《专家契约责任的经济分析》，载《法学论坛》2004年第1期；刘燕：《"专家责任"若干基本概念质疑》，载《比较法研究》2005年第5期；李建华、董彪：《专家对第三人承担民事责任的理论基础——兼论德国新债法对我国民事立法的启示》，载《社会科学战线》2005年第5期；杨彪：《律师专家责任认定的若干问题——王保富诉三信律师所财产损害赔偿案评析》，载《法学》2006年第4期；李静：《有限责任公司经理人的缔约上过失责任——德国法上制度考察》，载《比较法研究》2006年第4期；吴宏：《"律师声明"中专家过错标准和责任形态——首例律师对"律师声明"承担专家责任案评析》，载《法学》2009年第9期；周友军：《专家对第三人责任的规范模式与具体规则》，载《当代法学》2013年第1期。

⑧ 参见丁勇：《论德国法中的第三人缔约过失责任》，载《法律科学》2004年第3期。

⑨ 参见叶柳东、王宝道：《第三人缔约过失责任理论理解与个案适用——兼论出租人致使租赁合同与转租赁合同无效的责任认定》，载《法律适用》2010年第6期。

并未在理论上统合并形成通说，对实务中案例类型的研究也大多停留在个案上。

综合目前的研究来看，基本上澄清了缔约过失责任的概念与构成，但其中对于过失要素的功能还有待进一步确定。现有研究已开始从侵权责任和合同责任之间的关系出发进行探讨，甚至开拓了信赖责任[①]和保护责任[②]等新领域，对缔约过失责任在民事责任体系中的地位进行了重新定位，触及了缔约过失责任地位的核心。

现有研究中最大的问题在于：没有注意到缔约过失责任是弥补侵权法与合同法之漏洞而产生的，在一般化之后，首先，需要对其构成进行细致研究；其次，从体系化来看，在法律适用上，不仅要根据一般性构成处理案件，而且需要根据具体类型进行法律适用。另外，每一种类型的构成基础、功能以及法律效果各不相同，在法律发展过程中，区分不同事物作不同处理。当新的类型出现时，首先需要考虑的是类推适用既有类型，然后才是从法律续造的思路发展新的缔约过失类型。鉴于此，有必要对缔约过失责任体系进行进一步研究，而既有的研究大多过于注意缔约过失的共性问题，在法律性质、构成以及法律效果上均作了普适的研究。尽管近期研究有向类型化转变的倾向，但仍很不成熟，有待细化。另外，已有的类型化研究对功能层面的关注亦稍显不足。

三、研究方法

本书在写作方法上，就缔约过失责任功能以及类型采取归纳方法；就缔约过失责任属性问题，则采取演绎方法。

本书坚持概念分析、利益以及社会分析方法并重，不仅构建制度的理论体系，而且分析制度背后的社会利益、道德、经济等因素。在法学的发展过程中，法学的生命的确在于生活事实，但其骨骼的确在于概念与规范。

另外，本书在具体论证上，注意判例与学说的相互印证；在材料运用上，采取了比较分析以及历史分析的方法。

四、行文思路

本书首先从历史与比较的视角发现缔约过失责任制度的基本框架与法教义学内容，然后在体系上把握一般构成要件及其类型，在此基础上，挖

---

① 参见朱广新：《信赖责任研究——以契约之缔结为分析对象》，法律出版社 2007 年版，第 295 页。

② 参见邱雪梅：《民事责任体系重构》，法律出版社 2009 年版，第 203 页以下。

掘其法律属性、理论基础与功能。之后，基于缔约过失责任类型多元、理论基础不一的现状，具体分析缔约之际的人身、财产保护义务和阻碍合同成立、生效以及信息提供义务等类型的缔约过失责任，分析其要件构成，并论证其不同的法律效果。基于每种责任制度不同的事实构成，分析其不同的功能，最终考察是否可以构建统一的理论基础。

第一章　缔约过失责任制度的历史与比较

在法律上确立合同损害赔偿责任与侵权损害赔偿责任之后，一直存在一个问题，即在合同缔约前，合同当事人的人身、财产是否如同缔约后一样受到保护？如何保护？对于是否保护的问题，一般国家的答案都是肯定的。但在如何保护的问题上，从历史的角度来看，存在不同的立法模式。第一种模式，就是由侵权法处理这一领域的问题，通过侵权法规则保护广泛的合同相对人财产与人身安全；通过侵权法保护缔约前的人身、财产利益并不存在障碍，即使在《德国民法典》“小”的侵权法保护模式下，也可以通过侵害人身权规则、交往安全义务规则以及保护纯粹经济损失规则予以保护。与此相对的是缔约过失责任的保护模式，在合同订立前，合同当事人对相对人负有照顾义务，并相应地承担与照顾义务相关联的合同责任。这一模式在历史上虽然早有脉络，但最主要的还是借助耶林的学说得以确立、发展并被法律所接受从而形成的。

第一节　欧洲普通法上的缔约过失责任制度

缔约过失责任的核心问题是，缔结合同前，当事人是否对自己的过错承担损害赔偿责任。在罗马法上，个别情况下承认合同无效情形下的损害赔偿请求权，但并没有形成统一的缔约过失制度。之后在欧洲法律理论上，发展出两种缔约过失责任的学说：一是评注法学派提出的观点，不以有效合同为前提的合同之诉；二是自然法学派所主张的侵权学说。

一、合同未生效情况下的合同之诉

在罗马法上，法律的出发点是当事人之间的合意（consensus），而不是每一方的意思表示。在一方或双方意思没有明确指向的情况下，合同无效，并不会继续考虑当事人的错误原因问题。①

① See Jansen & Zimmerman ed., *Commentaries on European Contract Laws*, Oxford University Press, 2018, p. 866.

罗马法上并没有承认不存在有效合同情况下的合同之诉。但盖尤斯(Gaius)在《论行省告示》第十编中讲述了自始给付不能的例子,认为在缔结契约时,卖方负有告知对方给付不能的义务,否则应负损害赔偿责任。① 而在自始不能的情况下,合同无效。

评注法学家普拉岑提努斯(Placentinus)发展了买主之诉并不以生效合同为要件的思想,并将该思想运用在因物质错误(error in materia)合同未生效力的情况。普拉岑提努斯的学说为罗马法的现代应用(usus modernus)所接受,并扩展运用到不可流通物买卖的情况,此时若存在质量上错误,那么即便不存在有效合同,出卖人亦可能承担责任。② 在买卖合同法中,出卖人对于标的物的明示表示或者允诺、对于故意隐瞒承担责任。在哈德良时代,如果出卖人知道瑕疵或者没有权利,则买受人可以提起买卖合同之诉(actio empti)。③

二、侵权责任

中世纪,对《罗马法大全》进行评注的法学家扩展了阿奎利亚法(Lex Aquilia),建立了一般性的过错之侵权责任,赔偿范围包括纯粹经济损失。为了保护买受人,在恶意谈判情况下,出卖人须承担侵权责任。④

自然法学者没有从合同思路解决缔约前责任的问题,而是从侵权责任一般条款思路予以解决。最早提出者可能是莱修斯(Lessius),格老秀斯(Grotius)赞同莱修斯的观点,并明确提出:发生错误的合同当事人的允诺作为有瑕疵的自我立法行为总是无效的,他要承担合同相对人信赖合同有效而产生损害的赔偿义务。请求权的主要构成是没有澄清事实者或者发生错误者在其表示中的意思没有被充分表达。责任基础不是允诺之力,而是因过错行为产生的损害,所以,侵害人被指责之处是侵害他人财产。⑤

普芬道夫(Pufendorf)认为,在合同当事人明知不能的情况下还进行允诺,则须承担完全利益的赔偿。如果是过失的,尽管合同无效,仅须赔偿所

---

① 参见[意]桑德罗·斯契巴尼选编:《契约之债与准契约之债》,丁玫译,中国政法大学出版社1998年版,第147页。

② Vgl. HKK/Harke, § 311 Ⅱ Ⅲ Rn. 4.

③ See Jansen & Zimmerman ed., *Commentaries on European Contract Laws*, Oxford University Press, 2018, p. 866.

④ See Jansen & Zimmerman ed., *Commentaries on European Contract Laws*, Oxford University Press, 2018, p. 867.

⑤ Vgl. HKK/Harke, § 311 Ⅱ Ⅲ Rn. 5.

失利润。该责任基础也是侵权责任法上的一般条款。①

窦马(Jean Domat)与波蒂埃(Robert Joseph Pothier)认为,如果合同无效是因为一方当事人不谨慎导致的,则合同当事人应承担责任。②

格老秀斯与普芬道夫关于缔约时过错责任的学说为后来的立法所接受。如《奥地利普通民法典》第 878 条规定,契约的标的完全不能的,契约无效。契约当事人在缔约时明知或应知标的不能者,对于无过失之相对方因信赖契约有效所受之损害,应负损害赔偿责任。《普鲁士一般邦法》(Allgemeines Landrecht für die Preuβischen Staaten,ALR)第一篇第四章第 79 条规定,因自己重大过错而陷入阻碍合同生效的错误者,负有义务赔偿相对人因此产生的损害。《普鲁士一般邦法》第一编第四章第 79 条规定了过错发生错误者的赔偿责任,另外,第一编第五章第 284 条规定,将履行责任移转到缔约之际义务违反责任上:关于可归责之债务不履行之规定,也可以适用于缔约过失情形中未遵守该注意义务的情况。③ 之所以如此规定,是由其背后隐藏的合同责任与侵权责任的一体化思想所决定的。该规则的前提是承认过错侵害财产责任为一般性的且独立于合同的责任。④

对于上述发展,萨维尼(Friedrich Carl von Savigny)提出了不同观点,认为应限制侵权责任范围,并应回归到阿奎利亚法所列举的权利与法益(如生命、自由与健康);否则会导致诉讼增多,阻碍经济发展。⑤

第二节　耶林对缔约过失制度的“发现”及其主要思想

耶林于 1861 年发表了《缔约过失:契约无效或不成立时之损害赔偿》一文,首次提出了缔约过失的概念(Culpa in contrahendo, Verschulden bei Vertragsverhandlung),⑥被多勒(Dölle)教授誉为罗马法以来一大法学上的发现。⑦ 耶林论证的关键点为:基于合同的谈判是否会产生损害赔偿请求

---

① Vgl. HKK/Harke, §311 Ⅱ Ⅲ Rn. 6.

② See Jansen & Zimmerman ed., *Commentaries on European Contract Laws*, Oxford University Press, 2018, p. 867.

③ Vgl. HKK/Harke, §311 Ⅱ Ⅲ Rn. 7, S. 1541.

④ Vgl. HKK/Harke, §311 Ⅱ Ⅲ Rn. 7.

⑤ See Zimmermann, *The Law of Obligations*, Oxford University Press, 1996, p. 1037 – 1038.

⑥ Vgl. Rudolf von Jhering, Culpa in contrahendo oder Schadensersatz bei nichtigen oder nicht zur Perfection gelangten Verträgen, JhJb 4 (1861), S. 1 – 112. 中译本,参见[德]鲁道夫・冯・耶林:《论缔约过失》,沈建峰译,商务印书馆 2016 年版,第 1 ~ 141 页。

⑦ 参见王泽鉴:《民法学说与判例研究》(重排合订本),北京大学出版社 2015 年版,第 436 页。

权,并且不是基于侵权行为的请求权,而是一种合同之诉。①

耶林研究的缔约过失类型主要是撤销之后发生错误者的责任、没有代理权时代理人的责任或者出卖不存在之物的出卖人的责任等,与嗣后法律上承认与发展的类型大不相同。但后世缔约过失制度的发展,均是建立在耶林缔约过失思想基础上的。

一、纠结的问题

依耶林的观点,当时的普通法(gemeines Recht)具有严重的缺陷,对于商业的需要缺乏足够的认识。受萨维尼的影响,耶林注重法律行为的意思说,契约的成立是两个当事人主观意思表示的合致,如果外在的表示与内在的意思不一致,发生错误,合同会因此无效,也没有损害赔偿责任。② 萨维尼单方错误的观念,会导致出现大量的无效合同。而在这种情况下,合同责任是不会产生的,因为合同责任的产生必须要有有效的合同;而侵权责任也不会产生,因为对于纯粹经济损失是没有侵权责任的。另外,欺诈之诉也限定在故意的情况下,对于因为过失而发生错误的情况并不适用。③

例如,某人从一个商店购买100磅货物,却弄错了度量单位,该人可以退货;或者受本人委托与商店交易的人,误用了自己的姓名。又如,在传达人有过错的情况下:委托人请求一个去不莱梅旅游的朋友到其供货商处订购四分之一箱香烟,传达人误看成四箱,因此委托人退还了多余的货物。假定在这些情况下,错误可以被认定,合同即为无效。在结果上,有过失的买方并没有义务向卖方返还被拒收的货物的运输成本。耶林认为,此时产生了不公平,即有过错一方免责,无过错一方成为他人过错的牺牲者。这种结果的不公平以及给实务界造成的绝望无助是显而易见的。基于此不公平现象,耶林发问道:"谁应承担包装费用以及运输费用?是否任何一方当事人均应向对方承担因其过失(Shuld)造成的一切损害?"④

由于契约在法律上尚未有效成立,所以出卖人没有提起合同诉讼的余

---

① Vgl. Kindereit, Wer fuehlt nicht, dass es hier einer Schadensersatzklage bedarf-Rudolf von Jhering und die "culpa in Contrahendo", in: Hoeren (Hrsg.), Zivilrechtliche Entdecker, 2001, S. 120ff.

② Vgl. Kindereit, Wer fuehlt nicht, dass es hier einer Schadensersatzklage bedarf-Rudolf von Jhering und die "culpa in contrahendo", in: Hoeren (Hrsg.), Zivilrechtliche Entdecker, 2001, S. 122.

③ See Jansen & Zimmerman ed., *Commentaries on European Contract Laws*, Oxford University Press, 2018, p. 868.

④ 参见 Jhering, Culpa in contrahendo oder Schadensersatz bei nichtigen oder nicht zur Perfection gelangten Verträgen, 1969, S. 2 ff.;[德]鲁道夫·冯·耶林:《论缔约过失》,沈建峰译,商务印书馆2016年版,第6、8页以下。

地，但若认为此系契约外之赔偿问题，按照当时的法律，[①]应提起阿奎利亚法诉讼（actio Legis Aquiliae）或恶意诉讼（actio doli），但前者以对个别的人或物的损害（Sachverletzung）为要件（不能针对纯粹经济损失），而恶意诉讼以加害人之恶意（dolus）为要件，故二者均难以作为损害赔偿的请求权基础。[②] 而且，在不存在合同的情况下，也无法提起合同之诉。耶林就此发现了一个法律漏洞，即过错侵害财产责任，实施无效力但在外部看来好像有效成立的合同之人，应当承担损害赔偿责任。对于过错侵害财产情况不予以规制是不公正的，在实践中也是使人无法得到安慰的，他反问道："谁不会认为在这里需要一个损害赔偿之诉呢？"[③]

二、解决方案的依据

耶林列举了与上述实例类比的罗马法上关于不融通物（res extra commercium）、不存在之继承财产的买卖无效等规则，试图在买主诉权之中为缔约过失理论寻找依据。

（1）买方因为善意不知而将神圣的、宗教的或公共的土地作为私产而取得的，尽管该买卖合同是无效的，但买方可以基于买卖合同向卖方请求利益之返还，但此项利益之偿还，只能针对进行诈欺之出卖人（decipere）。[④]

（2）关于现存的买卖标的，双方当事人已有意思合致，但在合同成立前，买卖标的物已经灭失，而致合同无效的，不能推断出疏忽之人在不知道的情况下，买主受保护……[⑤]

---

① 15世纪到16世纪，德国对罗马法进行了继受。在时间上恰值人文主义运动（Humanismus）与文艺复兴运动（Renaissance）时代。对罗马法的继受，并不是通过立法，而是通过许多在意大利受过法学教育的法学家进行的。中世纪的德国国王一直自认为是罗马国王的继承人，即所谓的德意志民族的神圣罗马帝国。所以民法大全被认为是国王法（Kaisergesetz），参见Wieaker, Rechtsgeschicht der Neuzeit, 1967, S. 140, 144。

② 参见Jhering, Culpa in contrahendo oder Schadensersatz bei nichtigen oder nicht zur Perfection gelangten Verträgen, 1969, S. 10；［德］鲁道夫·冯·耶林：《论缔约过失》，沈建峰译，商务印书馆2016年版，第9页。

③ Jhering, Culpa in contrahendo oder Schadensersatz bei nichtigen oder nicht zur Perfection gelangten Verträgen, 1969, S. 8 ff.；［德］鲁道夫·冯·耶林：《论缔约过失》，沈建峰译，商务印书馆2016年版，第9页。依照前述，应当说，评注法以及自然法时期已经存在处理缔约前过失侵害财产的规则，耶林这一结论是在故意忽略评注法以及自然法的基础上得出的。

④ 参见L. 62 Sec D. 18. 1.（Modestinus）。转引自Behrends u. a.（Hrsg.），Corpus Iuris Civilis, Text und Übersetzung, Bd. Ⅲ：Digesten 11－20, 1999, S. 462。

⑤ 参见L. 15 pr. Sec D. 18. 1.（Paulus）。转引自Behrends u. a.（Hrsg.），Corpus Iuris Civilis, Text und Übersetzung, Bd. Ⅲ：Digesten 11－20, 1999, S. 445。

(3)对于神圣物或宗教场所,如公共的市场或庙里之柱廊,如买主明知而买受的,则无效。但买主系受卖主欺诈而将这些物误认为私人所有或日常之物而买受的,买主不能取得所有权,因为买主不可能拥有该类物;但买主可以依据买主之诉,请求未受欺诈而享有利益的赔偿。在将自由人作为奴隶出卖时,也可以适用买主之诉。①

(4)遗产出卖人对遗产没有获得权利时,有疑问的是,他应向买受人承担什么责任?在遗产非为出卖人所有的情况下,应以所评估的遗产价值为限;对于没有被视为合同标的物的遗产,买受人只能向出卖人要求已支付的价格的返还,以及在该事务中所支付的花费。②

耶林拟从罗马法上寻找一般的缔约过失责任原则进行法学构建,本来可以排除恶意之诉的恶意要件,并排除阿奎利亚法上特殊损害类型要件,进而发展出一般性的过失侵权责任,并适用于所有类型的损害。但耶林没有采纳这种方案,具体是因为他那时还没有区分过错与违法性,如果不区分二者,发展这样一种类型的损害赔偿责任,会使生活中任何不谨慎的行为都会导致责任的产生。③

耶林另辟蹊径,试图从合同法角度论证缔约过失之损害赔偿责任。首先,他忽视了合同无效这一障碍,并发现即使合同无效,在所有列举的情况下,外在也存在一个合同。其次,他认为,在规范上过错要件与一般的合同过错是类似的。④ 在缔约过失情况下可指责的行为,在已经生效的合同情况下也可以发现相对应的行为,而基于该行为,受损害人享有损害赔偿请求权。另外,在罗马法上,侵害人移转给受损害人的义务,也属于一种合同上的请求权;而且上述罗马法规定承认买主得基于买卖合同之诉,向卖主请求赔偿因契约无效所受之损害。而该损害赔偿请求权是基于合同上的义务而产生的。

但合同无效似乎与合同责任是矛盾的,耶林将买主诉权的程序法外衣剥开后,发现了下面内容:合同的缔结不单单产生履行义务,而且,当这种效力由于法定阻碍事由而被排除时,会产生一种损害赔偿义务,依照罗马法以及现在的语言方式,合同无效的表述仅指缺乏其中之一的效力,而不

---

① 参见 Sec 5. Instit. 3. 23。转引自 Behrends u. a. (Hrsg.), Corpus Iuris Civilis, Die Institutionen, Text und Übersetzung, 3. Aufl. 2007, S. 192。

② 参见 L. 8D. 18, 4. (Javolenus)。转引自 Behrends u. a. (Hrsg.), Corpus Iuris Civilis, Text und Übersetzung, Bd. Ⅲ; Digesten 11 – 20, 1999, S. 490。

③ 参见[德]鲁道夫·冯·耶林:《论缔约过失》,沈建峰译,商务印书馆 2016 年版,第 19、20 页。

④ 参见[德]鲁道夫·冯·耶林:《论缔约过失》,沈建峰译,商务印书馆 2016 年版,第 40 页以下。

是根本没有效力。[①] 也就是说,无效(Nichtigkeit)这一表达不是完全缺乏效力,而是缺乏特定的效力。每一个合同的目的都是履行(Erfüllung),该意欲的效力在于履行义务的产生。这种效力由于缺乏必要的要件而被排除,这就使本来的合同目的不能实现,我们根据合同在实践中的主要目的来确定合同有效力(Gültigkeit)及无效力。而在非以履行为目的之范围内,则可以产生履行义务以外的其他类型的合同义务。例如,已交付物的返还以及损害赔偿。[②] 也就是说,虽然不融通物的性质排除了履行的必要性,但社会上仍存在其他值得保护的利益。所以,受害人可以请求返还或损害赔偿。

三、过失作为请求权的正当性基础

在确认基于缔约过失的请求权属性之后,还需要论证合同相对人请求的正当性基础或者法律上的原因。

耶林发现在罗马法上的非融通物买卖情况下,合同当事人承担责任的基础都在于过错(culpa)。首先在第一到第三案件类型中,他将受诈欺之人理解为“deceptus”,即没有他人的过错而自己导致自己的期待落空的人。这样在上述三个文本中就无须以谈判当事人故意为要件。[③] 只要合同当事人应当知道订立合同的障碍,但还是订立了合同,即为过错。

耶林更进一步指出,只要是出卖人不知道,无论其是否具有过失或者可归责,都存在过错。就不融通物买卖而言,出卖人对于标的物不融通性不知(Unkenntnis),就可以被认定为过失,并不需要考虑其他情况。[④] 在出卖人无行为能力情况下,无行为能力本身就是判定过错的根据。在标的物不存在或者不可交易的情况下,标的物不存在或不可交易就是过错的表现。在德国法上,这一般被认为是一种担保责任,即无过错责任。不过这里存在一个矛盾,担保责任是一种没有过错的过错责任。在重大错误的情况下,只要表意人疏忽,尤其是没有注意受领人的表示,就足以构成过失。在错误传达情况下,表意人不是对传达人的过错承担责任,而是对自己的

① 参见 Jhering, Culpa in contrahendo oder Schadensersatz bei nichtigen oder nicht zur Perfection gelangten Verträgen, 1969, S. 29 f.;[德]鲁道夫·冯·耶林:《论缔约过失》,沈建峰译,商务印书馆 2016 年版,第 45 页。

② Vgl. Jhering, Culpa in contrahendo oder Schadensersatz bei nichtigen oder nicht zur Perfection gelangten Verträgen, 1969, S. 27.

③ Vgl. Medicus, Zur Entdeckungsgeschichte der culpa in contrahendo, FS Kaser, 1986, S. 171.

④ Vgl. Jhering, Culpa in contrahendo oder Schadensersatz bei nichtigen oder nicht zur Perfection gelangten Verträgen, 1969, S. 33.

过错承担责任,其过错在于没有选择绝对安全的表示之通知工具。①

在欧洲普通法时期,要约无拘束力,在非在场意思表示情况下,于受要约人受领承诺表示前,要约人都可以撤回意思表示。但如果受要约人发出承诺后,不知要约撤回,并对合同有效成立产生信赖,则要约人要承担缔约过失责任,其过错在于撤回了要约,而撤回又是法律允许的。而在要约人受领承诺前死亡的情况中,当然不能认为死亡是一种过错,耶林也承认其理论遇到了巨大障碍,但他还坚持此时要约人有过错,因为其选择了非在场缔约之方式。② 这些观点,都值得质疑,当事人自愿选择的缔约方式如何就被指责了呢?

为什么耶林如此重视"过失"这一概念,如此"过分"地解释"过失"。其主要理由有二:首先,过错是损害赔偿责任法律上的正当性基础以及法律表达,只有通过过错,才能使缔约前责任归入一般的合同理论;如果没有过错这一要素,那么缔约前责任就是完全孤立的实证规定。其次,只有通过"过错"这一概念,才可以将上述罗马法上的规则一般化。③ 通过过错要件,可以限缩确定缔约前责任的构成。反过来讲,若不强调过错这一要件,也就没有"缔约过失"这一术语或制度称谓了。

四、最终解决方案

耶林认为,从事契约缔结的人,即因此从契约交易外的消极义务范畴进入契约上的积极义务范畴,其因此而承担的首要义务,系于缔约时应尽必要的注意。法律所保护的并非仅是一个业已存在的契约关系(die bestehenden Contractsverhältnisse),正在发生的契约关系(die entstehenden Contractsverhältnisse)也应包括在内;否则,契约交易将暴露于外,不受保护,缔约当事人一方不免因而成为他方疏忽或不注意的牺牲品。④

耶林界定了缔约过失的概念:已经订立的合同以及正在订立中的合同中均存在注意义务,在合同已经订立以及在合同订立中违反注意义务者,

---

① 参见[德]鲁道夫·冯·耶林:《论缔约过失》,沈建峰译,商务印书馆2016年版,第47页以下。

② 参见Kindereit, Wer fuehlt nicht, dass es hier einer Schadenersatzklage bedarf-Rudolf von Jhering und die "culpa in contrahendo", in: Hoeren (Hrsg.), Zivilrechtliche Entdecker, 2001, S. 125;[德]鲁道夫·冯·耶林:《论缔约过失》,沈建峰译,商务印书馆2016年版,第118、119页。

③ Vgl. Rudolf von Jhering, Culpa in contrahendo oder Schadensersatz bei nichtigen oder nicht zur Perfection gelangten Verträgen, JhJb 4 (1861), S. 40 f.; Medicus, zur Entdeckungsgeschichte der culpa in contrahendo, FS Kaser, 1986, S. 173.

④ 参见Jhering, Culpa in contrahendo oder Schadensersatz bei nichtigen oder nicht zur Perfection gelangten Verträgen, 1969, S. 42;刘春堂:《缔约上过失之研究》,台湾大学1983年博士学位论文,第3页。

均应承担损害赔偿责任。①

耶林为了论证缔约前责任属于合同责任，将缔约前的义务违反与缔约后的义务违反类比。在缔约前，缔约人即承担注意义务，合同上的注意命令（das Gebot der contractlichen diligentia）不仅适用于已经形成的契约关系，而且适用于正在形成的契约关系，以损害赔偿为目的的契约之诉建立在此义务的违反之上。② 过失与义务违反相关联，要根据义务违反的内容与情况判断过错。例如，在买卖情况下，只有在出卖人违反送交义务应承担损害赔偿责任时，才会考虑出卖人是否存在过错的问题。具体考虑出卖人有没有符合约定送交的情况以及应当付出多大努力克服障碍，来判断过失。

但值得反思的是，缔约前的注意义务的内容是避免造成合同有效成立的表象，而在合同成立后，注意义务并无此内容；反过来，相应地，在合同订立前也不会存在给付义务。③ 一方面，耶林所主张的不能发生错误、不能使用电报方式、不能死的不是时候的所谓缔约前注意义务，在缔结合同后也是没有的。而且，在合同缔结前是无法从一个给付允诺推出合同上的注意义务的，只能从诚信原则中演绎出该义务。总而言之，缔约前并不存在合同上的注意义务。另一方面，应当肯定的是，耶林认为缔约过失所违反之义务为注意义务，是缔约过失制度的精髓，尽管现代缔约过失的类型与耶林论述的类型差别很大，但都是建立在合同磋商、准备阶段中的行为义务违反的基础之上的。④

另外，如何界定进入契约范围呢？耶林认为要约作出的时间，是订立合同的第一个步骤。但他认为，在接受要约之前产生的损害需要受害人自己承担，因为在没有承诺之前就进行行为，已经构成不谨慎了。按照当时的普通法，要约是没有拘束力的，要约人可以随时撤回。⑤

基于这样的逻辑推理，并通过对合同目的的分析，耶林找到了标的物为禁止流通物而致契约无效时受害人获得的损害赔偿的法律规范基础，即缔约过失的法律基础，在性质上，其属于合同责任。

最后，基于上述罗马法关于买主诉权，尤其是上述案例文本（3）、（4）

---

① 参见［德］鲁道夫·冯·耶林：《论缔约过失》，沈建峰译，商务印书馆2016年版，第69页。

② Vgl. Jhering, Culpa in contrahendo oder Schadensersatz bei nichtigen oder nicht zur Perfection gelangten Verträgen, 1969, S. 52 f.

③ Vgl. Medicus, zur Entdeckungsgeschichte der culpa in contrahendo, FS Kaser, 1986, S. 174 f.

④ Vgl. Larenz, Lehrbuch des Schuldrechts, Bd. Ⅰ, 14. Aufl. 1987, § 9 Ⅰ, S. 105.

⑤ Vgl. Kindereit, Wer fuehlt nicht, dass es hier einer Schadensersatzklage bedarf-Rudolf von Jhering und die "culpa in Contrahendo", in: Hoeren (Hrsg.), Zivilrechtliche Entdecker, 2001, S. 131.

的规定，耶林建议，法律不能全部否认无辜一方的所有救济，而是可以通过赋予受损害当事人以“消极利益”或信赖损害赔偿而使其恢复缔约以前的状态。如果有过失的允诺人为相对人制造了一个有拘束力的债务的假象，他就是可归责的。①

五、类型化分析

耶林将缔约过失责任分为三种情况，一是主体无能力；二是客体无能力；三是合同意思不可信赖。② 在第一种情况下，一方合同当事人因其负责的瑕疵而不能订立有效合同，比如因为无行为能力，或者因为发生债权效力的让与之禁止。第二种情况涉及因合同客体而无效的情况，如基于法律或事实原因自始不能。第三种情况主要是指合同当事人意思与表示之间的不一致，如意思表示错误或者错误转达，或者撤回要约或者要约人死亡的情况。③

六、法律效果

耶林的研究对于赔偿的计算也产生了根本性的影响。耶林发现，罗马法上，如果买受人购买的遗产，事实上不属于出卖人，则买受人可以请求信赖利益赔偿。④ 因此，耶林认为，买受人有两种利益，一种是实现合同的利益，即履行利益；另一种是没有订立合同的利益，即如同他没有听到过出卖人要约的状况。前者来自合同有效的情况，也被称为“积极利益”；而后者来自合同无效的情况，被称为“消极利益”。⑤

基于缔约过失的损害赔偿责任，耶林认为只能是消极利益。因为，如果赔偿积极利益，就意味着赔偿履行合同所能达到的利益状况，此为法律所不允许。而且耶林认为，消极利益有可能达到履行利益，比如可以签订

---

① See Friedrich Kessler & Edith Fine, *Culpa in Contrahendo*, *Bargaining in Good Faith*, *and Freedom of Contract*: *A Comparative Study*, Harvard Law Review January 1964, p. 253.

② 参见 Jhering, Culpa in contrahendo oder Schadensersatz bei nichtigen oder nicht zur Perfection gelangten Verträgen, 1969, S. 44 –56ff.；[德]鲁道夫·冯·耶林：《论缔约过失》，沈建峰译，商务印书馆 2016 年版，第 75 页以下。

③ Vgl. Kindereit, Wer fuehlt nicht, dass es hier einer Schadenersatzklage bedarf-Rudolf von Jhering und die “culpa in contrahendo”, in: Hoeren (Hrsg.), Zivilrechtliche Entdecker, 2001, S. 132.

④ Vgl. Rudolf von Jhering, Culpa in contrahendo oder Schadensersatz bei nichtigen oder nicht zur Perfection gelangten Verträgen, JhJb 4 (1861), S. 10 ff.

⑤ 参见[德]鲁道夫·冯·耶林：《论缔约过失》，沈建峰译，商务印书馆 2016 年版，第 29 页以下。

有利可图的交易，而现在不再可能签订了的情况。[①] 但耶林并没有进一步提出所赔偿的消极利益以履行利益为限的观点。

七、评价

耶林对于发生错误一方不赔偿对方损害的现象，提出伦理性责难，认为该结果不公平。继而耶林又发现了其他类型的发生在“发生缔结契约关系的场合”的结果不公平现象。基于这样的思考，耶林开始寻找罗马法上的处理规则，其发现罗马法上买卖不可交易物等情况是存在损害赔偿责任的。在法学方法上，耶林运用了整体类推的模式。首先，他发现某些个别的损害赔偿情况；其次，他找到其共同的思想基础、从事契约缔结的人，即因此从契约交易外的消极义务范畴进入契约上的积极义务范畴；最后，将这一思想普遍化，适用到所有缔约前违反注意义务的情况。[②] 耶林的缔约过失基础在于合同法上的关系，缔结合同被拟制为合同。

耶林的观点一经提出，在法学界引起了巨大的影响，耶林研究的几种情况逐渐为司法实践所接受。[③] 尽管许多学者拒绝承认耶林的缔约过失的合理性，但是也赞成基于诚实信用的观念使耶林列举的大部分情况下的过失缔约人负有责任。[④] 温德沙伊德（Windscheid）在他的教科书中也探讨了合同谈判时责任的问题，他认为，缔约人如果引发了相对人信赖合同之订立，而导致合同不成立的原因是相对人不知道、也不应知道的，那么缔约人必须承担不利后果。[⑤]

意大利法官加布里埃莱·法格拉（Gabriele Faggella）与法国学者雷蒙德·萨莱耶（Raymond Saleilles）受耶林学说的启发，并从法国法调整范围比较广的侵权法出发，认为缔约过失责任的基础是侵权法。[⑥]

意大利法官加布里埃莱·法格拉区分了三种不同的合同前责任，确立

---

① Vgl. Rudolf von Jhering, Culpa in contrahendo oder Schadensersatz bei nichtigen oder nicht zur Perfection gelangten Verträgen, JhJb 4 (1861), S. 18 ff.

② 参见［德］卡尔·拉伦茨：《法学方法论》，黄家镇译，商务印书馆 2020 年版，第 530 页以下。

③ Vgl. Tomasz Giaro, Culpa in contrahendo: eine Geschichte der Wiederentdeckungen, in: U. Falk/H. Mohnhaupt (Hrsg.), Das Bügerliche Gesetzbuch und seine Richter, 2000, S. 118 ff.

④ 参见 Windscheid, Lehrbuch des Pandektenrechts, 8. Aufl. 1900, §307 Rn. 5。转引自 Friedrich Kessler & Edith Fine, *Culpa in Contrahendo, Bargaining in Good Faith, and Freedom of Contract: A Comparative Study*, Harvard Law Review January 1964, p. 253。

⑤ Vgl. Kindereit, Wer fuehlt nicht, dass es hier einer Schadenersatzklage bedarf-Rudolf von Jhering und die culpa in contrahendo, in: Hoeren (Hrsg.), Zivilrechtliche Entdecker, 2001, S. 133.

⑥ Vgl. Zoll, Culpa in Contrahendo in European Private Law, in: Schulze/Perales Viscasillas, The Formation of Contract, 2016, S. 41 ff.

了一般性的合同前责任。他认为当事人突然中断缔约，即应承担缔约责任，即使中断是在正式发出要约之前。责任的基础是"合同前"的合意，即当事人同意缔结合同的意思。该责任是与合同责任并列的，基础是诚实信用。①

法国学者雷蒙德·萨莱耶将耶林的发现引入《法国民法典》，并将之处理为侵权责任。合同谈判是一种产生法律效果的法律事实，但不是法律行为。所以，一方面，当事人有缔结合同的自由；但另一方面，不尊重法律实施，要承担责任。雷蒙德·萨莱耶强调的缔约过失类型主要是中断缔约，而且必须是一方已经作出了要约之后。在结构上，是与法国法对要约的拘束力规则相对应的，根据法国法，在作出承诺之前，要约人均可以撤回要约。②

不过，应当说耶林使用的是自由合同概念，他还不了解社会化的债务关系。在合同内容方面，尤其是在给付与对待给付的对等性方面，耶林也没有予以关注。但在扩展适用到有效合同情况下，缔约过失却为对等性检验提供了基础。缔约过失责任使一方当事人对另一方负有充分的、宽泛的照顾义务，为他人负责替代了私人自己负责。③

第三节　德国法上的缔约过失责任制度

一、《德国民法典》中的缔约过失责任

耶林主张的缔约过失责任类型以及当事人应承担的消极利益赔偿责任，在他的那个时代迅速成为现实，《德国民法典》起草人毫不犹豫地将之规定下来。但是，1896 年颁布的《德国民法典》放弃了规定一般化的缔约过失责任的模式，而是交由学说继续发展。④ 在具体类型上，《德国民法典》对耶林的学说进行了重大变更，而且还增加了一些新的类型。具体来看，《德国民法典》规定了如下类型的缔约过失责任。

（一）合同不生效力类型

《德国民法典》重新规定了要约、承诺制度。根据《德国民法典》第 130

---

① See Jansen & Zimmerman ed., *Commentaries on European Contract Laws*, Oxford University Press, 2018, p. 868.

② See Jansen & Zimmerman ed., *Commentaries on European Contract Laws*, Oxford University Press, 2018, p. 869.

③ Vgl. Medicus, Zur Entdeckungsgeschichte der culpa in contrahendo, FS Kaser 1986, S. 180.

④ Vgl. Motive zu dem Entwurfe eines Bürgerlichen Gesetzbuches für das Deutsche Reich, Bd. Ⅰ, 1888, S. 195.

条第 2 款的规定,要约不再因要约人死亡而消灭。而根据第 153 条的规定,在要约人死亡后,承诺还是有效的。另外,根据第 149 条的规定,迟到情况下,要约人受领后负有立即通知义务,违反之,导致的是合同订立,而不是损害赔偿。但若根据第 154 条的规定,当事人之间没有达成合意,而一方有过错的情况下,过错一方则须承担缔约过失责任。

(二)基于错误撤销而产生的损害赔偿责任

陷入重大错误或者作出戏谑意思表示的合同当事人,应当赔偿相对人的消极利益(《德国民法典》第 122 条第 1 款)。根据德国民法典第一草案的规定,损害赔偿责任要以过错为要件;而在德国民法典第二草案中,又删除了过错要件。① 立法者将过错赔偿责任转为无过错赔偿责任。更正错误的风险由发生错误之人承担,无论其是否具有过错。损害赔偿责任不以过错为要件,与耶林的缔约过失制度有所不同。

(三)无权代理人的损害赔偿责任

在无权代理情况下,被代理人不追认的,无权代理人须向相对人承担赔偿责任。如果无权代理人不知没有代理权而进行代理,是否仍应承担积极利益的赔偿,在立法时有不同观点。在第一草案起草过程中,有观点认为无权代理人承担的是担保责任(Garantiehaftung),应赔偿积极利益。而在第二草案中,则有观点认为不应承担担保责任,应赔偿消极利益。② 最终《德国民法典》规定的是消极利益的赔偿责任,而且是无过错责任。不知无代理权而进行代理的代理人,必须赔偿信赖合同效力之人的损害(《德国民法典》第 179 条第 2 款)。这一规则与耶林主张的缔约过失制度也有所不同。

(四)自始不能情况下的损害赔偿责任

在给付自始不能的情况下,合同无效。如果合同当事人在缔结合同时知道或者应当知道不能实施给付行为或者行为违法,则其应承担信赖损害赔偿责任,该责任以过错为要件(旧《德国民法典》③第 307 条第 1 款第 1 句、第 309 条)。而该信赖利益之损害赔偿责任,既可能由不能给付的债务人承担,也可能由债权人承担。

---

① Vgl. Motive zu dem Entwurfe eines Bürgerlichen Gesetzbuches für das Deutsche Reich, Bd. Ⅰ, 1888, S. 200; Protokolle der Kommission für die zweite Lesung des Entwurfs des Bürgerlichen Gestzbuchs, Bd. Ⅰ, 1897, S. 107 f.

② Vgl. Motive zu dem Entwurfe eines bürgerlichen Gesetzbuches für das Deutsche Reich, Bd. Ⅰ, 1888, S. 243 f.; Protokolle der Kommission für die zweite Lesung des Entwurfs des Bürgerlichen Gestzbuchs, Bd. Ⅰ, 1897, S. 158 ff.

③ 本文将 2002 年德国债法改革之前的民法典称为旧《德国民法典》。

（五）合同生效情况下的缔约过失责任

与耶林论证的缔约过失类型相比，《德国民法典》新规定了一种缔约过失责任类型，即虽然合同已经订立，但在合同订立过程中，合同当事人违反了与合同有关的义务，则应承担损害赔偿责任，如有过错的没有警告合同标的物具有危险（寄存人赔偿保管人因保管物性质所造成的损害，旧《德国民法典》第694条），或者对合同标的错误说明（旧《德国民法典》第463条第2句）；赠与合同情况下的告知义务（《德国民法典》第523条第1款、第524条第1款）；出租人违反瑕疵说明义务（《德国民法典》第536d条）；出借人恶意隐瞒瑕疵（《德国民法典》第600条）；承揽人恶意隐瞒瑕疵（《德国民法典》第639条）。这些情况下，过错在合同成立前即已经存在，所以可以被称为缔约过失，并不需要扩张合同法的过错责任即可以归责。[①] 除了上述情形之外，在自愿管理事务后，拒绝要约时不予告知，管理人也负有缔约过失责任（《德国民法典》第663条）。另外，《德国民法典》颁布后1980年新增加了第611a条第2款（2006年复被删除），规定雇主对员工性别歧视的，雇主须承担缔约过失责任。

（六）评价

《德国民法典》规定了耶林描述的大部分缔约过失责任类型。从内容上看，尽管上述规则有些不同于耶林的缔约过失学说。但从基础思想来看，这些规则主要处理的是合同不生效力的责任问题，基本上是在耶林的思想脉络之下。但因为恶意隐瞒或者有过错的没有告知危险而承担损害赔偿的规则，以及放弃一般性规定缔约过失的做法，则背离了耶林对缔约过失的最初想法。

耶林认为缔约过失责任是一种合同责任，以合同之诉弥补侵权法上恶意诉讼与阿奎利亚法之间的漏洞。虽然《德国民法典》对于缔约过失责任的性质没有表态，但具体规定若干类型之后，缔约过失责任自然就成为法定责任。法律之规定，奠定了缔约过失的责任基础。在本质上，缔约过失行为是一种义务违反行为，而该义务违反与合同本身无关，既与其生效无关，也与其内容无关。

二、缔约过失责任制度在司法实践中的发展

《德国民法典》生效之后，在德国司法实践中，不仅广泛适用《德国民法典》关于缔约过失的具体规则，而且对于缔约过失制度进行了发展。而

---

① Vgl. Medicus, Zur Entdeckungsgeschichte der culpa in contrahendo, FS Kaser, 1986, S. 177.

司法实践的发展不仅补充了法律体系内部“效力不足”的问题,也对社会生活进行了回应,逐渐发展出适应社会生活的法律制度。

(一)缔约过失在司法实践中的一般接受

1911 年,《德国民法典》颁布不久,德国法院在油毡案①中即创造性地运用缔约过失保护缔约之际的人身利益。一位母亲带着孩子走入商店亚麻仁油布部,拟选购亚麻仁油布地毯。在与店员谈判时,没有放好的地毯卷倒地,击中母亲与孩子,导致两人摔倒在地。由于两人受到惊吓,于是没有订立买卖合同。帝国法院第一次支持了当事人所主张的基于合同的损害赔偿请求权,即使合同没有订立,当事人也可以获得损害赔偿;因为通过合同谈判,在当事人之间形成一种为买卖而准备的法律关系,而此种法律关系具有“类似契约”的性质。基于该法律关系,即使没有生效的合同,商店店主也要基于《德国民法典》第 278 条对其职员在谈判过程中过失导致顾客身体伤害承担责任。

在酒石酸案件中,德国法院进一步承认了嗣后合同没有成立的情况下的缔约过失责任,根据的是《德国民法典》第 122 条、第 179 条和旧《德国民法典》第 307 条、第 309 条。②

在 1912 年灯具(Luisinlicht)案③中,甲公司将生产线 Luisinlicht 转让给乙公司,为期 10 年。公司乙负有义务建立销售办公室等运营网络。在订立合同前,专利所有人已经多次警告甲公司,其可能阻止该生产线投入使用。公司乙对此并不知情。在乙公司设立销售办公室等运营网络后,专利所有人停止了该生产线。于是,乙公司请求甲公司赔偿损失。帝国法院采纳了莱昂哈德(Leonhard)的学说,认为基于诚实信用以及善良之交易习惯,公司甲应该在谈判阶段就告知经营生产线可以预见的困难。违反该告知义务,应承担缔约过失责任,但该缔约过失责任是在合同有效情况下的缔约过失责任,公司甲承担积极利益的赔偿责任。因为合同谈判和订立构成了一个整体,合同谈判时的义务与合同义务是一样的。④

1918 年,帝国法院的判例将缔约过失责任适用范围进一步扩展,将其适用到有效但不利的合同情况下,其理由有二:其一,旧《德国民法典》在第 463 条、第 694 条赋予了合同生效情况下的过失以独立的意义;其二,并没有有力的根据支持合同当事人之间在缔约时要比缔约后负担较少的注

---

① Vgl. RGZ 78, 239.

② Vgl. RGZ 78, 238, 239.

③ Vgl. RG JW 1912, 743 f.

④ Vgl. RG JW 1912 743 f.

意义务,合同缔结与合同实施构成一个整体。[①]

1923 年,帝国法院在一个判例[②]中一般性地承认了合同前的注意义务,无论嗣后的合同是否生效。在该案中,原告主张不动产买卖合同因为没有遵守形式要件而无效,但法院基于缔约过失责任否认了这一主张。

1922 年,帝国法院类推适用《德国民法典》第 179 条,判决代理人对第三人承担自己责任(die Eigenhaftung Dritter)。[③]

通过上述一系列判例,一方面确立了一般性的缔约过失制度的基本思想;另一方面拓展了缔约过失的主要类型,即缔约前侵害潜在缔约相对人的人身、财产利益类型、阻止合同有效的类型、受不利合同拘束类型以及代理人或第三人造成损害的类型等。

在法律效果上,司法实践采取的是差额说,即如果侵害人不为侵害行为,受害人的状况应是如何。具体在受不利合同拘束情况下,赔偿的是消极利益;而在阻止合同有效的情况下,赔偿的可能是合同实现时的积极利益。[④]

(二)先合同人身与财产利益保护类型

1961 年,德国联邦法院通过判例[⑤]进一步扩展了先合同侵害人身责任的范围,在踏入买卖交易空间之时,当事人就需要照顾相对人。如当事人没有履行照顾义务,导致相对人人身受到伤害,则须承担缔约过失责任。该类型所保护的是缔约人的生命、身体与所有权,保护义务开始于进入合同磋商(Vertragver handlung),结束于一方当事人真正地离开了交易相对人交易范围之时。所以,商店对购买货物的顾客负有安全保护义务,但对小偷或避雨的人是没有保护义务的。

(三)合同效力受阻类型

在司法实践中,还逐渐发展了如下类型的缔约过失责任:在合同谈判过程中,一方当事人造成另一方当事人信赖合同能够有效订立,而后又无理由中断缔约等,此时应承担缔约过失责任。司法实践中发展的中断缔约类型的缔约过失责任,与耶林处理的类型并不相同,其区别在于:受害人并没有信赖有效合同的现实成立,而是信赖将来的成立。而且,耶林认为在受害人于订立合同前信赖合同订立而支出费用,受害人自己即具有过错,

---

① Vgl. RGZ 95, 58, 60.

② Vgl. RGZ 107, 357, 362 ff.

③ Vgl. RGZ 106, 68, 73 f.

④ Vgl. HKK/Harke, § 311 Ⅱ Ⅲ Rn. 13.

⑤ BGH NJW 1962, 31, 32.

不得请求损害赔偿。①

在未达成合意、没有说明必须的许可的情况下,义务违反人也要承担缔约过失责任。但在非完全行为能力人被误认为有行为能力的情况下,赔偿义务与保护目的相违背,所以一般不会构成缔约过失责任;在合同因为形式要件欠缺而无效的情况下,一般也没有缔约过失责任,因为损害赔偿与形式要件的保护目的相违背。而且,一方合同缔约人对相对人形式要件的告知义务的基础,也不是总是能构成的。

(四)受不利合同的约束之类型

在实践中,还发展了如下类型的缔约过失责任:合同有效成立,但一方当事人的决定自由为相对方所影响,导致其为该合同所累,比如合同磋商时信息披露不正确。这些情况与不完全履行(积极违反债权)或者侵权都没有竞合关系。值得注意的是,合同当事人的代理人或其他事务管理人(Sachwalter)也有可能进行不正确的信息披露,而导致非期待之合同的成立。

例如,出卖人 V 与买受人 K 就建筑物区分所有权房屋买卖进行协商。K 对该买卖很犹豫,因为他害怕在资金上负担过重。所以 V 建议,应当就购房款进行贷款融资,由 K 在 D 银行处借贷,同时签订一个人寿保险,以作清偿。而且,V 保证 K 在融资上没有任何吃亏的地方;因为融资的费用可以通过税收上的好处填平。但在税收好处的计算上,由于 V 的过失出现了错误,事实上 K 必须每月承担很重的清偿负担。因此 K 要求 V 免除他对 D 的支付义务,K 将该房屋的所有权以及占有返还给 V。②

在信息义务违反责任情况下,有效合同已经订立,但合同当事人(在买卖合同情况下主要是卖方)故意或者过失地给予错误陈述或者违反说明义务(Aufklärungspflicht)而不作陈述,这些信息对买方购买之决定又是有意义的。③ 在较新的判例中,还要求这些信息不提供会阻碍谈判对方的合同目的,而且按照交易观念,对这些信息的告知是人们所期待的。④ 前者是积极地给予错误陈述(已经构成欺诈),在这种情况下,不以说明义务存在为归责前提;而在过失地违反说明义务的情况下,是消极地不给予陈述,在这种情况下,则要以说明义务的存在为前提。虽然《德国民法典》第 241 条第

① Vgl. Medicus, Zur Entdeckungsgeschichte der culpa in contrahendo, FS Kaser, 1986, S. 177.

② Vgl. BGH NJW 1998,302.

③ Vgl. Mertens, culpa in contrahendo beim zustande gekommenen Kaufvertrag nach der Schuldrechtsreform, AcP 203 (2003), S. 819.

④ Vgl. BGH NJW 2001, 2163.

2 款没有明确规定说明义务,但可以将之看作照顾义务的一种。

(五)发行公告责任

在司法实践中,自 1978 年开始,通过法官法发展出了重要的民法上的发行公告责任(Prospekthaftung)。首先是针对没有组织的资本市场,基于信赖责任思想以及缔约过失原则,在既有法律规定的招股说明书责任以外发展了民法上的发行公告(招股说明书)责任。据此,义务人就发行公告的完整与正确性承担责任,义务人应当完整地、正确地说明所有对于投资决定意义重大的情况,以及与所提供参与形式相关的不利与风险,还包括阻碍合同目的实现的信息。该责任被称为狭义的发行公告责任。① 其正当性基础在于,公告(招股说明书)是投资人唯一的信息来源,与此关联的并非个人之信赖,而是典型的信赖,无论投资人是否知道负责或者共同参与发行公告之人,该责任均能成立。

设立人、发起人、设计人不恰当或不完整地作出发行公告(招股说明书)的,须承担损害赔偿责任。此时,投资人的信赖并非具体信赖,而是抽象的类型化的信赖。② 在投资计划说明书责任情况下,责任主体不限于合同当事人的代理人,还包括投资计划的设立人、起草人、发行人等,因为他们对于投资计划的完整性与正确性承担了担保责任。除此之外,还包括参与说明书制作的银行、律师、会计师、税务顾问等,他们被人认可的以及尊重的职业地位特别值得信赖,由此要承担相应的责任。

(六)对第三人的保护义务

1976 年,德国联邦法院并用缔约过失责任与附保护第三人作用契约制度,判定商店店主对潜在顾客的亲属所遭受的人身伤害承担责任。③ 1963 年 10 月 2 日,当时年仅 14 岁的原告陪同其母亲前往被告之分店(系一自助商店)购物。其母亲在柜台结账时,原告为帮助其母亲乃绕过柜台前往包装台,此时因掉落于包装台附近之蔬菜叶导致原告失足滑倒受伤。原告于 1970 年 3 月 5 日对被告提起诉讼,请求赔偿其因伤所受损害。由于侵权行为损害赔偿请求权时效已完成(按照旧《德国民法典》的规定,侵权法上请求权的时效是 3 年,而一般请求权的时效为 30 年),原告对被告主张契约法上之损害赔偿请求权。原告获得胜诉判决。④

在该案中,于缔约之际,原告之母亲固然是应受保护之人,而原告作为

① Vgl. Palandt/Grüneberg, § 311 Rn. 67.

② Vgl. BGHZ 123, 106, 109; BGH ZIP 1992, 662.

③ Vgl. BGHZ 66, 51, 56 ff.

④ Vgl. BGH 1976, 1, 28; BGHZ 66, 51; NJW 1976, 712 = JUS 1976, 465 = JZ 1976, 776.

母亲购物的帮手,并不能成为缔约过失责任的直接保护对象。但是原告与母亲之间存在人身上的保护与照顾关系,店主也负有对这种信赖关系的保护义务,在交易接触关系成立之后,与母亲同来的孩子也应得到相应的保护,这样在店主和孩子之间也存在法定债的关系,店主的履行辅助人(Erfuellungsgehilfe)有过错违反了基于此产生的保护义务(《德国民法典》第278条),可归责于店主,孩子因此享有请求权。[①] 在实质上,缔约过失责任具有保护第三人的功能。在后来的判决中,还涉及缔约前第三人财产利益的保护问题。[②]

这种类型的保护第三人义务,不仅可以发生在缔约前,也可以发生在已经订立合同的情况下。在前者,就是保护第三人的合同前债之关系;在后者,也被称为附保护第三人效力的合同。德国帝国法院在创设此项制度之初期,适用的是利他合同规则(《德国民法典》第328条),扩张解释该条所称第三人之范围。例如,在一个案件中,甲与妻及儿子搭乘的汽车发生车祸,导致三人均受伤,其妻及儿子虽非合同当事人,但对运送人仍有契约上之损害赔偿请求权。因为帝国法院认为甲与运送人所订"运送契约,系同时为其妻子及儿子所缔结,其妻及儿子属于利他合同中的'第三人',享有直接请求给付,即请求依债务本旨而为无危险的运送之权利"。[③] 但拉伦茨反对此种见解,因为第三人利益契约以给付义务为内容,该第三人对于债务人有直接请求给付之权;而在此项新创之制度中,债务人仅对特定范围之第三人,负一定之注意及保护义务,该第三人因债务人违反此项义务而遭受损害时,才可以依据契约原则请求债务人赔偿,对于债务人并无契约上之给付请求权的,其地位与《德国民法典》第328条所规定利益第三人契约之第三人不同,因此拉伦茨教授称为"附保护第三人作用之契约"[④]。

有学者认为,在体系定位上,附保护第三人效力的合同与利他合同规则比较接近,同时又具有《德国民法典》第311条第1款第1句等特征。[⑤] 根据《德国民法典》第311条第1款第1句的规定,《德国民法典》第241条第2款(保护义务)亦得对非成为契约当事人之人发生效力。在性质上,违反保护第三人义务而承担的损害赔偿责任属于一种基于信赖责任的法定

---

① 参见刘春堂:《契约对第三人之保护效力》,载《民商法论集(二)》,1990年4月版,第84页。

② Vgl. Palandt/Grüneberg, § 328 Rn. 15.

③ RGZ 87, 64.

④ Karl Larenz, Lehrbuch des Schuldrechts, Bd. Ⅰ, 14. Aufl. 1987, S. 225.

⑤ Vgl. Looschelders, Schuldrecht AT, 10. Aufl. 2012, S. 79.

责任。①

在义务人本身没有过失的情况下，要求其对辅助人（Gehilfen）的过错行为向第三人承担责任，这就破坏了合同的相对性，而且使合同的风险被无限地扩大，当事人可能完全没有想到该第三人会受损，以及自己因此要承担一定的责任。故此，第三人的保护义务之构成需要严格的前提。按照德联邦法院的观点，要有四个前提要件：②

1. 第三人必须接近或接触侵害者所负担的给付（Leistungsnaehe），由此导致其与债权人一样承受了与给付关联的风险。比如受保护的第三人包括与承租人共同居住的人，但不包括偶尔访问的姑姑或其他亲属。

2. 对第三人的保护，债权人具有正当利益或特别的利益。在身体与物的损害情况中，判例发展了所谓福祸相依标准（Wohl und Wehe Formel），即债权人对于第三人的福祸共同担责，因为对第三人的损害也涉及了债权人，债权人对第三人承担了保护与照顾义务。③ 具体如父母子女之间、夫妻之间、雇主与雇员之间的关系等。

3. 与给付接近，债权人的正当利益对于债务人而言是可识别的。通常债务人是知道相关第三人的姓名与数量的，由此，债务人可以控制自己的责任风险。

4. 第三人保护的必要性。如果第三人可以享有合同法上的请求权，则没有必要通过保护第三人效力之合同制度予以保护。比如转承租人并不在出租人与主承租人（转租人）之间合同的保护范围内，因为他可以基于转租合同向其合同相对人，即主承租人（转租人）主张合同法上的损害赔偿请求权。④

（七）事务管理人责任

1. 自己经济利益的情况

在合同谈判阶段，常有代理人参与其中。在有权代理情况下，法律行为效果归之于本人。但是，如果代理人在代理行为中为自己的利益行为或使另一方产生了信赖，那么代理人就应承担缔约过失责任。⑤ 1928 年，德国帝国法院第一次裁定代理人承担自己责任，帝国法院认为，尽管该代理

---

① Vgl. Medicus/Lorenz, Schuldrecht Ⅰ, 20. Aufl. 2012, S. 417.

② Vgl. Karl Larenz, Lehrbuch des Schuldrechts, Bd. Ⅰ, 14. Aufl. 1987, S. 227.

③ Vgl. BGHZ 51, 91 (96).

④ Vgl. Looschelders, Schuldrecht Allgemeiner Teil, 10. Aufl. 2012, Rn. 209.

⑤ Vgl. Ballerstedt, Zur Haftung fuer culpa in contrahendo bei Geschaeftsabschluss durch Stellevertreter, AcP 151(1950/51), S. 501.

人具有外观上的代理人身份,但实质上真正独立地参与了合同关系,是一种"自己事务上的代理人"(procurator in rem suam),代理人应当对谈判相对人的损失承担个人责任。[①] 具体如,丙作为甲的代理人与所有权人乙协商,拟购买土地,丙使乙在错误信息基础上低价出售了土地,而且丙与甲已经签订预约,约定以购买价格自己取得该土地。在此案中,丙并非买卖合同的当事人,但从经济利益上观察,丙即为合同相对人,在其违反说明义务的情况下,应对乙承担缔约过失责任。

德国联邦法院在 1991 年 6 月 17 日的判例[②]中认为,代理人引发相对人特别信赖并不足以构成代理人的自己责任。除此之外,代理人还必须以其行为影响了相对人的决定,比如通过对交易的履行提供附加的、个人的担保。

德国成文法中也规定有代理人或其他中间人的自己责任。如《德国商法典》第 98 条规定的居间人对契约双方之责任。《德国交易所法》第 45 条及以下条款规定的招股责任。另外,雇主因颁发假证所负担的责任,母公司因虚报子公司支付能力所负的责任等,均属于此。根据事务管理人责任(Sachwalterhaftung),被保护的只是被咨询者及责任人所发表的"声明"可辨的针对者,而这些人同时也可被视为委托人与被委托作咨询、鉴定的人之间契约所保护的第三人。

在司法实践中,德国法院还发展了代理人具有自己的而且并非间接的经济利益的类型。例如,二手车经销商的责任(Gebrauchtwagenhaendler),二手车经销商在法律上只是中介人,而非所有权人,但根据事务本性,他具有一定的经济利益,本质上是合同当事人,所以要为其陈述承担责任。[③] 又如,合同谈判人只是在表象上以公司名义签订合同[④],但给付部分或者全部为自己所使用时,也属于此类情况。[⑤]

但在中间人只具有间接经济利益的情况下,不能适用该条的事务管理

---

① 参见 BGHZ 120, 249, 252 ff.;李静:《有限责任公司经理人的缔约上过失责任——德国法上制度考察》,载《比较法研究》2006 年第 4 期。

② Vgl. BGH NJW - RR 1991, 1241.

③ Vgl. BGH WM 1991, 1730.

④ Vgl. BGH NJW - RR 02, 1309. 在中国法上,也有类似规则。最高人民法院《关于审理民间借贷案件适用法律若干问题的规定》第 22 条规定:"法人的法定代表人或者非法人组织的负责人以单位名义与出借人签订民间借贷合同,有证据证明所借款项系法定代表人或者负责人个人使用,出借人请求将法定代表人或者负责人列为共同被告或者第三人的,人民法院应予准许。法人的法定代表人或者非法人组织的负责人以个人名义与出借人订立民间借贷合同,所借款项用于单位生产经营,出借人请求单位与个人共同承担责任的,人民法院应予支持。"

⑤ Vgl. BGH NJW 86, 587.

人责任(Sachwalterhaftung)。中间人有希望获得的佣金或者报酬属于间接利益,经理或者股东对于公司交易成功后的利益也是间接利益,都属于不能构成缔约过失责任的情况。①

2. 引发特别个人信赖的情况

在代理人个人责任的基础上,德国联邦法院又向前走了一步。那些并未为一方当事人实施磋商,而是作为其事务管理人加入缔约的人,如果基于职业身份或专业知识而引发了相对人对自己的更高信赖,即可成立个人责任。对此,只要事务管理人使对方产生了"其对合同的执行有帮助"的印象就足够了。事务管理人无需与对方有合同关系,只要该方将其信赖置于事务管理人身上,便已足够。在此,事务管理人负有注意义务。②

就事务管理人责任,司法实践中发展了其特别的缔约过失责任事实构成要件,即第三人以超常的程度(in besonderem Maße)使人对他产生信赖,并且因此而对合同谈判或者合同缔结产生了重大影响。该第三人必须直接或者间接通过为其谈判的人参与了谈判,而且该第三人通过其本人的出场承担了一种超出对通常合同谈判之信赖的、个人对合同的严肃性与成功性的担保。③

例如,谈判人表示其担保交易的严肃或可靠性,即存在相对人的特别个人信赖。④ 谈判人作出表示,以接近作出担保的方式或者以合同利益人的咨询人身份出现,也会造成相对人的特别信赖。比如作为专家出现在合同谈判中或者作为银行投资顾问出现在合同谈判中。⑤

又如,N 经销生产用车辆,他以保留所有权的方式卖给了 E 有限责任公司一辆载重汽车。E 试图将汽车再卖给 K。K 拒绝了,因为他对 E 的经济状况以及是否能够履行合同表示怀疑。为此,N 向 K 解释,E 只不过是他的"稻草人",事实上,他自己是交易的幕后操作人。鉴于此,K 与 E 签订了买卖合同,交给 N 一张 75,000 欧元价款的支票,并且说明,现在该支票是被冻结的,但只要 K 或者他的辅助人取得了汽车的占有,就可以被解冻。后来,G 从 K 处融资租赁了该汽车。N 还占有着该汽车,于是 K 请求 N 直接将汽车运给 G。但 N 却没有照办,而是成功地劝说 G 出具了假证

① Vgl. Palandt/Grüneberg, § 311 Rn. 61.

② Vgl. Karl Larenz, Lehrbuch des Schuldrechts, Bd. Ⅰ, 14. Aufl. 1987, S. 115; Volker Emmerich, Zum gegenwaertigen Stand der Lehre von der culpa in contrahendo, Jura 1987, S. 561.

③ Vgl. BGH NJW 83, 2696, NJW - RR 91, 1242, 1341; 06, 993.

④ Vgl. Hamm WM 1993, 241.

⑤ Vgl. Palandt/Grüneberg, § 311 Rn. 63.

明,证明收到了汽车。基于此,K 解冻了支票,E 进行了兑付,并存入了自己账户。事情败露后,E 已经没有支付能力了。K(有权)解除了与 E 的买卖合同。K 将汽车还给了 N,但是要求对待给付价金的补偿,因为他不能从无财力的 E 处再取得该价金了。[①]

在情谊关系情况下[②],有瑕疵的信息如果成为第三人作出重大财产处置决定的基础,[③]比如在银行咨询的情况下,也可以成立缔约过失。如果投资中介或顾问在顾客的同意下从其银行获得关于该顾客的财产信息,则必须小心使用,尤其不能滥用。

在定作人委托加工时,加工企业的关联企业给定作人一种印象,它与加工企业在经济上是一个主体,而且负责排除瑕疵,以致定作人一直未向加工企业在诉讼时效内请求瑕疵担保责任,这也是一种类似的交易接触的情况。[④] 此时,关联企业也须作为第三人承担独立的责任。

另外,司法实践还发展了律师、会计师、鉴定师、税务师的专家责任(Berafshaftung)。[⑤] 例如,N 向 G 银行申请一笔贷款,用于建造多户型的住宅。他将这座住宅分成若干所有权区分住宅,并将之卖给了感兴趣的买方。在 G 的请求下,N 向 G 提交了一份专家 S 的鉴定书。在鉴定书中,土地的贷款价值被估价为 500 万欧元。鉴于此,G 发放给 N 一笔同等数额的贷款。但后来建筑计划落空了,因为还需要 500 万欧元才能成功。在 N 不能向 G 偿还的时候,G 对土地进行了强制拍卖。但是这块土地被证明是不能出售的,因为它被规划在新计划的公路路线之内,所以,如果该规划计划按照现在的方案实施,这块土地就要被征收。而该规划计划已经发布多年了,S 在作出鉴定时忽略了。此时,G 可以向 S 请求损害赔偿。

就法律关系来看,卖方与鉴定人之间存在鉴定合同关系,对买方的特殊保护并不与卖方的利益相关。联邦法院在这一判决中认为,鉴定人自己清楚,由于其专业知识深得信任的职业以及其对自己的鉴定被人重视的期望,引发了他人特别的信任,从而他人对其鉴定也赋予了特别的信任。[⑥] 卡纳里斯(Canaris)认为,该第三人责任的理论依据是以第三人对缔约过程

---

① Vgl. Schwab, Grundfälle zu culpa in contrahendo, Sachwalterhaftung und Vertrag mit Schutzwirkung für Dritte nach neuem Schuldrecht – Teil 2. Die Einbeziehung Dritter nach § 311 Ⅲ BGB, JuS 2002, S. 872.

② Vgl. Dauner – Lieb/Arnold/Doetsch/Kitz, Fälle zum neuen Schuldrecht, 2002, S. 206 f.

③ Vgl. Canris, Die Reform des Rechts der Leistungsstörungen, JZ 2001, S. 499, 520.

④ Vgl. BGH NJW 2001, 2716; Lorenz/Reihm, Lehrbuch zum neuen Schuldrecht, 2002, Rn. 371.

⑤ Vgl. Palandt/Grüneberg, § 311 Rn. 60.

⑥ Vgl. BGH NJW 1995,392.

中的过失承担赔偿义务为模型的信赖责任,[①]即责任的依据为承担责任者引发了他人对他的信赖。该制度一方面扩展了契约的保护范围,将未直接参与契约的第三人亦纳入其中,解决了缺少利益相关类型的保护第三人效力契约的问题;另一方面使未参与契约的第三人因违背保护义务而承担责任,第三人负有保护信赖之义务。

3. 有限责任公司经理及股东的第三人责任

如果他在谈判之际没有向相对人说明公司恶化的财务状况,或者甚至面对相对人的询问,作不正确或者不完整的信息描述,其后公司破产,则已经履行的债权人的给付请求权必将全部或部分落空。此时,判例认为,遭受损失的债权人可以请求经理人承担个人责任。[②]

经理对于第三人的说明责任的正当性在于:要么经理人引发了相对人非同寻常的信赖,要么合同谈判对经理人具有巨大的自我利益。在有限责任公司经理表示进行独立的担保(Garantie)且其本身参与了合同磋商时,即引发相对人特别个人信赖,由此,经理须承担独立的责任。[③] 有限责任公司经理责任适用于股份公司的董事。有限责任公司经理的第三人责任,突破了代理理论与公司有限责任理论。

经理人的责任应当是一种补充责任,即当债权人向公司行使债权请求权无法获得满足后,经理人才有义务赔偿合同相对人的损失。[④]

(八)评价

缔约过失制度是一个正在演进的开放体系。在耶林创建概念时代,该制度仅指契约无效或不成立时所造成的信赖利益赔偿,通过准备性法律关系、类似契约关系,人们发现了契约止于磋商未臻完成的类型,并从中发展了中断缔约类型以及缔约之际加害行为类型,由此缔约过失成功地调整着谈判关系。后来的判例逐渐认为,缔约过失与契约成立与否、订立与否并无关系。进一步的发展是,在契约成立时也有缔约过失责任存在的可能,此即缔约之际违反说明义务的类型,但这种类型的缔约过失责任的义务违反之事实一般发生在磋商阶段。最后产生的事务管理责任,渐渐脱离了磋商阶段的要件,受害人也不再限于契约关系谈判当事人,只要与给付利益

① Vgl. Canaris, Schutzgesetze – Verkerspflichten – Schutzpflichten, in Festschrift für Larenz zum 80. Geburtstag, 1983, S. 85.

② Vgl. RGZ 95, 61; BGH NJW 1962, 1196.

③ Vgl. BGH NJW – RR 91, 1314.

④ Vgl. Soergel/Wiedemann, vor § 275 Rn. 227; Brandner, Haftung des Gesellschafter – Geschäftsführers einer GmbH aus culpa in contrahendo, in: FS Werner, 1984, S. 53.

相关或对债务人的行为产生信赖即可构成。

三、学说的发展

在1911年的油毡案[①]中，帝国法院的判决结果是没有问题的，但其构造的类似合同的法律关系存在很大的不确定性，在正当性上也缺少论证，需要进一步在理论上予以构建。

继耶林之后，莱昂哈德于1910年出版了《缔约过失》一书，[②]这是第一本关于缔约过失的专著，他没有承认一般性的缔约过失制度，认为《德国民法典》仅在第122条、第179条以及旧《德国民法典》第307条规定了缔约过失制度类型，重点论述了合同有效订立时的缔约过失责任。首先，他认为，缔约过失的基础是嗣后订立合同的预先效力或者基于当事人默示约定的（先合同）义务。合同订立是一个完整的整体，以前的行为只有在合同订立成功后才会发生效力。而且，从无效合同中不能引导出责任。在他的著作中，合同订立是指订立一种生效的协议。通过研究《德国民法典》第694条（寄存人对所寄存的标的物之瑕疵所造成损害承担责任）以及旧《德国民法典》第443条、第463条、第540条以及第637条中规定的谈判中已经出现的恶意责任，他认为，在合同生效情况下，也存在缔约过失责任。尤其是在没有规定瑕疵担保责任的范围内，通过侵权法处理，并不公正。[③]

1923年，海因里希·施托尔（Heinrich Stoll）结合案例以及耶林与莱昂哈德的论点，论证其统一的构成基础为信赖原则。他认为存在三种类型的缔约过失责任：第一种是耶林论证的一方因为订立一个无效合同而受到损害的情况；第二种是莱昂哈德提出的在有效合同情况下，一方当事人因为相对人订立合同时的行为而受到损害；第三种是油毡案提出的类型，没有产生有效力之合同，但当事人遭受了与合同谈判结果无关的损害。这三种类型的缔约过失责任的共同基础是违反信赖原则并产生损害，而该损害是侵害人在合同订立之前的后果。

根据莱昂哈德之观点，当事人的注意义务来自嗣后订立的合同，这就意味着在义务产生前对当事人就有拘束力了。对此，施托尔认为是不正确的。他反而认为在合同订立前必须存在法律义务，然后才能讨论违反该义务从而赔偿损害的问题。基于这样的思考，在缔约过失的构建上，迈出了关键的一步，即他所认为的，在合同谈判期间已经产生了债之关系，随着要

---

① See RGZ 78, 239.

② Vgl. Franz Leonhard, Verschulden beim Vertragsschlusse, 1910, S. 42.

③ Vgl. Franz Leonhard, Verschulden beim Vertragsschlusse, 1910, S. 42 ff.

约的作出以及要求进入合同谈判，通过单方法律行为就可以订立合同了。因此，在合同谈判期间有过错行为的责任产生于该债之关系中的义务违反。该合同谈判阶段的债之关系与合同有效情况下的债的关系是一体的，一个债的有机体，只是在生效时，其表现形式发生变化，内容有所转变，但并不因生效而消灭合同谈判阶段的债之关系。①

在此期间，德国学说又基于诚实信用原则发展了"其他行为义务""保护义务"等理论，其与信赖原则理论结合，促成缔约前义务违反类型一再扩张。②

巴勒施泰德(Ballerstedt)提出，先合同关系并不建立在嗣后缔结合同的基础上，与合同订立没有关系。③ 也就是说，除了侵害完整性利益的情况，单纯的合同准备本身确立了具有合同相关内容的法定之债的关系，而该债之关系使其相对于相对人负有通常交易上照顾的义务。④ 在研究代理人责任的问题时，巴勒施泰德提出了著名的引发或助长信赖(sich Vertrauen in Anspruch nehmen)的缔约过失的构成标准，缔约过失责任基础是引发或助长信赖。德国联邦法院借鉴了这一构成要件，逐渐发展了事务管理人责任，⑤主要应用于投资领域，比如律师、税务师等专家责任。

卡纳里斯从实际判例出发，系统地提出了信赖关系学说，认为合同谈判开始时，当事人处于超越普通人之间的一般关系的信赖关系之中。缔约过失制度与积极侵害债权制度一样，均属于信赖责任。信赖责任是合同责任与合同外责任以外的第三种责任。⑥ 该责任建立在更为紧密的社会接触之上，该社会接触有别于侵权领域偶然的相遇，而因为没有基本的给付义务，又与合同上的责任根本不同。

至此可以发现，缔约过失责任的基础已经由耶林主张的注意义务提高以及过失转化或深化为助长信赖以及保护义务违反。德国债法改革法即在新的思想基础上规定了缔约过失责任的一般构成前提。

---

① Vgl. Heinrich Stoll, Haftung für das Verhalten waehrend der Vertragsverhandlungen, LZ 1923, S. 532 ff.

② Vgl. Larenz, Lehrbuch des Schuldrechts, Bd. Ⅰ, 14 Aufl. 1987, S. 105 ff.

③ Vgl. Ballerstedt, Zur Haftung fuer culpa in contrahendo bei Geschaeftsabschluss durch Stellevertreter, AcP 151(1950/51), S. 504.

④ Vgl. Soergel/Wiedermann, vor § 275 Rn. 102.

⑤ Vgl. BGHZ 56, 81 f.

⑥ Vgl. Canaris, Schutzgesetze – Verkehrspflichten – Schutzpflichten, in Festschrift für Larenz zum 80. Geburtstag, 1983, S. 85.

四、德国债法改革对缔约过失的一般化

（一）关于缔约过失的一般条款

2002年《德国债法现代化法》生效，其中，履行障碍法改革有两个目标：一是将买卖合同与承揽合同中瑕疵担保救济方式，统一纳入一般履行障碍法之中，从而提高一般履行障碍法的意义（《德国民法典》第275条及其以下、第323条及其以下）；二是将不成文的有关履行障碍的法官法法典化。① 缔约过失等制度就是重要的法官法，需要成文法化。但债法改革法立法者也意识到，全面法典化缔约过失制度是不可能的，不过可以将其作为核心法律制度在成文法中确定下来，并通过标准化将典型类型确定下来从而清晰勾勒出轮廓。② 立法者并没有改变现有的法律现状，所以，在法律适用时，仍需要回溯从司法实践中发展的法律原则及基本类型。对于大量的竞合问题以及有争议的责任构成的问题，留给司法实践解决。③

（二）一般性规则

在德国债法现代化法政府草案中，表达了一般化缔约过失责任的理由：在缔约之前，当事人之间就产生了法律关系，该法律关系表明，当事人须承担类似于合同的责任。这里需考虑长期以来被承认的缔约过失制度，其基本原则要在民法典中予以体现。④ 这里放弃了制定个别规则模式，而是进行了一般性抽象规定。在此区分，是否事实上订立了合同。对于义务的内容援引《德国民法典》第241条第2款，而违反该义务的损害赔偿责任则依据《德国民法典》第280条第1款。缔约过失所保护的是另一方的所有权利（Rechte）、权益（Rechtsgüter）以及利益（Interessen），包括其财产利益以及其他利益，比如决定自由。根据《德国民法典》第311条第2款的规定，以基于交易接触产生的保护义务为内容的债之关系，产生法定的照顾另一方的权利、法益以及利益的义务；违反保护或附随义务（Nebenpflicht）者，须基于《德国民法典》第280条第1款负有赔偿因此产生损害的义务，但债务人能够证明不存在过错的除外。该规定类似于一般条款，缺乏具体的构成要件，但也具有一定涵摄能力。⑤

---

① Vgl. Lorenz & Reihm, Lehrbuch zum neuen Schuldrecht, 2002, S. 85.

② Vgl. Begr. RegE, BT – DrS. 14/6040 S. 162.

③ Vgl. Lorenz/Riehm, Lehrbuch zum neuen Schuldrecht, 2002, Rn. 366 (S. 186 f.); Palandt/Heinrichs, § 311 Rn. 11.

④ Vgl. BT – DruckS. 14/6040 S. 161 f.

⑤ Vgl. Lorenz & Riehm, Lehrbuch zum neuen Schuldrecht, 2002, Rn. 367.

1. 发生的时点

《德国民法典》第 311 条第 2 款首先规定了通过交易接触产生特别结合关系，采用的是规定缔约过失责任起始点的模式。[①]《德国民法典》第 311 条第 2 款区分了三种情况，保护与照顾的债之关系可以通过合同谈判开始（die Aufnahme von Vertragsverhandlungen，第 1 项）、合同准备（die Anbahnung des Vertrages，第 2 项）或者类似的交易上接触（ähnliche geschäftliche Kontakte，第 3 项）而产生。

（1）所谓合同谈判的开始，不必一定是意思表示的发出，尤其是以要约的形式，其所包含的是所有以法律行为方式接触的形式，包括对所意图的缔约进行的预备性谈判。但也不一定必须已经进入谈判且已经进入双方过程。纯粹的一方措施也属于合同谈判的开始。例如，宣传（广告）措施，包括寄送宣传单。又如，生产商研发了特定程序，求助于潜在的供应商并告知其特定产品秘密。如果该供应商将其用于自己使用的目的或者转让给第三人，则其应承担缔约过失损害赔偿责任。

有争议的是，以探求共同经济利益为目的的、没有拘束力的谈话情况下的法律状况。探求谈话并非第 1 项意义上的谈判，但在第 2 项前提下可能会引发《德国民法典》第 241 条第 2 款意义上的义务。

在此，无关紧要的是所意图的合同类型。当事人是否直接接触，是否通过媒介，或者是否嗣后实际上缔结合同，也不重要。

在合同的准备阶段，当事人一方鉴于将发生的法律行为上的关系使他方得有影响其权利、法益或利益之机会，或将该权益托付于他方者，即足以确立《德国民法典》第 241 条第 2 款的义务。

典型类型是开放交易（Eröffnung eines Verkehrs）以使法律行为上接触成为可能，尤其是交易场所的交易开放。进入交易场所的当事人是否具有购买的意图，在所不问。因为，交易场所向公众开放的目的就在于让访问者开始谈判，即开始交易接触。包含在保护义务范围内的还有顾客的陪伴者，尤其是陪同成年人的孩子。不在保护范围内的是在交易空间内实施犯罪而停留的人以及进入交易空间取暖的人。[②]

（2）所谓合同准备，将来有可能促成合同关系的准备性会谈即为已足。有可能影响对方权利与利益范围的缔结合同要约之提出、直接邮寄未预订的货物、误导性的广告手段尤其是邮寄不正确的说明书，均属于合同

① Vgl. Canaris, Die Reform des Rechts der Leistungsstörungen, JZ 2001, S. 499, 519.

② Vgl. MüKoBGB/Emmerich, § 311 Rn. 72.

准备阶段。一般来讲,仅仅是一方准备合同的措施并不足以构成合同准备,因为此行为对对方并没有影响之可能。①

(3)基于第3项,适用缔约过失一定要以交易上接触为前提,而不是合同上接触,单纯的社会接触也并不足够,作为基础的构成前提应当是合同准备(第2项)。② 但值得注意的是,合同谈判开始与合同准备类型并非类似的交易上接触的子类型。《德国民法典》第311条第2款第3项是一个口袋条款,适用于既不是合同谈判(第1项),也不是合同准备(第2项)的情况。

例外情况下,相互没有拘束力的当事人之间也可以产生类似合同关系。比如,由于可归责于一方当事人的原因对债权人或债务人发生错误,从而导致另一方将其视为谈判或者合同当事人。除此之外,还有电信服务商与电信使用者因错误的服务或者滥用而产生了网络连接。另外,多人共同出卖一个标的物,任何一人都需要恰当地告知相对人其出让之权限,此时,当事人之间存在类似合同的信赖关系,违反之,应承担缔约过失责任。③

最后,值得注意的事,这三个构成前提之间的关系并不十分明确,法律起草者只是将各种类型缔约过失发生时间总结在一起。④

2. 义务违反

在《德国民法典》第311条第2款、第3款规定的情况下,一方当事人违反了第241条第2款所规定的保护义务或照顾义务。第241条第1款规定的是与履行有关的义务,而第241条第2款规定的是与履行无关的义务,即照顾义务(Ruecksichtspflicht)。

通过照顾义务,首要的是避免在合同谈判过程中,一方当事人允许相对人干涉其权利、法益及利益而产生的危险或者一方当事人信赖另一方当事人所产生的危险。实际上具备干涉可能性,即构成干涉。⑤

具体照顾义务包括交往安全义务(Verkehrssicherungspflicht)、保护义务、说明及信息提供义务以及对相对人忠实行为的义务(Obhutspflichten, Aufklärungs – und Informationspflichten sowie generell die Pflicht zu loyalem Verhalten gegenüber dem anderen Teil)。在合同谈判过程中,或者在合同无效的情况下,一方将财产交付给对方,嗣后因谈判失败或者合同无效,还可

---

① Vgl. MüKoBGB/Emmerich, § 311 Rn. 73.
② Vgl. MüKoBGB/Emmerich, § 311 Rn. 42.
③ Vgl. MüKoBGB/Emmerich, § 311 Rn. 75.
④ Vgl. Begr. RegE, BT – DrS. 14/6040 S. 163 li. Sp.
⑤ Vgl. MüKoBGB/Emmerich, § 311 Rn. 50.

能产生返还义务（Rückgabepflicht）。[1]

3. 损害与因果关系

要构成缔约过失责任，受害人还必须遭受了损害。损害可能是人身损害，也可能是财产损害，还可能是当事人所不期望的合同本身。

对缔约过失保护的客体不能作一般性规定，而是根据交易接触的类型与强度而各不相同，不仅保护绝对权、财产，也保护法益，还保护不具有财产价值的地位，如决定自由、处置自由等。[2]

另外，在义务违反与损害产生之间必须存在因果关系。

4. 主观构成要件

在缔约过失主观要件方面，需要可归责于债务人（《德国民法典》第280条），而根据《德国民法典》第280条第1款第2句的规定，债务人负有举证责任。《德国民法典》第276条规定的故意与过失的界定也适用于缔约过失的情况。根据《德国民法典》第278条的规定，履行辅助人的可归责归之于事务主人。事务主人要为履行辅助人的过错向相对人承担责任。

如果特别合同类型下相对于故意或过失规则有责任减轻规则，也适用该特别规则，具体如《德国民法典》第521条、第599条、第690条、第708条。比如，在拟订立赠与合同的情况下，一方违反前合同说明义务，如果根据缔约过失责任予以赔偿，则会适用《德国民法典》第521条责任限制，即仅具有轻过失的赠与人不承担责任。

（三）具体类型

1. 安全保障义务

《德国民法典》第311条第2款、第3款对缔约过失作出一般性规定之后，还需要适用司法判例中发展出来的缔约过失类型，而且司法判例中的缔约过失类型也是继续发展的。

由于德国侵权法的缺陷，在缔约之际，一方当事人负有保护另一方当事人人身财产安全的义务（Verkehrssciherungspflicht）。保护义务的范围与强度取决于其开放的社会交往的范围与大小。"进入后果自负"的免责条款并不会免除当事人的安全保障义务。

2. 说明义务

目前，在德国法上，说明义务或信息义务（Aufklaerungs－oder Informationspflicht）之违反类型构成了缔约过失制度的核心类型。说明义务逐渐成为

---

① Vgl. MüKoBGB/Emmerich, § 311 Rn. 77.

② Vgl. Canaris, Die Reform des Rechts der Leistungsstörungen, JZ 2001, S. 499, 519.

矫正订立的合同并非所期望的主要手段。不过,德国法并没有承认一般性的说明义务。只有在附加的前提下,当事人才会承担说明义务。对说明义务的违反,通常是不作为,如不告知某种情况,即为违反了缔约之际的说明义务。如果一方当事人自愿地提供信息,那么必须诚信地提供,如果其不诚信地提供信息,则需要承担缔约过失责任。而如果一方当事人被询问,则其应当如实回答或者拒绝回答,但不能撒谎。在一方当事人积极提供虚假信息的情况下,构成欺诈,合同被撤销后,另一方当事人可以主张损害赔偿的缔约过失规则。①

说明义务具体又分为如下类型:②

(1)在缔约过程中,当事人应当向另一方当事人指出其对合同效力以及可执行性的疑虑,具体如形式要件,缺少对合同的批准、代理人没有代理权、违反法律与违背善良风俗等。不过,一般情况下,双方当事人都可以或者都必须自己获得这些合同的效力障碍以及可执行性障碍的信息。所以,只有在双方当事人信息落差比较大的情况下才存在说明义务。例如,公法人与私人之间,对于特别法规定的批准规则,就存在信息落差。又如,一方明知土地交易需要公证形式要件(《德国民法典》第 311b 条第 1 款),却仅采取了书面形式订立,由此,就应向另一方当事人承担缔约过失责任。另外,如果一方使对方陷入合同执行或者订立没有问题的错误认识之中,则必须进行纠正。

(2)当事人均得在其可能范围内向对方说明阻碍合同目的的情况以及在合同实施时可能产生的损害。比如,在股票买卖情况下,当事人一般不负有对市场行情说明的义务,但却负有说明可能影响股票价格的矿山水灾的情况的义务;在土地买卖的情况下,出卖人必须告诉买方其上存在强制拍卖情况。对于阻碍合同履行的障碍,当事人也负有说明义务。比如一方授信给另一方,后者必须告诉对方其经济状况,尤其是因为其经济状况恶化而可能还不上贷款。但如果合同履行障碍构成给付不能,则一般优先适用给付不能规则。

(3)如果一方使用的是格式条款或者是格式合同,则其有义务明确、不会导致误解地告知对方条款的重要内容与范围(《德国民法典》第 305 条第 2 款)。尤其是银行与保险企业负有这一说明义务,特许经营权人通过广告使被特许人产生特别夸张的期待的,必须对其进行说明。

---

① Vgl. MüKoBGB/Emmerich, § 311 Rn. 64 ff.

② Vgl. MüKoBGB/Emmerich, § 311 Rn. 71 ff.

(4)如果一方当事人导致相对人陷入错误,而其知道或应当知道相对人陷入错误,且相对人受该错误之影响订立合同,则其先行行为使其负有向相对人说明该误解之义务。如果该当事人没有向相对人说明,则应负有损害赔偿义务,而且相对人所不期待的合同就是损害,相对人可以要求恢复原状。最终,在法律效果上,相对人得废止该合同。这就是所谓的过失欺诈。

(5)咨询义务(Beratungspflicht)。如果出卖人明示或默示地向买受人承担对标的物特性等情况咨询的义务,则有可能基于缔约过失责任或者积极违反合同,而承担损害赔偿责任。如果咨询义务是基于磋商阶段法定债之关系而产生的附随义务,则为非独立的咨询义务;相反,如果是基于当事人之间的合同而产生的咨询义务,则为独立的咨询义务。在出卖复杂机器、危险仪器以及软件等产品时,出卖人即负有向买受人说明机器尺寸规格以及安装方法等义务。在出卖建筑物区分所有权以及其他不动产等情况下,尤其是在买受人要融资等情况下,出卖人应对合同客体的融资事宜根据买受人情况提供咨询,给出建议。

3. 发行公告责任

民法上的发行公告(如招股说明书),是指与市场相关的书面表示,其中含有对于所推荐的投资之判断而言重要的说明或者使人觉得有这些说明。除此之外,这些书面材料还必须在事实上或者至少使人产生对公众广泛地描述了投资信息的印象。

特别法上逐渐规定了越来越多的发行公告责任。如 2005 年的有价证券投资法(Wertpapierprospektgesetz)以及 2005 年 7 月 1 日之后颁布的出卖人之招股说明书法(VerkProsp G),①对于非组织资本市场的招股说明书责任也进行了规范,在实际上排挤了民法上的招股说明书责任。②

目前,民法上招股说明书责任可适用的领域主要是业主模式(Bauherrenmodelle)、建筑承担人模式(Bauträgermodelle)、运营建筑物区分所有权以及有价证券投资法、财产投资法所不调整的新投资模式。对于有价证券投资法、财产投资法没有规定法律效果的情况,也可以适用招股说明书责任,例如,担保人责任(Haftung der Garanten)或者资本市场上不正确的书面信息责任。③

---

① 后者于 2012 年 6 月 1 日为财产投资法所替代,并为 2013 年的资本投资法(Kapitalanlagengesetzbuch)所补充。

② Vgl. Palandt/Grüneberg, § 311 Rn. 68.

③ Vgl. MüKoBGB/Emmerich, § 311 Rn. 141 ff.

4. 阻碍合同生效

一方当事人无理由中断合同磋商或者有过错地阻碍合同生效，则违反了《德国民法典》第 241 条第 2 款的照顾义务，应向相对人承担缔约过失责任。在中断缔约情况下，通常是相对人有理由信赖不久即会订立合同，或者是义务人使相对人产生缔约准备或者缔约能力的错误设想，甚至义务人欺骗对方自己准备缔约，或者在放弃缔约准备时没有告知对方，从而使对方支出了费用，这些情况均违反了《德国民法典》第 241 条第 2 款的照顾义务。无权代理人订立合同的情况下，也可能因为阻碍合同生效，而承担缔约过失责任。合同当事人无理由地拒绝合同的批准，也构成缔约过失责任。①

在因为隐藏不合意导致合同无效的情况下，一方当事人背俗的不利于相对人而导致合同无效的情况下，或者合同违法无效的情况下，有过错地导致合同无效者，均应承担缔约过失责任。

5. 第三人责任类型

合同原则上具有相对性，仅能在订立合同的当事人之间确立债之关系，第三人一般不能基于该债之关系获得权利，也不负担义务。在合同缔约阶段，也适用合同相对性原则。不过，此原则也存在例外。

《德国民法典》第 311 条第 3 款规定了第三人的自己责任：负有第 241 条第 2 款规定的义务之债之关系（保护义务），对不是合同当事人的人也得发生效力。该债之关系，特别发生在第三人引发特别信赖，并因而对合同磋商以及合同订立产生重大影响的情况下。缔约前保护义务或者合同中的保护义务延伸至第三人，在性质上属于一种类似于法律行为的债之关系，涉及的是《德国民法典》第 241 条第 2 款的保护义务，该保护义务基于法律规定产生。②

《德国民法典》第 311 条第 3 款第 1 句针对的是代理人或磋商辅助人的自己责任，代理人或者单纯的合同辅助人参与合同谈判，造成了合同另一方当事人超过一般信赖的信赖，而且合同谈判以及合同订立因此被显著影响的情况下，该第三人要自己承担赔偿责任。代理人的自己责任并不以其具有代理权为前提。代理人与本人对相对人承担连带责任，而且代理人自己责任的范围不超过本人的责任范围。③

《德国民法典》第 311 条第 3 款第 2 句规定的是事务管理人责任、专家

---

① Vgl. MüKoBGB/Emmerich, § 311 Rn. 176 ff.

② Vgl. Looschelders, Schuldrecht Allgemeiner Teil, 10. Aufl. 2012, Rn. 202.

③ Vgl. MüKoBGB/Emmerich, § 311 Rn. 189.

责任以及其他答询人的责任[1],这是一个开放的条款[2]。除了《德国民法典》第311条第3款第2句规定的情况外,还有其他案型。[3] 比如,第三人与合同标的物的关联是如此的紧密,以至于他事实上是在同时经营着自己的事务,而且从经济角度考察的话,他就是另一方当事人的合同相对人,[4]具体如二手车销售商责任。

《德国民法典》第311条第3款还包含有狭义的招股说明书责任以及广义的招股说明书责任,在合同谈判时作为将来的合同当事人、代理人、事务管理人或者担保人使投资人产生个人信赖的,应当对在谈判过程中使用的招股说明书的瑕疵承担责任。在招股说明书的说明不正确或者不完整,或者存在违法的情况下,也构成缔约过失责任。[5] 义务人须向投资人承担损害赔偿责任。对于招股说明书的损害赔偿责任,适用《德国民法典》第280条。损害赔偿的内容是废止合同和返还投资款以及利息。[6] 即使权利人取得的投资与市场价相当,权利人也可以废止合同。

职业责任属于事务管理人责任的一种,也被称为专家责任。律师、税务师、鉴定人等按照《德国民法典》第311条第3款第2句等标准向一方当事人承担责任,并没有在专家与一方当事人之间假定存在答询合同或者附有保护第三人效力的合同。根据《德国商法典》第323条第1款第3句的规定,年度审计人故意或过失违反其义务的,对委托其审计的资本公司以及关联企业承担损害赔偿责任。一般认为,该规则并不能排除《德国民法典》第311条第3款第2句的适用。[7]

(四)法律效果

违反《德国民法典》第241条第2款、第311条第2款规定的照顾义务与说明义务者,应当根据《德国民法典》第280条第1款向受害人承担损害赔偿责任。合同是否实际订立,均不影响损害赔偿责任的构成。在具体损害赔偿责任的构成与范围上,适用《德国民法典》第249~253条的规则。

在缔约人违反保护义务类型的缔约过失责任情况下,受害人可以请求所有的因为身体或者财产受损而产生的损失,即所谓的维持利益(或称固

---

① Vgl. Jauernig/Stadler, § 311 Rn. 49.

② Vgl. Palandt, Gesetz zur Modernisierung des Schuldrechts, 2002, S. 171.

③ Vgl. Medicus, Schuldrecht Ⅰ, 20. Aufl., 2012, S. 61.

④ Vgl. Lorenz/Riehm, Lehrbuch zum neuen Schuldrecht, 2002, S. 191.

⑤ Vgl. Palandt/Grüneberg, § 311 Rn. 71.

⑥ Vgl. MüKoBGB/Emmerich, § 311 Rn. 170.

⑦ Vgl. MüKoBGB/Emmerich, § 311 Rn. 197 – 199.

有利益 das Erhaltungsinteresse)。[①] 如果缔约人侵害的是人身权益,则应赔偿相对人的精神损害。[②]

在缔约人阻碍契约生效或者违反说明义务的情况下,缔约人一般赔偿相对人消极利益(信赖损害),即如果其遵守义务的行为情况下的利益状况。而且,债务人赔偿消极利益的范围并不以履行利益为限。不过在《德国民法典》第 122 条、第 179 条以及旧《德国民法典》第 307 条、第 309 条(履行不能的情况)的情形下,合同前义务违反人仅赔偿相对人消极利益的损失,而且该消极利益的损失赔偿不得超过履行利益。[③]

有争议的是,受害人可否要求积极利益的赔偿,即赔偿如果没有债务人义务违反行为,受害人可能会订立更为有利的合同的利益状况。对此,有学者予以拒绝,因为存在间接强制缔约的危险。[④] 也有不同观点认为,应当具体情况具体分析,只有在受害人被赋予消极利益请求权是为了避免间接强制缔约的情况下,上述观点才有其道理。[⑤] 在司法实践中,也有法院判决缔约当事人赔偿相对人履行利益。[⑥] 例如,如果土地买卖合同因为卖方的过失而缺乏形式要件,因而无效,买方可以请求卖方赔偿相当于相同价值土地价格的损害。[⑦]

在一方缔约人没有提供信息、错误咨询或者提供信息有瑕疵的情况下,受害人的损害是没有订立所期待的合同而带来的损害。所以,受害人可以要求恢复原状(《德国民法典》第 249 条第 1 款),通过废止合同而从所不期望的合同中解放出来。受害人还可以要求违反信息义务者赔偿费用与支出。如果债务人提供信息,受害人可以与其或者与第三人订立更有利的合同,那么受害人也可以主张赔偿基于假定的合同所失的利润。

为了救济受害人,在解除合同不具可能性,或者在经济上不划算的情形下,法院会允许受害人在废止合同以及合同调整之间作出选择。合同调整的具体方式是通过减价修正合同。减少的价款为合理价格与信息瑕疵导致过高价格之间的差额。[⑧]

---

① Vgl. Larenz, Lehrbuch des Schuldrechts, Bd. Ⅰ, 13. Aufl. 1982, S. 107.

② Vgl. Däubler, Die Reform des Schadensersatzrechts, JuS 2002, S. 625f.

③ Vgl. Medicus, Schuldrecht Ⅰ, 10. Aufl. 2000, Rn. 108.

④ Vgl. Staudinger/Löwisch/Feldmann, § 311 Rn. 175 mN.

⑤ Vgl. MüKoBGB/Emmerich, § 311 Rn. 201.

⑥ Vgl. BGHZ 120, 281.

⑦ Vgl. BGH NJW 65, 813.

⑧ Vgl. MüKoBGB/Emmerich, § 311 Rn. 211 – 215.

五、评价

《德国民法典》第311条第2款、第3款规定了缔约过失责任的一般适用前提,但并没有明晰其具体构成要件。不过,相比于诚实信用等一般条款,缔约过失责任还是具有一定的适用要件。在法律适用时,亦须根据司法实践中发展的类型予以判定。《德国民法典》第311条第2款、第3款本身也规定了一些适用类型。学说对其判例进行归纳整理,总结出现代德国缔约过失制度发展形成的类型,同时通过类型规定将其定型化。①

缔约过失制度近年来在实践中的意义逐渐增加,法官在各种情况下从缔约过失责任的思想出发进行运作。这一发展趋势的结果仍未可知,更确切地说,新的类型群不断出现,在实践意义上,缔约过失能够涉及诸多法定的给付障碍(Leistungsstoerung)制度不可能解决的领域。

在法律适用上,适用《德国民法典》第311条第2款、第3款,还需要一并适用《德国民法典》第280条第1款(有时一并适用《德国民法典》第278条),这三条共同构成德国法上缔约过失责任的请求权基础。由此可以断定,德国法上缔约过失的基础是法律规定,但最终适用的规则仍是合同法的规则。因为《德国民法典》第311条第2款、第3款加上开放类型的规范模式,在法律适用时还是需要借助基本思想厘定适用的边界。

缔约过失背后的思想基础是不统一的,具体需要根据类型进行判断。比如合同前的安全保障义务是为了在缔约期间保护(将来可能成为)合同相对人的人身、财产安全。而中断缔约以及缔约之际的说明义务类型,基本思想则是引发或助长了特别的信赖。而《德国民法典》第311条第2款第3项以及第3款规定的类型之基本思想是一般的声明责任(Erklaerungshaftung),具体如银行的答询、雇主出具证明以及会计的证明书等情况。与此关联的是某些自由职业者,如律师、税务师的责任,其思想基础是职业责任、第三人对其的特别信赖。在招股说明书责任情况下,其基本思想是保护投资者;在与消费者缔约时,信息提供义务的思想基础是保护消费者。②

德国法上安全保障义务类型、招股说明书中说明义务类型以及第三人

---

① 参见黄立:《德国新债法之研究》,台北,元照出版有限公司2009年版,第172页;朱岩编译:《德国新债法:条文及官方解释》,法律出版社2003年版,第125页。

② Vgl. MüKoBGB/Emmerich, § 311 Rn. 39 – 41.

责任类型（如有限责任公司经理责任以及二手车经销商责任）的缔约过失制度的确立，原因都在于侵权法上缺乏纯粹经济损失规则。而通过缔约过失解决纯粹经济损失问题，可以避免侵权责任过于泛滥的问题。①

① See Markesinis, Unberath & Johnston, *The German Law of Contract, A Comparative Treatise*, 2th ed., Hart Publishing, 2006, p. 107.

第二章　缔约过失责任一般性构成条款及其类型

第一节　一般性构成条款规制路径

从缔约过失制度的历史发展来看，其发展路径主要是从具体类型规则到一般性条款。而从一般性条款规则上看，其本身并非完全的请求权基础规范，没有非常清晰的构成要件；但其也含有一定的构成前提，部分能够进行涵摄。我国在进行法律继受时，外国法上关于缔约过失的一般性规定模式对我国立法产生了影响。

一、理论上的一般性表述

对于缔约过失制度的理解与继受，是从一般性描述开始的。我国台湾地区学者王泽鉴先生认为，缔约过失责任（或称“约上的过失”），是于缔约之际，尤其是在缔约谈判过程中，一方当事人因可非难的行为，侵害他方当事人时，应以契约法原则（而非侵权行为规定）负责。[①] 我国台湾地区学者刘得宽更为准确地对缔约过失进行了界定。其认为，缔约过失责任是指契约缔结交涉开始之后，虽然犹未缔结完成，在交涉阶段，也会产生以依赖关系为基础之法定债务关系，若当事人在此期间故意或过失违背信赖关系之行为，亦需以违反债务为理由向对方负担损害赔偿之义务。[②]

我国大陆学者基本上接受了台湾地区学者对缔约过失制度的一般性界定。如王利明教授认为，缔约过失责任是指在合同订立过程中，一方因违背其依据诚实信用原则应负的义务，而致另一方信赖利益损失，应当承担民事责任。[③] 崔建远教授进一步从合同对等性角度进行研究，发现了缔约过失的违反义务之构成。崔建远教授认为，缔约过失责任是缔约人故意或过失违反先合同义务时，依法承担的民事责任。而所谓先合同义务，是指缔约双方为订立合同而接触、磋商所逐渐产生的注意义务，并非合同有

---

① 参见王泽鉴：《民法学说与判例研究》（重排合订本），北京大学出版社 2015 年版，第 7 页。

② 参见刘得宽：《民法诸问题与新展望》，中国政法大学出版社 2002 年版，第 483 页。

③ 参见王利明：《违约责任论》，中国政法大学出版社 1996 年版，第 598 页。

效成立而产生的附随义务，包括互相协助、互相照顾、互相保护、互相通知、诚实信用等义务。[①]

在上述认识基础上，《合同法（建议草案）》第29条即进行了一般性规定："当事人在为订立合同而进行磋商等过程中，相互负有协力、保护、通知及其他以诚实信用原则和交易惯例所要求的义务。当事人违反前款义务，给对方造成损害的，应当承担赔偿责任。"[②]《合同法（征求意见稿）》第24条第1款对其进行了简化："当事人在订立合同过程中，因违背诚实信用原则或者交易习惯给对方造成损害的，应当向对方赔偿因此而受到的实际损失。"在征求意见过程中，有学者认为，关于缔约过失责任的规定过于原则，所以1998年8月20日的《合同法（草案）》进行了一定程度的具体化规定，但也没有放弃一般性规定的模式。[③] 该草案第40条规定："当事人在订立合同过程中有下列情形之一，给对方造成损失的，应当承担损害赔偿责任：（一）假借订立合同，以损害对方利益为目的，恶意进行磋商的；（二）有其他违背诚实信用原则的行为的。"[④]最终，《合同法》第42条规定："当事人在订立合同过程中有下列情形之一，给对方造成损失的，应当承担损害赔偿责任：（一）假借订立合同，恶意进行磋商；（二）故意隐瞒与订立合同有关的重要事实或者提供虚假情况；（三）有其他违背诚实信用原则的行为。"《民法典》第500条基本上继受了《合同法》第42条的规定。

二、一般性规定的立法例

在合同法立法过程中，起草人主要参照了《意大利民法典》第1337条、第1338条和我国台湾地区"民法"第247条（关于给付不能情况下的缔约过失责任规则）以及《国际商事合同通则》第2.1.15条。

《意大利民法典》第1337条（标题为"谈判和缔约前的责任"）规定："在谈判和缔结契约中，双方当事人应当依据诚实信用原则进行之。"第1338条规定："知道或者应当知道契约无效原因存在的一方没有将其通知

---

① 参见崔建远：《合同责任研究》，吉林大学出版社1992年版，第285页。

② 梁慧星主编：《民商法论丛》第4卷，法律出版社1996年版，第447页。《合同法（建议草案）》也被称为试拟稿，参见全国人大常委会法制工作委员会民法室编著：《〈中华人民共和国合同法〉及其重要草稿介绍》，法律出版社2000年版，第15页以下。

③ 参见杜涛：《从合同法征求意见稿到合同法草案——〈中华人民共和国合同法（草案）〉介绍》，载全国人大常委会法制工作委员会民法室编著：《〈中华人民共和国合同法〉及其重要草稿介绍》，法律出版社2000年版，第164页。

④ 全国人大常委会法制工作委员会民法室编著：《〈中华人民共和国合同法〉及其重要草稿介绍》，法律出版社2000年版，第176页。

另一方，则该方要为此就对方在契约有效期内基于信赖、没有过错而遭受的损失承担赔偿责任。”[①]该法典建立了以诚实信用原则为基础的合同前责任。

1940年《希腊民法典》对缔约过失的规定比德国民法更为彻底；[②]表现为法典将缔约过失责任上升为一般原则性规定，而且将该责任建立在合同前义务的基础上，使制度体系更具科学性。该法典第197条规定：“为缔结契约而进行谈判的当事人，应负诚实信用及交易惯例所要求的行为之义务。”而该法典第198条则规定：“在商议缔结契约时因过错而给对方造成损害者……即使契约尚未签定，亦负有赔偿义务。”

我国台湾地区“民法”仿照旧《德国民法典》，未对缔约过失设一般性规定，而仅就特定情形予以规定。如我国台湾地区“民法”第88条、第90条及第91条有关错误的撤销规定，第110条关于无权代理的规定，第247条关于自始客观给付不能的规定。虽然之后判例法又发展了缔约过失责任的类型，但在成文法上未有变化。1999年4月21日通过了修正的我国台湾地区“民法”债编，增订第245条之一作为缔约过失责任的一般性规定，[③]在台湾地区学界、实务界引发了巨大的争论。该条修正案规定：“契约未成立时，当事人为准备或商议订立契约而有左列情形之一者，对于非因过失而信契约成立致受损害之他方当事人，负赔偿责任。一、就订约有重要关系之事项，对他方之询问，恶意隐匿或为不实之说明者。二、知悉或持有他方之秘密，经他方明示应予保密，而因故意或过失泄漏之者。三、其他显然违反诚实及信用方法者。前项损害赔偿请求权，因二年间不行使而消灭。”其第1项第3款（其他显然违反诚实及信用方法者）作为概括条款在适用上有一定难度和争议。首先，违反诚实信用是否“显然”，须依个案认定；其次，须将概括条款具体化、类型化方可适用。[④]

三、国际示范文本中的缔约过失制度

（一）《国际商事合同通则》第2.1.15条

1994年的国际统一私法协会（International Institute for the Unification of Private Laws，UNIDROIT）颁布的《国际商事合同通则》第2.15条规定：“（1）当事人可以自由谈判，并对未达成协议不承担责任；（2）但是，如果一

---

① 《意大利民法典》，费安玲、丁玫译，中国政法大学出版社1997年版，第362页。

② 参见傅静坤：《二十世纪契约法》，法律出版社1997年版，第32页。

③ 参见王泽鉴：《债法原理》（第2版），北京大学出版社2013年版，第236页以下。

④ 参见王泽鉴：《债法原理》（第2版），北京大学出版社2013年版，第244～245页。

方当事人以恶意进行谈判,或恶意终止谈判,则该方当事人应对因此给另一方当事人所造成的损失承担责任;(3)恶意,特别是指一方当事人在无意与对方达成协议的情况下,开始或继续进行谈判。"第2.16条规定:"在谈判过程中,一方当事人以保密性质提供的信息,无论此后是否达成合同,另一方当事人有义务不予泄露,也不得为自己的目的不适当地使用这些信息。在适当的情况下,违反该义务的救济也可以包括根据另一方当事人泄露该信息所获得之利益予以赔偿。"这两条规则直接影响了《欧洲合同法既有原则》(Acquis Principles)、《欧洲合同共同法》(Principles Contractuels Communs)、《欧洲民法原则、定义与示范条文(共同框架建议草案)》(Principtes, Definitions and Model Rutes of European Private Law, Draft Common Frame of Reference,以下简称《欧洲民法框架草案》),也影响了我国1999年《合同法》第42条的制定。

(二)《欧洲合同法原则》第2:301条

《欧洲合同法原则》将"当事人可以自由地进行交涉,对于没有达成合意的事项不负责任"这一点作为支配《欧洲合同法原则》整体的基本原理建立起来(《欧洲合同法原则》第2:301条第1款)。但另一方面,《欧洲合同法原则》在各处都设置了关于在合同准备交涉阶段当事人应采取之态度的规定。①

因为普通法不愿意承认一般性的诚信原则,所以《欧洲合同法原则》第2:301条将缔约过失限定在有违诚信以及公平交易的中断缔约情况如下:②

第一,《欧洲合同法原则》第2:301条第2款规定,"违反诚实信用与公平进行交涉或退出交涉的当事人,对给对方造成的损失负责任",对各交涉当事人负有诚实交涉义务。同条第3款特别规定:"尽管毫无与对方达成合意的打算却开始并继续交涉者,尤其违反诚实信用与公平交易。"

第二,对于在合同准备交涉阶段的不实说明、广告、信息提供,《欧洲合同法原则》在一定要件下视其构成合同条款,即在说明、广告等中表示的内容是表示者所作"合同上的承担担保"这一强化效果(《欧洲合同法原则》第6:101条)。也就是说,在交易的过程中,在就对于对方来说是重要的事

---

① 参见[日]潮见佳男:《最近欧洲合同责任、履行障碍法的发展——荷兰修正民法典、德国债务法修正草案、欧洲合同法原则》,于敏译,载梁慧星主编:《民商法论丛》第8卷,法律出版社1997年版,第381页。

② See Jansen & Zimmerman ed., *Commentaries on European Contract Laws*, Oxford University Press, 2018, p. 866.

项明确地作了说明的场合下,如果该说明参照双方当事人拥有的专门知识,能够使对方合理地将其理解为合同上的担保,则视为已存在"合同上的承担担保"(同条第1款)。并且,对由服务、商品等专门的供给人所作的说明,原则上(对方为恶意或有过失的场合除外)视为作出了"合同上的承担担保"的表示(同条第2款)。而且,如果说明是由为专门供给人进行宣传或销售的人作出的,或者是由处于商业链条的前部环节的人作出的,则也视为专门供给人作出了"合同上的承担担保",除非其对此不知道且不应当知道(同条第3款)。

第三,《欧洲合同法原则》还规定,即使是在未构成上述"合同上的承担担保"的场合中,对于因信赖对方所给予的不实信息而参与合同的当事人,即使该信息并不使其享有基于错误而撤销合同的权利,也可以请求损害赔偿,除非提供该信息的当事人有理由相信信息是正确的(《欧洲合同法原则》第4:106条)。这时的损害赔偿指向的是,将因不实信息引起错误的当事人置于与合同尚未缔结时的状态相同的状态(《欧洲合同法原则》第4:117条第2款第2句)。

第四,《欧洲合同法原则》负有对在合同准备交涉阶段由对方出示的信息予以保密的义务。这里,不仅不得对第三者出示,也禁止为自己利益而利用。并且,是否负有这种保密义务,与交涉是否达成了缔结合同无关。再者,关于应得到赔偿的损害也有特别的规定,义务违反人不仅需要赔偿对方蒙受的损失,而且须返还违反保守秘密义务而得到的利益(《欧洲合同法原则》第2:302条)。

(三)《欧洲合同法既有原则》第2:101条、第2:102条、第2:103条

根据《欧洲合同法既有原则》第2:101条的规定,在先合同谈判阶段,当事人必须依据诚信行为。

《欧洲合同法既有原则》处理的是消费者合同。在消费者合同情况下,基于诚信原则,需要保护消费者的合法期待(《欧洲合同法既有原则》第2:102条),经营者必须以特别技能与特别注意而行为。该原则第2:103条规定了违背诚信的谈判。原则上当事人自由谈判而不必为没有达成协议承担责任,但是中断缔约或者没有缔约意图而恶意谈判,导致对方损失的则应承担责任。

(四)《欧洲民法框架草案》第Ⅱ-3:301条

《欧洲民法框架草案》第Ⅱ-3:301条规定了违反善意和公平交易的协商的规则。当事人有协商的自由,对未能达成协议不承担责任;但是当

事人中断缔约、并无订约意图恶意谈判的,应当承担责任。[①]

（五）《欧洲统一买卖法草案》第2条、第16条、第29条、第55条

《欧洲统一买卖法草案》(Common European Sales Law)第2条规定了诚实信用以及善良交易的原则:违反诚实信用以及善良交易者,不得行使权利、主张救济或者抗辩,或者须向相对人承担责任。这一规则适用于合同的所有阶段,包括合同前阶段。[②] 这是目前在国际公约层面应用最广泛的一般条款。

《欧洲统一买卖法草案》第二章第16条规定了对合同内容的信息提供义务,确立了相当广泛的信息提供义务范围。第29条规定了违反信息提供义务的责任,具体有损害赔偿责任、费用赔偿责任等。第55条规定了合同被撤销等情况下的损害赔偿责任。

四、我国合同法上的一般性规定

1999年《合同法》第42条规定了一般性的缔约过失规则,并列举了两种缔约过失类型以及概括性的缔约过失类型。第43条规定了合同当事人的保密义务,合同当事人违反保密义务,也会产生缔约过失责任。在构成技术上,缔约过失一般要件规则比较特殊,只是规定了最低限度的构成,属于一种框架方式的构成前提。根据该一般构成前提,当事人在订立合同过程中违反合同前义务,给对方造成损失的,应当承担损害赔偿责任。但这一一般性的规则并没有完全地、清晰地勾勒出缔约过失制度的构成要件,尚需要结合具体类型,进行细化。比如是否需要违反合同前义务的要件、相对人信赖的要件,是否需要义务违反人有过错,合同成立后是否可以成立缔约过失责任等。缔约之际义务违反的一般模式,有陷入模糊的公平裁量的危险。为了避免这种危险,必须将每种缔约过失类型的功能准确地描绘出来,从而在具体类型上补充或者修改缔约过失制度框架。

2020年颁布的《民法典》第500条继受了《合同法》第42条的规则,采取的仍然是一般性规定的模式。而第501条对《合同法》第43条的保护范围进行了扩张:当事人不仅对合同订立过程中的商业秘密负有保秘义务,而且对其他应当保密的信息,也负有保密义务。其他应当保密的信息,主要是对当事人经营活动意义重大的信息。[③]

---

① 参见[德]巴尔、[英]克莱夫主编:《欧洲私法的原则、定义与示范规则:欧洲示范民法典草案:全译本》第1、2、3卷,高圣平等译,法律出版社2014年版,第233页。

② Vgl. Schulte-Noelke, CESL Comments, Article 2, Rn. 7, p. 90.

③ 参见黄薇主编:《中华人民共和国民法典释义》(中),法律出版社2020年版,第960页。

五、一般性规则的优缺点

在德国债法改革咨询阶段，梅迪库斯（Dieter Medicus）认为不应该制定关于缔约过失的一般条款。[①] 虽然一般性规则有其优点，可以应对将来出现的缔约过失类型，从文义上就可以涵盖它们，不必借助法官法予以发展；但其缺点在于过于抽象，不能由此获得具体的裁决理由。在德国学界也根本没有关于是否确立缔约过失责任一般性规则的讨论，只有关于具体类型的探讨。在法律适用上，一般性规则导致模糊的公平裁判之危险更甚。[②] 不过，最终德国还是在《德国民法典》第311条第2款规定了一般性规则，只是在具体适用上，还得借助司法实践中发展的具体缔约过失责任类型。

中国法上采取的思路大体与德国相同。除了一般性规定之外，还规定了具体的类型。而且，《民法典》第500条第3项（《合同法》第42条第3项）提供了继续发展的基础。利用类型化技术，在存在一般性规则的基础上，我国司法实践可以继续发展缔约过失责任之类型。尽管一般性规定的模式有其缺点，但还是有进步意义的：其在具体构成上，规定了义务违反的一般构成前提，对于具体裁判缔约过失案件，具有统一标准的作用；对于缔约过失案例类型的发展，也具有指引作用。

六、我国《民法典》第500条一般规则与其他规则的关系

（一）《民法典》第500条与第157条第2句中的损害赔偿规则的关系

有学者提出，《合同法》第42条（《民法典》第500条）所涉及的是合同不成立时的缔约过失责任，并未包括合同无效或被撤销情形的缔约过失责任，并称该条中缔约过失责任为狭义的缔约过失责任；而除狭义缔约过失责任之外，还包括合同无效以及被撤销的民事责任的缔约过失责任，即广义缔约过失责任。[③] 的确，《合同法》第42条与第58条（《民法典》第157条）关于损害赔偿的缔约过失责任是并存的条文，但二者并没有广义与狭义之关系。而且，在出现无效或可撤销事由时，当事人基于第58条损害赔偿之规定请求损害赔偿的，还是要结合第42条一般构成要件，判断是否构

---

① Vgl. Medicus, Verschulden bei Vertragsverhandlungen, in: BMJ (Hrsg.), Gutachten und Vorschläge, Bd. Ⅰ, 1981, S. 486.

② Vgl. Stoll, Tatbestaende und Funktionen der Haftung fuer culpa in contrahendo, FS von Caemmerer, 1978, S. 436.

③ 参见孔祥俊：《合同法教程》，中国人民公安大学出版社1999年版，第136页。

成。更为重要的是,第 42 条第 3 项作为原则性规定,是可以包含合同无效或可撤销的情形的。

另有学者认为,《合同法》第 58 条关于损害赔偿的规则,是《合同法》第 42 条的特别法,依照特别法优先于一般法的法理,应当优先适用。① 而且,该学者还认为,《合同法》第 58 条规定的损害赔偿请求权,在构成上有两处限制:一是在“合同无效或者被撤销后”才能请求缔约过失之损害赔偿;二是损失必须是“合同无效或者被撤销”引起的。②

对此,笔者也有不同意见。从产生历史上看,无效情况下的缔约过失之损害赔偿规则早于缔约过失的一般规则。1981 年《经济合同法》(第 16 条第 1 款)及 1986 年《民法通则》(第 61 条第 1 款)部分吸纳了缔约过失制度,规定了合同无效情况下的缔约过失责任。有学者曾建议应将之扩及于合同不成立,但不能扩及于合同有效成立的情况。③ 在没有《合同法》第 42 条之前,无效情况下的缔约过失规则发挥了一般性缔约过失规定的功能。

在立法计划上,并没有将无效情况下的缔约过失之损害赔偿规则纳入《合同法》第 42 条范畴的立法计划中。④ 而在产生《合同法》第 42 条之后,无效情况下的缔约过失规则的构成前提就被统合了。因此,在适用《合同法》第 58 条第 2 句(《民法典》第 157 条第 2 句)关于损害赔偿的规则时,须转引到《合同法》第 42 条(《民法典》第 500 条)。另外,在适用司法解释中关于合同无效情况下缔约过失之损害赔偿责任规则时,也须转引到该条,如《技术合同纠纷解释》第 11 条第 1 款。⑤ 否则,同样是缔约过失责任,其构成前提却有所不同,更会造成其构成必须以合同无效或者被撤销为前提的错误认识。其实,当事人是否撤销合同或者合同是否无效,并不是缔约过失之损害赔偿责任的构成前提。

另外,尤其值得注意的是,并不是所有的无效事由或者可撤销的事由

---

① 参见孙维飞:《〈合同法〉第 42 条(缔约过失责任)评注》,载《法学家》2018 年第 1 期。

② 参见孙维飞:《〈合同法〉第 42 条(缔约过失责任)评注》,载《法学家》2018 年第 1 期。

③ 参见崔建远:《合同责任研究》,吉林大学出版社 1992 年版,第 282 页以下。

④ 参见全国人大常委会法制工作委员会民法室编著:《〈中华人民共和国合同法〉及其重要草稿介绍》,法律出版社 2000 年版,第 26、118、178 页。试拟稿、征求意见稿乃至草案,均分别规定了缔约过失责任与无效、撤销后的损害赔偿责任。

⑤ 《技术合同纠纷解释》第 11 条第 1 款规定:“技术合同无效或者被撤销后,技术开发合同研究开发人、技术转让合同让与人、技术咨询合同和技术服务合同的受托人已经履行或者部分履行了约定的义务,并且造成合同无效或者被撤销的过错在对方的,对其已履行部分应当收取的研究开发经费、技术使用费、提供咨询服务的报酬,人民法院可以认定为因对方原因导致合同无效或者被撤销给其造成的损失。”

都可以产生缔约过失之损害赔偿责任。例如在违法无效或者双方背俗的情况下，双方都知道违法或者背俗，并无产生缔约过失之损害赔偿责任的基础。此时，还得求助于《合同法》第 42 条（《民法典》第 500 条）的一般构成，具体判断是否违反说明义务或者保护义务、是否产生信赖，进而才能判断是否构成缔约过失之责任。

（二）《民法典》第 500 条与第 501 条的关系

从体系上来看，《民法典》第 501 条（《合同法》第 43 条）关于违反保密义务的缔约过失责任规则属于《民法典》第 500 条（《合同法》第 42 条）的特别法，依照特别法优先于一般法的法理，应当优先适用。而且，应当注意的是，第 501 条明文规定“无论合同是否成立”，都可成立缔约过失责任，由此可以反推，在第 500 条的一般规则下，也是“无论合同是否成立”，都可成立缔约过失责任。①

第二节　缔约过失责任的一般构成前提

一、缔约过失发生在合同成立前

缔约过失是否必须在缔约过程中发生，其存续时间如何，在学说上存有争议。有学者认为，缔约过失责任发生在合同成立前；②有些学者并未将其作为构成前提，但认为缔约过失责任要以违反先合同义务为前提，此先合同义务即为发生在合同订立前的义务。③

（一）在合同订立过程中

根据《民法典》第 500 条（《合同法》第 42 条）的规定，缔约过失责任的构成一定是合同当事人“在订立合同过程中”有该条所列情形之一。对于订立合同过程的界定，有学者认为，其始于要约的生效，除特殊情况外，终于承诺到达。④ 对此，笔者有不同意见。要约与承诺仅是合同订立的一种方式，不应以其为标准厘定合同订立过程。另外，合同订立的过程并非始于要约的生效，可以包含合同磋商、合同准备以及类似交易接触等阶段。

---

① 参见孙维飞：《〈合同法〉第 42 条（缔约过失责任）评注》，载《法学家》2018 年第 1 期。

② 参见王利明：《合同法研究》（第 1 卷）（第 3 版），中国人民大学出版社 2015 年版，第 337 页以下。

③ 崔建远教授、韩世远教授均未将之作为构成要件之一对待，参见崔建远主编：《合同法》（第 6 版），法律出版社 2016 年版，第 84 页；韩世远：《合同法总论》（第 4 版），法律出版社 2018 年版，第 171 页。

④ 参见王利明：《合同法研究》（第 1 卷）（修订版），中国人民大学出版社 2011 年版，第 335 页以下。

假借订立合同恶意磋商、故意隐瞒与订立合同有关的重要事实或者提供其他虚假情况、泄露或不正当地使用商业秘密等是其中的典型情况,并非缔约过失的全部内容。《德国民法典》第311条第2款并未笼统采用“订立合同过程中”这一术语,而是将其具体化为合同谈判开始、合同准备或者类似的交易上接触三种情况。这一规则并非构成要件规则,而是构成之前提。也就是说,在构成要件之前,德国法尚规定了缔约过失责任起始点。[①]

在以缔结合同或者其他交易行为为目的而接触的情况下,即出现了对相对人法益、权利与利益影响之可能。从此刻开始,在一方当事人的法益、权利或者利益受到另一方较大影响的情况下,就产生了特别结合关系。

具体来讲,只要存在合同一方当事人采取足够促使合同相对人订约的措施,就可以构成合同谈判。如引人误解的广告措施,特别是不正确的产品说明,均可以构成合同谈判。所谓合同准备,为订约目的而向潜在的顾客开放自己的营业场所即可构成。此时的经营者,对于进入其经营场所的顾客的权利、法益以及利益的干涉可能性大大增加;反过来,作为购买者的利益、权利高度地受到了企业的影响,这是对合同谈判情况的补充。所谓类似的交易关系是兜底条款,以交易接触为构成前提,而且必须因接触产生信赖关系,单纯的社会接触并不构成。不过,在不以订约为目的的情谊关系上,可依缔约过失承担责任。

从合同成立到合同生效,也可能存在一定期间。这段时间内如合同当事人违反先合同义务,是否属于缔约过失规则调整的范围呢?对此又有三种观点:第一种观点认为,只要在合同效力确定之前发生的行为均可计入[②],先合同义务终于合同生效前。[③] 相反,第二种观点则认为,合同前义务一般应发生在合同要约生效之后;因为要约生效前,双方只是一般人之间的信用,谈不上缔约双方之间的信用,也谈不上对该信用的违反。[④] 第三种观点认为,此间一方当事人违反附随义务不产生缔约过失责任,而是“效力过失责任”[⑤],或将其称为合同等待生效阶段先契约的责任。[⑥] 争议的本质在于,缔约过失责任始点为合同成立之时,还是合同生效之时。笔者赞

---

① Vgl. Canaris, Die Reform des Rechts der Leistungsstörungen, JZ 2001, S. 499, 519.

② 参见梁春海、刘晓军:《缔约过失责任概念辨析》,载《河北法学》2005年第8期。

③ 参见唐先锋:《先契约义务的扩张》,载《当代法学》2003年第9期;邹雄:《违反先契约义务责任探讨——兼谈〈合同法〉第42条的实现》,载《现代法学》1999年第5期。

④ 参见崔建远主编:《合同法》(第6版),法律出版社2016年版,第84页。

⑤ 参见姜淑明:《先合同义务及违反先合同义务之责任形态研究》,载《法商研究(中南政法学院学报)》2000年第2期。

⑥ 参见唐先锋:《先契约义务的扩张》,载《当代法学》2003年第9期。

同第一种观点。某些先合同义务应存在于当事人为合同订立而接触之际。例如,某顾客去商场打算购买洗衣机一台,在乘坐电梯之际,由于电梯出现故障而摔伤,商场显然违反了对顾客的保护义务,而应对其负缔约过失的赔偿责任。而此时,当事人显然尚未进入要约阶段,但合同前之保护义务已存在。又如,甲公司意欲举办产品展销订货会,向乙方发出邀请函,邀请函附有产品介绍,后因某种原因取消,但未通知乙,乙方派两名业务员前往,花费交通费、住宿费若干元。在该案中,甲对乙仅发出了要约邀请,双方已进入缔约接触阶段,乙违反了合同前之通知义务。可见,合同前义务不仅存在于要约生效后,而且存在于当事人为缔约而开始接触之时。

根据《合同法》的规定,在当事人通过要约与承诺达成合意时,合同成立。但在采取合同书情况下,合同则应在双方签字、盖章时成立;而在约定签订确认书的情况下,合同成立时间以确认书签订的时间为准。① 在合同成立之前,均有发生缔约过失责任之可能。

缔约过失所违反的义务是随着交易接触的发展而不断产生的,而且内容也有所不同。比如汽车销售商发出出卖汽车的要约,那么,其不仅要在顾客看车时对顾客尽到照顾义务;而且在试车时,也要保护顾客的人身与财产。另外,还要告诉顾客其发现的事故等瑕疵。②

(二)缔约过失的适用与合同效力的关系

缔约过失责任是否以合同有效成立为前提,也存有争议。有学者认为,在已经规定有合同无效或可撤销损害赔偿规则的情况下,对于欺诈、胁迫以及标的物瑕疵,可以适用无效、可撤销以及瑕疵担保规则,而无须适用缔约过失规则。③ 不同观点则认为:“缔约上过失的提出,实质上解决的是这样的问题:在订立合同的过程中,可能会由于当事人一方的不谨慎或者恶意而使将要缔结的合同无效或被撤销,从而给对方当事人带来损失;也可能会由于一方当事人的过失而直接导致对方当事人的损失。”④

从《民法典》第 500 条(《合同法》第 42 条)的规定来看,缔约过失责任并不以合同有效成立为前提。⑤ 而且,缔约过失责任也要解决合同无效或者被撤销的情况下的损害赔偿问题。⑥《国际商事合同通则》第 2.1.15 条

① 参见王利明:《合同法研究》(第 1 卷)(第 3 版),中国人民大学出版社 2015 年版,第 297 页。

② Vgl. Staudinger/Manfred Löwisch, § 311 Rn. 105.

③ 参见崔建远:《合同责任研究》,吉林大学出版社 1992 年版,第 294、295 页。

④ 李国光主编、最高人民法院经济审判庭编著:《合同法释解与适用》(上册),新华出版社 1999 年版,第 180 页。

⑤ 参见韩世远:《合同法总论》(第 4 版),法律出版社 2018 年版,第 162 页以下。

⑥ 参见韩世远:《合同法总论》(第 4 版),法律出版社 2018 年版,第 165 页。

也并没有将合同有效成立作为适用缔约过失责任的前提。

进一步来看，即使合同有效成立，并无可撤销或者无效情况，也存在适用缔约过失责任之可能。[①]《民法典》第500条(《合同法》第42条)并没有明确排除合同有效情况下缔约过失的适用。《民法典》第501条(《合同法》第43条)的保密义务可以适用于合同有效的情况。另外，根据《国际商事合同通则》第3.2.16条的规定，无论合同是否无效，知道或者应当知道无效理由的一方当事人都应承担损害赔偿责任，以使相对人恢复到未曾订立合同时的状态。

《民法典》第500条与第501条相结合，构成与我国台湾地区“债法修正案”第245条之一相对应的规定。但二者除法条列举的具体类型及文字表述上的差别外，还有一个值得注意的不同点，即台湾地区“债法修正案”第245条之一包含限定语“契约未成立时”，而我国大陆的《民法典》则无此限定。对此王泽鉴教授指出，首先，若立法仅适用于“致”契约未成立之时，则范围甚狭，设此规定意义不大；其次，“下列情形之一”与“契约未成立时”没有因果关系，故“契约未成立时”应解释为一方当事人违背诚实信用原则的情事系发生于契约成立前(订约准备商议阶段)。[②]

在司法实践中，合同有效，但也适用缔约过失的案件，也多有发生。比如，股权转让方在股权转让时隐瞒了拖欠职工的加班工资、年休假工资、经济补偿金、公积金、社会保险费及工伤赔偿款的事实，致使大批职工与单位产生纠纷，导致股权受让方在受让股权后产生以上费用支出。[③] 审理法院认为，股权转让双方之间的产权交易合同、股权转让补充协议系当事人的真实意思表示，符合相关法律规定和程序，应认定为合法有效，双方均应遵照执行。因股权转让方及标的公司没有结清股权转让前社保费用、工伤赔款等，后由股权受让方予以支付相关款项，此系股权转让后的公司损失，也使股权转让后公司的资产价值出现减少，同时损害了股权受让方的权益。故本案股权受让方要求股权转让方赔偿相关损失符合法律规定和合同约定，法院予以支持。法院依据《民法典》第465条、第500条作出了判决。对于该裁决，值得反思的是，股权转让方及标的公司没有结清股权转让前社保费用、工伤赔款并非股权上的瑕疵，转让方未告知这些信息，是否构成缔约过失，需要从信息重要性、可能性、可期待性、信赖等多个角度判断。

---

① 参见朱广新：《合同法总则研究》(上册)，中国人民大学出版社2018年版，第208页。

② 参见王泽鉴：《债法原理》(第2版)，北京大学出版社2013年版，第240页。

③ 参见姚某孙、黄某文等与合肥电力安装有限公司巢湖分公司股权转让纠纷案，安徽省巢湖市人民法院民事判决书，(2021)皖0181民初83号。

还有的判决，在因为一方当事人违反信息提供义务而订立了不希望的合同的情况下，认定受害人可以“解除”合同，并请求损害赔偿。在一案例中，案涉网球场有权属争议，权属争议是网球场由出让方单独享有还是由业主共有，为此居委会召开协调会，会议作出停止网球场一切经营活动的意见。网球场出让方在合同缔结时隐瞒了这一信息，导致受让方无法经营。① 法院认为，受让方合同目的无法实现，享有合同解除权。同时，由于受让方对于经营受限的情况亦并非完全不知情，仍报以侥幸心理签订合同，故受让方对于合同目的无法实现亦存在一定过错，应承担部分责任。

（三）先合同债之关系存续的时间

一般认为，如果没有订立合同，交易上的接触就中断了，那么保护或者照顾义务也就随之消灭了。而在合同有效订立后，缔约过失责任就过渡到了基于合同的责任。② 在合同订立（Vertragsschluss）后［作为缔约过失与积极违反契约（pVV）之间决定性的界分时点］，基于积极违反契约的责任才能开始。构成积极违反契约的责任的前提是一个有效的合同（ein gultiger Vertrag），在合同立即无效或追溯既往地撤销的情况下，则不会产生基于积极违反契约的请求权（积极违反契约以现存的债的关系为前提）。一般来讲，如果请求权建立在其他规定的基础上，就不能运用缔约过失法律制度（无论在何种具体情况下，请求权是否以缔约过失为基础），以缔约过失为由请求损害赔偿，必须在“先契约之债的关系”所保护的基本情形的范围内。③ 也有学者认为，先合同义务最迟可止于合同生效之时。④

不同意见认为，法定的照顾、保护义务在合同订立后也会持续存在。⑤ 对此，有学者持反对意见，认为这是不符合当事人的利益状况的。尤其是在约定免责的情况下，该约定免责如何扩展到保护义务违反之法律效果之上？合同是约定之债，从中可以解释出免责约定适用哪些情况；但在缔约过失法定之债的情况下，就无从解释了。从法定之债的定性出发，也容易排除免责约定的适用。⑥

---

① 参见上海企艺文化发展有限公司与上海起道体育文化发展有限公司企业承包经营合同纠纷案，上海市闵行区人民法院民事判决书，(2021)沪0112民初4612号。

② Vgl. Palandt/ Heinrichs, § 311 Rn. 19.

③ Vgl. Lutz Michalski, Das Rechtsinstitut der culpa in contrahendo(c. i. c.), Jura 1993, S. 22f.

④ 参见肖永平、刘珍兰：《论缔约过失责任的概念和性质》，载《河南省政法管理干部学院学报》2006年第2期。

⑤ Vgl. Katzenstein, Die Systematik des Schadenshaftungsrechts in der Sonderverbindung nach modernisiertem Schuldrecht, Jura 2004, S. 805 f.

⑥ Vgl. Staudinger/Manfred Löwisch, § 311 Rn. 106.

笔者认为，照顾义务与保护义务不是建立在其后缔结的合同之上的，而是与之相互独立：无论合同是否缔结完毕或合同是否成立有效，其基础存在于合同磋商阶段或准备的交易关系之中，存在于合同关系产生之前、之中以及之后。也就是说，只要其存在的基础条件仍然存在，先契约债之关系就可以一直延续。

在某些情况下，由于先契约之债的关系的存在，即使存在一般的契约违反，也可能构成缔约过失责任。例如，A 让 B 修理一个专业机器（Spezialmaschine）。B 向 A 说明，其具有专业知识，但 B 并不会亲自实行该任务，A 可以基于恶意欺诈，主张合同撤销。后来 A 得知，B 信赖的职员恶意获悉了 A 修理品上的产品秘密（Produktionsgeheimnisse），并将之出卖给了 A 的竞争对手，给 A 造成了巨大的损失。如果 B 证明其并无选人不当或监督过失，A 能向 B 提出损害赔偿请求吗？

有人认为，当 B 的职员将 A 的产品秘密泄露出去之时，当事人不再处于前契约关系阶段之中，而是已经缔结了契约——该契约之后因为撤销而溯及既往地无效了，所以本案与缔约过失没有关系。这一结论是不正确的。如果 B 的职员在合同缔结前已经将 A 的产品秘密泄露，那么 A 当然可以基于缔约过失，请求 B 代替其履行辅助人承担责任。如果在前合同债之关系中存在了小心谨慎的义务，那么在紧密的交易关系情况下，这种义务在合同订立后也是存在的。

有学者从债的同一性解释先合同义务的效力。海因里希·施托尔认为，共同的债务关系乃当事人间全部法律关系之基础，当事人因缔结契约所发生之磋商行为关系、契约关系、契约解除后之解消关系（Aufloesungsverhaeltnis）等仅为其外观形式。债务关系之外观形式虽不断发生变化，唯债务关系之同一性（Selbigkeit）维持不变。换言之，因契约磋商行为之开始，当事人间乃形成一种债务的有机体……当事人并因此项债务关系之存在，而互负有注意、通知、解明等应对相对人为适当考虑之保护义务。[①] 卡纳里斯[②]也这样认为：在一个有效的合同完成后，法定债的关系仍然存在，在此范围内，保护义务有其存在基础，单独的保护义务（除合同之债的关系即给付关系）仍然继续存在。保护义务一直存在于同一的法定债的关系之上（einheitlichen gesetzlichen Schuldverhaeltnis）。根据延续的

---

① Stoll, Haftung fuer das Verhalten waehrend der Vertragsverhandlungen, JZ 1923, S. 544f. 转引自刘春堂：《缔约上过失之研究》，台湾大学 1983 年博士学位论文，第 82 页。

② Vgl. Canaris, Ansprüche wegen positiver Forderungsverletzung und Schutzwirkung für Dritte bei nichtigen Verträgen, JZ 1965, S. 475, 476f.

交易接触产生的义务,B 的职员对损害负有责任;而基于其履行辅助人的这种行为,B 应依据《德国民法典》第 278 条对其职员应承担的责任负责。①

二、义务违反

从我国《民法典》第 500 条(《合同法》第 42 条)的文义来看,其并未明确规定构成缔约过失责任须有违反合同前义务;但从其"订立合同过程中"的表述,以及列举的恶意磋商、欺诈、其他违反诚实信用的行为等,可以推知,缔约过失损害赔偿责任的构成,需要行为人违反合同前义务。

第 500 条主要规定了两种类型的缔约过失责任:一种是假借订立合同恶意进行磋商,即所谓的中断缔约的情况;另一种是故意隐瞒与订立合同有关的重要事实或者提供虚假情况。在解释上,后一种可以扩展到违反信息提供义务的情形。在这两种情况下,当事人违反的并非合同的主给付义务,而是附随义务。

所谓附随义务,也被称为"其他的行为义务""照顾义务""注意义务""非独立的从义务"等,具体如通知、协助、保密等义务(《民法典》第 509 条第 2 款)。附随义务在本质上是附加的行为义务,已经脱离了给付的范畴,属于债务的范畴。从体系上看,该条规定的附随义务,规定在合同履行阶段。但对于合同前的附随义务,可以类推适用《民法典》第 509 条第 2 款。也就是说,类推适用该条款,以附随义务为内容的债之关系在前合同阶段即已经产生,在性质上属于没有原给付义务的债之关系。

附随义务产生之根据在于当事人处于特别结合关系。于此特别结合关系中,对其他人的权利、法益或者利益产生影响之可能性大增,②故在实现债之关系时,应特别注意避免另一方受到损害。尤其因交易上的接触(包括契约磋商接触以及继续接触)关系,在当事人间产生了一种信赖关系—— 一方的法益交付于另一方并信赖另一方会对此照顾和小心保护,因此产生了一定的行为义务,该义务为附随义务。也就是说,是一种"基于交易接触的无原给付义务的法定债的关系"③。先契约债的关系是一种特别的、不仅仅是双方当事人偶然的关系,不是社会性质的类型,它必须与交易领域有多方面的关联。先合同的附随义务要求当事人双方相互独立的

① 根据该条,履行辅助人的过失视同为本人的过失。

② Vgl. MünchKomm/Roth, § 241 Rn. 108.

③ Karl Larenz, Lehrbuch des Schuldrechts, Bd. Ⅰ, 14. Aufl. 1987, S. 104 ff.

行为必须都符合诚实信用，无论当事人是否达成了契约。[①]

对于缔约之际附随义务的表述，我国学者多将其概括为先合同义务。[②] 有学者直接使用“先合同义务”[③]的表述，从字面含义总结，先合同义务“指在订立合同的过程中，合同成立之前，所发生的由缔约双方当事人承担的义务”。[④] 同时，因其基于诚实信用原则随着债的关系的发展而产生，也可以在广义的“附随义务”概念下使用。[⑤] 另有学者从基本原理和缔约过失责任的法律基础出发，用诚实信用原则涵盖之，以避免纷争。[⑥] 缔约过程中当事人负有依诚信而为的义务——先合同义务，其根据在于当事人因缔约磋商而接触时对相对方的合理信赖。诚实信用原则要求保护此种合理信赖，从而产生了缔约磋商者之间的协作、照顾和保护等义务。[⑦] 其实，先合同义务的本质是合同订立过程中，当事人应当承担的附随义务。[⑧]

先合同附随义务内容极为丰富，包括保护、保密、告知、说明等内容。具体来讲，包括：(1)诚信缔约义务(《民法典》第500条第1项及相关特别法规范)；(2)告知义务(《民法典》第500条第2项及相关特别法规范)，其中又可细分为“交涉能力不平等的场合”和“非属交涉能力不平等的场合”以明晰不同的法律规则；(3)保密义务(《民法典》第501条)；(4)其他先合同义务，如警告义务和保护义务；(5)协作和照顾义务；(6)忠实义务；(7)不得滥用谈判自由的义务。[⑨]

依据《合同法》第43条之规定，当事人泄露或不正当使用在订约过程中获悉的商业秘密，显然违反了基于诚实信用原则的附随义务，造成损害的，亦构成缔约过失，应负赔偿之责任。《合同法》将其单列为一个条文，

---

① Vgl. BGHZ 6, 330, 333; 66, 51, 54; Larenz, Lehrbuch des Schuldrechts, Bd. Ⅰ, 14. Aufl. 1987, § 9 Ⅰ a. 1.

② 参见韩世远：《合同法总论》(第4版)，法律出版社2018年版，第171～172页。

③ 崔建远教授持此观点，参见崔建远主编：《合同法》(第6版)，法律出版社2016年版，第84页。

④ 李国光主编、最高人民法院经济审判庭编著：《合同法释解与适用》(上册)，新华出版社1999年版，第181页；崔建远主编：《合同法》(第6版)，法律出版社2016年版，第84页。

⑤ 参见陈丽苹、黄川：《论先契约义务》，载《中国法学》1997年第4期；姜淑明：《先合同义务及违反先合同义务之责任形态研究》，载《法商研究(中南政法学院学报)》2000年第2期。对于其概念的详细表述参见原文。

⑥ 王利明教授持此观点，参见王利明：《合同法研究》(第1卷)(第3版)，中国人民大学出版社2015年版，第339～342页。

⑦ 参见孙维飞：《〈合同法〉第42条(缔约过失责任)评注》，载《法学家》2018年第1期。

⑧ 相同观点，参见王利明：《合同法研究》(第1卷)(第3版)，中国人民大学出版社2015年版，第339～342页。

⑨ (1)～(4)参见韩世远：《合同法总论》(第4版)，法律出版社2018年版，第174页以下。(5)～(7)参见王利明：《合同法研究》(第1卷)(第3版)，中国人民大学出版社2015年版，第341页。

而没有融入第 42 条关于缔约过失的一般规定，其原因在于强调当事人对商业秘密的保护义务；保护订约过程中的商业秘密，是一种继续性义务，不因合同缔约过程的结束而结束。①

当事人缔约过程中会接触到对方的各种资讯，当事人在磋商过程中相互之间提供的资讯，原则上彼此不承担保密义务；但是对一方以保密性质提供的资讯，对方应承担保密义务。② 不过，有学者认为，对于商业秘密以外的秘密，也应准用《合同法》第 60 条第 2 款（《民法典》第 509 条第 2 款）关于附随义务的规定予以保护。③《民法典》第 501 条拓展了“保密”的范围：当事人在订立合同中知悉的其他应当保密的信息，也不得泄露或不正当地使用。

三、过错

（一）过错要件

从《民法典》第 500 条列举的情况来看，恶意磋商需要恶意的要件，欺诈需要故意隐瞒或者提供虚假情况的要件，由此似乎可以推断出缔约过失责任的构成需要以故意为要件。但从作为该条文来源的《国际商事合同通则》第 2. 15 条以及《欧洲合同法原则》第 2: 301 条来看，似乎是翻译问题，原文是“bad faith”或者“contrary to good faith”，是指无意缔结合同而与对方进行合同磋商，并不是行为人故意加害之含义。④ 合同法起草人将之翻译为“恶意”，实为误译。

就欺诈类型缔约过失来看，“恶意”指向的多是进行磋商，而“故意”指向的是隐瞒行为与提供虚假信息，均是未尽到交易上必要注意的情况。再结合《民法典》第 500 条第 3 项“其他违反诚信的行为”，可以解释出，除了客观的义务违反行为，还需要达到未尽到交易上必要注意的程度，而未尽到交易上必要的注意，即为过错。在“违反诚信”与“过错”的关系上，过错与不诚信在归责标准方面具有一致性，都表现为对毋害他人的正当行为要求的违反，过错本身即属“违反诚信”。⑤

学界通说认为，在违约责任上，《民法典》（《合同法》）采纳了严格责任

---

① 参见韩世远：《合同法总论》（第 4 版），法律出版社 2018 年版，第 180 页。

② 参见张虹：《缔约磋商中保密义务的法律适用研究——以〈中华人民共和国合同法〉第 43 条为中心》，载《法商研究》2011 年第 2 期。

③ 参见崔建远：《合同法总论》（上卷）（第 2 版），中国人民大学出版社 2011 年版，第 444 页。

④ 参见张家勇：《论前合同责任的归责标准》，载《法学家》2014 年第 1 期。

⑤ 参见张家勇：《论前合同责任的归责标准》，载《法学家》2014 年第 1 期。

或无过错责任原则，同时在若干具体情形中规定了过错责任，所以《民法典》（《合同法》）规定的是严格责任为主、过错责任为辅的二元制归责原则体系。[①]

《民法典》第577条（《合同法》第107条）规定的是严格责任归责原则，[②]但在分则中又规定了若干具体的过错违约责任。如《民法典》第651条以下规定的供电人责任，第714条规定的承租人的保管责任，第781条、第784条规定的承揽人责任，第800条、第801条规定的建设工程承包人的责任，第892条规定的保管人的责任，第893条规定的寄存人未履行告知义务的责任等。[③] 而在司法解释中，过错责任逐渐成为主流，具体如《商品房买卖合同解释》第4条、第19条，《建设工程施工合同解释（一）》第13条、第18条，《房屋租赁合同解释》第9条，2010年《旅游纠纷规定》第13条、第24条，《买卖合同解释》第3条第2款，《融资租赁合同解释》第3条、第6条等。可以说，在《合同法》制定后的法律发展中，过错责任逐渐成为主流。

值得注意的是，从《合同法》第107条产生历史来看，合同法草案前两稿是在过错责任基础上起草的；而第三稿仅对违约责任一般条款进行修改，对于涉及过错的其他规则并未修改。对于缔约过失责任（《合同法》第42条）仍采用过错归责原则。

综上，根据对《民法典》第577条（《合同法》第107条）、第500条（《合同法》第42条）的体系解释，缔约过失的构成应以“过失”为前提。这里的“过失”，既包括故意，也包括过失。故意是在存有违法性意识的情况下对结果发生的知道与意愿。[④] 与对故意的判断一样，判断是否构成过失，也需要从两个方面进行：一是对危险的可预见性；二是损害结果的可避免性。两个要素紧密相连。危险的可预见性是债务人采取适当措施避免损害的前提。对可预见与可避免的判断并不以实际上是否可以预见或者可避免为标准；而是建立在规范性确认的基础上，即债务人负有为了获得认知以及

---

① 参见王利明：《合同法研究》第2卷，中国人民大学出版社2003年版，第428页；马俊驹、余延满：《民法原论》，法律出版社2010年版，第618页；韩世远教授也有同样的观点，韩世远：《合同法总论》（第3版），法律出版社2011年版，第589～596页。

② 参见顾昂然：《中华人民共和国合同法讲话》，法律出版社1999年版，第45～46页；梁慧星：《统一合同法：成功与不足》，载《中国法学》1999年第3期；梁慧星：《合同法的成功与不足》（上），载《中外法学》1999年第6期；王利明：《合同法研究》第2卷，中国人民大学出版社2003年版，第428页。

③ 参见韩世远：《合同法总论》（第3版），法律出版社2011年版，第592页。

④ Vgl. Fikentscher/Heinemann, Schuldrecht, 10. Aufl. 2006, Rn. 647, S. 322.

避免损害而必须采取措施的义务，而只有在采取相应措施是交易上必要注意的结果的情况下，才存在该义务，也即构成可预见以及可避免。① 也就是说，判断的标准是交易上必要的注意。

（二）客观过失与主观过失

有争议的是，这里的过失是客观过失，还是主观过失。一种观点认为，缔约过失责任的构成要求违反先合同义务方须具有归责事由。② 另一种观点并没有将归责事由作为承担责任的独立要素，而是将其作为违反诚实信用原则的当然内涵之一。这种观点认为缔约过失中的过失，实际上是一种客观的过失而非主观的过失，依据行为人的行为是否违反了某种行为标准而确定其是否具有过失，行为人的过失表现在其违反了依据诚实信用原则所产生的义务。换言之，缔约过失中所谓过失就是指违反了诚信原则。③ 但这样一来，就将过失要件与义务违反要件合一了，在不作为义务情况下以及故意情况下，过错的要件还是独立的。

从字面上理解，缔约过失应具备过失要件。耶林所指的过失，系指出卖人就契约之有效要件自己未能加以保证，即为契约之缔结，并因该契约足以引发他人误解其系有效之外观，致相对人陷于迷困或遭受损害。④ 这样，在出现上述客观情况时，出卖人就应负担责任，而无须受害人举证证明出卖人有过失。对于所出卖企业（目前）的利润、营业额或债务的虚假陈述，德国联邦最高法院拒绝适用《德国民法典》第 434 条瑕疵担保的规定，而代之以缔约过失学说。⑤ 在这里，采用客观过失原则才能符合当事人间的利益状况。因为一方面，企业本身是一个非常复杂且有时是不确定的客体，甚至可与有生命的有机体相比较，若采无过错责任，原则上会过于严格；另一方面，企业买卖是一个机会与风险共存的行为，买受人在享受可能的错误估计所带来的利益的同时，自应承担其所带来的不利益。⑥

① Vgl. Looschelders, Schuldrecht AT, 10. Aufl. 2012, Rn. 515, S. 177f.

② 台湾学者王泽鉴先生持此观点，其认为“违反诚实信用原则系违反先合同义务，具违法性，有可归责事由为故意或过失问题，二者乃不同的要件”。参见王泽鉴：《债法原理》（第 2 版），北京大学出版社 2013 年版，第 242 页。大陆学者崔建远教授、韩世远教授亦持此观点，参见崔建远：《合同法》（第 2 版），北京大学出版社 2013 年版，第 111 页；韩世远：《合同法总论》（第 4 版），法律出版社 2018 年版，第 168 页。

③ 王利明教授持此观点，参见王利明：《合同法研究》（第 1 卷）（第 3 版），中国人民大学出版社 2015 年版，第 339 ~ 342 页。

④ 参见刘春堂：《缔约上过失之研究》，台湾大学 1983 年博士学位论文，第 3 页。

⑤ Vgl. BGH WM 1988, 124, 125; 1988, 1700, 1702.

⑥ 参见［德］卡拉里斯：《债务合同法的变化——即债务合同法的“具体化”趋势》，张双根译，载《中外法学》2001 年第 1 期。

在违反附随义务的情况下，义务违反是与行为相关的概念，义务违反与可归责这一要素亦重合在一起。如此，所谓义务违反，就是违反注意谨慎义务，恰恰就是可归责与否的问题，也就是判定过失的标准。如此一来，在违反附随义务的情况下债权人证明“义务违反”，而依据过错推定规则债务人证明不可归责，由此会导致同一证明对象不同当事人均负有证明责任的矛盾或者抵消举证责任倒置的功能。① 鉴于此，应将义务违反的内容限定在不履行的范围内，然后再考察不履行的原因，即可归责的问题。也就是说，在过错层面，需要考察的是债务人可预见性以及可避免性。②

（三）过错的程度

存有争议的是“过错”的程度问题，是否须以“恶意”“故意或重大过失”为必要，抑或行为人一般过失也需承担损害赔偿责任。值得注意的是，《国际商事合同通则》规定的中断谈判制度，仅在义务违反人恶意情况下（break off negotintions in bad faith）才令其承担责任，而恶意则“特别是指一方当事人在无意与对方达成协议的情况下开始或继续谈判”③。我国《合同法》第 42 条前两项规定均以当事人“恶意”或“故意”为要件，但对于第 3 项“其他违背诚实信用原则的行为”的概括条款的适用条件存在争议。一种观点认为应当比照前两项作限缩解释；另一种观点主张给予法官更多的自由裁量权，将缔约过失的主观要件定位为一般性的过失，并以第 43 条为解释依据。

如果对于所准备的法律关系规定有法定减轻责任规则，如赠与人责任减轻规则、无偿保管人的责任减轻规则，那么这些减轻责任规则也适用于缔约过失。但有观点认为，对于缔约前违反保护义务的情况，这些规则是不能适用的，因为缔约前违反保护义务类型的缔约过失责任与合同责任没有关系。④

最后，值得思考的是，由谁证明缔约过失人具有过错。根据《德国民法典》第 280 条第 1 款的规定，过错［可归责（Vertretenmüssen）］为损害赔偿责任承担的要件；而根据第 280 条第 1 款第 2 句的规定，过错是被推定的，即债务人自己必须证明他对债权人所遭受的损害是没有过错的。也就是

---

① 参见［德］舍尔迈尔：《德国债法改革：进步还是退步？》，载王洪亮等主编：《中德私法研究》第 5 卷，北京大学出版社 2009 年版，第 10 页以下。

② Vgl. MünchKomm/Ernst, § 280 Rn. 12 ff.; Looschelders, Schuldrecht, AT, 10. Aufl. 2012, S. 203, Rn. 561.

③ 原文为：It is bad faith, in particular, for a party to enter into or continue negotiation when intending not to reach an agreement with other party。

④ Vgl. Palandt/Grüneberg, § 311 Rn. 28.

说,对于法典化的积极违反债权、缔约过失以及瑕疵担保责任,都要适用过错推定规则。例如,甲想购买一辆汽车,故在陪驾乙的监督下试驾。由于乙的过错,汽车在一个偏远的地区抛锚了。甲必须自己乘出租车返回并支付了高额的出租车费。甲可以对乙基于缔约过失请求损害赔偿。从我国缔约过失责任的发展历史与继受过程来看,这里的过错,应是推定的,在诉讼中应由被告负责举证。

(四)二元归责原则

另一个重要的争议在于“过错”要素是否是承担责任的唯一归责原则。崔建远教授对此持肯定说,认为这里的过错是对形成合同无效、被撤销、不被追认、不成立的原因的过错;并且依解释论,《合同法》第 58 条明确规定当事人过错,第 42 条也显然贯彻了过错责任的思想,第 43 条亦可解释为由过错的缔约人承担责任,所以还是应当坚持缔约过失责任以过错为成立要件的观点。[①] 韩世远教授总结归纳认为中国法上作为归责事由,过错占主导地位,而信赖观念也发挥一定作用,或对过错原则发生影响甚至修正,甚至个别场合取而代之成为独立的归责事由。[②]

实际上,某些缔约过失类型不需要过失要件,在德国、我国台湾地区“民法”中,无权代理、错误等缔约过失类型,即不以过失为要件。[③] 在某些情况下,缔约过失责任更接近于无过失责任。例如,某家具店以分期付款之方式出卖家具,对于买卖价金,由买受人从银行贷款来支付。而且,在此情形下,家具虽未交付,银行仍然得向买受人请求价金给付。对于本案,1960 年 11 月 17 日,德国联邦法院判决认为,银行要求买受人在贷款受领证书上签名时,应向不熟悉该业务的买受人履行说明义务,尤其要明确说明,在家具交付前签署受领证书,意味着要在家具交付前支付价金。如果银行在买受人签署贷款受领证书时怠于说明,则银行须负缔约过失责任。因此联邦法院判决买受人得拒绝银行之给付请求,即买受人可以要求恢复原状,废止该借贷合同。[④] 对于此案,有学者认为,借贷之受领证书乃由家具商准备好一定格式之用纸,提示给买受人署名,此时,家具商之身份为银行的履行辅助人,履行辅助人之过失即为银行之过失。但是,契约之条件已在家具商提示之用纸的背面中印刷好,故不能以此要求银行负侵权行为

---

① 参见崔建远主编:《合同法》(第 5 版),法律出版社 2010 年版,第 123 页。

② 参见韩世远:《合同法总论》(第 4 版),法律出版社 2018 年版,第 170 页。

③ 参见王泽鉴:《民法学说与判例研究》(重排合订本),北京大学出版社 2015 年版,第 441 页。

④ Vgl. BGHZ 33, 293.

责任。由此可见,缔约过失责任要比侵权行为责任更接近于无过失责任。[1]这些信赖位于意思表示之外部,信赖人不易证明对损害发生有支配力者之过失;所以将风险分配给有能力控制损失发生之人,赋之以无过失责任,有其道理。

有学者认为,近代立法对于损害赔偿之债之成立,均以赔偿义务人有过失为原则,无过失为例外。法律所以承认信赖利益赔偿制度,旨在保护善意无过失之信赖人,使其能放心进行交易,避免赔偿请求权人举证之困难,原则上谓赔偿义务人无过失责任。然法律保护信赖人之程度不能过分,否则反失维护交易安全之旨;为减轻赔偿义务人责任,依诚信原则,有时又例外要求赔偿义务人须有过失,并令赔偿请求权人负举证之责,如此始符责归平衡之原则。至何种情况下应负过失责任,宜就各别法条规定解释之。[2]

综上所述,笔者认为,过错并非缔约过失责任的唯一归责原则;在某些情况下,缔约人无过错,违反保护义务的,也须承担责任。

(五)责任能力

既然缔约过失以过失为要件,故有学者认为行为人要有责任能力。在未成年人实施缔约行为时,具有过错,如其不具有责任能力,就不应当承担缔约过失责任,如此归责,有利于对未成年人、精神病人的保护。[3] 应当说,缔约过失适用的是合同法规则,并无适用责任能力制度之余地,应适用的是行为能力制度。当事人以缔结合同为目的进行接触,必须具备行为能力;如果限制行为能力人进入谈判关系,必须有法定代理人的同意。[4]

依据《民法典》第593条(《合同法》第121条)的规定,对于履行辅助人的过错,也归责于债务人。债务人必须对其用于合同谈判或准备的履行辅助人的过错承担责任。在判断是否有过错的问题上,以参与谈判与缔约准备的履行辅助人认识为准。如果履行辅助人是专家,并被特别信赖;那么即使债务人不是专家,也要为履行辅助人的过错承担责任。[5]

四、损害

《民法典》第500条(《合同法》第42条)的规范目的不在于解决意思

---

① 参见刘得宽:《民法诸问题与新展望》,中国政法大学出版社2002年版,第486页。
② 参见林诚二:《民法上信赖利益赔偿之研究(二)》,载《法学丛刊》1973年版,第69期。
③ 参见王利明:《合同法研究》(第1卷)(第3版),中国人民大学出版社2015年版,第345页;李永军、易军:《合同法》,中国法制出版社2009年版,第342页。
④ Vgl. Larenz, Lehrbuch des Schuldrechts, Bd. Ⅰ, Aufl. 13, 1982, S. 110.
⑤ Vgl. Palandt/Grüneberg, § 311 Rn. 28.

表示不自由而导致的合同效力问题,而是确立损害赔偿的问题。所以,缔约过失责任的成立,需要缔约过程中义务违反行为侵害了相对人的财产利益,并造成对方损失。换言之,以有损失为必要。缔约过失责任制度不仅保护缔约当事人的权利、权益不受损害,而且也保护缔约当事人的利益不受损害。

缔约过失责任要件的损失为信赖利益的损害:既包括直接损失(积极损失),也包括间接损失(消极损失)。前者如由于准备订立合同或磋商而丧失与第三人订立合同的机会而造成的损害,后者如订立合同过程中支出的车马费、鉴定费、估价费等。

我国学者一般将缔约过失造成的损害限定为信赖利益。而所谓信赖利益,是指一方对于相对人与其订约的合理信赖所产生的利益。[①] 信赖利益既含有消极损害,如支付的各种费用;也包括应得到而未得到的利益,即积极损害。但从缔约过失的不同类型出发,其保护的利益不限于信赖利益。除此之外,尚有期待利益以及维持利益。

五、因果关系

要构成缔约过失责任,义务违反与损害之间须存在因果关系。享有损害赔偿请求权的前提是,侵害人造成了损害,而且侵害人的行为必须是损害的原因。构成自然规律上的原因仅是损害归责的最低前提,除此之外,尚须具备规范意义上的归责标准,以避免侵害人责任过于泛滥。具体根据相当性标准判断,还要考虑被违反的规范的保护目的、合法的选择行为、假定因果关系以及受害人自己或者第三人的肇因贡献度等。[②] 这些标准涉及的并非自然之因果关系,而是在评价若干关键点之后的规范意义上的归责。

第三节　缔约过失的类型

一、类型化思维

在德国法上,缔约过失责任一开始就没有一般性规则,而是具体规定了缔约过失责任适用的情况。在司法实践中,具体通过类型化方法,在诚实信用原则的框架内,发展缔约过失规则。在处理个案时,与既有的规则

---

① 参见王利明:《合同法研究》(第 1 卷)(第 3 版),中国人民大学出版社 2015 年版,第 342 页。

② Vgl. Brox/Walker, Schuldrecht AT, 37. Aufl. 2013, § 30 Rn. 7.

乃至已经处理的案件进行比较。如油毡案之后,处理此类型案件时,都与之比较,并予以发展。在发展了代理人自己责任的判例后,由此发展了广泛的事务管理人责任。在旧《德国民法典》第307条、第309条规定了以过错为要件的缔约过失责任之后,通过与该条的对比,发展了说明义务违反等缔约过失责任类型。

在通过案例比较发展案例群之后,还需要进而形成代替性构成要件,面对之后的案件裁判,以代替性构成要件作为裁量依据。[①] 不过,案例群基础上形成的代替性构成要件仅是中间结论,学说还应进一步发掘其背后的统一思想,然后才能形成类型。

德国债法改革中,试图将缔约过失诸多类型确立在统一思想的基础上,但经过论证发现,诸多类型在构成、理论基础上尚未完全形成统一基础。[②] 并且没有形成具备统一构成要件与法律效果的一般性规则。于是,退而求其次,德国立法者对缔约过失责任进行了框架性一般规定,而这一框架性规定本身也具有一定的涵摄能力;但德国民法典并没有抛弃类型化的判例。这一立法模式,一方面照顾了法律适用的精确性;另一方面考虑了未来缔约过失制度的发展,一般性规则成为应对将来法律发展的基础。

与动态体系立法模式相比,一般构成与类型化的立法模式,更好兼顾了法律适用的准确性与法律之发展。

中国法上,最初存在的小的一般规则是关于合同无效的缔约过失规则。如《合同法》第58条第2句(《民法典》第157条第2句)关于损害赔偿的规则,它是在没有自司法实践中进行类型化的情况下进行的法律继受。不过在法律继受上,借鉴了德国法,采取了一般化规定与具体案例相结合的模式,即《合同法》第42条(《民法典》第500条)。[③] 但在理论上,类型化分析与论证一直是存在的;而且,在《合同法》颁布后,司法实践积累的裁判极为丰富,逐渐形成了案例群。所以,在目前一般化立法模式下,有必要进行类型化分析,发现司法实践中的案例群。

---

① 参见吴从周:《民事法学与法学方法——债法修正溯及适用与法官阐明时效抗辩》(第3册),台北,元照出版有限公司2007年版,第23页。

② Vgl. Medicus, Verschulden bei Vertragsverhandlungen, in: BMJ (Hrsg.), Gutachten und Vorschläge, Bd. Ⅰ, 1981, S. 547.

③ 对这种不加论证的继受模式,有学者进行了批评。参见朱广新:《合同法总则》(第2版),中国人民大学出版社2012年版,第166页。

二、学说上关于缔约过失的分类

(一)德国学说上的类型化分析

汉斯·施托尔(Hans Stoll)以所追求的合同是否有效成立为标准进行体系构建。在无效合同情况下,他主张的是基于信赖约束的责任,主要是中断合同谈判的情况。相反,如果合同有效缔结,赔偿义务人因有过错地阻碍相对人的给付期待而承担缔约过失责任,适用情况主要是成立了一个与预期不同的合同;如果主观动机与合同内容相符合,则只能适用给付障碍法。①

梅迪库斯也认为合同的有效性是分类的关键标准:如果合同有效成立,可以成立因为一方当事人不期望的合同内容而基于缔约过失承担责任;如果没有有效的合同,那么要继续区分是否引起了有法律效力的合同之表象。第一种子类型是"没有有效合同的表象而致害",比如合同谈判没有完成或者一方当事人在合意后拒绝遵守形式要件,在谈判辅助人的允诺超出了授权范围的情况下,也有适用缔约过失的余地;第二种子类型是"订约虽完成但合同无效",在发现无效前,存在合同有效存续的表象。②

在体系上,缔约前人身、财产保护义务的情况,属于缔约过失的边缘地带,可以通过改革侵权法而为侵权法所调整。③ 缔约过失的核心问题涉及两种主要类型:一种是合同谈判是被中断的情况,另一种是缔结了(有瑕疵的)合同。二者共同点是有过错地违反了行为义务,并由此造成了对方财产损害。④ 第一种类型保护的是相对人对订立合同的信赖,具体如中断缔约,也包括例外情况下没有采取订立合同所必要的措施,比如没有获得行政机关的许可。第二种类型保护的是相对人在合同约定确立阶段的、正确的意思形成。

大陆学者杜景林、卢谌教授在分析德国立法、学说及判例后,也从损害的角度对缔约过失责任进行分类。具体分为三种类型:(1)与合同没有任何关联的损害,主要是指参与合同磋商的一方当事人因在另外一方当事人的范围之内,而处在增加的危险之下所遭受的身体损害或者所有权损害。

---

① Vgl. Stoll, Tatbestaende und Funktionen der Haftung fuer culpa in contrahendo, FS von Caemmerer, 1978, S. 435 ff.

② Vgl. Medicus, Verschulden bei Vertragsverhandlungen, in: BMJ (Hrsg.), Gutachten und Vorschläge, Bd. Ⅰ, 1981, S. 479, 488; Medicus, Schuldrecht Ⅰ, 13. Aufl. 2002, Rn. 54.

③ Vgl. Soergel/Wiedermann, vor § 275 Rn. 111.

④ Vgl. Soergel/Wiedermann, vor § 275 Rn. 111.

(2)因欠缺有效的合同而产生的损害,又可以细分为因意思表示无效或被撤销产生损害、无权代理产生损害和自始给付障碍三种情形。(3)因有效的合同发生的损害。[①] 该种分类方法尽管从损害的角度出发,但实际也利用了合同的效力标准作为其分类依据,两者之间没有本质差别。

(二)我国台湾地区学说上的类型化分析

王泽鉴教授对缔约过失制度进行了如下分类:(1)契约不成立;(2)契约无效;(3)缔约之际未尽通知等义务致他方遭受财产上损失;(4)缔约之际未尽保护义务致他方身体健康遭受损害。[②] 此分类有一定的概括力,但标准并不统一,夹杂契约的效力状态和违反义务双重标准。

黄茂荣教授借鉴德国学者卡纳里斯的观点,将违反义务与损害利益相结合,把缔约过失分为两大类:(1)违反保护义务损及固有利益;(2)违反诚信义务损及变动利益。[③] 对保护义务及其延伸所至的固有利益进行独立研究,使分类更加明晰。

刘春堂教授综合德、日判例及学说,兼顾历史与现实,认为缔约过失制度主要有下列四个类型:[④]

(1)有效契约缔结之挫折或契约无效之责任(Haftung für Nichtigkeit des Vertrages)。这是指因当事人一方之过失,致业已缔结之契约无效或不成立时,该有过失之一方当事人,对信赖该契约有效因而遭受损失之他方当事人应负赔偿责任。该类型以契约标的自始客观不能、错误致合同无效或不成立为典型代表。

(2)不利内容契约之缔约或缔约行为之责任(Haftung für das Verhalten beim Vertragsschluss)。此乃契约已有效成立,唯契约磋商阶段,当事人之一方因过失而为不实或不正确之陈述,致所缔结之契约在内容上违反他方当事人之合理期待而遭受损失,有过失一方因此应对对方负赔偿责任。例如,甲向乙租赁房屋一栋,用于长期营业之用,租期3年,而乙明知该房屋将于一年内被征用而未告知甲,一年后甲因房屋被征用所受损失由乙按缔约过失进行赔偿。

(3)契约止于磋商未臻完成或对未导致契约缔结之磋商上行为之责

---

① 参见杜景林、卢谌:《德国新给付障碍法研究》,对外经济贸易大学出版社2006年版,第153页以下。

② 参见王泽鉴:《民法学说与判例研究》(重排合订本),北京大学出版社2015年版,第441页以下。

③ 参见黄茂荣:《债法总论》(第1册),中国政法大学出版社2003年版,第184页以下。

④ 参见刘春堂:《缔约上过失之研究》,台湾大学1983年博士学位论文,第7~9页。

任(Haftung für das Verhalten bei Vertragsverhandlungen ohne nachfolgenden Vertragsabschluss)。此乃指当事人已就契约之缔约进行磋商,唯因一方之过失,致使意图或期待之契约未臻缔结,该有过失之当事人对他方当事人因信赖契约得以缔结所遭受之损害,应负赔偿之责。在此类型中,可以包括一方中断交涉而使契约未成立的情况,也可以包括因一方之泄露订约中获取的秘密或违反情报提供义务等而使合同未能缔结等诸多情形。

(4)以契约磋商或准备为机缘之加害责任(Haftung für das Verhalten anlaesslich von Vertragsverhandlungen)。此乃指当事人一方以磋商或准备磋商而为交易上接触为机缘,因他方当事人影响范围内之过失,致遭受与契约目的或契约利益并无直接关系之损害。经常被恰当引用的例子是甲欲出售房屋,乙前往查看,因房屋的楼梯年久失修致乙上楼时坠落,乙因而受到损害,对此损害得依缔约过失进行赔偿。①

应当说明的是,在缔约过失发展史上,类型四包含在类型三之中。原因在于它们都是在缔约或准备磋商中,一方的加害行为,使对方人身或财产受到损害,契约因而止于磋商而未臻缔结。② 而后来随着理论的发展,认识到其与类型三有实质差异后,才逐渐从中分离出来。

前三种类型涉及契约利益或契约目的之维护问题,最后一种类型涉及当事人生命、身体、健康或财产等固有利益之维护问题。所以从契约不成立所侵害之利益角度看,又可分为契约利益之侵害与固有利益之侵害:前者系因当事人一方使相对人信赖契约可能缔结或确实可以缔结或业已缔结,因而遭受损害;后者系因当事人一方未尽保护义务,致相对人之生命、身体、健康或财产等固有利益遭受损害,德国早期之学说判例所讨论之案例主要是这种类型,如油毡案、香蕉皮案、菜叶案等。

类型一相当于王泽鉴教授所言的法定类型以及契约不成立或契约不依法定方式者无效的责任。③ 法定类型虽然源自缔约过失思想,但已经成为制定法;在具体司法实践中,已经无须言明依据缔约过失制度来判案了,并且与其后发展的类型并不相同,在缔约过失制度中,人们更加关注其新发展的案件类型、调整的范围以及判例法的运用。所以,本部分不予探讨

---

① 参见王泽鉴:《债法原理》(第 2 版),北京大学出版社 2013 年版,第 231 页。

② 参见刘春堂:《缔约上过失之研究》,台湾大学 1983 年博士学位论文,第 90 页。

③ 参见王泽鉴:《民法学说与判例研究》(重排合订本),北京大学出版社 2015 年版,第 441 ~ 442 页。从历史发展上看,王泽鉴先生将缔约过失之类型分为法定类型与缔约过失原则建立后得适用的类型两大类:前者包括错误意思表示的撤销、无权代理、给付自始客观不能等三者,后者包括契约不成立、契约无效(主要指法律行为不依法定方式者,无效)、缔约之际未尽通知等义务致他方遭受财产上损失以及缔约之际未尽保护义务致他方身体健康遭受损害等四者。

这一类型。类型二与类型三以契约是否已经缔结为标准划分:类型二主要是说明义务的违反,类型三也包含了部分说明义务的违反。但前者因说明义务违反而缔结了非当事人所意图的契约,后者情况下的契约则根本没有缔结;所以,在法律效果上并不相同。另外,以现代的消费者运动为背景,许多国家也比较强调业者对消费者的说明义务,这种说明义务的违反主要是类型二概括的内容;所以,本部分主要对契约已经缔结时的说明义务违反类型加以研究。有学者称类型二为阻碍合同缔结的可归责的行为①,其中主要的是无理由中断缔约类型;类型二中的中断缔约制度也是首先为各国所承认的,可以作为较为成熟的类型加以研究。一般学者谈及缔约过失制度时,都涉及缔约之际的加害责任问题,这是德国法缔约过失制度的特色。

从逻辑周延性来考虑,类型四应当已为类型三所包含;但将其作独立考察的主要原因在于其与前三种类型在法益保护上有根本性差别,即所谓对当事人人身安全的保护。换言之,前三种类型是对当事人信赖利益的维护,而第四种类型注重保护当事人的维持利益或曰固有利益。

(三)大陆学者的类型化分析

韩世远教授结合中国法律适用的变化和学理探讨的深入,将缔约过失分为"合同未成立""合同无效""合同有效"三种类型。② 具体如下:

(1)合同未成立型。结合《国际商事合同通则》之规则,可以分为"恶意开始磋商"、"恶意进行磋商"和"恶意终止磋商"等子类型。

(2)合同无效型。又可细分为四种情况:合同无效的情形、合同被撤销的情形、效力未定合同不被追认、附生效条件不成就等子类型。

(3)合同有效型。如违反情报提供的义务、可撤销合同被变更的情形、因撤销权的消灭而变为完全有效合同的情形。

有学者将缔约过失继续细化,分为合同不成立、合同已成立未生效、合同无效、合同被撤销、合同变更与解除、合同有效六种类型。③

王利明教授从我国立法出发,认为缔约过失类型不限于《合同法》第42条、第43条(《民法典》第500条、第501条)的规定。④ 具体有:(1)假

---

① See Friedrich Kessler & Edith Fine, *Culpa in Contrahendo, Bargaining in Good Faith, and Freedom of Contract: A Comparative Study*, Harvard Law Review (1964); Volker Emmerich, Zum Gegenwaertigen Stand der Lehre von der Culpa in Contrahendo, Jura 1987, S. 561.

② 参见韩世远:《合同法总论》(第4版),法律出版社2018年版,第162页以下。

③ 参见叶建丰:《缔约过失制度研究》,载梁慧星主编:《民商法论丛》第19卷,金桥文化出版(香港)有限公司2001年版,第536~553页。赞同此分类方法的论述,参见孙瑞玺:《缔约过失责任论》,知识产权出版社2005年版,第100页以下。

④ 不同观点参见陈小君主编:《合同法新制度研究与适用》,珠海出版社1999年版,第105页。

借订立合同，恶意进行磋商；（2）故意隐瞒与订立合同有关的重要事实或者提供虚假情况；（3）泄露或不正当地使用商业秘密；（4）其他违背诚实信用原则的行为，如违反意向书、违反未生效的合同、要约人违反有效要约、合同无效或撤销等；（5）违反强制订约义务；（6）无权代理。①

崔建远教授认为，除了上述类型，尚有违反人格和人格尊严等违背诚实信用原则的缔约，缔约之际未尽保护义务侵害对方人身、物权时的缔约过失责任，以及合同不被追认的缔约过失责任等。②

由上可见，依损害和义务——利益标准分类侧重法益保护的区分，凸显违反保护义务损及固有利益这一类型在缔约过失责任制度中的特殊性。依照合同的效力类型进行分类同样有其意义：采用效力类型标准在学理上有助于呈现这样一种观念，即缔约过失责任的承担并不以合同不成立、撤销、无效为前提（但此种分类方法于法律效果或法律适用有何意义不无疑问）。另外，就实务而言，效力类型的介入使法律适用呈现分阶段模式，即“判断效力类型—参考类型化后的典型案例适用方法—个案法律适用”，能进一步提高法律适用的准确性。

三、法律上关于缔约过失的类型

《民法典》第 509 条第 2 款（《合同法》第 60 条第 2 款）只描述了附随义务，但并未完整地规定缔约过失的类型以及内容，其具体内容只能从法律规定的类型以及实践中承认的类型中予以判断。即使《民法典》第 500 条（《合同法》第 42 条）规定了一般化的缔约过失责任规则，但是，在判定是否构成缔约过失责任时，亦离不开具体的法定类型与司法判例中的类型。

（一）《民法典》中的缔约过失制度体现

（1）《民法典》第 500 条第 1 项“假借订立合同，恶意进行磋商”。本项是在传统的“中断缔约”中截取一种类型，适用时需要“恶意”的主观要件。另有争议的是“恶意进行磋商”是否包括“开始”、“继续”和“终止”这一完整过程。韩世远教授主张在解释上亦包括之。对于中断磋商情形下的赔偿责任，有学者主张须在信赖合理性和归责性程度之间权衡。③

（2）《民法典》第 500 条第 2 项“故意隐瞒与订立合同有关的重要事实

① 参见王利明：《合同法研究》（第 1 卷）（第 3 版），中国人民大学出版社 2015 年版，第 348 页以下。

② 参见崔建远：《合同法总论》（上卷）（第 2 版），中国人民大学出版社 2011 年版，第 443 页以下。

③ 参见叶金强：《论中断磋商的赔偿责任》，载《法学》2010 年第 3 期。

或者提供虚假情况”。首先，该项适用时以“故意”为要件；其次，何为“重要事实”须经过个案利益衡量；最后，对于该项是否为我国法上关于违反说明、告知义务的一般性规定有争议。由于本项适用的主观要件过于苛刻，较稳妥的解释是不宜将之采纳为对于告知说明义务的一般性规定。

（3）《民法典》第501条“泄露、不正当地使用该商业秘密”，即保密义务。立法上明确将其界定为继续性义务，不因合同缔结过程的结束而结束。

（4）《民法典》第500条第3项、《合同法解释（二）》第8条“其他违背诚实信用原则的行为”。此为概括条款，与台湾地区立法例相同。适用时最重要的是解决将概括条款具体化、类型化的问题，《合同法解释（二）》对此作了一定的尝试。有争议的是适用本项的主观条件为何：是否需要对其采限缩解释，限于与前两项类似的“恶意”或“故意”的情形？学理上有不同观点，但实务中显然突破了这一限制，并将该条广泛适用到其他情形。

笔者自北大法宝搜索到涉及《合同法》第42条第3项（《民法典》第500条第3项）的案例。其适用情形，大致有如下几种情况：

（1）《合同法》第42条第3项与其他法律规范相结合适用，如《保险法》《招标投标法》《探矿权采矿权转让管理办法》《中华人民共和国劳动法》等。具体又分为两种不同情形：一种是与其他法律中具体规范相结合作为判案依据；另一种是与其他法律中的一般条款、原则性条款相结合作为判案依据。①

（2）裁判的法律依据笼统表述为《合同法》第42条，但于判决理由部分依“违背诚实信用原则”说理。②

（3）在判断一方隐瞒事实的主观故意模糊时，与“诚实信用原则”一起

① 如“朱某军诉中国人寿保险股份有限公司西华支公司等保险合同纠纷案”，北京市西城区人民法院（2009）西民初字第539号民事判决书；“杨某祥与王某坚、林某喜采矿权转让合同纠纷案”，新疆维吾尔自治区高级人民法院（2016）新民申957号民事裁定书；“南京安月阁家政服务有限公司与马某金劳动争议纠纷案”，江苏省高级人民法院（2014）苏审三民申字第00994号民事裁定书。

② 如“陈某敏诉正达公司取得预售许可证后不按事先签订的商品房认购书签订购销合同返还已付房款和赔偿损失案”，载《人民法院案例选》2003年第3辑，第106页以下；“中信红河矿业有限公司与鞍山市财政局股权转让纠纷案”，最高人民法院（2016）最高法民终803号民事判决书；“无锡中彩科技有限公司与无锡荣能半导体材料有限公司买卖合同纠纷案”，江苏省高级人民法院（2019）苏民再171号民事判决书。

作为说理依据。[①] 故意提供虚假信息情况下,故意要素判断清晰时,则单独适用《合同法》第 42 条第 2 项;[②]而在故意要素判断不清晰的情况下,则共同适用《合同法》第 42 条第 2 项与第 3 项。

(4)实践中,还有将诚实信用原则作为反向判断当事人不承担缔约过失责任的依据的情况。[③]

值得一提的是,未见单独将《合同法》第 42 条第 3 项作为裁判依据的情况。

(5)《民法典》第 157 条关于合同无效或被撤销情形下的缔约过失责任。

(6)《民法典》第 171 条无权代理人承担责任以及《合同法解释(二)》第 13 条表见代理情形下无权代理人负损害赔偿责任。对于该类责任性质,是否属于缔约过失责任尚有争议。有学者认为无权代理责任是侵权责任,但是实践中难以以此对第三人进行有效保护;因为第三人所受损害通常可能只是因信赖行为人的代理权而遭受的信赖利益损失(纯粹经济损失),难以通过主张侵权责任获得补救。[④]

(7)《民法典》第 496 条及《合同法解释(二)》第 9 条关于格式条款制定方说明义务的规定。

(8)《民法典》第 662 条关于赠与物瑕疵告知义务的规定。

(9)《民法典》第 810 条违反强制缔约义务情况下产生的缔约过失责任。与其他缔约过失责任最大的不同在于其责任形式。在当事人违反强制缔约义务时,法官可以依据法律强制当事人缔结合同,而其他情况下一

---

① 如"上海好莱坞房地产总公司诉李某辉商品房买卖合同纠纷再审案",上海市松江区人民法院(2005)松民一(民)再初字第 5 号民事判决书适用《合同法》第 42 条;"上海三银制漆有限公司与中国人民财产保险股份有限公司上海市分公司等财产保险合同保险金赔付纠纷上诉案",上海市第二中级人民法院(2005)沪二中民三(商)终字第 425 号民事判决书适用《合同法》第 42 条第 2 项、第 3 项;"陈某、谈某琦等缔约过失责任纠纷案",江苏省无锡市中级人民法院(2021)苏 02 民终 3967 号民事判决书适用《合同法》第 42 条。

② 如"屈某华等诉泰康人寿保险股份有限公司宜昌中心支公司人身保险合同案",江苏省宜兴市人民法院(2004)宜民终字第 859 号民事判决书,本案的法律效果是合同无效;"刁某特驱置业有限公司、胡某等商品房销售合同纠纷案",贵州省遵义市中级人民法院(2022)黔 03 民终 1353 号民事判决书,本案的法律效果是合同有效。

③ 如"上海爱民私营投资有限公司诉上海巴士财务管理有限公司买卖合同纠纷案",上海市第一中级人民法院(2004)沪一中民二(民)初字第 196 号民事判决书;"王某荣与湖南大学出版社出版合同纠纷上诉案",湖南省高级人民法院(2008)湘高法民三终字第 31 号民事判决书;"安徽启金科技发展有限公司、博雷(中国)控制系统有限公司缔约过失责任纠纷案",浙江省杭州市中级人民法院(2019)浙 01 民终 6730 号民事判决书。

④ 参见王利明:《合同法研究》(第 1 卷)(第 3 版),中国人民大学出版社 2015 年版,第 365 页。

般只能要求赔偿信赖利益的损失。

（10）《民法典》第 819 条规定承运人应当严格履行安全运输义务，及时告知旅客安全运输应当注意的事项。

（11）《民法典》第 825 条及《危险化学品安全管理条例》第 63 条对运输合同中托运人告知义务的规定。

（12）《民法典》第 828 条第 1 款规定托运人托运易燃、易爆、有毒、有腐蚀性、有放射性等危险物品的，应当按照国家有关危险物品运输的规定对危险物品妥善包装，做出危险物品标志和标签，并将有关危险物品的名称、性质和防范措施的书面材料提交承运人。

（13）《民法典》第 893 条关于保管合同寄存人对保管物瑕疵告知义务的规定。

（14）《民法典》第 1053 条第 1 款规定一方患有重大疾病的，应当在结婚登记前如实告知另一方。

（15）《民法典》第 1143 条第 2 款规定遗嘱必须是遗嘱人的真实意思，受欺诈、胁迫所立的遗嘱无效。无效之后有可能产生缔约过失责任。

（二）特别法上的缔约过失制度

特别法上的缔约过失制度主要集中在告知、说明义务范围内，有学者将其整理归纳，依双方交涉能力是否平等依次列明。[1] 笔者在此基础上作适当补充（见表 2－1）。

表 2－1　特别法上的缔约过失制度

<table>
<tr><th>场合</th><th>法律关系</th><th>条文</th></tr>
<tr><td rowspan="6">交涉能力不平等</td><td rowspan="4">经营者与消费者</td><td>《消费者权益保护法》第 8 条、第 18 条第 1 款、第 19 条、第 20 条第 1 款、第 26 条、第 28 条、第 45 条</td></tr>
<tr><td>《商品房销售管理办法》第 14 条、第 15 条、第 23 条、第 27 条第 1 款</td></tr>
<tr><td>原《软件产品管理办法》第 20 条、第 21 条</td></tr>
<tr><td>《旅游法》第 9 条、第 15 条、第 32 条、第 62 条、第 80 条，原《漂流旅游安全管理暂行办法》第 19 条</td></tr>
<tr><td>用人单位与劳动者</td><td>《劳动合同法》第 8 条、第 26 条，《劳动争议解释（一）》第 41 条，《职业病防治法》第 33 条第 1 款与第 3 款、第 35 条第 1 款、第 58 条</td></tr>
<tr><td>医师与患者</td><td>原《关于放射工作卫生防护管理办法》第 25 条第 2 款</td></tr>
</table>

① 参见韩世远：《合同法总论》（第 4 版），法律出版社 2018 年版，第 176 页以下。

续表

场合	法律关系	条文
	律师与委托人	《关于同一律师事务所的律师不宜担任同一案件原被告代理人的批复》结合原《律师违法行为处罚办法》第6条第16项(《律师和律师事务所违法行为处罚办法》第27条第1项)
	信息披露义务人与投资人	《证券法》第78条、第85条、第163条等关于信息披露的规定以及最高人民法院《关于受理证券市场因虚假陈述引发的民事侵权纠纷案件有关问题的通知》(已失效)、《虚假陈述赔偿规定》、最高人民法院《关于审理虚假陈述侵权纠纷案件有关问题的复函》等配套司法解释
交涉能力平等	担保	《担保法》第49条第1款、《城市房地产抵押管理办法》第9条第1款
	期货投资	1999年《期货经纪公司管理办法》、《期货纠纷规定》第16条
	合伙合同	《合伙企业法》第43条第2款
两种情况均涉及	保险业者与投保人	《保险法》第16条、第17条、第32条、第56条,《保险法解释(二)》第5条、第6条、第7条、第12条,《保险法解释(三)》第5条,《保险法解释(四)》第2条、第9条,《保险经纪人监管规定》第50条,《保险公估人监管规定》第53条,《保险代理人监管规定》第54条
	招投标人之间	《建筑法》第20条,《招标投标法》第16条、第30条、第39条、第45条

《民法典》上许多条文性质上仍属于缔约过失责任,但利用特别法对其进行规制,故优先适用特别法规范,或者将特别法与《民法典》第500条(《合同法》第42条)一并适用。

缔约过失制度是在弥补侵权法与合同法漏洞的前提下发展的,类型化是其制度得以存在的前提;但在类型确定上,要从同样情况同样处理、不同情况不同处理的正义观念出发,在功能的基础上进行类型化。故此,缔约之际人身财产的保护义务当为独立类型,其针对的是维持利益。而合同有效成立障碍又可以划为一类,中断缔约、无效或可撤销针对的都是信赖利益。缔约之际的说明义务,其基础在于附随义务,损害往往体现为已经成立的合同,而该合同并非一方当事人所愿;可否将该合同作为损害予以废止,是该类型合同的特殊问题,故可以独立为一种类型。最后,涉及第三人时，由于我国侵权责任法采取的是广泛的利益保护模式，可以包括对纯粹经济损害的保护，所以原则上，我国法是从侵权法角度解决第三人责任类型的缔约过失的。不过，《食品安全纠纷解释（一）》第 2 条第 2 款规定了一种特别的第三人责任，即“电子商务平台经营者虽非实际开展自营业务，但其所作标识等足以误导消费者让消费者相信系电子商务平台经营者自营，消费者依据食品安全法第一百四十八条规定主张电子商务平台经营者承担作为食品经营者的赔偿责任的，人民法院应予支持”。

基于上述，下文将在论述缔约过失制度理论基础之后，再行讨论以契约磋商或准备为机缘之加害责任、合同效力障碍、合同缔结期间的说明义务违反等类型，并阐述其构成要件与法律效果。

第三章　缔约过失制度的理论基础

第一节　缔约过失责任的性质

关于缔约过失责任的法律基础，首要的争论在于责任性质：其为侵权法上的责任、合同法上的责任抑或独立的责任？何者较为公平合理？缔约过失责任的定性涉及具体的法律适用。在涉及缔约过失责任的案件中，首先要决定适用合同法[①]规则还是侵权责任法[②]规则，或者独立的规则。

《德国民法典第一草案立法理由书》明确指出，除法定情形外，于缔约之际，因过失不法侵害他人权益者，究属侵权行为，抑或系一种法律行为上义务之违反，乃一项解释的问题，应让诸判例学说加以决定。[③] 而对于缔约过失责任的性质，我国《民法典》也没有予以明确，不过在体系上其位于《民法典》合同编“合同的订立”一章。尽管如此，在学说上，关于缔约过失责任的性质也是存在争议的。

一、合同责任说

在德国法早期，契约性质学说成为学者间的一般认识，但学者各自的理论基础并不相同。这主要因为生活事实不断丰富，案件类型层出不穷，学说建立的基点当然也就有所分歧。如何将原非契约当事人间之关系，纳入契约法予以保护，是缔约过失的核心问题。这种学说的发展趋势是由契约内寻找基础到契约外寻找基础，由具体到抽象。

耶林将缔约过失责任的基础建立在其后所缔结的契约之上，合同无效涉及的是履行请求权，而不涉及勤勉义务（Deligenzpflicht），此即目的契约说。[④] 与耶林不同，莱昂哈德更注重该注意义务之违反，而且他主张要有合同的订立；在根本没有订立合同情况下，是不会构成缔约过失责任的。[⑤] 此

---

① 实质意义上的合同法规范群，下同。

② 实质意义上的侵权责任法规范群，下同。

③ Vgl. Motive zu dem Entwurfe eines Bürgerlichen Gesetzbuches für das Deutsche Reich, Bd. Ⅰ, 1888, S. 195.

④ Vgl. Rudolf von Jhering, Culpa in contrahendo oder Schadensersatz bei nichtigen oder nicht zur Perfection gelangten Vertraegen, 1969, S. 29ff.

⑤ Vgl. Zitiert aus Karl Larenz, Lehrbuch des Schuldrechts, Bd. Ⅰ, 14. Aufl. 1987, S. 109.

说提出以后，即备受批评。论者多谓其在理论及实务上皆有重大缺点，对于契约因一方当事人有责行为致契约未能缔结的情形，即难适用。[①] 莱昂哈德还认为有效订立合同情况下的缔约过失责任是一种合同责任，赔偿范围是履行利益。[②]

目的契约说或者合同责任说都是将缔约过失责任与之后订立的合同关联在一起；不过，在合同虽然订立但嗣后被撤销或者无效的情况下，就不好解释为什么缔约过失责任仍为合同责任。在出现缔约前保护义务案件类型后，该学说也失去了解释力。

德国早期判例大多认为缔约过失的责任基础在于后来成立的合同的先期效力（Vorwirkung），但在合同因为缔约过失而不能成立的情况下，该理论就存在问题。[③]

在帝国法院的油毡案中，帝国法院创造性地运用了"准备契约关系""类似契约关系"等术语来解决契约成立前的缔约过失责任问题。其认为随着谈判开始，当事人之间产生了准备买卖的法律关系，该法律关系具有类似合同的特性，并产生相应的义务。[④] 值得注意的是，在这种类型下，缔约过失责任的产生并不取决于嗣后合同是否订立。

在类似合同法律关系学说下，德国法院对缔约过失责任案件适用的是合同法规则，在法学方法上采取的是类推适用的模式。[⑤] 具体而言，对于无过错的缔约过失责任类推适用的是《德国民法典》第 122 条（错误的撤销）、第 179 条（无权代理），并发展了不合意情况下的缔约过失责任；对于以过错为要件的缔约过失责任，德国法院类推适用的是《德国民法典》第 307 条（自始给付不能）、第 309 条（违法合同），发展了广泛的违反说明义务的缔约过失责任类型。[⑥] 斯泰因贝格（Steinberg）认为前述见解过于大胆：因为通过类推适用之方法以填补法律漏洞，虽然是可以的，但如果因此导致现行法原则的崩溃（Umwaelzung），则是不妥当的。[⑦]

我国也有学者认为缔约过失责任为合同责任。如有学者认为"先契约

---

① 参见王泽鉴：《民法学说与判例研究》（重排合订本），北京大学出版社 2015 年版，第 437 页。

② Vgl. Franz Leonhard, Verschulden beim Vertragsschlusse, 1910, S. 67.

③ Vgl. Emmerich, Zum gegenwärtigen Stand der Lehre von der culpa in contrahendo, Jura 1987, S. 561 f.

④ Vgl. RGZ 78, 239.

⑤ Vgl. RGZ 104, 267; 107, 362; 120, 251.

⑥ Vgl. Dieter Medicus, Verschulden bei Vertragsverhandlungen, in: BMJ (Hrsg.), Gutachten und Vorschläge, Bd. Ⅰ, 1981, S. 506f.

⑦ Vgl. Steinberg, Die Haftung für Culpa in Contrahendo, Bonner Rechtswissenschaftliche Abhandlung, Heft. 10, 1930, S. 84 f., 89 f.

义务的违反,同样应受合同法调整,产生合同的责任,亦属显然”,“缔约上过失责任应为合同责任的一种,才更符合其产生、发展之初衷”①,“只要是与合同有关的损害行为,不论是合同未成立的缔约过失责任,还是不完全履行合同的违约责任,都应归入合同责任之内”②。

二、侵权责任说

(一)德国法上的观点

在德国法上,由于侵权法上不保护纯粹经济损失、雇主责任规则存在限制等,在学说上少有人主张缔约过失责任在性质上属于侵权责任。而且适用缔约过失责任的目的往往在于:在进入合同谈判之后就不再需要受到那些针对侵害财产损害赔偿的侵权法规定的限制。③ 但在逻辑上,完全可以修改侵权责任法的雇主责任、诉讼时效等规则,将缔约前保护义务违反型缔约过失责任移到侵权责任法中处理,从而解决缔约过失责任性质的问题。

1980 年,德国联邦司法部部长就是否建议于民法中将缔约过失法理予以规范化及增设关于先契约权利义务之新规定,以及为避免遭受不利契约条件之拘束,可否于民法中设撤回权(Widerrufrecht)及与此相类似之特别法规范等问题,委托迪特尔·梅迪库斯教授提出鉴定意见。对于德国诸多判例,梅迪库斯教授认为系正确而且有必要,但认为不必通过特别保护义务之理论而适用契约法之原理加以处理,依侵权行为法之原理即可对被害人为适当之保护,因而主张不必对之为特别立法,④其主要理由如下:

1. 行为义务之建立(Begründung von Handlungspflicht)

缔约过失责任于缔约磋商之际,保护的身体、健康、财产等法益,无求诸于保护义务、注意义务、维护义务之必要,依侵权行为法所承认之安全保

① 韩子清:《试论缔约上过失责任》,载《法学与实践》1994 年第 1 期。转引自叶建丰:《缔约过失制度研究》,载梁慧星主编:《民商法论丛》第 19 卷,金桥文化出版(香港)有限公司 2001 年版,第 533 ~534 页。

② 唐明路、唐明晓:《缔约过失责任初探——与违约责任的异同》,载《河南省政法管理干部学院学报》1998 年第 2 期。转引自叶建丰:《缔约过失制度研究》,载梁慧星主编:《民商法论丛》第 19 卷,金桥文化出版(香港)有限公司 2001 年版,第 534 页。

③ Vgl. Picker, Positive Forderungsverletzung und culpa in contrahendo, AcP 183(1983), S. 369, 460 ff.

④ Vgl. Dieter Medicus, Verschulden bei Vertragsverhandlungen, in: BMJ (Hrsg.), Gutachten und Vorschläge, Bd. Ⅰ, 1981, S. 479 ff.

障义务，即可对此项问题为充分之解决。[①]

契约法上之特别保护义务与侵权行为法上之“安全保障义务”，就具体内容观之，在本质上并无差异。与侵权行为法一样，因缔约过失而产生的损害赔偿指向的也是维持利益。在时效上，也可以与侵权行为法上的时效一致。因此，这种缔约过失类型也被称为“类似侵权行为的缔约过失”[②]。

契约法上之保护义务，仅对已进入契约的接触关系当事人发生。换言之，此乃于特定人间存有意欲之特别关系（die gewollte und gezielte Sonderverbindung）时，为维护相对人之法益，对特定当事人所谓之义务；反之，侵权行为法上之社会安全义务，则对一般人均承认之，当事人间并未存有特别关系，自始即非以特定人为对象，这是二者的差别。

2. 履行辅助人责任（Gehilfenhaftung）

梅迪库斯教授认为，关于此项问题，通过对于雇佣人责任规定之修正，尤其是删除有关雇佣人责任之免责规定，即可适用侵权行为法之规定，对被害人的保护比较合理，不必刻意地求诸特别保护义务之法律构成。

3. 时效（Verjährung）

胡贝尔（U. Huber）教授在对给付障碍法的鉴定意见中已建议将时效予以统一化，梅迪库斯教授对此表示赞同。此外，纵然是在现行法之状况下，亦不应通过缔约过失责任之法理，规避旧《德国民法典》第852条有关侵权行为损害赔偿请求权时效期间之适用，使该条规定空洞化。尤其是对于缔约过失责任，何以应采取较适用侵权行为法时更长之时效期间，其理由不明。

4. 举证责任

梅迪库斯教授认为此项问题，于债法修改后即失其意义；盖因冯·巴尔（von Bar）教授所提出之《关于侵权行为法之修正鉴定草案》第824条第1款第2项，已规定违反安全保障义务，侵害人如未能证明自己无责任，不能免责，此可达到与类推适用旧《德国民法典》第282条及第285条相同之结果。此外，纵然是在现行法之状况下，依近年关于举证责任分配之所谓

---

① Vgl. Dieter Medicus, Verschulden bei Vertragsverhandlungen, in: BMJ (Hrsg.), Gutachten und Vorschläge, Bd. Ⅰ, 1981, S. 490. 所谓安全保障义务，系指从事社会活动之人，如该活动具有损害他人之危险性，即负有防止他人遭受损害之义务。换言之，即负有应采取必要且具有期待可能性之预防损害发生措施之义务。

② Lorenz/Riehm, Lehrbuch zum neuen Schuldrecht, 2002, Rn. 384; Ähnlich: Medicus, Die culpa in contrahendo zwischen Vertrag und Delikt, in: FS – für Max Keller, 1989, S. 205, 210.

危险领域说(Gefahrkreistheorie),即应依加害事实或损害发生原因事实系在何人支配领域内而分配举证责任,不问其系契约上、先契约上或侵权行为上之法律关系。换言之,即不因责任根据之不同而变更举证责任之负担。所以,并没有因举证责任之分配而扩大契约责任范围的道理;举证责任之分配问题,与应否导入特别结合关系之保护义务,并不相干。

5. 一般财产损害(allgemeine Vermögensverletzungen)

梅迪库斯教授认为,有关依缔约过失责任法理所认许之一般财产损害(纯粹经济损失)赔偿案例,均可认定系违反旧《德国民法典》第 826 条①或德国《不正当竞争法》第 1 条,直接适用该规定予以判决即可,②并无采取缔约过失责任理论之必要。

6. 损害赔偿之范围

梅迪库斯教授认为,就损害赔偿范围而言,关于契约磋商或交涉时,因一方当事人违反保护义务致使他方当事人遭受损害之赔偿责任问题,自以纳入侵权行为法体系加以处理为妥。

值得注意的是,德国债法修正案并没有采纳梅迪库斯教授的见解,而仍采取契约性质的观点。《德国民法典》第 241 条第 2 款将现在的学说、判例中开展的"附随合同的保护义务",在条文中加以明确化。而且《德国民法典》第 311 条第 2 款还规定,第 241 条第 2 款的附随义务的债务关系,由合同准备交涉即可发生。③

(二)法国法的规则

法国法继受了中世纪侵权法救济范围包括纯粹经济损失的做法;认为缔约过失责任是一种侵权责任,具体根据是《法国民法典》第 1382 条,其构成要件为:先合同过错、先合同损害以及过错和损害之间的因果关系。④ 早在 1883 年,巴黎上诉法院就认为允诺人没有履行合同允诺,就构成侵权法上的过错。合同前责任是自由撤回要约以及合意瑕疵撤销的平衡制度。如果被告过失导致相对人相信合同成立或者合同有效,但合同最终不存

① 本条为违反善良风俗故意侵权的规定。

② Vgl. BGH NJW 1961, 1308.

③ 参见[日]潮见佳男:《最近欧洲合同责任、履行障碍法的发展——荷兰修正民法典、德国债务法修正草案、欧洲合同法原则》,于敏译,载梁慧星主编:《民商法论丛》第 8 卷,法律出版社 1997 年版,第 343 ~ 344 页。

④ 参见王利明:《合同法研究》(第 1 卷)(第 3 版),中国人民大学出版社 2015 年版,第 333 页;陈吉生:《论缔约过失责任》,法律出版社 2012 年版,第 58 页以下。

在,那么被告就要承担责任[①]。

(三)中国法上的观点

对于侵权责任性质学说,我国理论界支持者颇多。有学者认为,"以侵权行为来解释缔约上过失行为更符合实际情况,也更符合民法规则体系化的要求"[②]。"缔约过失责任本质上是一种特殊的侵权责任形式。"[③]"合同不成立或无效时的纯粹经济损失赔偿来说,首先应明确其侵权责任性质。"[④]我国台湾地区学者中支持此种观点的认为,"缔约过失责任只是类似契约的责任,实际上只是'部分依据契约原则处理'的'侵权行为责任'"[⑤]。主张侵权责任性质的学者的主要理由如下:

(1)缔约过失行为本质上是一种过失致人损害的行为,其本质不在于缔约行为。缔约过失行为所谓反的义务实际上为法定一般义务,其核心是不得侵害他人财产和利益。[⑥]

(2)结合德国判例学说发展情况,对缔约过失性质的认识由侵权责任转向契约责任的原因在于其民法典侵权法的特有缺陷,并非侵权法理论的缺陷[⑦],也不是缔约过失理论的缺陷。[⑧]

(3)从比较法角度来看,将缔约过失责任作为侵权责任的一种类型更普遍[⑨],将缔约过失行为纳入侵权行为的控制轨道实际上是许多大陆法系国家民法实践中的现实。[⑩]

(4)从规则适用的实践方面看,有关责任发生时间和请求权之时效问题都不能脱离侵权法规则。[⑪]

(5)理论上可以避免一些矛盾。学者将违反后合同义务承担的责任

---

① See Jansen & Zimmerman eds., *Commentaries on European Contract Laws*, Oxford University Press, 2018, p.870.

② 董安生:《民事法律行为》,中国人民人学出版社 2002 年版,第 116 ~ 117 页。

③ 冉克平:《缔约过失责任性质新论——以德国学说与判例的变迁为视角》,载《河北法学》2010 年第 2 期。

④ 张金海:《耶林式缔约过失责任的再定位》,载《政治与法律》2010 年第 6 期。该文作者还引用《欧洲合同法原则》的评论与注释支持自己的观点,详见该文注释 72。

⑤ 黄立:《民法债编总论》,中国政法大学 2002 年版,第 47 页。

⑥ 详细论证参见董安生:《民事法律行为》,中国人民大学出版社 2002 年版,第 116 页;冉克平:《缔约过失责任性质新论——以德国学说与判例的变迁为视角》,载《河北法学》2010 年第 2 期。

⑦ 参见张金海:《耶林式缔约过失责任的再定位》,载《政治与法律》2010 年第 6 期。

⑧ 参见冉克平:《缔约过失责任性质新论——以德国学说与判例的变迁为视角》,载《河北法学》2010 年第 2 期。

⑨ 参见李中原:《缔约过失责任之独立性质疑》,载《法学》2008 年第 7 期。

⑩ 参见董安生:《民事法律行为》,中国人民大学出版社 2002 年版,第 116 页。

⑪ 参见董安生:《民事法律行为》,中国人民大学出版社 2002 年版,第 116 页。

和违反商业秘密条款承担的赔偿责任理解为侵权责任，为不产生解释上的矛盾，也应将违反先合同义务承担的缔约过失责任理解为侵权责任。且如果承认缔约过失责任为独立的责任类型，理论上应当构建所谓缔约过失责任能力。①

（6）从我国立法实践角度来看，我国侵权法并不存在如德国侵权法般法律技术层面的缺陷。缔约过失责任也不存在独立的调整范围，并不宜将侵权法的调整范围限制在“一般普通关系”层面。② 因此，可将缔约过失责任作为一种特殊的侵权责任予以规范，从而克服作为一般侵权责任保护范围过窄的缺点。③ 并且立法已将安全保障义务纳入侵权法的调整范围，许多学者也将纯粹经济损失、后合同义务作为侵权法的保护客体，将缔约过失责任纳入侵权责任范畴在立法技术和民事责任体系上都不存在障碍。④

三、侵权行为及契约行为双重基础说

有学者认为，侵权行为说与契约行为说均为缔约过失之请求权理论基础。蒂策（Titze）认为，缔约过失责任制度，仅于具有共通的基本思维，且无其他可能适用之法的范型（juristische Gepraege）时，始有承认之必要。故此，于当事人一方在契约磋商之际，因过错而为加害行为，此项过错（Verschulden）如与将来之契约缔结无关，且其所涉及者系与契约内容无任何关系之事务，而被害人并未具有契约相对人之特性时，则其所违反之注意义务，当系对任何人皆应遵守之一般的注意义务，故只发生侵权行为责任问题。此外，于契约有效成立时，当事人所遭受之损害，如果因与契约履行相关之缔约前行为所致，则可直接行使债务不履行损害赔偿请求权。⑤

对此，瑞士法学界也有类似的争论。反对观点认为：问题的争论点根本没找准，因为就赔偿义务而言，其并不依赖于承担义务的意思，是合同法律性质还是合同外的法律性质不具有重要意义，或者不具有意义上的不同。⑥

---

① 参见冉克平：《缔约过失责任性质新论——以德国学说与判例的变迁为视角》，载《河北法学》2010 年第 2 期。

② 参见李中原：《缔约过失责任之独立性质疑》，载《法学》2008 年第 7 期。

③ 参见董安生：《民事法律行为》，中国人民大学出版社 2002 年版，第 116～117 页。

④ 参见陈吉生：《论缔约过失责任》，法律出版社 2012 年版，第 87～88 页。

⑤ Vgl. Titze, Verschulden beim Vertragsschluss, Handwoerterbuch der Rechtwissenschaft, Bd. Ⅳ, 1929, S. 517. 转引自刘春堂：《缔约上过失之研究》，台湾大学 1983 年博士学位论文，第 76 页。

⑥ Vgl. Schönenberger/Jäggi, OR Art. 1 Rdn. 592; schon zuvor ders, Zum Begriff der vertraglichen Schadenersatzforderung, Festgabe Schönenberger, 1968, S. 181ff.; Dieter Medicus, Die culpa in contrahendo Zwischen Vertrag und Delikt, in: FS – für Max keller zum 65, Geburtstag, 1989, S. 210.

四、独立责任说

德国债法改革后，将缔约过失责任定位为违反契约前附随义务的法定责任[①]；但在法律适用上，还是适用合同法规则。所以，基本上还是沿着类似契约责任的思路进行法律适用，并没有将其认定为独立责任。

卡纳里斯主张，契约上义务，除了包含给付义务之外，还包含各种附随义务（保护义务）；而且该保护义务自因交易上接触的开始而开始，存在于缔约阶段。保护义务成立之法律基础，即始于契约成立以前，并非存在于当事人之意思，亦非存在于《德国民法典》第157条所为当事人意思之解释或补充，而是建立在信赖思想上。[②] 这一保护义务，被卡纳里斯教授称为“统一的保护性关系”，是合同法与侵权法之外的“第三条道路”。[③]

我国台湾地区学者也多采独立说。王泽鉴教授认为缔约过失责任应是独立于契约及侵权责任以外的第三种民事责任，属于法定债之关系。[④] 采独立说者，主要理由有二：一是缔约前附随义务通常要比侵权行为法所要求的注意义务为重[⑤]；二是“特殊的信赖关系”中的义务。[⑥]

另外，有观点认为缔约过失责任在我国法上不能归入合同责任或侵权责任，而是一种独立的责任，[⑦]其论证过程主要是通过阐述责任间的差异展开的。缔约过失责任与合同责任的差异主要在于：是否以过错为构成要件；缔约过失责任赔偿方式单一；责任性质上，缔约过失行为为法定而不具有约定性；赔偿范围不同。[⑧] 除此之外，两者在违反义务的性质、产生的时间、责任主体、与损害后果的关系（责任成立是否一定以存在损害为要件）、对责任的限制等方面也存在差异。[⑨] 而缔约过失责任与侵权责任的差异在于：发生条件和产生时间不同，缔约过失责任要求更高的注意程度，且发生在为订立合同接触磋商的过程中，以特殊信赖关系为前提；归责原

---

① Vgl. Looschelders, Schuldrecht AT, 10. Aufl. 2012, S. 73.

② Vgl. Canaris, Ansprueche wegen “positiver Vertragsverletzung” und “Schutzwirkung fuer Dritte” bei nichtigen Vertraegen, JZ 1965, S. 475, 479.

③ Vgl. Canaris, Schutzgesetze – Verkerspflichten – Schutzpflichten, in: FS – für Larenz zum 80 Geburtstag, 1983, S. 85.

④ 参见王泽鉴：《债法原理》（第2版），北京大学出版社2013年版，第239～240页。

⑤ 参见韩世远：《合同法总论》（第4版），法律出版社2018年版，第171页。

⑥ 参见崔建远主编：《合同法》（第5版），法律出版社2010年版，第122页。

⑦ 参见王培韧：《缔约过失责任研究》，人民法院出版社2004年版，第101页。

⑧ 参见崔建远：《缔约上过失责任论》，载《吉林大学社会科学学报》1992年第3期。

⑨ 参见叶建丰：《缔约过失制度研究》，载梁慧星主编：《民商法论丛》第19卷，金桥文化出版（香港）有限公司2001年版，第530～532页。

则不同，缔约过失责任以过错为前提，而侵权责任有无过错责任；[①]二者保护的利益和赔偿范围不同，缔约过失责任保护和赔偿的范围为信赖利益，受合理预见原则限制，且行为人应积极防止损失扩大；在责任承担方式上，缔约过失责任为单一的赔偿损失责任；[②]在违法行为与损害后果的关系上也不同，缔约过失行为本身一般不直接产生损害后果，往往还得借助于受害人的信赖行为而发生。[③]

就独立责任说，又有如下不同观点：

(1)独立的债权请求权、独立的责任形式和债的发生依据。

王利明教授认为："确立缔约过失责任制度是完善债法体系的需要，因为缔约过失责任作为一项独立的债权请求权，与合同上的请求权、侵权上的请求权、不当得利和无因管理的请求权一起构成了债权请求权的完整体系……"[④]崔建远教授也认为，"缔约过失责任作为独立制度"[⑤]，既不同于违约责任，也不同于侵权责任。这一观点得到众多学者赞同，其认为缔约过失责任的建立完善了契约责任理论和债的发生根据学说。[⑥]

(2)保护责任。

另有观点将缔约过失责任、加害给付责任、后合同责任和违反安全保障义务的民事责任归入保护责任，从而达到重构民事责任体系的目的。[⑦]这主要是借鉴了比较法上对"契约—侵权"两分民事责任体系修正思路的成果。

(3)前契约责任之一部分。

与保护责任观点方法相通，有学者通过对信赖责任的比较法研究，认为我国法上应当将缔约中以信赖保护原则为基础的赔偿责任从名不副实的缔约过失责任中分离出来，确立信赖责任的独特地位。两者都发生在缔约过程中，统称为"前契约责任"，与侵权责任和违约责任并列组成有序体系。[⑧]

我国台湾地区学者林诚二教授认为，并无必要在契约责任与侵权责任

---

① 参见崔建远：《缔约上过失责任论》，载《吉林大学社会科学学报》1992年第3期。

② 参见王培韧：《缔约过失责任研究》，人民法院出版社2004年版，第104~115页。

③ 参见吴根发：《缔约中的信赖利益及其损害赔偿》，载《法学》1999年第3期。

④ 王利明：《合同法研究》(第1卷)(第3版)，中国人民大学出版社2015年版，第336页。

⑤ 崔建远主编：《合同法》(第5版)，法律出版社2010年版，第122页。

⑥ 参见王培韧：《缔约过失责任研究》，人民法院出版社2004年版，第115页。此外，赞同见解参见孙瑞玺：《缔约过失责任论》，知识产权出版社2005年版，第94~95页。

⑦ 参见邱雪梅：《民事责任体系重构》，法律出版社2008年版，第229页以下。

⑧ 详细论证参见朱广新：《信赖责任研究——以契约之缔结为分析对象》，法律出版社2007年版，第268~295页。

之间开辟中间责任，否则会衍生出很多问题，比如如何划分侵权责任与中间类型的民事责任，时效如何适用，损害赔偿范围如何适用等。①

有学者认为，德语国家倾向于适用合同责任，罗马法国家（如法国）则认为缔约过失责任为侵权责任。而《欧洲合同法原则》《欧洲民法框架草案》等将缔约过失责任建立在诚信基础上，既不能解释出合同责任，也不能解释出侵权责任。为了避免这两种立法例的对立，欧洲合同法上的缔约过失责任应当解释为第三种责任：既不是合同责任，也不是侵权责任。②

也有学者认为，在我国法律制度体系下，没有必要将缔约过失责任独立，认为"应重新定位或放弃其下的诸案型，使该制度归于消解"③。但这一观点还是绕不开缔约过失责任为何种责任等问题，尤其对于其项下包涵的诸类型案例，只有明确其性质，才能确定其适用的规则。

反对独立说者认为：先合同义务与侵权行为法上所确认的一般安全注意义务相比并没有本质区别。④

将缔约过失责任定位为第三种责任，可以避免适用何种法律责任的麻烦。问题是：缔约过失责任被规定在合同法中，又不适用合同法规则，那么适用什么规则呢？而且，德国法、中国法逐渐规定了一般性的缔约过失责任构成前提，并具有一些独立的规则，但其规则并不完整。比如，时效规则的适用问题以及第三人责任规则的适用问题。对于时效，缔约过失责任可以适用《欧洲合同法原则》第 14：201 条、第 14：203 条第 1 款；而在第三人因一方当事人同意而进入订立合同之中的情况下，可以适用第 1：305 条 b 项，第三人的过错归责于该当事人。⑤ 所以，缔约过失责任无法独立，必须适用相应的合同规则。

五、笔者对于缔约过失契约性质的见解

（一）关于缔约过失契约性质的一般理由

从德国的学说发展历程来看，耶林、莱昂哈德将缔约过失的责任基础建立在契约或法律行为上的学说；随着判例的不断丰富，该学说成为不符

---

① 参见林诚二：《民法理论与问题研究》，中国政法大学出版社 2000 年版，第 118 页以下。

② See Vogenauer & Zuloaga Rios, Art. 2. 1. 14, para. 7.

③ 张金海：《耶林式缔约过失责任的再定位》，载《政治与法律》2010 年第 6 期。

④ 参见冉克平：《缔约过失责任性质新论——以德国学说与判例的变迁为视角》，载《河北法学》2010 年第 2 期；于飞：《我国〈合同法〉上缔约过失责任性质的再认识》，载《中国政法大学学报》2014 年第 5 期。

⑤ See Jansen & Zimmerman eds. , *Commentaries on European Contract Laws*, Oxford University Press, 2018, p. 893.

合实际的学说。现代的缔约过失类型,已经与契约的成立或有效与否不相关联。但是,缔约过失责任还是与契约责任相关联的。

首先,缔约过失责任面临的问题,诸如中断交涉、说明义务等,都是特定义务人之间的法律关系;即使是缔约之际的人身、财产保护义务,也是与交易关系有着某种联系的。契约责任是以因契约相结合而具有债权债务关系之特定当事人之间的法律问题为对象,损害行为来自特定债务人。侵权责任则以不问当事人间是否存有此种特殊关系均得发生之法律问题为对象,任何人均得为此项侵害行为;所以一般针对特定的绝对权,并有过失或恶意的主观要件,注意标准较高,否则将影响人们的自由生活。所以,缔约过失从逻辑上应归属于契约责任。

其次,通过契约责任来处理缔约过失问题,对于受害人比较有利。而且,在侵权行为法上不能获得救济的案型中,通过契约上的规则完全可以获得救济。如履行辅助人的问题,由于德国法上侵权诉讼时效与合同诉讼时效的差别较大,在依侵权法已经超过时效的情况下适用契约法,仍可以获得救济。

那么,是否可以通过侵权行为法的修改来解决问题呢?笔者认为,是不妥当的。因为这样一来,侵权法要解决一些特定关系当事人之间的关系,必然会破坏原有的逻辑体系,在时效以及举证责任等方面的修改,最终也会导致侵权行为法与合同法的界限模糊。另外,在德国法上,修改雇主责任规定,在社会政策上未见妥适。因为侵权行为法一般以过错为构成要件,如删除雇主的免责规定,加之以无过错责任,势必扩大雇主责任范围,使许多大型企业陷于诉讼之中,并不敢雇用不熟悉之人,对其要求不免过苛。

最后,侵权行为法的修改并不能彻底解决问题;随着社会的发展,缔约过失的类型不断发展,不能因此而动辄修改侵权行为法。

(二)缔约过失为类似契约的、法定的债的关系

在大陆法系,解决缔约过失的法律原则基础后,尚须说明其违反的是何种义务,该义务的根据何在。缔约过失是一种法律调整的社会关系。从德国民法体系推导,对于缔约过失制度第一个基本的判断就是缔约人处于一种债的关系之中。

第二个判断就是缔约过失债之关系类似于合同的债的关系,在责任处理上适用合同法的规则。为使建立在契约关系上之一切经济、社会关系安定,人们对契约关系安全之信赖日益强化。类似契约之信赖关系(vertragsaehnliches Vertrauensverhaltnis)或法定债务关系(gesetzliches Schuldverhaeltnis),虽非以给付义务为内容,然为达到契约缔结之目的,并

使当事人之契约目的或契约利益能够圆满实现，同时避免他方当事人因契约缔结或准备缔结以致生命、身体、健康、财产或其他法益遭受损害，该当事人依诚实信用原则自应负有调查、协力、通知、解明、照顾、保护、忠实等附随义务；[①]论其性质及强度，超过一般侵权为法之注意义务而与契约关系较为相近。从交易接触的时点开始，每一方当事人期待另一方当事人特定的行为。在当事人之间将要缔结的合同必须是已经被建立在一个类似合同的信赖关系之上，通常是为了与积极违反契约相区分，将其称为合同前法定的债的关系［vorvertragliches（gesetzliches）Schuldverhaeltnis］。[②]

值得注意的是，我国《民法典》第 1165 条第 1 款（《侵权责任法》第 6 条第 1 款）规定："行为人因过错侵害他人民事权益造成损害的，应当承担侵权责任。"侵权法保护的客体并非限于绝对权与生命、身体、自由等法益，还可以保护纯粹经济利益。缔约过失责任适用合同法规则，可以保护纯粹经济损失的理由，应当不会成立。不过，在其他法律规则的适用上，存在重大差异，适用合同法规则更有利于对缔约人的保护。例如，适用合同法规则意味着，适用合同法上法律行为能力、履行辅助人、损害赔偿以及时效等规则。这与适用侵权法上责任能力、雇主责任、损害赔偿等规则会存在重大不同。例如，合同法上行为能力制度，区分完全行为能力、限制行为能力以及无行为能力等。侵权法上也使用了行为能力术语，但是从责任能力角度理解的，即无民事行为能力人、限制民事行为能力人造成他人损害的，由监护人承担侵权责任；监护人尽到监护职责的，可以减轻其侵权责任。有财产的无民事行为能力人、限制民事行为能力人造成他人损害的，从本人财产中支付赔偿费用；不足部分，由监护人赔偿（《民法典》第 1188 条）。又如，在合同法上，事务主人对其履行辅助人的过错行为承担无过错责任[③]；在侵权法上，雇主对雇员的过错行为也承担无过错责任（《民法典》第 1191 条）。但不同的是，侵权法上的雇主可以向故意或重大过失者追偿。另外，履行辅助人的范围要远远大于雇员的范围：只要是被派遣来履行债务者，均是履行辅助人，如基于委托关系、承揽关系的辅助人。所以，适用合同法上履行辅助人制度，对于受害人而言更为有利。另外，在损害赔偿

① 附随义务根据其发生阶段可分为契约形成过程之附随义务、给付义务履行过程之附随义务、给付义务履行完毕之附随义务。参见王泽鉴：《民法学说与判例研究》（重排合订本），北京大学出版社 2015 年版，第 379 页以下。

② Vgl. Lutz Michalski, Das Rechtsinstitut der ,, culpa in contrahendo“ (c. i. c.), Jura 1993, S. 22.

③ 就《合同法》第 121 条是否规定有履行辅助人制度，参见解亘：《再论〈合同法〉第 121 条的存废——以履行辅助人责任论为视角》，载《现代法学》2014 年第 6 期。

范围上,合同法适用的是可预见性规则,更多考虑当事人的主观意思;而在侵权法上,则适用客观的相当因果关系规则。

第三个判断就是缔约过失责任是一种相对于意定之债的法定之债。德国判例以及主要学说(通说)将缔约过失责任归因于一个法定的债的关系(ein geseztliches Schuldverhaeltnis)。[①] 法官发展了后面生效的合同在其成立前作用的类型:如果实际上该合同未能缔结,其解决办法在于承认一个特别的"基于法定的债的关系"的对合同缔结的广泛接受,根据合同法原则,将其嵌接在损害赔偿之中。从此,司法实践将合同当事人的缔约过失责任建立在填补成文法律的法定的债的关系的规则之上,而该法定的债的关系已从对合同缔结的广泛接受中产生了,并赋予一般交易中针对交易伙伴的行为谨慎的注意的义务。[②]

所以,笔者认为,应将缔约过失责任建立在契约法上,在缔约过失制度成熟后,在给付义务以外建立保护或照管等义务。现代契约理论已经不把意思作为契约义务的唯一根据了;在缔约过失制度的演进过程中,信赖也成为契约义务的根据。

第二节　缔约过失责任的功能与思想基础

一、德国法上缔约过失责任的功能

《德国民法典》第 311 条第 2 款采取了一般构成前提加具体类型化的模式,缔约过失责任类型比较广泛而且处于发展中。对于缔约过失责任背后的功能与思想基础,应当从具体类型出发予以论证。

1. 最引人注目的是德国法上先合同安全保障义务违反型的缔约过失责任,其功能是保护相对人人身、财产及其他法益不受侵害。相对于侵权法上的保护,其对相对人人身、财产及其他法益的保护更为有力。

2. 缔约过失责任还保护当事人的信赖,即善意合同当事人针对相对人表示而给予的信赖以及根据具体情况可以给予的信赖。[③] 典型情况就是中断合同的谈判。在合同谈判情况下,缔约当事人不得引发相对人不正当的信赖;而且在缔约相对人发生错误的设想与错误推断的情况下,缔约当事

---

① Vgl. Larenz, Lehrbuch des Schuldrechts, 14. Aufl. 1987, § 9 Ⅰ a, S. 106.

② Vgl. Volker Emmerich, Zum gegenwaertigen Stand der Lehre von der culpa in contrahendo, Jura 1987, S. 561.

③ 典型性案例参见 BGHZ 71, 386, 393。

人还负有警告与提醒的义务。[①]

3. 缔约过失责任还具有保障有秩序地交易以及保障忠诚进行谈判的功能。比如,给付物的债务人一方有义务提供关于合同标的物的信息,尤其是性能上以及使用上有关风险方面的信息。支付金钱一方债务人在缔约时要指出其存在支付困难的情况。双方当事人都负有积极协助排除合同订立之障碍的义务。在这些情况下,信赖并非责任之前提,而是责任之结果。法律要求保障在缔约时须具备正确信息的最低标准。有学者认为,在这种类型下,被保障的法益并非信赖,而是合同当事人在法律行为成立时正确的意思决定。[②] 在信息不对称的情况下,专业上有优势的谈判当事人负有广泛的说明义务以及积极支持之义务。[③]

4. 缔约过失责任还具有控制客观上不希望之合同的功能。在此方面,缔约过失责任补充了法定无效事实构成(尤其是《德国民法典》第134条、第138条)以及法定解消权利(尤其是撤销与撤回权),可以用于法官救济合同或者变更合同,其正当性在于保护交易上无经验的人以及经济上处于劣势的谈判当事人。[④]

5. 在例外情况下,缔约过失责任还被用于作为合同履行过程中的法定救济措施。也就是说,补充不履行或不良给付救济规则,最典型的是在企业买卖中通知营业收入的义务[⑤]以及对于错误提供盈利信息的责任。[⑥] 在这一领域,缔约过失的功能与出卖人或者承揽人对于瑕疵结果损害承担责任的情况下的积极侵害债权之功能是一致的。[⑦]

6. 在德国法上,近年来又发展出特别结合关系框架内的一般说明责任。比如,银行的答询义务、雇主出具工作表现证明的义务以及会计师出具证明书的义务,还包括针对信赖其单方表示之人承担责任,及第三人责任的情况。与此说明责任思想关联的是一般性的职业责任,如律师或会计师的职业责任(《德国民法典》第311条第3款第2句)。第三人责任的基础是导致了他人特别的、超常的信赖。[⑧]

7. 消费者保护思想、投资人保护思想以及例外情况下保护经济弱者的

① Vgl. Soergel/Wiedermann, vor § 275 Rn. 104.

② 典型性案例参见 BGHZ 80, 80, 84。该案涉及的是货物期间选择交易。

③ Vgl. Soergel/Wiedermann, vor § 275 Rn. 105.

④ Vgl. Soergel/Wiedermann, vor § 275 Rn. 106.

⑤ Vgl. BGH NJW 1970, 653, 655.

⑥ Vgl. BGHZ 69, 63, 56.

⑦ Vgl. Soergel/Wiedermann, vor § 275 Rn. 107.

⑧ Vgl. Emmerich / MuenchKomm, § 311 Rn. 63.

思想。比如,为了保护消费者,在很多情况下赋予经营者以说明义务;基于保护投资者思想,发展了招股说明书责任。①

二、德国法上缔约过失责任的思想基础

(一)交往安全说

有学者认为缔约过失责任的思想基础在于交往安全义务②,通过合同磋商的全面接受,奠定了与侵权法上的交往安全义务平行的合同法上的当事人之间的义务之基础,即使缔约当事人后来没有缔结合同,在此期间已存在保护、照顾以及照料对方当事人的义务(Schutz - Fürsorge - und Obhutsptlichten)。③ 因为判例类型在不断发展,其基础理论也在发生变化,通过社会交易关系的确立,即可以产生缔约过失责任,不必一定已经开始合同磋商,潜在的客户没有确定意图进入商店,或其在饭店中正在寻找一个座位,都可以构成缔约过失责任。④ 安全保障论产生了两项具体原则,其一,凡造成危险状态之人,即有义务将危险除去;其二,任何人应对在其影响范围内之危险负责任,即在开启交易通道时,缔约人应严格负安全责任。此时之特别接触使缔约当事人对相对人周遭之影响之可能大为增加,以至于其保护必要也要相对大增。对当事人缔约责任的强化,目的在于使期待中的法律关系能对双方有利,因为双方都可以向对方要求保护其利益,同时又基于交易上经济之原则,对双方之信赖作最大之保护。⑤

(二)社会接触说

从油毡案出发,还有学者另行寻找合同谈判之际义务的思想基础。多勒(Dölle)认为,缔约过失的基础在于基于社会接触而产生的法律义务。⑥

多勒就豪普特(Haupt)所提出之“事实上契约关系”理论加以检讨后认为,当事人为缔结契约而接触时,即默示地成立了一种“准备性契约”或“维护契约”,唯契约之成立方式纯属拟制,当事人之间并无缔约的意思,甚为显然。故主张成立上述契约之基础非意思表示,而是社会接触

---

① Vgl. Emmerich / MuenchKomm, § 311 Rn. 64.

② 我国台湾地区学者刘春堂将之译为“社会安全义务”,理由为:由于其适用范围已扩张及整个社会生活领域,不再限于“交通安全”或“交易安全”,以社会生活上注意义务之违反为内容,故译为“社会安全义务”。参见刘春堂:《契约磋商与契约磋商者之责任》,载《民商法论集(二)》,1990 年 4 月版,第 74 页。

③ Vgl. Volker Emmerich zum gegenwärtigen Stand der Lehre von der culpa in contrahendo, Jura 1987, S. 561.

④ Vgl. Karl Larenz, Lehrbuch des Schuldrechts, Bd. Ⅰ, 14. Aufl. 1987, S. 109.

⑤ 参见黄越钦:《私法论文集》,台北,世纪书局 1980 年版,第 209 页。

⑥ Vgl. Doelle, Aussergesetzliche Schuldpflichten, ZStW103(1943), S. 67 ff.

(sozialer Kontakt)之事实。认为当事人间发生事实上之社会接触即可产生保护、通知维护等义务,与是否进行契约磋商无关。换言之,他认为缔约过失责任是否成立,具有决定性的并非契约磋商之开始,而是当事人为达到因社会接触所追求之目的,有意识地将自己的法益置于他方当事人影响下,并因之委由他方当事人保护注意时,在当事人间形成一种特别信赖关系。①

(三)特别关系说

针对缔约过失责任的思想基础,希尔德布兰特(Hildebrandt)提出了当事人之间的法定特别结合关系(Sonderverbindung)的观点,该种关系产生于一方与另一方订立合同的意图之中。基于合同谈判产生了一个不同于基于合同的债之关系、与合同类似的关系。一旦进入合同谈判阶段,双方当事人就负有很高的照料义务。也就是说,随着合同进入谈判阶段,当事人之间建立起了一种特别的关系。②

值得注意的是,这里的特别关系必须是在合同谈判开始、合同准备或者类似的交易接触过程中产生的,而且与合同是否成立无关。③

但是,希尔德布兰特将该学说的适用情况限定在说明义务的违反之上,反而将维护义务(Erhaltungspflichten)排除在外,其理由并不充分,司法判例并没有这样的限制。④

(四)信赖责任说

海因里希·施托尔从实际判例出发,将缔约过失责任建立在由于磋商的开始而产生的信赖关系之上。在缔约之时,当事人处于超越普通人之间的所有的一般关系,即合同磋商的法律关系(Rechtverhaeltnis der Vertragsverhandlungen),但他认为,一方当事人"想要磋商"等单方行为是合同准备关系的法律基础。这种法律关系的产生要求单方法律行为的观点,是没有根据的,单方出卖某物的意思何以能够产生法律关系。⑤

在海因里希·施托尔学说提出之后,司法实践从其理论出发,发展了很多适用缔约过失责任的情形。例如,一方没有说明所有可能阻止履行或按期履行的情况,或者因形式瑕疵而无效的情况,或者因为不合意而不成

---

① Vgl. Doelle, Aussergesetzliche Schuldpflichten, ZStW103(1943), S. 74 ff. 转引自刘春堂:《缔约上过失之研究》,台湾大学 1983 年博士学位论文,第 88 页。

② Vgl. Medicus, Schuldrecht Ⅰ, 13. Aufl. 2002, Rn. 103. 该学说是希尔德布兰特提出的。

③ Vgl. Medicus, Schuldrecht Ⅰ, 13. Aufl. 2002, § 9 Ⅰ 1, S. 109 ff.

④ Karl Larenz, Lehrbuch des Schuldrechts, Bd. Ⅰ, 14. Aufl. 1987, S. 110.

⑤ Vgl. Karl Larenz, Lehrbuch des Schuldrechts, Bd. Ⅰ, 14. Aufl. 1987, S. 109.

立的情况，或者没有正当理由停止缔约的情况。这些案例都是因为违反了基于法定的债的关系而产生的注意义务，而该法定的债的关系在谈判阶段即产生了。但问题是，为什么产生了该法定的债的关系。

巴勒施泰德完成了这一论证，他首先认为合同谈判阶段与合同阶段大不相同。在合同阶段，合同因履行所负担的义务而消灭，而合同谈判阶段的义务随着时间上的继续进行，越来越强，越来越多。而且合同谈判阶段也融入不到合同体系，比如不会区分有偿或无偿，不能按照双务或双方债之关系来理解；随着进入合同谈判产生了一种特别的、限于合同准备时间段以及限于合同准备目的的债之关系。①

进一步来看，巴勒施泰德认为，合同谈判阶段的债之关系的基础在于所助长的或授予的信赖。如果相对人信赖落空，当事人就应承担缔约过失责任。但是他没有区分一般的正当期待不再存在的情况和被增加的个人信赖的情况。② 违反基于信赖的行为义务，是承担次位的损害赔偿责任的基础，承担损害赔偿责任的方式与违反合同上附随义务或保护义务的方式是一样的。义务内容包括合同前人身与财产的保护义务以及说明义务。这些义务的依据是诚实信用原则。

卡纳里斯在教授资格论文中，进一步提出了“私法上信赖责任”这一概念，其核心在于所谓的权利表见责任（Rechtsscheinhaftung）。③ 但是，这样的信赖责任并不以过错为要件，与以信赖为基础的缔约过失责任在本质上是不同的。

（五）与私人自治形成关联性

弗洛茨（Frotz）对信赖理论作为先合同义务基础的学说持不同意见。他认为，在 A 询问 B，B 提供信息，而 A 依赖于该信息进行准备并与 B 进行谈判的情况下，B 提供真实信息的义务并不是从 A 信赖所给出的信息之时开始的。义务只有在其被违反的那一刻存在，才能被违反。A 之后对所提供信息的信赖不能决定 B 是否负有提供真实信息的义务。另外，他还认为，信赖思想不能解释为什么在缔约时的信赖的保护要强于通常情况下合

---

① Vgl. Ballerstedt, Zur Haftung fuer culpa in contrahendo bei Geschaeftsabschluss durch Stellevertreter, AcP 151(1950/51), S. 502.

② Vgl. Ballerstedt, Zur Haftung fuer culpa in contrahendo bei Geschaeftsabschluss durch Stellevertreter, AcP 151(1950/51), S. 501 ff.

③ Vgl. Canaris, Die Vertrauenshaftung im deutschen Privatrecht, 1971, S. 9 ff.

同外的生活，合同外的生活中同样会有紧密接触并且存在显著的信赖。[①] 比如在道路交通中就存在信赖，但是信赖被辜负的情况下就不会导致侵权责任。

所以他建议，先合同情况下加强保护的原因是一种私人自治之形成可能性的反面。谈判阶段保护义务的加强是私人自治之形成可能性的关联物。责任扩张到合同前的基础在于：鉴于法律所赋予之私人自治之形成可能性，进入或被带入他人之影响范围的人，其承受的损害风险要比一般的人类共同生活所承受的损害风险更大。[②]

对于弗洛茨的学说，拉伦茨予以部分否定，他认为在 A 向 B 咨询之时，A 就愿意信赖该询问之信息，此时就存在信赖之赋予了。而且，私人自治之关联物学说，也没有说服力。不过，交易场所开放等情况下的人身保护义务，的确未必是建立在信赖基础上的，但这不能否认其他情况下的缔约过失责任是建立在信赖基础之上的。[③]

与弗洛茨学说相关的学说还有交易利益说。该学说认为，当事人的交易利益是根据合同法加重责任的关键正当性基础[④]，其教义学根据是《德国民法典》第 278 条。而《德国民法典》第 278 条的基础在于：利用分工之好处者，同时要承担扩展自己交易效果范围的不利之处，即承担更大的责任。对于缔约过失责任而言，享受交易上好处的同时也要承担加重的义务。

法律行为交往保护说也是类似的思维，其从功能视角解释先合同义务，认为注意与保护义务的原因在于，与相对人发生交易关系者通常会期待与善良并忠诚的相对人订立合同，并且一般的善意期待应该受到法律秩序的保护，否则交易就无法顺利进行。[⑤] 所以，不是信赖本身为注意义务的基础，而是从法律行为制度出发，信赖保护是必要的。

---

① Vgl. Frotz, Die Rechtsdogmatische Einordnung der Haftung für culpa in contrahendo, Gedenkschrift für Gschnitzer, 1969, S. 163, 168 ff.; ders, Verkehrsschutz im Vertretungsrecht, 1972, S. 57 ff.

② Vgl. Frotz, Verkehrsschutz im Vertretungsrecht, 1972, S. 63 f.

③ Vgl. Larenz, Bemerkungen zur Haftung fuer culpa in contrahendo, FS – Ballerstedt, 1975, S. 399.

④ Vgl. Daum, Der Bundesgerichtshof zum finanzierten Abzahlungskauf, NJW 1968, S. 372, 376; Larenz, Culpa in contrahendo, Verkehrssicherungspflicht und ,, sozialer Kontakt", MDR 1954, S. 515, 518; Sack, Unlauterer Wettbewerb und Folgevertra, WRP 1974, S. 445, 454.

⑤ Vgl. Erman, Beiträge zur Haftung für das Verhalten bei Vertragsverhandlungen, AcP 139 (1934), S. 273, 321; Medicus, Schuldrecht Ⅰ, 13. Aufl. 2002, § 9 Ⅰ 1, S. 106.

（六）分类确定思想基础

还有观点认为，应根据先合同法定之债的义务内容的不同，区分为两种缔约过失责任，分别确立其理论基础。

1. 在与合同相关的说明与协助义务情况下，缔约人对相对人的责任，无非诚实信用之基础。的确有很多缔约过失责任的事实构成建立在实际上所授予的并被需要的信赖基础上，比如当事人已经长期进行谈判，而且已经就具体问题达成了一致。但尽管如此，在这些情况下，缔约过失责任也确保了对另一方利益的照顾，并不允许谈判相对人没有边界地行使私人自治。照顾义务是将来合同的预先效力，并与合同相对人的地位相关联，尤其是在专家与外行进行谈判的时候。①

2. 在维持义务的情况下，缔约义务人违反保护义务侵害人身、财产须承担缔约过失责任，其基础并不是授予了所需要的信赖。比如，顾客步入交易场所，通常并不会产生信赖，在其身体完整性的维持方面，交易场所拥有人应给予特别注意。一般而言，其信赖不会超出对通常行为以及建筑物交往安全状态的一般信赖。一般也不能认为，在法律行为交易中，缔约人将自己的权利以及权益托付给了第三人。

社会接触以及交易利益说也不能充分解释为什么对缔约过失责任适用合同法规则。对他人财产领域的干涉的加强，在其他情况下也会产生。②那么，进一步来看，既然解释不了维持义务的法律基础，不如承认是侵权法的漏洞使然，将来修改侵权法，将维持义务排除在缔约过失之外。③

如果在既有的合同法框架内，针对侵害合同相对人身体与财产完整性的情况，根据合同法基本原则承担责任，那么符合逻辑的是，合同法规则同样适用于作为必要过程阶段的合同之准备。根据缔约时间点区别对待，会导致责任的承担完全取决于侵害行为是在缔约前还是缔约后的偶然时间。所以，将合同法的附随义务前移至合同准备阶段，是具有正当性的。该阶段的附随义务独立于已经经过合同谈判的、嗣后的合同订立，由此产生了适用于合同各个阶段的附随义务。④

① Vgl. Soergel/Wiedermann, vor § 275 Rn. 121.

② Vgl. Soergel/Wiedermann, vor § 275 Rn. 122.

③ Vgl. V. Bar, Verkehrspflichten, 1980, § 9 Ⅱ 1, S. 247 ff.; Medicus, Verschulden bei Vertragsverhandlungen, in: BMJ (Hrsg.), Gutachten und Vorschläge, Bd. Ⅰ, 1981, S. 479, 489 ff.

④ Vgl. Soergel/Wiedermann, vor § 275 Rn. 122.

三、中国法上缔约过失责任的思想基础

王泽鉴教授认为，当事人自缔结契约时起，即进入特殊信赖关系，互相承担协力、照顾、保护、忠实等附随义务。[①] 崔建远教授接受了这一观点，他认为缔约过失的基础在于信赖；在缔约阶段，当事人的关系已经由以往的一般关系转变为特殊信赖关系。在此关系中，一方的不注意容易给对方造成损害，故需更加谨慎。法律因此赋予当事人更加高的注意义务，如互相协助、互相照顾、互通情况、保护对方等义务。[②] 还有学者进一步认为，缔约人之间的信赖超过了一般社会交往中的信赖，是一种"高等级信赖"，其对应的高等级法律责任就是缔约过失责任。[③]

还有学者主张应当将缔约过失责任基础建立在诚实信用原则之上。[④] 不过，诚实信用原则属于一般性条款，也是实在法上的原则，需要类型化。

四、对于缔约过失责任背后思想基础的见解

我国《民法典》规定了缔约过失责任，在法律适用上，有了实在法的基础，但仍需要挖掘缔约过失责任的背后思想，使缔约人承担缔约过失责任的基础到底是当事人的意思还是当事人的信赖。缔约过失责任背后思想的厘清，有助于法律适用以及缔约过失责任类型的发展。综上所述，《民法典》上的缔约过失责任是一般构成前提加类型化的模式，而本书认为缔约过失责任类型包括了先合同保护义务违反、中断缔约、说明义务违反等类型。在此基础上，笔者分析缔约过失责任背后的思想基础如下。

（一）对德国诸多契约学说的见解

交往安全学说，可以作为违反保护义务之缔约过失责任类型的思想基础，而且该学说认为交往安全义务产生于磋商的开始，在理论上有一定的合理性，但该理论并不能兼顾合同无效类型的缔约过失责任以及违反说明义务的缔约过失责任，并不全面。

社会接触学说，以事实作为缔约过失责任的基础，用社会接触代替契约磋商之开始，理论上并不妥当。契约前责任虽不以意思为责任基础，但缔约过失责任构成一般离不开契约磋商阶段，磋商关系是信赖的基础，而

---

① 参见王泽鉴：《民法学说与判例研究》（重排合订本），北京大学出版社 2015 年版，第 443 页。

② 参见崔建远：《合同法总论》（上卷）（第 2 版），中国人民大学出版社 2011 年版，第 437 页。

③ 参见韩成军：《缔约过失责任的理论逻辑与实证注解》，载《河北法学》2011 年第 7 期。

④ 参见姜淑明：《先合同义务及违反先合同义务之责任形态研究》，载《法商研究（中南政法学院学报）》2000 年第 2 期。但其理论过于概括，并不有力。

磋商阶段并不是无意思的事实行为，而是与意思有关的行为，而且缔约过失责任也不仅限于交易接触关系，所以该理论也不甚完善。

特别关系学说在本质上只是表述了缔约前债之关系的一般特征，并没有阐述其正当性基础。而且，希尔德布兰特将保护义务类型的缔约过失责任排除在外，并不符合德国的司法实践。

从海因里希·施托尔信赖说开始，学者们开始从契约外为缔约过失责任寻找思想基础，并逐渐走向一般化。海因里希·施托尔认为，缔约过失法律关系产生基础是单方法律行为，这是没有说服力的；而巴勒施泰德的信赖说并没有强调特殊增加的信赖，并且只能限定在说明义务违反等特定情况下。

对于信赖关系学说，有学者提出质疑，谁来界定通常信赖的标准或者引发谈判之人特别信赖的标准？信赖是否是独立的法律义务来源？其实质是绕开合同责任限制的路径而采取个案裁判的路径。由于特别信赖很难界定，过于抽象，其目的也较模糊，特别容易成为法官灵活控制责任的工具。①

（二）部分缔约过失责任的思想基础——信赖

基于上述缔约过失责任类型，是否能确定统一的思想基础，从而确立一般性法律制度呢？具体从缔约过失责任主要类型的思想基础来看，其各有不同，所以应该不能确立缔约过失责任的统一思想基础，而只能根据具体缔约过失责任类型分别确认其思想基础。

从缔约前人身财产保护类型来看，其思想基础是合同前阶段的一般性交往安全义务，通过合同磋商的开始奠定了与侵权法上的交往安全义务平行的合同法上的当事人之间的义务之基础，即使缔约人后来没有缔结合同，但在缔约期间已存在保护、照顾以及照料对方当事人的义务。② 在这种类型的缔约过失责任下，受害人对其谈判相对人的信赖并不重要。走进商场的顾客一般信赖商场是安全的，不会因店员的过失而受伤，该信赖与一般的对物通常状态的信赖以及对相对人符合交往要求的行为之信赖并没有区别。③

---

① See Markesinis, Unberath & Johnston, *The German Law of Contract, A Comparative Treatise*, 2nd edition, Hart Publishing, 2006, p. 105.

② Vgl. Volker Emmerich, Zum gegenwaertigen Stand der Lehre von der culpa in contrahendo, Jura 1987, S. 561.

③ Vgl. Larenz, Bemerkungen zur Haftung fuer culpa in contrahendo, FS - Ballerstedt, 1975, S. 401.

而有过错地阻止合同发生效力，如无理由中断缔约，其基础是助长或授予了特别信赖。

在自始客观不能（旧《德国民法典》第 307 条）情况下，缔约过失责任的基础在于谈判阶段有过错地违反说明义务，并不需要信赖之要件。而在违反形式要件需要承担缔约过失责任的情况下，则要求信赖之要件；但在违反其他类型的说明义务的情况下，则又不需要信赖之要件。[①] 对于合同谈判时的信息提供或者澄清义务，有学者认为其基础在于一般性的表示责任。[②] 而在向专业人士咨询的情况下，要构成缔约过失责任，则需要特别信赖要件，比如给予贷款的情况或者设立合伙的情况等。在专家责任情况下，一方基于特别的情形使另一方产生了增加的信赖（gesteigertes Vertrauen），该信赖可以使义务人承担扩大化的小心谨慎或诚实义务。[③]

错误情况下的赔偿责任是一种无过错的信赖责任。基于错误的撤销（《德国民法典》第 122 条）、无权代理（《德国民法典》第 179 条第 2 款）等规定所包含的法律观念，每个信赖法律交易有效力的人，其信赖丧失时，将会得到损害赔偿。

第三节 缔约过失制度的价值基础

在很大程度上，19 世纪的法学笼罩在所谓的概念法学之中。概念法学的贡献在于形成一种——以较特殊的概念应隶属于适用范围较广、表达内容较少的概念之下的原则而构成的——抽象的概念体系。它不仅能指示概念在整个体系中应有的位置，也能将具体的案件事实涵摄于法律规范的构成要件之下。[④]

但概念法学抛开了规范背后的价值判断，脱离社会利益观念，将法律视为自足而完善的体系，将法官作为适用法律的工具，与社会生活事实并不相符。社会现象每天都增加新的形态，即使是完全地、合乎逻辑地解释了民法的规定，其适用的结果，有很多仍背离了我们的伦理观念。基于这

① Vgl. Larenz, Bemerkungen zur Haftung fuer culpa in contrahendo, FS – Ballerstedt, 1975, S. 414.

② Vgl. Hans Stoll, Vertrauensschutz bei einseitigen Leistungsversprechen, FS – Flume, Bd. Ⅰ, 1978, S. 741; V. Lang, Einmal mehr: Berufsrecht, Berufspflichten und Berufshaftung AcP 201 (2001), S. 451, 536 (545).

③ Vgl. Karl Larenz, Lehrbuch des Schuldrechts, Bd. Ⅰ, 14. Aufl. 1987, S. 106.

④ 参见［德］卡尔·拉伦茨：《法学方法论》，陈爱娥译，台北，五南图书出版股份有限公司 1996 年版，第 46 页。

种事实,法学家与法官总是处于解决这一对矛盾的苦恼之中。法律作为一种裁判性规范,不仅必须被一再解释,也必须被填补漏洞,法律必须配合社会情势的演变而发展。缔约过失制度就是这种演变的例证,缔约过失制度是因填补现行法漏洞而产生的制度,而且在持续填补法律运行过程中的漏洞。在其他法律制度失灵的情况下,就会适用缔约过失制度,其具有“临时性补救作用”(Aushilfesfunktion)。[①] 具体而言,缔约过失制度是通过判例演进发展而来的法律制度,法官凭借基本的伦理原则进行造法,将新生成的社会正义观念、经济观念以及道德观念通过诚实信用原则演化为具有类型性与一般性的法律规则。

一、缔约过失制度的价值基础

(一)缔约过失制度的社会正义基础

在古典合同法时期,契约自由享有崇高且几乎“绝对”的地位。而所谓合同自由,是指当事人与其选择的相对人一致同意地、对双方均具有拘束力地自由规制其法律关系。合同自由具体有两层含义:首先,契约自由意味着行为人的缔约行为不受国家干涉。其次,依照当事人真实意愿订立的合同才具有效力。[②] 当事人通常享有广泛的自由,可以自由决定是否订立合同、如何形成合同以及以何种形式订立合同。

随着现代工业社会的发展,“承担责任的个体能够意识到其行为的后果,能够评价其行为,并且比起任何其他人的判断来,更能判断哪些是对他有利的,哪些是无利的,这一支撑契约自由的基础,已经远离了现实”[③]。古典合同法认为的契约即公正的假设前提丧失了,当事人地位不平等广泛存在,在此不平等基础上的合同自由只能是一方当事人强迫另一方当事人接受苛刻条件的自由。

相对于古典合同法上的契约自由,与“社会”一词相联系的则是一种与其相反的思想,强调人类事实上的不平等与事实上的决定自由的受限制性,程序的解决方式只能是“纯粹的形式”,应在社会公正的旗帜下更多地制定内容上的规定与规范,保护弱者是一项崇高的目的,[④]由此产生了全世

---

① Vgl. Stoll, Tatbestände und Funktion der Haftung für culpa in contrahendo, in FS – für Ernst von Caemmer, 1978, S. 435 f.

② 参见许德风:《合同自由与分配正义》,载《中外法学》2020 年第 4 期。

③ Hein Koetz & Axel Flessner, *European Contract Law*, trans. by Tony Weir Clarendon, Oxford University Press, 1997, p. 12.

④ 参见[德]卡拉里斯:《债务合同法的变化——即债务合同法的“具体化”趋势》,张双根译,载《中外法学》2001 年第 1 期。

界范围内的消费者保护运动，其影响是多方面的。例如，就缔约过失制度中的说明义务而言，消费者作为普通人，与销售者在信息占有以及专业知识上差别悬殊。如果不赋予销售者以较强的说明义务，消费者的意思表示难以达到预期效果或经常缔结与其意思表示相违背的合同，并且在销售者不主动提供信息的情况下，消费者根本不知道应向其请求何种信息，所以在消费者不主动询问的情况下，销售者也有义务告知相关重要信息。这是缔约过失制度保护消费者功能的体现。而且，在格式条款方面，提供格式条款一方也负有说明义务。

个人经济活动自由一定程度上要受制于社会正义，任何一方当事人不能在行使其自由时损害他人的安全、自由和尊严。在某种程度上，个人经济活动就是一种为实现共同利益而在生产、交换和财产用益中自愿合作的形式。因此，个人经济活动也不应与公共利益相冲突，合同应具有一定的社会性功能①，以保障个人利益与社会利益的和谐、个人利益与个人利益的协调。在这个意义上，契约自由作为法律原则，不可能毫无限制，任何人在获得某种利益的同时，都有可能被强制接受某种义务。但这也不等于说，个人利益一定要服从社会利益或他人利益，这种想法是从道德而不是从法律出发的。在法律上，我们强调的是二者的协调，诸如在合同违反形式要件时，法律上不能发生当事人预期的法律效果，这主要是为了实现国家对一定经济行为的调控以维护公众利益，但在一方当事人知道合同的形式要件要求而不予以协助或恶意不告知的情况下，则通过缔约过失制度来平衡当事人之间的利益冲突，这样既保护了公共利益，又保护了无过错受害人的个人利益。

（二）缔约过失制度的道德基础

在古典合同法时期，信赖并不是产生合同责任的基础，而是一个法律外的问题。合同成立、有效以及履行制度的目的在于对交易中纠纷的救济限定在一定范围内，并不是所有的损害都能获得法律上的救济，法律并不是调节社会纠纷的唯一手段。以往人们认为，契约前的交易费用是一个商业风险问题。随着社会发展，人们意识到，谈判当事人在磋商期间恶意中断交涉，是一件有违道德的事，此时其道德性为人们所意识到，但法律对此无能为力。当事人在缔约前仍然可以任意撤出谈判，在缔约前消极地不提供信息或经过询问而不回答，都被认为是一个人的道德问题，而不是法律

① 参见［意］桑德罗·斯奇巴尼：《〈国际商事合同通则〉与罗马法——债务人优惠制与国际贸易原则初探》，丁玫译，载《比较法研究》2000年第2期。

问题。最后,人们逐渐认识到应给予受损人一定的救济,方能达成一定的公平正义,在学说以及法官的协力下,信赖成为法律调整的对象,法律将“信赖”这一原本属于道德范畴的问题转化为法律问题来解决。信赖本身固有的道德说服力使这一制度很快为人们所接受。

缔约过失制度的发展证明了在旧有道德基础上产生了为法律所承认的新的道德。道德与法律有着鲜明的界限,但是法律获得人们的认同并成为人们心中的法感情,必须要有伦理道德的支持。在任何一个时代,法律为了能够完成自己的使命,必须具有使社会上的人们在心理上服从它的力量。现代文明社会必须提示它的合理标准,诉之于人们的理性。① 这种理性的法感情对于法的实现意义重大,人们不认同的法律在社会中不会被接受,而且会伤害人们对法律的信心,即所谓“徒法不能自行”。例如,关于缔约之际保护商业秘密的缔约过失制度,就体现了市场交易行为中的道德问题,这一行为不属于商业侵权,因为没有以非法手段获得商业秘密,也未必存在违反约定的情况(《反不正当竞争法》第 9 条),但这种行为可能使受害人遭受巨大的损失。在强调市场信用的今天,对这种行为运用缔约过失制度加以调整,已经获得了人们道德上的支持。

富勒(Fuller)也认识到这一点,认为法律被遵守,归根结底在于它有道德性,在于按公众的眼光,它们是正确的和必要的一种秩序,不包括道德因素的制度是不可能真正建立和维持的。秩序的观念本身就包含我们称为道德的因素。② 也就是说,规则的建立依靠道德的说明力。进一步而言,规则的建立也需要道德的支持,“一个法律制度必须展示出与道德或正义的某些具体的一致性,或必须依靠我们有服从法律制度的道德义务这种广为流传的信念”。③ 值得注意的是,道德也是发展的,每个社会有不同的道德标准。当人类发展到工业社会,信赖的道德性才凸显出来,并一直作为信赖责任的支持力量。

值得注意的是,法律与道德是有界限的,道德不能自动转化为法律,而且也不是所有的道德都能转化为法律。信赖能转化为法律,除了上述的心理因素外,还因为其在社会经济生活以及社会秩序中具有重要意义。同时,道德转化为法律必须经过一定的法律伦理道德通道,即诚实信用原则。而且,还必须经过具有权威的法院或法官对这一道德问题通过判决作出一

---

① 参见[日]我妻荣:《关于私法方法论的一点考察》,载我妻荣:《债权在近代法中的优越地位》,王书江、张雷译,中国大百科全书出版社 1999 年版,第 397 页。

② 参见严存生:《近现代西方法与道德关系之争》,载《比较法研究》2000 年第 2 期。

③ [英]哈特:《法律的概念》,张文显等译,中国大百科全书出版社 1996 年版,第 181 页。

定的权威性认可,在法学理论上必须给予妥适的解释。在法律发展路径上,直接立法将道德转化为法律也是可能的。

(三)缔约过失制度的经济基础

同时,信赖理论的出现,也有其经济上的原因。信赖范式包含了一种新的经济观念,这种经济不以独立分离的交易为特征,而是以合同前责任的整体交换之加强为特征。①

其一,信赖原则是交易安全的保障。现代经济学认为,包括商品在内的一切社会资源只有经过交换方可能趋于最有价值的利用。② 契约不过是交换的"侍女",其目的就在于保障交易的安全、快捷。如果双方依约履行其义务,交换过程可以在没有法律干预的情况下顺利安全地进行;但是事实往往相反,交换过程中存在两种风险:机会主义和未能预料的突发事实,法律正是为此提供救济的。③ 其中,契约法的基本功能就是阻止人们对契约的另一方当事人采取机会主义行为,以促进最佳时机选择,并使之不必要采取成本昂贵的自我保护措施。④

古典契约观念认为,契约是具有自由意志的交易当事人自主选择的结果,契约是个别的、不连续的、即时性的。在古典契约中,没有持久性地通过契约建立起来的合作关系,并且不需要对未来的事件作出规划。⑤ 这种分离允诺的范式建立在古典个人主义观念之上,力图保护允诺人的行动自由以及受诺人的安全。现代契约关系则是建立在连续契约概念之上,是一种长期的契约关系,当事人关心契约关系的持续,并且初步地认识到了契约的完全性和事后调整的必要性。在此基础上,现代契约认为由于个人的有限理性、外在环境的复杂性与不确定性以及信息的不对称和不完全性,契约当事人或契约的裁判者无法证实或观察一切,造成契约的条款是不完全的,需要设计不同的机制以应对契约条款的不完全性。⑥ 所以,现代契约

① See Jay M. Feinman, *Promissory Estoppel and Judicial Method*, Harvard Law Review 678 (1984).

② 参见[美]理查德·A. 波斯纳:《法律的经济分析》(上),蒋兆康译,中国大百科全书出版社1997年版,第12页。

③ 参见[美]理查德·A. 波斯纳:《法律的经济分析》(上),蒋兆康译,中国大百科全书出版社1997年版,第114页。

④ 参见[美]理查德·A. 波斯纳:《法律的经济分析》(上),蒋兆康译,中国大百科全书出版社1997年版,第117页。

⑤ 参见[美]科斯、哈特、斯蒂格利茨等:《契约经济学》,李风圣主译,经济科学出版社1999年版,第8~9页。

⑥ 参见[美]科斯、哈特、斯蒂格利茨等:《契约经济学》,李风圣主译,经济科学出版社1999年版,第13~14页。

的观念是建立在连续契约基础之上的，契约的订立、履行并不是单独的事件，与其他契约前、中、后的诸多因素都是相关联的，并且契约法防止机会主义的功能已经延续到订约前，使之功能趋于完整、系统。

由于现代契约是建立在持续性交易的概念之上的，大型现代契约关系中对利益冲突的高度认识，初看上去似乎把这些关系变成了一串个别性交易。这种交易的统一性是从外部施加的，经常与当事人个人的目标发生不一致。但是关系中的许多因素，如对未来合作的需要造成了当事人之间高度的相互信赖，在这种信赖中，每一方当事人的利益变成了他方当事人的利益。[①]

其二，信赖原则具有降低交易成本的功能。交易费用是为了获得准确的市场信息所要付出的费用，以及谈判和为了解决合同中的问题（如变更合同或解除合同）而产生的费用。依照经济分析学派的观点，在高度发达的工业社会，因契约准备阶段的照顾义务违反的一般民事责任可以降低商品交换的交易成本（Transaktionskosten）。经济社会越是原始，在法律上就越缺少保护一方当事人对另一方当事人说明的信赖。不信任的交易过程必然会带来不必要的成本，为了降低商品交换的交易成本、在最适宜的当事人间分配成本负担并使之最小化，经济分析学派在此发现了前契约责任的法律基础。[②] 随着社会发展，古典合同法时期所信奉的“个人意思自治、政府不加干预是最有效率的”信条逐渐得到了修正，意思表示必须在双方充分信赖、充分披露相关重要信息的情况下才能达到最大效率。

从信息提供角度来看，信赖原则合理地分配了信息提供责任，符合经济效益原理。信息不对称是契约理论的核心概念。所谓非对称信息是指这样一种情况，缔约当事人一方知道而另一方不知道，甚至第三方也无法验证，即使能够验证，也需要花费很大物力、财力和精力，在经济上是不划算的。现代契约理论研究非对称信息，就是研究在信息不对称的情况下契约不完全的根源、当事人如何设计一种契约，以及如何规范当事人的行为问题。其中，由于信息分布的不平衡造成的信息不对称，签约一方对他本人的知识（个人特征）知道得很清楚，而其他人不知道或知之甚少；或者可

---

① 参见［美］麦克尼尔：《新社会契约论》，雷喜宁、潘勤译，中国政法大学出版社 1994 年版，第 27 页。

② Vgl. Michael Lehmann, Dipl. – Kaufmann, Die Buergerliche Haftung für Werbeangaben Culpa in contrahendo als Haftungsgrundlage fuer vertragesanbahnendeErklaerungen, NJW 1981, S. 1239.

能影响契约的自然状态的知识某个人知道，而另外的人不知道。[①] 从时间上看，信息不对称可以发生在缔约前、缔约中或签约以后，研究事前的信息不对称主要涉及如何降低信息成本问题。交易成本的产生大部分归因于人们的无知或信息的缺乏。中断缔约、信息提供义务等缔约过失类型中基本的经济原理就是让拥有信息者主动提供信息，以免对方在信赖错误信息的基础上产生损害，这些信息由于分布的不平衡性，对方当事人是无从知道的，或者需花费巨大的成本才能知道；从效益分析来看，这样的信息的不提供，对整个社会与个人来讲是无效益的，甚至造成了个人的现有利益的损害。

经济学上，交易分为正值交易、负值交易与零值交易。所谓信赖原则，就是在为阻止基于可预见的信赖而造成的损失所必需的范围内，该允诺应具有强制执行力。法律为什么强制执行受信赖之允诺呢？虽然，除允诺人的心理利益之外，这些情形只涉及零值交易关系。但是，若此类承诺义务不被执行，则零值交易就变成了负值交易，一个信赖允诺的被允诺人就会遭到损失。[②] 所以从信赖违反的角度，若法律不保护信赖利益，则信赖允诺之人将受到损害。

在我们注意到经济对法律制度形成的影响时，也应承认法律对经济的促进作用。法律规则初步形成阶段，也就是该社会的经济关系乃至生产关系的雏形时期，它是在作为母胎的经济关系里逐渐孕育发展起来的。但是，一旦作为一个原则建立以后，这一原则就要求对所有经济关系一律适用，同时促进经济关系的发展，这也是不可否认的。[③]

以上所述展现了产生缔约过失制度的诸多社会因素，各种类型的缔约过失制度各有其产生基础，诸多社会因素对各种类型的影响也不是同一的。

二、缔约过失制度演进的桥梁——诚实信用原则

（一）诚实信用原则的功能及发展阶段

道德对法律的影响或者是通过立法突然地和公开地进入法律，或者是

---

① 参见［美］科斯、哈特、斯蒂格利茨等：《契约经济学》，李风圣主译，经济科学出版社1999年版，第19页。

② 参见［美］迈克尔·D. 贝勒斯：《法律的原则——一个规范的分析》，张文显等译，中国大百科全书出版社1996年版，第187页。

③ 参见［日］我妻荣：《关于私法方法论的一点考察》，载我妻荣：《债权在近代法中的优越地位》，王书江、张雷译，中国大百科全书出版社1999年版，第373页。

通过司法程序悄悄地进入法律。但后者需要一个可供依托的桥梁,这就是诚实信用原则。缔约过失的道德基础在于信赖,而信赖是通过诚实信用原则加以法律技术化的。缔约过失责任所体现的造法方式,被拉伦茨称为鉴于伦理性原则从事之法的续造,"在从事法律规整时,法伦理性原则是指示方向的标准,依其固有的说服力,足以'正当化'法律性决定。与基于目的性考量所形成的法技术性原则不同,其基础在于其实质的正义内涵"①。也就是说,缔约过失制度是经由伦理性原则的中介而成为判例法,甚至习惯法的。这里所谓的法律伦理性原则即为诚实信用原则。

有学者基于诚实信用原则的原始形态,认为诚实信用原则是在市场经济活动中形成的道德规则。它要求人们在市场活动中讲究信用,恪守信用,诚实不欺,在不损害他人利益和社会利益的前提下追求自己的利益。②也有学者认为,诚实信用原则由于将道德规范与法律规范合为一体,兼有法律调节和道德调节的双重功能,使法律条文具有极大的弹性,法院因而享有较大的裁量权,能够据以排除当事人的意思自治,而直接调整当事人之间的权利义务关系。③ 这种观点混淆了道德与法律的界限,道德经法律技术化后即为法律,而不是道德。诚实信用原则一开始便具有实体法上的内容,除了具有正面意义上的肯定内容,还有负面意义上的排除内容,如情势变更与权利滥用等。诚实信用原则是具有法律强制力的法律原则,而道德规范只能通过舆论强制来实现。而且诚实信用原则具有极大的弹性,是由其模糊性所导致的,并不是因其具有道德功能。实质上,诚实信用原则是道德变为法律的通道,其给人以道德印象,或许起因于诚实信用原则在交易领域的最初含义;而当其发展为民法基本原则时,将诸多原本是道德的问题转化为法律,也使人误解其为道德规范。所以,准确地讲,诚实信用原则虽以社会伦理观念为基础,唯其并非道德,而是将道德法律技术化。④当然,诚实信用原则将一定的社会规范转化为法律,并不仅仅由于其道德性,也可能是经济上的或社会上的原因。

根据《德国民法典》第 242 条的规定,债务人须依诚实与信用,并照顾交易惯例,履行其给付。《瑞士民法典》进一步将诚实信用原则的适用范

---

① [德]卡尔·拉伦茨:《法学方法论》,陈爱娥译,台北,五南图书出版股份有限公司 1996 年版,第 328 页。

② 参见梁慧星:《诚实信用原则与漏洞补充》,载梁慧星:《民商法论丛》第 2 卷,法律出版社 1994 年版,第 60 页。

③ 参见梁慧星:《诚实信用原则与漏洞补充》,载梁慧星:《民商法论丛》第 2 卷,法律出版社 1994 年版,第 62 页。

④ 参见杨仁寿:《法学方法论》(第 2 版),中国政法大学出版社 2013 年版,第 188 页。

围扩大到一切权利行使和一切义务履行。根据该法第 2 条的规定,无论何人均应依诚实信用方式行使权利,履行义务。德国司法实践以及理论上一般也承认诚实信用原则统领全部民事规范的基本原则地位。这是诚实信用原则历经的第一次具有重大意义的变动。我国台湾地区也是如此,通过“修法”将其从债编(第 219 条)移动到“民法”总则编(第 148 条),据此,有学者认为诚实信用原则系属帝王条款,是君临全法域之基本原则。① 台湾地区经历的第二次重大变动是将之移到“消保法”来控制定型化契约。第三次则是新增第 245 条之一,其功能在于创设先契约义务,具有重大意义。②

与诚实信用原则的重大变动相关,在合同法领域,有学者将诚实信用原则大致区分为三种类型③:第一种类型是作为规定契约上义务之履行或权利行使的行为准则规范的诚实信用原则。换言之,是发挥弥补默示合意之不足的功能,罗马法首先是在这个意义上使用诚实信用原则的。在此作为确定诺成契约履行义务的内容的基准,发挥了补充当事人合意的功能,此即为其一般条款功能的体现。第二种类型从买卖契约保护买主的视角出发,在买主“善意”的意义上使用诚实信用原则这一概念,其内容为当事人的主观状态,即买主是否“知晓”。此种类型可以用来保护消费者。第三种类型为在契约交涉过程中发挥作用的诚信原则,即所谓契约缔结上过失所针对的问题。

《美国统一商法典》采用第二种类型意义上的诚信原则(good faith purchase),同时使第一种类型意义上的诚信原则(good faith performance)复活。《第二次契约法重述》第 205 条进一步将其地位提高到一般性原则,“在合同履行和执行时,当事人负有诚实信用和公正交易的义务”。第三种类型意义上的诚实信用正在形成过程中,有的美国联邦州已经形成一般原则,其主要制度表现即为允诺反悔制度。有学者认为,英美法上所谓禁反言原则,与诚实信用原则,其名虽异,但本质则同,禁反言原则不过为信义律之一种适用而已。④

首先,在合同法中,首要的原则是合同自由,诚信原则是对合同自由的

---

① 参见王泽鉴:《民法学说与判例研究》(重排合订本),北京大学出版社 2015 年版,第 226 页。

② 参见陈洸岳等:《“中断交涉”与缔约上过失责任的序论研究——民法研究会第十四次学术会议》,载《法学丛刊》1999 年第 176 期。

③ 参见[日]内田贵:《契约的再生》,胡宝海译,载梁慧星主编:《民商法论丛》第 3 卷,法律出版社 1995 年版,第 314 ~ 315 页。

④ 参见蔡章麟:《私法上诚实信用原则及其运用》,载郑玉波主编:《民法总则论文选辑》(上),台北,五南图书出版股份有限公司 1984 年版,第 875 页。

矫正,而不是对合同自由的否定,诚信原则只是在表达合同自由不是不受限制的。

其次,诚实信用的含义是需要考虑相对人的合法利益,这不仅具有道德意义,还可以确定行为的客观标准。在欧洲私法中,逐渐承认当事人负有在磋商阶段诚信谈判的义务。《欧洲合同法原则》第 2:301 条首次规定了违反诚信(in good faith)与公平交易(fair dealing)的磋商或中断磋商者,应赔偿相对人因此受到的损害。在诚信之后,增加了"公平交易"这一术语,目的在于强调诚信要被理解为一种标准,而不是一种道德。①

诚实信用原则还可以包含合理以及禁止自相矛盾行为等内涵。《欧洲合同法原则》第 1:302 条使用了合理(Reasonableness)的标准,从第三人视角判断当事人的行为是否合理。《国际商事合同通则》第 1.8 条则规定了禁止自相矛盾的行为的规则。

(二)诚实信用原则的模糊性

诚实信用原则之所以可以将有一定道德、经济等社会基础的制度转化为法律,在于其具有巨大的模糊性。所谓模糊性,是指人们认识中关于对象类属边界和形态的不确定性。② 有学者指出,诚实信用这样的词语从规范意义上看极为模糊,在法律意义上没有确定的内涵和外延,其适用范围几乎没有限制。③ 也就是说,构成合同法诚实信用原则的内涵(形态)的若干类型或制度是由相当的道德成分构成的,具有不确定性,其外延(类属)为所有应当适用该原则的具体个案,也是模糊的、不确定的。

这种模糊规定或不确定规定,源于这样的事实:立法机关考虑到法律不能包容诸多难以预料的情况,不得不把补充和发展法律的部分权力授予司法者,以模糊规定或不确定规定的方式把相当大的自由裁量权交给法官。因此,诚实信用原则意味着承认司法活动的创造性与能动性。④ 诚实信用原则之法理,是以实现在制定法的解释适用中的具体的妥当性为目的而生成并发展起来的。但由于其模糊性以及作为一般条款的功能极易被滥用,并且伴随其作用领域的扩大化,因恣意适用而阻碍法的安全性的危险在进一步增大。也就是说,诚实信用原则是针对过分强调契约自由带来

① See Vogenauer & Vognauer, Art. 1.7, para. 18 – 19; Jansen & Zimmerman eds., *Commentaries on European Contract Laws*, Oxford University Press, 2018, p. 884.

② 参见李晓明:《模糊性:人类认识之谜》,人民出版社 1985 年版,第 12 页。

③ 参见徐国栋:《民法基本原则解释:诚实信用原则的历史、实务与法理研究》,中国政法大学出版社 1992 年版,第 79 页。

④ 参见徐国栋:《民法基本原则解释:诚实信用原则的历史、实务与法理研究》,中国政法大学出版社 1992 年版,第 79 页。

的问题而成为一般条款的，其适用应有一定的界限。所以，过分地赞扬或贬低诚实信用都是危险的，法官以公正的名义干预，应以不过分干涉私人自由为限，避免将其贬低为为自己行为负责的道德原则。[①] 就缔约过失制度而言，通过诚实信用原则演化，其呈现一种开放体系，但并不是任意的，法官适用该制度判案时，负有说理义务，并须符合一般的公平正义。

（三）诚实信用原则的应用

在遇到新的社会问题时，亦应由立法者通过立法予以解决，而不能由法官依照诚实信用原则填补法律之漏洞，因为诚实信用原则本身就是需要通过法定之价值予以具体化的。诚实信用原则并不具有创设新的法律制度的功能，而只具有进一步表述现有的法律原则或者法律关系的功能，或者明确法律地位界限的功能。[②]

在法律适用时，如果存在具体的法定规则，则需首先适用该具体法律规则。只有在法律适用由于具体情况的特殊性而对合同当事人一方明显不公正的情况下，才以诚实信用原则予以平衡。在这个意义上，诚实信用原则具有次位性。[③]

在具体案件中，一般应在广泛的利益衡量后进行具体化。[④] 价值判断标准是诚实信用以及交易习惯。

1.“诚实”（Treu）与“信用”（Glauben）二者为同义词，并无明确的事实构成与法律效果，只是给出一定的目标方向，即须保障利益衡量的公正性（die Gewährleistung eines gerechten Interessenausgleichs）。在事理上，要求当事人照顾对方的利益，保护合理之信赖，在交易中尽到一般之善意。[⑤]

在具体适用诚实信用原则时，还要根据其他规范中的法定利益评价对诚实信用原则进行具体化，尤其是宪法中的基本原则具有决定性意义。

2. 交易习惯也是诚实信用原则的具体化根据。尤其是在商业实践中，商业习惯是最为重要的具体化诚实信用原则的工具。[⑥] 反过来，对于交易习惯，也要进行“诚实信用考察”，只有符合诚实信用的交易习惯，才是法律上需要考虑的交易习惯。所谓交易习惯，是指在社会中或者特定交易范围内须注意的行为规则。

---

① See Friedrich Kessler & Edith Fine, *Culpa in Contrahendo*, *Bargaining in Good Faith*, *and Freedom of Contract*: *A Comparative Study*, Harvard Law Review, 1964, p. 449.

② Vgl. Brox/Walker, Schuldrecht AT, 37. Aufl. 2013, § 7 Rn. 3.

③ Vgl. Brox/Walker, Schuldrecht AT, 37. Aufl. 2013, § 7 Rn. 4.

④ Vgl. MünchKomm/Toth, § 242 Rn. 46 ff.

⑤ Vgl. Looschelders, Schuldrecht AT, 7. Aufl. 2009, § 4 S. 29, Rn. 66.

⑥ Vgl. Brox/Walker, Schuldrecht AT, 37. Aufl. 2013, § 7 Rn. 5.

第四章 违反人身财产保护义务类型的缔约过失责任

第一节 缔约过失责任作为保护人身、财产的基础

现代合同法发展了债之有机体观念。基于合同之债,不仅可以产生给付义务、次给付义务等,还可以产生附随义务。附随义务包括当事人为缔结合同而接触、准备或磋商过程中的说明、告知、保密、保护等义务以及实现给付结果的准备过程中的通知、协助、保密等义务。[①] 其中,附随义务所保护的利益主要是合同利益以外的人身或财产利益,这一利益被称为“维持利益”,又被称为“固有利益”或者“完全性利益”。[②] 在合同缔结前以及合同缔结后,都存在保护固有利益的附随义务。目前在学说上争议比较大的是,对于缔约前的固有利益,是通过缔约过失责任予以保护,还是通过侵权法直接予以保护。[③]

从比较法来看,对于缔约阶段相对人人身与财产的保护,在德国法上通过缔约过失责任予以救济。所以值得思考的是,为什么德国法上采取缔约过失责任处理缔约之际人身与财产保护的问题?中国现行法上是否也应通过缔约过失责任保护缔约时的人身、财产利益?

一、德国法上交易接触时对人身、财产的保护

德国法通过判例确立了交易接触时保护人身、财产利益的缔约过失责任。典型的判例是帝国法院的油毡案[④]。在该案中,原告在被告商店购买数种商品之后,随即转至亚麻仁油布部,拟选购亚麻仁油布地毯。被告店员操作不慎导致地毯滚落,原告因此受伤。帝国法院认为,被告应当基于缔约过失承担损害赔偿责任。

---

① 参见韩世远:《合同法总论》(第4版),法律出版社2018年版,第342页。

② 参见韩世远:《我国合同法中的缔约上过失问题研究》,载《法学家》2004年第3期。

③ 参见王文胜:《论合同法和侵权法在固有利益保护上的分工与协作》,载《中国法学》2015年第4期。

④ Vgl. RGZ 78, 239.

在菜叶案中，陪伴母亲在自助商场买菜的孩子，踩到地上菜叶而滑倒。帝国法院认为，缔约人不仅对将来合同的当事人负有保护义务，对于那些与将来合同当事人福祸与共（Wohl und Wehe），并因为合同谈判而进入另一方危险范围的第三人，亦负有保护其人身的义务。[①] 由此将缔约过失责任的保护范围扩展至第三人。

在试驾案[②]中，原告想购买一辆汽车，故在被告职员陪驾监督下试驾。由于被告职员的过错，汽车在一个偏远的地区抛锚了，原告必须自己乘出租车返回并支付了高额的出租车费，帝国法院也认为被告存在缔约过失责任，应当承担损害赔偿责任。

涉及纯粹经济损失的保护义务之案例还有，在准备出卖公司的情况下，潜在的买受人获得了敏感信息，在交易失败后，该潜在买主使用该信息，对公司造成实质损害，该潜在买主应承担缔约过失责任。[③]

在上述四个案例中，法院均基于特别结合关系判决违反合同前义务之人赔偿受害人的损害。由此确立了违反保护义务型的缔约过失责任，即在订立合同过程中，因一方当事人影响范围内的过失，导致相对人生命、身体、健康、财产等固有法益损害的，相对人可以请求损害赔偿。

对此，梅迪库斯认为，上述情况下，如果涉及人身与所有权的损害，完全可以适用《德国民法典》第 823 条之侵权责任予以处理。不过对于试驾案中纯粹经济损失的救济，按照侵权责任法处理，要加上背俗、故意等要件方可以构成损害赔偿请求权。在涉及雇主责任的情况下，《德国民法典》第 831 条规定的雇主责任是过错责任，雇主有很大的免责空间。但是，梅迪库斯认为可以通过侵权法发展的安全保障义务予以解决。根据安全保障义务，致使他人陷入危险者，应对对方负有注意义务，由此亦可以保护缔约之际的人身与财产。对于无权进入交易场所者或者无购买目的者亦可以根据安全保障义务之违反请求损害赔偿，不过基于共同过错，其赔偿范围可能受到限制。[④] 另外，通常无法一般性地确定安全保障义务的范围与强度，只能根据具体情况予以判断。为了避免他人受损害，采取了“一个理性的、谨慎的人认为是充分”的手段，即可认为履行了安全保障义务。除此之外，还需考虑引起的信赖的程度以及由此招致的危险、他人有理由期待其应为一定的行为等因素。

---

① Vgl. BGHZ 66, 51.

② Vgl. BGH WaRn. 1968, 124.

③ Vgl. Canaris, Die Reform des Rechts der Leistungsstörungen, JZ 2001, S. 499, 519.

④ Vgl. Medicus/Lorenz, Schuldrecht Ⅰ, 18. Aufl. 2008, S. 55, Rn. 104.

值得反思的是,当事人已就契约之缔结进行交涉磋商,但因一方当事人于契约交涉磋商过程中之过失,致使相对人之身体、健康、财产等遭受损害,而契约也未臻缔结时的责任问题,一般应依据侵权行为处理。但德国判例却将之纳入缔约过失责任范畴,使加害人负契约法上损害赔偿责任。德国这样处理,背后的原因是什么呢?

通过考察,我们发现,首先,也是最基本的原因就是《德国民法典》上存在若干法律漏洞,这些漏洞部分是由于其过分注重法典体系化造成的。其次,是因为缔约过失是一种类似于法律行为的责任,与侵权法上的责任相比较,在诉讼时效、举证责任分配与赔偿范围上,较有利于当事人。最后,运用缔约过失制度,可以使当事人获得救济的期望不致落空或获得更便利、更有保障的救济。如在履行辅助人帮助当事人谈判的情况下,对于履行辅助人的缔约过失行为,根据《德国民法典》第 278 条的规定,事务主人应代为承担相应责任。

（一）权益保护范围的不足

与法国、日本民法制度不同,德国侵权法没有规定赔偿因过失损害他人权利而造成损失的一般责任原则。德国侵权行为法仅存在三种内容上较为局限的一般性条款:(1)因侵害一系列受保护的绝对权利而承担责任(第 823 条第 1 款);(2)因违反有关保护法(Shutzgesetz)而承担责任(第 823 条第 2 款),如刑法中的罪行;(3)因故意违背善良风俗造成损害而承担责任(第 826 条)。这样一来,对于财产损失的赔偿被局限于狭窄的范围内。

从实质上来看,《德国民法典》之所以采取三个一般条款的模式,是为了限制对侵害一般人格权以及纯粹财产利益的过失责任。[①] 对于纯粹经济损失,《德国民法典》只是单独规定了商誉权(Geschäftsehre)受损的情形(第 824 条)。除此之外,并未规定任何类型的纯粹经济损失。

根据《德国民法典》第 823 条第 1 款的规定,受害人可以请求赔偿侵害绝对性权益所带来的结果损害。在过错地导致被害人纯粹财产损害的情况下,比如错误评估贷款信用,首先要看是否有保护法适用(第 823 条第 2 款),如果没有,才可以适用第 826 条。

德国立法者对纯粹财产损害不予重视的原因有如下几点:

首先,德国立法者采取了只对直接关系人损害赔偿请求权定型化的路径。在侵害直接关系人的绝对权也可以引起广泛的第三人的损害的情况

---

① Vgl. Kötz/Wagner, Deliktsrecht, 13. Aufl. 2016, S. 45f., Rn. 95.

下，立法者采取不给予间接第三人赔偿而给予直接受害人全面经济赔偿的策略。

其次，财产利益的保护主要是合同责任的领域。如果广泛承认纯粹财产损害，合同法分配风险的规则以及瑕疵担保责任的规则就没有适用余地了。除了合同法领域，也要注意与其他法律领域规则的协调。

再次，一个人的财产损害与个人的财产增加是相关的，所以，私人损害并非国民经济上的损害，只是在微观层面上的再分配。在竞争法领域，以合理预见受害人的损害方式，正当地牺牲竞争对手的利益是允许的，甚至是法律所希望的。

最后，在《德国民法典》第826条规定违背善良风俗这一要件，可以排除那些分散的、很难确证的以及在损害赔偿判断中令人迟疑的损害，最终避免损害赔偿责任的泛滥。

（二）雇主责任救济不足

在德国法上，雇主对雇员的行为承担过错责任（《德国民法典》第831条），其可以通过证明选任及监督过程谨慎而免负雇主责任，所以对于非独立的以及按指令行事的执行辅助人过失造成的损失，雇主根本不必赔偿。这样受害人只能向执行辅助人请求赔偿，但执行辅助人的经济地位往往较弱，最终增大受害人不能获得赔偿的危险。

反之，关于契约不履行之损害赔偿责任，德国法则未设有如上述侵权行为之限制，其保护范围较广，只要当事人违反契约法上之义务致相对人遭受损害，不问其所受损害系权利抑或利益，被害人均可请求损害赔偿。另外，受害人以缔约之际的过失为由，请求损害赔偿时，得将履行辅助人（雇员）的过失视为雇主的过失（《德国民法典》第278条），雇主不能主张免责。[①] 故此，相比于侵权行为法的规则，合同法上的规则对受害人更为有利。考虑到适用《德国民法典》第831条雇主责任对受害人殊有不公，故转而求助契约法的责任，此为承认保护义务违反型缔约过失的最现实的原因。

（三）通过缔约过失保护纯粹经济损失，不需要故意要件

缔约前财产权利的保护，本可以通过故意背俗侵权解决，但根据《德国民法典》第826条的规定，需要侵权人是故意的；而根据缔约过失责任保护缔约前纯粹经济损失，则不需要故意要件，一般的过失即足矣。[②]

---

① 参见《德国民法典》第278条规定："债务人对其法定代理人或者为其清偿债务而使用的人所犯过失，应与自己的过失负同一范围的责任……"

② See Markesinis, Unberath & Johnston, *The German Law of Contract, A Comparative Treatise*, 2nd edition, Hart Publishing Company, 2006, p. 96.

(四)诉讼时效

旧《德国民法典》侵权行为法中的诉讼时效仅为3年(第852条),而一般请求权的时效为30年,这对依据侵权行为法请求赔偿的当事人极为不利。在上述菜皮案中,赋予当事人以缔约过失救济的重要原因之一就是时效差异带来的不公平。德国通说认为,《德国民法典》侵权行为法(第852条)中的短期时效并不适用于基于缔约过失的请求权,原则上适用第195条的30年时效期间。①

(五)证明负担分配(Beweislastverteilung)

侵权责任之成立,以加害人之故意、过失为构成要件,其目的在于保障市民生活之活动自由,从而在受害人请求损害赔偿时,自应就加害人之故意过失负举证责任。而适用缔约过失制度,其请求权基础在于《德国民法典》第280条,作为构成要件的过错是推定的。也就是说,债务人承担举证责任,债权人无须证明债务人之故意或过失等归责事由的存在,只要证明契约的存在以及损害的发生即可。运用缔约过失制度可以达到举证责任倒置的目的,对于受害人极为有利。

下面香蕉皮案可以用来分析举证责任倒置的具体运用:64岁的R在商店开门后10分钟进入了W商店的皮革柜台,他踩到了地上的香蕉皮而滑倒,导致了脖子受伤,因而向W要求物质损害赔偿以及精神损害赔偿(Schmerzensgeld)。② 在这种情况下,W营业范围内存在的损害危险源,都被推定由W承担责任。也就是说,如果损害是在其营业范围内产生的,他就无法为自己有责的义务违反抗辩,他只能提出反证(Gegenbeweis)来摆脱承担责任。W因此必须证明,为了避免这些事故,已经采取了必要的、有组织的监视措施,而且他的履行辅助人对所有货物逐排采取了必要措施,或者能够证明是另一个顾客几分钟前扔的香蕉皮。如果W不能提出反证,他必须基于缔约过失赔偿R的财产损失。R是否应共同承担责任,取决于在这急促的交易中,他是否必须看出地上放的香蕉皮;或者更确切地说,是否相信在商店开业后几分钟地面是不是仍然是脏的。这样,通过举证责任的倒置,有力地保护了受害者;而依据侵权行为法,这种情况往往很难获得赔偿,因为W可以证明其不是侵害人,而且受害人必须证明W有过失,这是相当困难的。

---

① Vgl. BGHZ 49, 77, 80; 66, 51, 59; BGH NJW 1985, 1769, 1772; Karl Larenz, Lehrbuch des Schuldrechts, Bd. Ⅰ, 14. Aufl. 1987, S. 116.

② Vgl. Bananenschalen – Fall, nach BGH NJW1962, 31.

（六）批判意见

对于保护义务类型的缔约过失责任，德国学者尼尔克（Nirk）持批评意见，在比较法上观之，该类型系德国学说和判例上所独有的，将之纳入缔约过失责任范畴，势必会导致民法上侵权行为规定之瑕疵，并导致交易上多数危险向契约领域逃逸（Flucht in die Vertragssphaere），破坏现行民法侵权责任与契约责任之体系，在理论上自非妥当。诸如当事人在百货公司或商店内所遭受之人格或财产上损害，系因他方当事人违反对任何人本应负之一般注意义务，与当事人有无缔结契约之意图无关。换言之，此项注意义务，并非因社会接触而进入缔约磋商准备关系所生之特别义务。所以，尼尔克认为，该类型并不属于缔约过失制度，而是属于侵权行为责任制度，判例将之纳入契约责任领域，显非妥适之造法活动。①

克默雷尔（von Caemmerer）认为，为了达到为辅助人承担绝对责任的目的，求助于缔约过失制度或者合同中的附随义务，实在是不得已而为之。但这一途径却只能保护那些打算购买、正在购买或者已经购买商品的人。他们的陪同者以及完全是合法在商场内逗留的其他人，却处于一种无法受到充分保护的状态。如果能修改雇主责任规则，就不必通过缔约过失制度处理这一领域的问题。②

对于克默雷尔的意见，德国学者多数均表示同意，认为可以修改上述侵权法的缺陷之处，③从而使这种类型的缔约过失责任可以并入侵权责任之中。④

在英国法上，对于缔约人违反缔约前人身保护义务的情况，通常会适用侵权法予以解决。通过缔约过失责任解决，存在很多弊端，为了纠正侵权法领域的问题，而将例外转为另一个领域的一般原则，此举值得怀疑。而且，在法律上，如何确定何时产生前契约义务？该责任是以信赖为基础吗？如何界定潜在的顾客？潜在的顾客也包括家庭成员吗？⑤

在英国法上，缔约前财产权利的保护涉及纯粹经济损失赔偿的问题，

---

① Vgl. Nirk, Culpa in Contrahendo, 1953, S. 345 ff. 转引自刘春堂：《缔约上过失之研究》，台湾大学 1983 年博士学位论文，第 89 页。

② 参见［德］克默雷尔：《侵权法的变迁》（上），李静译，载王洪亮等主编：《中德私法研究》第 3 卷，北京大学出版社 2007 年版，第 79 页。

③ Vgl. Dieter Medicus, Verschulden bei Vertragsverhandlungen, in: BMJ (Hrsg.), Gutachten und Vorschläge, Bd. Ⅰ, 1981, S. 479 ff.

④ Peter Schlechtriem, Schuldrecht Allgemeiner Teil, 3. Aufl. 1997, Rn. 26.

⑤ See Markesinis, Unberath & Johnston, *The German Law of Contract, A Comparative Treatise*, 2nd edition, Hart Publishing Company, 2006, p. 96 – 97.

也是通过侵权法予以保护的。对于机密信息，如果缔约当事人使用机密信息超出了最初披露的目的，就是违反了保密义务，并不需要故意要件，只要被告客观上知道该秘密就可以构成有意识地违反该义务，从而承担损害赔偿责任。①

二、中国法上是否存在违反保护义务类型的缔约过失责任

有争议的是，依照我国《民法典》之规定，是否可以基于缔约过失的请求权基础保护缔约人的人身与财产利益，是否要接受德国法上的交易接触之际的安全保障义务。

（一）支持违反保护义务类型的缔约过失责任的观点

有学者认为，在解释论上并没有发生依据，故不存在这种类型的缔约过失。② 不过，该学者承认先合同义务包括避免对方当事人人身和财产遭受损害的义务。③

有学者认为，我国民法虽不存在德国侵权法的法律漏洞，但考虑到缔约过失责任对注意义务要求更高，加上缔约之际致人损害也正是缔约过失责任适用之领域，于此场合承认缔约过失责任顺理成章。故建议在此种情况下承认侵权责任与缔约过失责任竞合，使受害人有选择权，更能实现我国民法的立法目的。④ 该学者进一步认为，缔约之际，参与磋商者的人身财产受到损害的，同时构成侵权责任与缔约过失责任，但为避免双重请求，受害人只能选择其一主张。⑤

有学者明确提出适用缔约过失责任处理缔约前保护义务的问题更具优势，其认为，若将保护义务统一于侵权法，未必能够妥当表现出因契约之发展而具有的个别保护义务之特殊规范的需要，而且由于在缔约阶段当事人之间具有个别之特别关系，所以缔约过失制度应比侵权行为规定更适合解决相关责任问题。这些义务的内容，不能脱离与之相关联的履行义务或其所依据的法律关系，而确定其有无、内容及保护利益的类型。⑥

在实践中，法院的确更习惯运用侵权法解决缔约前人身保护的问题。例如，在一个案件中，超市组织大米和鸡蛋低价促销活动，大量老年人参

① See Markesinis, Unberath & Johnston, *The German Law of Contract, A Comparative Treatise*, 2nd edition, Hart Publishing Company, 2006, p. 97.

② 参见韩世远：《合同法总论》（第 4 版），法律出版社 2018 年版，第 184 页。

③ 参见韩世远：《合同法总论》（第 4 版），法律出版社 2018 年版，第 172 页。

④ 参见崔建远：《合同责任研究》，吉林大学出版社 1992 年版，第 290 页。

⑤ 参见崔建远：《合同法总论》（上卷）（第 2 版），中国人民大学出版社 2011 年版，第 444 页。

⑥ 参见黄茂荣：《债法总论》（第 2 册），中国政法大学出版社 2003 年版，第 188 页，注释 30。

与,由于活动商品存在数量限制,老年人们为从一楼赶至二楼卖场最里面领取号牌,在超市内快速跑动,某老年人摔倒后死亡。法院判决超市未尽到安全保障义务,依据《侵权责任法》第 6 条、第 15 条、第 16 条、第 37 条第 1 款承担 30% 的赔偿责任。① 在另一个案件中,顾客进入银行,经过防滑垫刚踏入大理石材质的地面时因左脚打滑而摔倒在地,法院判决银行未尽到安全保障义务,承担 30% 的赔偿责任。②

(二)反对违反保护义务类型的缔约过失责任的观点

对此,不同意见认为,侵权责任的构成也会考虑个案情境,完全可以反应个别之特别关系,而且也足以维护缔约中当事人之利益。③

王文胜教授观点更进一步,他认为侵权法足以保护固有利益,而且固有利益应该通过侵权法保护,而不应通过合同法保护。④

更有学者明确主张"缔约上过失亦不应与侵权行为相互混淆,解释上宜以当事人因准备缔约所生费用为其赔偿范围,倘有其他侵权行为,则另依侵权行为法处理即可" ⑤。

(三)本书的观点

对于上述争论,笔者支持以缔约过失责任处理缔约前保护义务的问题的观点。

1. 侵权法的不足

首先,从侵权法上救济是否充分来看是否有必要承认违反保护义务类型的缔约过失责任。

(1)侵权法的权益保护范围

我国侵权法并没有从限制法官自由空间或者限制侵权法权益保护范围的思维出发,反而是从一般条款思路展开的。《民法通则》原则上并没有采取德国结果路径的做法。在我国司法实践中,对于违反保护法之情况,也采过错推定之规则。⑥ 在 2001 年《精神损害赔偿解释》第 3 条中,还

---

① 参见徐某等诉江苏乐天玛特公司未妥善组织促销活动违反安全保障义务纠纷案,安徽省宿州市中级人民法院(2014)宿中民终字第 01773 号民事判决书。

② 参见阚某某诉招商银行股份有限公司上海金桥支行公共场所管理人责任纠纷案,上海市浦东新区人民法院(2013)浦民一(民)初字第 24824 号民事判决书。

③ 参见叶金强:《论中断磋商的赔偿责任》,载《法学》2010 年第 3 期。

④ 参见王文胜:《论合同法和侵权法在固有利益保护上的分工与协作》,载《中国法学》2015 年第 4 期。

⑤ 林诚二:《民法债编总论——体系化解说》,中国人民大学出版社 2003 年版,第 426 页。相同观点参见朱广新:《合同法总则》,中国人民大学出版社 2008 年版,第 120 页。

⑥ 参见程啸:《侵权行为法总论》,中国人民大学出版社 2008 年版,第 361 ~ 362 页;王利明:《侵权责任法研究》(上卷)(第 2 版),中国人民大学出版社 2016 年版,第 351 页。

引入了背俗加害的侵权类型。但从《侵权责任法》的规则来看，其并没有吸收司法实践的做法，而是继续采纳原《民法通则》的结构。也就是说，我国侵权法并没有采纳三个一般条款的结构。《侵权责任法》第 2 条、第 6 条也继受了这一模式，第 2 条第 1 款规定："侵害民事权益，应当依照本法承担侵权责任。"[①]第 6 条第 1 款规定："行为人因过错侵害他人民事权益，应当承担侵权责任。"《民法典》删除了《侵权责任法》第 2 条的规则，但接受了《侵权责任法》第 6 条的规则（第 1165 条）。在文义上，侵权法所保护的民事权益可以包括人身、纯粹经济损失等法益。但在整体上并没有规定违反保护法情况下的过错推定规则，也没有规定仅造成纯粹经济损失时的违背善良风俗以及故意要件。所以，在《民法典》没有规定侵权法上保护纯粹经济损失的特别规则之前，有必要通过缔约过失制度解决缔约前人身、财产利益保护问题，防止侵权责任过于泛滥。

（2）雇主责任

根据《民法典》第 1191 条第 1 款（《侵权责任法》第 34 条第 1 款）的规定，用人单位的工作人员因执行工作任务造成他人损害的，由用人单位承担侵权责任。也就是说，雇主对于雇员的行为承担无过错责任。但根据《民法典》第 1192 条（《侵权责任法》第 35 条）的规定，个人之间形成劳务关系，提供劳务一方因劳务造成他人损害的，由接受劳务一方承担侵权责任；提供劳务一方因劳务自己受到损害的，根据双方各自的过错承担相应的责任。据此，只有在提供劳务一方因劳务造成他人损害的情况下，接受劳务一方才承担无过错责任。如此，在非因劳务造成他人损害，仅仅是不作为或者是交易接触之时造成的损害，无法依据雇主责任追究接受劳务一方的责任。另外，在提供劳务一方因劳务自己受到损害的情况下，接受劳务一方承担的是过错责任，而且需考虑与有过失的问题。如此，在处理缔约之际人身财产保护时，侵权法并不如缔约过失制度保护得周到。另外，根据《民法典》第 1193 条的规定，承揽人在完成工作过程中造成第三人损害的，定作人原则上不承担侵权责任。而根据合同法上履行辅助人制度，承揽人或其他履行辅助人的过错，均归属于事务主人。履行辅助人的范围要大于雇员的范围。所以，对于受害人而言，通过缔约过失制度解决履行辅助人的过错问题，要比通过侵权责任法雇主责任规则解决雇员过错问题，更为有利。

---

① 在扩展侵权法保护范围的同时，忽略了侵权法与合同法乃至与物权法之间的关系，侵入了合同法以及物权法自治的领域，同时也丧失了侵权法本身的价值基础。

（3）对于过错的举证责任

基于《民法典》第577条（《合同法》第107条）之规定，一般认为，我国违约责任法原则上采取的是无过错责任，只是考虑一定的基于不可抗力等的免责事由。另外，在具体合同类型上，基本上采取的还是过错责任规则。而就缔约过失责任，主流观点认为还是需要过错要件①，但对于过错要件的证明，应当采取举证责任倒置之规则。而侵权法上请求权的构成，原则上虽也为过错责任，但一般应由受害人证明，并没有采取举证责任倒置规则。相比较之下，通过缔约过失责任保护缔约之际的人身、财产利益，更有利于债权人。

（4）安全保障义务

2003年原《人身损害赔偿解释》第6条第1款承认了安全保障义务，但仅限于住宿、餐饮、娱乐等经营活动情形，而《侵权责任法》第37条将该义务主体扩张到群体性活动组织者，但缩小了原《人身损害赔偿解释》中安全保障义务条款对“公共场所”的界定范围。《民法典》第1198条增加了机场、体育场馆等场所，并增加规定了“经营者”这一主体。尽管如此，侵权责任法上的安全保障义务的范围还是比较窄的，并没有完全覆盖全部的安全保障范围。故在此范围之外，仍有缔约过失责任适用的余地。而且，缔约过失责任不仅要求对方不侵害他人权利，还要求义务人积极作为。② 另外，根据侵权责任法规则，应由受害人承担证明对方过错的义务，而没有采取举证责任倒置的规则，导致受害人负担过重。因此，应当将“安全保障义务”（交往安全义务）纳入先合同义务的范围成为合同法上的“保护义务”，进而承认违反保护义务类型的缔约过失责任。不过，侵权法上的安全保障义务与违反保护义务类型缔约过失责任之间是竞合关系。③

（5）精神损害赔偿问题

在《民法典》出台之前，我国并没有当事人得基于合同法上请求权主张精神损害赔偿的规定。而《合同法》第42条也没有明确规定精神损害赔偿的法律效果。但是学说上多有认为基于合同法上请求权，当事人也得请求精神损害赔偿，关键是受侵害的法益是人身权利或者人格权。④《民法典》第996条采纳了主流学说，明确规定：“因当事人一方的违约行为，损害

① 参见崔建远：《合同法总论》（上卷）（第2版），中国人民大学出版社2011年版，第442页。

② 参见王利明：《合同法研究》（第1卷）（修订版），中国人民大学出版社2011年版，第364页以下。

③ 参见崔建远：《合同法总论》（上卷）（第2版），中国人民大学出版社2011年版，第444页。

④ 参见王洪亮：《债法总论》，北京大学出版社2016年版，第414页。

对方人格权并造成严重精神损害,受损害方选择请求其承担违约责任的,不影响受损害方请求精神损害赔偿"。所以,通过缔约过失责任解决缔约前人身损害的问题,受害人也可以请求精神损害赔偿,未必一定依据侵权法才可以请求精神损害赔偿。

综上所述,从侵权法规则来讲,仍存在救济受害人不足的问题。故此,有必要根据缔约过失责任保护交易接触时相对人的人身、财产利益。

2. 从功能上看根据缔约过失责任保护交易接触时相对人的人身、财产利益的必要性

在合同订立过程中,交易双方将自己的人身与财产"暴露"给对方,任何交易参与人都负有保护交易相对人人身、财产的义务,若一方有过错地违反了该义务,应当承担损害赔偿责任。也就是说,任何合同缔约人都享有特别的完整性利益之保护。在功能上,缔约过失责任提供了一种比侵权法上对固有利益保护更为有利的保护。

如果在既有的合同法框架内,针对侵害合同相对人人身与财产完整性(固有利益)的情况,根据合同法基本规则承担责任,那么符合逻辑的是,合同法规则同样适用于作为订立合同必要过程阶段的合同之准备阶段。根据缔约时间点予以区别对待,会导致侵害行为在不同阶段适用不同规则。所以,将合同法的附随义务前移至合同准备阶段,是具有正当性的。该阶段的保护义务独立于已经经过合同谈判的、嗣后的合同订立,由此产生了适用于合同各个阶段的保护义务。①

如果放弃缔约前交易关系准备的要件,按照侵权法上安全保障义务违反来处理缔约前人身、财产保护的问题,无疑是丧失了承担责任的内在基础。②

3. 比较法上的支持

日本法通说承认保护义务为契约缔结过程中的一种先合同义务,即"在契约的接触关系上不得损害相对方以及第三人的生命、身体、财产的契约法上的义务即保护义务(Schutzplicht)"③。

我国台湾地区"民法"对于缔约过失责任适用的类型有:合同不成立型、合同无效型、缔约之际未尽通知义务致使他方财产受到损失以及缔约

---

① Vgl. Soergel/Wiedermann, vor § 275 Rn. 122.

② Vgl. Karl Larenz, Lehrbuch des Schuldrechts, Bd. Ⅰ, 14. Aufl. 1987, S. 110, Rn. 11.

③ [日]宫本健藏:《日本的安全照顾义务论的形成与展开》,金春龙译,载《清华法学》2004 年第 1 期。

之际未尽保护义务致使他方身体、健康遭受损失。[1] 由此得知，台湾地区"民法"将保护义务列为先合同义务，继而将缔约方违反先合同义务中的保护义务导致他方身体、健康遭受损害的情形列为缔约过失责任的类型之一，台湾地区"民法"对于人身损害型缔约过失责任持肯定态度。

《德国债权法现代化法》将保护义务纳入给付障碍法之中，从而承认了保护义务的合同法依据，而没有采纳将合同当事人固有利益的保护纳入侵权行为法保护范畴的建议。在《德国债法改革讨论草案》中，立法者认为，保护义务针对的是确保债务关系当事人人身和财产安全，其强度超出一般侵权行为义务，它使当事人负有保护另一方当事人权益的更高义务。[2]

4. 司法实践中的支持

在司法实践中，有判例认为，在缔约过程中，缔约当事人负有保护相对人人身财产安全的义务。

例如，在王某毅、张某霞与上海银河宾馆案[3]中，法院即采取了合同法上保护义务的思路保护了原告的权利。该案中，原告之女居住在原告处期间，被犯罪分子杀害并抢劫，原告认为被告未尽到合理义务，应赔偿损失。被告主张其已经尽到注意义务，不应赔偿。法院判决，被害人与被告之间已经构成了合同关系，被告未尽到保护的附随义务，应赔偿合理损失。

在顾某诉上海交行储蓄合同纠纷案[4]中，法院也承认了银行保护客户财产的附随义务：依照《中华人民共和国商业银行法》第 6 条的规定，商业银行应当对利用自助银行和 ATM 实施的各种犯罪承担防范责任。犯罪分子以在自助银行门禁系统上安装盗码器的方法，窃取储户的银行卡信息和密码造成储户损失的，如储户无过错，商业银行应承担赔偿责任。

在中建二局装饰工程有限公司等与张某等违反安全保障义务责任纠纷上诉案[5]中，原告张某与同事寇某某进入万达广场综合楼沿未投入使用的扶梯走到万达百货公司四楼办公室洽谈租赁事宜，在离开时，途经二楼至一楼扶梯时，不慎坠入安装电动扶梯的预留洞口中摔伤。一审法院认为："原告张某与被告万达百货公司为缔结合同而进行接触、准备或磋商过程中，被告万达百货公司有义务保护原告张某的人身安全，对原告张某的

---

① 参见王泽鉴：《民法学说与判例研究》（重排合订本），北京大学出版社 2015 年版，第 441 ~ 442 页。

② Vgl. Canaris, Schuldrechtsreform, 2002, S. 151f.

③ 王某毅、张某霞与上海银河宾馆案，载《最高人民法院公报》2001 年第 2 期。

④ 顾某诉上海交行储蓄合同纠纷案，《最高人民法院公报》2005 年第 4 期。

⑤ 参见中建二局装饰工程有限公司等与张洁等违反安全保障义务责任纠纷上诉案，内蒙古自治区呼伦贝尔市中级人民法院（2015）呼民终字第 400 号民事判决书。

人身损害存有过错。”这一论证的请求权基础之构成要件，与缔约过失责任十分吻合，但最终却以侵权法上请求权基础予以处理。

在朱某钧诉南昌铁路局沙河街北站人身损害赔偿案①中，1998 年 4 月 4 日，虞某玉在庐山站准备乘坐沙北站经营的 5783 次通勤列车去九江。因该车采取旅客先上车后购票的经营方式，故虞某玉等车时还未购票。8 时 58 分左右，该列车到达庐山站，停靠在未设站台的第二股道，由于时值清明，人多拥挤，虞某玉将其携带的行李请人从车窗递上车后，沿第一股道边沿行走、欲上车时，被执行一道转线调车作业的 83 号机车左侧扶梯撞击身亡。法院认为，虞某玉的死亡是其在与被告订立旅客运输合同过程中发生的，虞某玉未购票也未经被告许可上车，其与被告之间的旅客运输合同未成立，故原告要求按旅客伤亡进行处理的请求，法院不予支持；虞某玉有明确的乘车意思表示，不是行人，被告未按诚实信用原则履行相互保护的义务，应承担缔约过失责任。

在王某珍等与福建省厦门公交集团开元公共交通有限公司运输合同纠纷案②中，王某定系四原告的父亲。2009 年 9 月 22 日约 17 时，被告司机李某彪驾驶其所有的闽 D. Y2252 号(4 路)公交车自西往东行驶。当车行至大同路口公交车停靠站时，被告司机将车停稳后打开车门，此时候车的乘客依次上车。当排在最后的王某定右手扶着车门正准备上车的过程中，其突然仰面垂直倒地，后脑勺流血。被告司机李某彪见状，与公交车上其他乘客交谈以证明车辆未碰到王某定后，随即驾车离去。此后路人及时拨打“120”求助并报警。当日 17 时，厦门市医疗急救中心现场确认王某定当场死亡，无抢救意义。厦门市鹭江派出所经查明后，认定王某定系意外死亡。福建省厦门市思明区人民法院经审理后认为，公民的生命权依法受法律保护。公民由于自身过错导致他人人身受到损害的，应当承担相应的法律责任。王某定与被告之间基于信赖关系而准备缔结运输合同的过程中，按照诚实信用原则，双方均应当尽必要的注意义务，相互促进，保护对方当事人的人身财产权利在缔约过程中免受损害。被告司机在王某定倒地后，负有法定的保护和救助义务，其却怠于行使，选择驾车离开现场，使王某定失去获救的可能性和最佳时机，其对王某定在当时境况下持不作为的放任态度，违反了先合同义务，存在缔约过失，对王某定的死亡存在一定的过错，应承担相应的民事责任。

---

① 参见南昌铁路运输中级法院(1999)南铁中经终字第 15 号民事判决书。

② 参见厦门市思明区人民法院(2009)思民初字第 10248 号民事判决书；福建省厦门市中级人民法院(2010)厦民终字第 1344 号民事判决书。

5. 现行法上的解释根据

从《民法典》第 500 条第 3 项(《合同法》第 42 条第 3 项)来看,缔约之际对相对人人身财产的保护义务之违反,自可划入其他违背诚实信用原则的情况。况且,扩张解释《民法典》第 509 条第 2 款(《合同法》第 60 条第 2 款)之规定,缔约之际亦存在保护义务等附随义务。所以,缔约前的保护义务,有其实定法基础。

附随义务产生之根据在于当事人处于特别结合关系,于此特别结合关系中,对其他人的权利、法益或者利益产生影响之可能性大增①,故在实现债之关系时,应特别注意避免另一方受到损害,其本质是一种保护义务。附随义务并不一定以给付义务为前提,存在独立的没有原给付义务的附随义务,如在缔约、合同准备以及类似交易接触情况下的附随义务。②

附随义务针对的是相对人的完整性利益(Integritätsinteresse),其目的是使相对人免受债之关系实现过程中产生的损害。③ 基于附随义务,任何一方都有义务使对方免受财产损害(保护义务)以及合同实施过程中产生的财产利益之损害,并有义务维持长期债务关系产生的信赖关系(忠诚义务)。④

附随义务具有保护功能,其与侵权法中的交往安全义务(Verkehrssicherungspflicht)或安全保障义务相当。《民法典》第 1198 条规定了安全保障义务,宾馆、商场、银行、车站、机场、体育场馆、娱乐场所等经营场所、公共场所的经营者、管理者或者群众性活动的组织者负有保障他人人身财产安全的注意义务,违反该义务者,应承担侵权责任⑤,纯粹经济损失亦在侵权法的保护范围之内。⑥ 债之关系中的附随义务针对的也是债权人的固有利益,包括纯粹经济损失。所以,值得思考的是,合同法上的保护义务与侵权法上交往安全义务或者安全保障义务之间关系如何?如何处理二者的竞合关系?在侵权法上,权益以及财产地位也受保护,但附随义务保护的宽度与强度要大于侵权法上的行为义务;保护义务之客体不仅包括相对人的权利、权益,也包括利益,比如相对人决定自由之利益,亦在保护之列。⑦ 对于权益的保护,有些情况下,侵权法上要求以故意背俗为限

---

① Vgl. MünchKomm/Roth, 241 Rn. 108.

② Vgl. Larenz, Schuldrecht AT, 14. Aufl., S. 14.

③ Vgl. Brox/Walker, Schuldrecht AT, 37. Aufl., § 2, Rn. 12.

④ Vgl. Larenz, Schuldrecht AT, 14. Aufl., S. 10.

⑤ 参见程啸:《侵权责任法》(第 3 版),法律出版社 2021 年版,第 518 页。

⑥ 参见葛云松:《纯粹经济损失的赔偿与一般侵权行为条款》,载《中外法学》2009 年第 5 期。

⑦ Vgl. Canaris, JZ 2001, 499 (519).

(2001年《精神损害赔偿解释》第1条第2款)。而保护义务违反之构成，并不以故意背俗为要件。比如凶宅买卖情况下，出卖人不告知信息，其违反了保护义务，但并没有违反安全保障义务。

保护义务产生依据为诚实信用原则，保护义务的范围与强度，因契约类型所要求的信赖程度、当事人协力必要程度、保护必要程度不同而有所不同，并不能一并规定统一规则。①

如果当事人违反了保护义务，相对人可以主张损害赔偿请求权，此时，符合侵权法上构成要件的，亦可能产生侵权责任，二者形成竞合关系。不过，在法律适用上，无论是适用侵权法上的安全保障义务还是适用合同法上的附随义务，归责原则上均是过错责任，在损害赔偿范围上也没有区别。②

另外，根据《民法典》第501条的规定，当事人在订立合同过程中知悉的商业秘密或者其他应当保密的信息，无论合同是否成立，不得泄露或者不正当地使用。泄露或者不正当地使用该商业秘密给对方造成损失的，应当承担赔偿责任。这里的商业秘密利益往往与合同履行利益并无关联，属于一种固有利益。《民法典》将其单列为一个条文，并没有融入第500条关于缔约过失责任的一般规定，其原因在于强调当事人对商业秘密以及其他应当保密的信息的保护义务。

第二节　违反保护义务类型缔约过失责任的构成

在订立合同过程中，因一方当事人影响范围内的过失，导致相对人生命、身体、健康、财产等固有法益遭受损害的，该方当事人应承担损害赔偿责任。

一、产生前提

(一)订立合同过程中对人身、财产的保护

1. 缔约前保护人身的义务

根据《民法典》第500条的规定，缔约过失责任发生在合同订立过程中。有学者认为，要构成合同订立过程，一般需要一方实施了具有某种法律意义的行为(如发出要约或要约邀请)。③ 因为只有这样，另一方才有可

---

① 参见陈自强:《契约之内容与消灭》，台北，新学林出版股份有限公司2013年版，第107页。

② 参见郗伟明:《论合同保护义务的应然范围》，载《清华法学》2015年第6期。

③ 参见王利明:《合同法研究》(第1卷)(第3版)，中国人民大学出版社2015年版，第338页。

能对订立合同产生信赖。进一步来看，如果当事人之间没有实际的接触、磋商，就不会产生这种信赖关系。如刚推门进入商场即被玻璃划破手、进入商场后滑倒摔伤或者商场悬挂的物品掉下被砸伤，均不能认为构成缔约过失责任，因为双方没有实际的接触，也很难认定有明确的"缔约意图"。此类情况，只能通过侵权法上安全保障责任解决。①

不同观点认为，只要有交易上的接触，就可成立缔约过失责任，刚推门进入商场即被玻璃划破手的情况，可以构成缔约过失责任。②

从缔约过失责任的功能来看，其保护的是缔约前的人身与财产利益，而该利益的保护义务从交易接触之时即应产生，只不过在谈判阶段，保护义务的程度更为强烈。而从其保护思想基础来看，保护义务违反类型的缔约过失责任针对的不是相对人对合同的信赖，而是在交易接触时，对方应对其人身与财产尽到保护义务。

另外，从比较法来看，德国法上将保护义务扩展到类似交易关系阶段。在帝国法院的油毡案③中，原告在被告商店购买数种商品之后，随即转至亚麻仁油布部，拟选购亚麻仁油布地毯。被告店员操作不慎导致地毯滚落，造成原告身体受伤。帝国法院认为，基于当事人之行为，在彼此间业已形成一种为买卖而准备之法律关系，此种法律关系"类似契约"之性质。在出卖人与有意购买之顾客间产生一种法律之义务，在展示或检查商品之际，出卖人对相对人之健康及所有权应予保护。所以，被告应当基于缔约过失承担损害赔偿责任。

在其后的金属台灯案④中，原告依油毡案帝国法院所采缔约过失之原理，请求被告百货公司为损害赔偿。但帝国法院认为，本案与上述油毡案之判决事实存在不同，本案原告仅进入百货公司，与购买之意图无关，从而尚未存有诸如因向顾客提示商品所形成之类似契约关系。因此，在法律上尚未有充分的理由，足以承认百货公司仅因顾客之进入，即应就顾客之安全负契约上之责任，故否决原告有缔约损害赔偿请求权。

随着社会的发展，社会政策向弱者倾斜，联邦法院逐渐否决了以契约缔结之目的而要求展示货物或开始进行磋商的要件，而仅需要具有交易目

---

① 参见王利明：《合同法研究》（第1卷）（第3版），中国人民大学出版社2015年版，第339页。

② 参见崔建远主编：《新合同法原理与案例评析》，吉林大学出版社1999年版，第114页。

③ Vgl. RGZ 78, 239.

④ Vgl. RG 1912, 9, 26; NJW 1913, 23, Nr. 10. 该案案情是：原告进入百货公司时，重约1.5公斤之金属制台灯从二楼的书廊掉下，击中原告之头部，致原告受重伤而丧失工作能力。

的即可,实质上大大扩大了保护义务的时间段。在香蕉皮案[①]中,德国联邦最高法院认为基于缔约过失责任所发生之损害赔偿请求权,不仅与事故发生时买卖契约是否已缔结无关,亦非以当事人已开始就契约之缔结进行磋商或请求展示货品为要件,于被害人以契约缔结之目的或准备开始为交易上接触之目的即可发生。换言之,以可能的顾客身份而进入交易场所,即为已足。原告以准备购物之意图而进入被告百货公司时,即与之发生法定债务关系,被告百货公司自应就属于其组织领域内可能导致损害发生之侵害状态或事项,尽交易上必要之注意义务加以排除或防范。也就是说,当事人以可能的顾客身份进入交易场所,即足以成立缔约过失责任,德国法院不再坚持以当事人以契约缔结之目的要求展示货物或开始进行磋商为要件,但还是要求受保护人须有交易目的。而如何判断当事人进入交易场所是以契约缔结为目的或准备开始为交易上接触之目的,并非没有问题。有些人进入商场并无购物之目的,仅为闲逛而已,或为访友之目的进入,或为避雨之目的。更为极端的例子是,有些人为行窃或行抢之目的进入,但这些目的,如无当事人之明示说明,则无法为外人所知。[②] 如果因此发生如上述判例之事实,如脚踩香蕉皮或乘电梯摔伤,是否以缔约过失责任对之进行救济?如果答案是肯定的,是否会有违缔约过失责任概念之逻辑?所以,对于那些不适当的或没有任何购买目的的在商店内停留的人、取暖的人以及那些纯粹的过客应当不适用缔约过失责任,以行窃或行抢之目的进入交易场所之人,就更不应受保护了。

但有学者认为,当某人作为可能的顾客暂时没有购买的意思而进入商店或在饭店中寻找座位,即应受保护,该正在建立的商业交易联系,即足以构成社会交往安全关系,从商业交易关系的准备到真正的合同磋商的开始,均不必要求当事人具有真正的缔约目的。[③]

为了解决交易动机证明的难题,有学者主张采用举证责任倒置的方式加以解决。对于每个进入商店的人来说,如没有反面的意思表达出来,都可能与买卖利益相关。所以,商店店主为了从前契约责任中摆脱出来,必须证明受到损害的拜访者在其停留期间没有交易的动机(举证责任倒置),这同样适用于饭店、修理厂、律师顾问处或等待就医室等。[④]

---

① Vgl. BGH 1961, 9, 26; NJW 1962, 31.

② 韩世远教授亦有同样的忧虑,但不能因此而否认缔约之际保护义务作为一种独立的缔约过失类型。参见韩世远:《合同法总论》(第4版),法律出版社2018年版,第184页。

③ Vgl. Lutz Michalski, Das Rechtsinstitut der ,, culpa in contrahendo" (c. i. c.), Jura 1993, S. 22f.

④ Vgl. Diers, Ersatzanspruche Dritter bei culpa in contrahendo, DisS. Muenster 1962, S. 58.

《德国民法典》第 311 条第 2 款不仅在缔约磋商阶段承认了缔约过失责任发生的可能性，还将时间范围扩展至缔约准备阶段。理由通常是“一方为缔约目的进入了另一方的影响范围内，因而可以信赖另一方为缔结合同而相当地注意”①。这使能被证明具有“缔约意图”的当事人在更大的范围内受到缔约过失制度的保护，即使是在要约或要约邀请发出前，只要“经营者向公众开放其经营店铺，从而对潜在顾客提供接触并订立合同的机会”②即可，并不需要实际的磋商谈判，也可以适用缔约过失制度。

最后，有疑问的是，缔约之际保护义务何时结束。存有明确为缔结契约之目的而进入交易场所的当事人，在契约缔结之后至其离开之前，仍有可能发生身体及财产因对方保护不周而遭受损害的可能，如顾客购买商品之后转身正欲离去，或在往返收银台与柜台的过程中，因脚踩香蕉皮而摔倒受伤，顾客可否依据缔约过失而得到救济？笔者认为，从顾客进入交易场所至其离开，其均在缔约过失制度保护范围之内。所以，这一责任开始于进入交易（买卖）空间之时，持续到顾客离开之时。

综上所述，保护人身财产类型的缔约过失制度的第一个构成前提是：当事人之间开始准备契约或者有类似的交易接触。在顾客以缔结合同为目的而进入商店控制的区域的情形中，从其进入商店的一瞬间开始，其合同法上的人身安全与财产安全的保护请求权就产生了。

2. 情谊行为与保护义务

值得注意的是，在有些情况下，存在情谊关系与法律关系混合的期间，因而可能引发法律义务。在此种情况下，可能没有初始给付义务，但会存在保护义务。例如，没有给付义务，某人自愿为邻居或熟人照看小孩，医生自愿提供免费治疗。在此种情况下，通过意思表示解释规则（《民法典》第 142 条）确定当事人的意思，当事人应负有特定的保护与注意义务。③

在判断是否构成情谊关系时，应区分主给付义务与附随或保护义务予以考察。在借用司机案④中，KSG 是被告的姊妹公司，从事运输业，在工会的介绍下，受托于原告（经营运输的商人）运输特定物资到赫尔福德（Herford）等北德城市。1949 年 6 月 2 日，在货仓 D 中，在原告的卡车卸空后、连接拖车与车头时，驾驶卡车的原告的丈夫不幸遇难。为了征召司机，

① 德国菜叶案判决理由，Vgl. BGHZ 66, 51; Markesinis, Unberath & Johnston, *The German Law of Contract, A Comparative Treatise*, 2nd edition, Hart Publishing Company, 2006, p. 603。

② 朱岩编译：《德国新债法：条文及官方解释》，法律出版社 2003 年版，第 126 页。

③ 参见朱庆育：《民法总论》，北京大学出版社 2013 年版，第 80 页。

④ Vgl. BGH NJW 1956, 1313 = BGHZ 21, 102.

上述工会的负责人代理原告求助于 KSG 的雇员 F,F 与被告雇员 Sch 取得了联系。就此受雇于被告的司机 H 供原告调遣,驾驶卡车运输。在回程中,由于发动机受损,卡车抛锚在布鲁赫扎尔(Bruchsal)南部,须被拖行。原告为此花费了 8085.10 马克。在该案中,当事人之间就主给付义务并未形成债之关系,但并不意味着当事人不负有保护义务。在该案中,当事人没有委派值得信赖的司机或者没有告知其委派的司机不值得信赖,因此违反了保护义务,而且其对此具有过错,因此应当承担损害赔偿责任。在此形成了债的关系,即特别结合关系,但并无主给付义务,仅负担保护义务。在性质上,当事人因违反保护义务而应承担的责任,属于缔约过失责任。

3. 缔约前保护财产的义务

构成侵害所有权的缔约过失责任的前提是,该物是为了缔结合同,为了自己的交易利益进行保管。[①] 如在生效合同订立前,当事人即负有义务保护谈判相对人交付的物,对其损害,按照合同法规则承担责任。这是因为缔约相对人在缔约磋商期间对其产生了信赖,信赖对方会保护自己的财产安全。例如,为了修理,甲将汽车停在乙的修理厂,但还没有订立承揽合同,此时,乙即应谨慎对待甲的汽车,如有损害,应承担损害赔偿责任。[②] 又如,商店的货车损害顾客汽车的情况下,也应承担缔约过失责任。如果在保安合同缔结之前,一个受监视保卫的停车场中一量大型机动车被损坏;或者如果出租人在合同缔结前就允许搬入[③];都会产生缔约过失责任。

在与汽车销售商的汽车测试协议中,当事人之间也会存在保护、照顾义务,汽车销售商负有维护汽车安全状况的义务,而购买意向人对汽车负有保护义务,在与出卖人或其雇员同乘时,购买意向人对其人身也负有保护义务。通常来讲,购买意向人轻过失情况下不承担损害赔偿责任,因为汽车销售商可以通过保险负担该损害。如果汽车销售商没有购买保险,则应告知购买意向人。

(二)未成年人的情况

未成年人只有在法定代理人同意的情况下进行交易上接触,才有可能承担缔约过失责任;所以缔约过失责任具有类似法律行为的性质,适用法律行为规则。[④] 反过来,如果未成年人作为受害者,即使未经过法定代理人

---

① Vgl. Soergel/Wiedermann, vor § 275 Rn. 174.

② Vgl. BGBLM § 276(Fa)BGB Nr. 46 = NJW 1977, 376.

③ Vgl. BGBLM § 278BGB Nr. 39.

④ Vgl. MünchKomm/Emmerich, § 311 Rn. 88.

同意而参加合同谈判,也可以主张缔约过失请求权。

(三)义务之违反

自开始准备契约到缔约前,合同当事人对相对人的人身与财产负有保护与照顾义务。违反保护义务,即应承担相应的缔约过失责任。缔约前的保护义务性质是行为义务,属于交往安全义务的一种。

保护义务的范围与强度,具体须根据个案判断,尤其要考虑为了准备缔约而开放交易场所的大小与范围等因素。交易场所的范围越大,潜在的顾客越多,保护义务的范围越大,强度也越大。但即使在私人场所,也存在保护义务,并不能因为是私人场所而完全排除保护义务。[①] 例如,出租人对承租人及其家属,在缔约时均负有保护义务。[②] 通过格式条款免除保护义务,并无效力。例如,“进入商场即自行负担人身财产安全风险”的条款并不生效力。

(四)可归责

缔约前,违反保护义务者,须主观上可归责,即缔约人对损害的产生具有过失或者故意。

在履行辅助人违反保护义务的情况下,事务主人要为履行辅助人的过失承担责任。例如,承租人雇佣的搬家公司损害了出租房屋的台阶,或者承租人的孩子损害了出租房屋的家具。又如,出卖人的运送人丢弃烟头,将所有的货物烧成废墟。这些情况下,债务人均应为履行辅助人的行为承担责任。[③]

(五)受有损害

在合同订立前,开始准备契约或交易接触时,合同当事人之间就产生了保护与照顾义务。保护的对象是相对人的生命与财产。因一方当事人影响范围内的过失,导致相对人生命、身体、健康、财产等固有法益遭受损害的,该方当事人应承担损害赔偿责任。至于事后是否以及以何种内容订立合同,则在所不问。

另外,依据缔约之际的保护义务,受到保护的并非仅是《德国民法典》第 823 条第 1 款列举的绝对性权利或法益,还包括一般意义上的法益,如将相对人的高素质员工“挖”过来,而履行将来合同时,相对人还需要该员工,此时的损害是一种财产利益的损害[④]。当事人泄露或者不正当地使用

---

① Vgl. Volker Emmerich, Das Recht der Leistungsstörungen, 6. Aufl. 2005, S. 84.

② Vgl. MünchKomm/Emmerich, § 311 Rn. 91.

③ Vgl. Huber, Leistungstoerungsrecht Ⅱ, 1999, § 56 Ⅳ 6 b; MünchKomm/Hanau, § 278 Rn. 7.

④ Vgl. BGH NJW 1961, 1308.

在订立合同过程中知悉的商业秘密或者其他应当保密的信息，即造成了商业秘密等信息的损害，而商业秘密等信息的损害与合同履行利益并无关系，构成固有利益的损害。[①]

二、正当性基础

缔约过失的构成以交易接触为前提，单纯的社会接触并不构成。不过，在不以订约为目的的情谊关系上，有可能构成缔约过失责任。关键是授予或者助长了信赖，如果一方当事人使相对人产生信赖，他对相对人即负有一种照顾义务，那么就要承担义务违反之责任。债务关系当事人之间的接触越紧密，一方当事人对另一方当事人的信任度越高，行为的危险性越高，则保护义务存在的可能性越大，它所涵盖的内容越广泛。[②] 因接触产生信赖关系，并不是广泛保护其财产、人身绝对安全的信赖，而是交往安全的信赖。

那么为什么要在缔约前保护缔约相对人的人身与财产安全呢？这是因为，为订约目的而向潜在的顾客开放自己的营业场所的经营者，对于进入其经营场所的顾客的权利、法益以及利益的干涉可能性大大增加。而从缔约相对人角度来看，他信赖合同相对人能够对其人身财产予以保护。

三、法律效果

从该类型之缔约过失责任之赔偿范围来看，加害人所赔偿的，系被害人于其健康或所有权所受一切损害，即所谓固有利益或维持利益。而该种利益可能远逾履行契约所生的利益[③]，并不以期待利益为限。在这里不予考虑旧《德国民法典》第 122 条、第 307 条、第 309 条规定的损害赔偿不得超过履行利益之限制的规则。[④] 与诸如中断交涉、违反情报提供义务等其他类型之缔约过失责任所赔偿之信赖利益，也有所不同。

虽然契约前保护义务之违反的性质为缔约过失责任，但从赔偿范围上看，并未包含契约未能缔结的损失；相反，其赔偿范围与同类侵权行为责任并无二致。缔约人违反保护义务而导致相对人人身损害的，其赔偿范围应当和同样形态侵权责任相同，即加害人应当赔偿受害人的医疗费、营养费、误工费等损失。在造成缔约人死亡的情况下，应当赔偿丧葬费、死者生前

---

① 参见孙维飞：《〈合同法〉第 42 条（缔约过失责任）评注》，载《法学家》2018 年第 1 期。

② Vgl. Fikentscher/Heinemann, Schuldrecht, 10. Aufl. 2006, S. 27.

③ 参见王泽鉴：《民法学说与判例研究》（重排合订本），北京大学出版社 2015 年版，第 442 页。

④ Vgl. Karl Larenz, Lehrbuch des Schuldrechts, Bd. Ⅰ, 14. Aufl. 1987, S. 112.

抚养人的生活费,如果受害人经治疗无效后死亡,赔偿范围还应包括其进行治疗的花费。

有争议的是,违反缔约过失之际保护义务,侵害生命、身体、健康、名誉、自由等人格法益的,是否得请求精神损害赔偿。旧《德国民法典》第253条明确规定非财产上之的损害,以法律有特别规定为限,始得请求以金钱为赔偿。因契约(债务)不履行所造成之非财产上的损害,德国民法并未设得请求金钱赔偿之特别规定。但2002年《德国损害赔偿法第二次改革法》(Zweites Gesetz zur Ändernng schadensersatzrechtlicher Vorschriften)修改了这一条文,自此,只要侵害生命、身体、健康、名誉、自由等人格法益的,不论其请求权基础是侵权,还是合同,甚或是缔约过失,在所不问,均可以给予精神损害赔偿。

我国有学者认为,当事人不得依据合同请求权主张精神损害赔偿,故涉及精神损害赔偿的,原则上只能基于侵权行为提起诉讼,应当援引《侵权责任法》第37条安全保障义务条款。[①] 但就法益保护而言,是否能获得精神损害赔偿,应与所侵害的法益有关,与请求权基础并无关系。如果在缔约前侵害的是人身利益或人格利益,受害人即可以获得精神损害赔偿。《民法典》第996条规定了因当事人一方的违约行为损害对方人格权并造成严重的精神损害的,受害人可以请求精神损害赔偿。类推适用该条,当事人因缔约过失侵害相对人人身(包括人格)利益的,也应承担精神损害赔偿责任。

第三节　缔约前违反保密义务类型的缔约过失责任

《民法典》第501条规定:"当事人在订立合同过程中知悉的商业秘密或者其他应当保密的信息,无论合同是否成立,不得泄露或者不正当地使用;泄露、不正当地使用该商业秘密或者信息,造成对方损失的,应当承担赔偿责任。"该条来自原《合同法》第43条。而《合同法》第43条继受的是1994年《国际商事合同通则》第2.16条。

① 参见王利明:《合同法研究》(第1卷)(第3版),中国人民大学出版社2015年版,第368页。

一、保密义务及其正当性

1. 保密义务

保密义务(breach of confidentiality)本是英美法上的制度。在秘密信息方面,当事人负有诚信与公平交易的义务。在当事人明示同意保护商业秘密的情况下,违反保密义务的责任是合同法上的责任,如没有明示同意,则基于衡平法承担责任。① 大陆法系并没有专门的违反保密义务责任类型,不过,可以通过侵权法或者缔约过失责任予以处理。比如,在德国法上,商业秘密(know - how)与其他的秘密并不是《德国民法典》第823条第1款所保护的绝对权,所以是否有保守秘密的责任,取决于是否负有默示的不得披露信息的合同前义务。②

有学者认为,在体系位置上,我国《民法典》第501条是第500条所规定的缔约过失责任的特别法。但第501条明文规定"无论合同是否成立",其构成要件显然不以合同不成立或不生效为前提,而且保护财产范围针对的是固有利益,即商业秘密。③ 在结果上,第501条的解释对第500条的解释应该有借鉴意义。也就是说,在合同有效成立之下,也可能构成缔约过失责任。④

不过,从继受层面来看,《民法典》第501条应当是与第500条并列的,并非特别规则与一般规则的关系。在国际协议层面,这一义务首次规定在1994年《国际商事合同通则》。后来为《欧洲合同法原则》以及《欧洲民法框架草案》所继受。根据1994年《国际商事合同通则》第2.16条的规定,在谈判过程中,一方当事人以保密性质提供的信息,无论此后是否达成合同,另一方当事人有义务不予泄露,也不得为自己的目的不适当地使用这些信息。在适当的情况下,违反该义务的救济可以包括根据另一方当事人泄露该信息所获得之利益予以赔偿。这一表达是英美法系违反保密义务衡平法责任与大陆法系缔约过失责任的统合。所以,第2.16条特别强调,无论合同嗣后是否订立。⑤

依据《民法典》第501条(《合同法》第43条)之规定,当事人泄露或不

---

① See Gurry, *Breach of Confidence*, Oxford University Press, 1984, p. 25 - 42.

② Vgl. BGH NJW 1961, 1308; Muenchener Kommentar/Emmerich, § 311 Rn. 62.

③ 参见孙维飞:《〈合同法〉第42条(缔约过失责任)评注》,载《法学家》2018年第1期。

④ 参见北京市朝阳区人民法院民一庭:《论合同有效成立情况下的缔约过失责任》,载《民事审判指导与参考》总第34集,法律出版社2008年版,第43页。

⑤ See Jansen & Zimmerman eds., *Commentaries on European Contract Laws*, Oxford University Press, 2018, p. 906.

正当使用在订约过程中获悉的商业秘密，显然违反了基于诚实信用原则的附随义务，造成损害的，亦构成缔约过失，应负损害赔偿责任。《合同法》将其单列为一个条文，而没有将其融入《民法典》第500条(《合同法》第42条)关于缔约过失责任的一般规定，其原因在于强调当事人对商业秘密的保护义务。保护订约过程中的商业秘密，是一种继续性义务，不因合同缔约过程的结束而结束。[①] 在性质上，可以归类为缔约过失责任。

2. 保密义务的正当性

有争议的是，保密义务是否阻碍或者限制竞争。有观点认为，保密义务有助于激励发明创造，因而会更有效地促进竞争。而且，保护秘密信息对于专利、著作权的保护是一个补充，从而应完整地保护尚未成为专利等权利的信息。合同磋商阶段的保密义务对于知识产权的应用尤其重要。[②]

二、保密义务产生的根据

在磋商阶段，当事人可以自由决定向相对人披露哪些与交易有关的信息，所以，相对人通常无须将他们所交换的信息视为秘密，可以披露给第三人或自己使用。也就是说，当事人原则上享有披露以及使用谈判中所获得的信息的自由。[③] 只有在例外情况下，当事人才承担保密责任，法院才会将在谈判中获得的信息认定为保密信息。[④]

所以，对《民法典》第501条中的"当事人在订立合同过程中知悉的商业秘密或者其他应当保密的信息"应当予以限缩解释。当事人并不需要对所有在订立合同过程中知悉的信息承担保密责任，否则会影响正常的竞争与创造。只有在根据1994年《国际商事合同通则》第2.16条规定的一方当事人以保密性质提供信息的情况下，相对人才负有保密义务。有学者也认为，当事人在缔约过程中会接触到对方各种资讯，当事人在磋商过程中相互之间提供的资讯，彼此不承担保密义务。只有对一方以保密性质提供的资讯，对方才承担保密义务。[⑤]

首先，在当事人有明确约定的情况下，当事人即负有保密义务。在国

---

① 参见韩世远：《合同法总论》(第4版)，法律出版社2018年版，第180页。

② See Jansen & Zimmerman eds., *Commentaries on European Contract Laws*, Oxford University Press, 2018, p. 905.

③ See Vogenauer & Zuloago Rios, Art. 2. 1. 16, para. 8.

④ 参见对外贸易经济合作部条约法律司编译：《国际统一私法协会国际商事合同通则》，法律出版社1996年版，第40页。

⑤ 参见张虹：《缔约磋商中保密义务的法律适用研究——以〈中华人民共和国合同法〉第43条为中心》，载《法商研究》2011年第2期。

际商事合同中，当事人经常会约定预备性协议或者保密、不得披露信息等条款；在并购交易中，也常有类似条款。另外，也可能是一方明示对方其提供的哪些信息是秘密的，而相对人在接收这些信息或者磋商过程中默示同意将这些信息作为秘密。保密条款中会界定哪些信息是秘密信息，并约定禁止将该类信息披露给第三人，而且在法律效果上，会约定违约金、损害赔偿金以及禁令规则，在一方当事人违反保密义务的情况下，无论合同是否订立，相对人都要承担违约金、损害赔偿金等责任，在性质上，属于合同责任。① 在商业实践中，当事人通常会约定保密期间，如果约定的保密期间过长，则会违反有关禁止过严商业习惯的法律规则。②

其次，在当事人之间没有明确约定的情况下，如果从特别情况中可以推出默示的保密义务，当事人也负有保密义务。具体的特别情况，可以是信息的性质以及当事人的职业性质。③ 信息的性质一般是指技术、私人或秘密信息，与行业有关，在一个行业是秘密的信息，在另一个行业则未必是。《民法典》第 501 条使用的是“商业秘密”这一术语，这里的“商业秘密”可以是狭义的商业秘密，根据《反不正当竞争法》第 9 条的规定，商业秘密是指不为公众所知悉，能为权利人带来经济利益，具有实用性并经权利人采取措施的技术信息和经营信息等商业信息；④商业秘密也可以是技术的、商业的或工业商业秘密、战略选择、客户与供应商或者对商业伙伴尽职调查的结果、资产负债表的细节、审计结果等。而在当事人的职业性质方面，之所以存在保密义务，是因为磋商另一方或第三人是潜在的竞争者。另外，值得注意的是，保密的信息也不限于具有经济利益的信息，还可以是隐私或其他个人信息。

另有观点认为，商业秘密的具体考量因素包括信息的性质、合同的客体以及当事人在磋商阶段的期待。具体如签约过程比较秘密，就可以推定担保义务。⑤ 在托马斯马沙尔（出口）有限公司诉吉恩勒案［Thomas Marschall（Exports）Ltd. v. Guinle］中确定了四个因素用以判定哪些信息

---

① See Jansen & Zimmerman ed., *Commentaries on European Contract Laws*, Oxford University Press, 2018, p. 906.

② 参见对外贸易经济合作部条约法律司编译：《国际统一私法协会国际商事合同通则》，法律出版社 1996 年版，第 41 页。

③ 参见对外贸易经济合作部条约法律司编译：《国际统一私法协会国际商事合同通则》，法律出版社 1996 年版，第 41 页。Vogenauer/Zuloago Rios, Art. 2. 1. 16, para. 11.

④ 参见胡康生主编：《中华人民共和国合同法释义》（第 3 版），法律出版社 2013 年版，第 83 页；Vogenauer & Zuloago Rios, Art. 2. 1. 16, para. 9。

⑤ Jansen & Zimmerman eds., *Commentaries on European Contract Laws*, Oxford University Press, 2018, p. 907.

是秘密的:第一个是信息保有者相信信息的泄露会导致其受损或者使竞争者获得经济利益;第二个是其他人不知道该信息;第三个是上述两个相信是有理由的;第四个是上述三个标准须根据相关行业的习惯进行判断。[①] 根据《欧洲民法框架草案》第Ⅱ－3:302 条第 2 款的规定,还考虑获得信息一方当事人是否知道或有理由被期望知道该信息对另一方属于秘密。最终综合这些因素判断不当披露与不当使用是否违反诚实信用原则。比如,乙与丙是两家主要的轿车生产商,在甲与乙合资企业协议磋商阶段,甲获得了乙的新型车设计方案详细资料,由于涉及的信息是一种新车设计方案,所以甲应当负有保密义务。[②] 在这种情况下,当事人之间没有合同,需要直接适用保密义务规则,在性质上,只能是独立的缔约过失责任。

根据《民法典》第 501 条的规定,无论合同是否成立,都有可能构成违反保密义务。也就是说,违反保密义务有可能发生在中断磋商之后,也有可能发生在磋商之后已订立合同的情况下。但是,如果秘密信息不是在合同订立过程中提供的,而是在已经订立的合同履行过程中提供的,虽超出了该规则的范围,但可以准用。[③]

另外,1994 年《国际商事合同通则》第 2.16 条强调的是一方提供的信息,如果一方当事人通过技术手段或商业实践自己独立获得信息,则可以披露或者使用。保密义务规则的目的在于保护当事人对于合同谈判的秘密的信赖。[④]

三、被保护的秘密与信息

《合同法》第 43 条仅涉及“订立合同过程中知悉的商业秘密”。[⑤]《民法典》第 501 条对此予以补充,保护的对象除了商业秘密之外,增加了“其他应当保密的信息”。商业秘密,是在谈判过程中,当事人作为秘密提供给相对人的商业信息。而“其他应当保密的信息”,是指没有进入公共领域,因此没有保有人同意不得披露给第三人的信息。首先,这里的“应当保密的信息”比较类似隐私或个人信息,包括各种具有个人因素的情况,比如健康、身份或家庭等。秘密只是那些在性质上不为公众所知的,与私密、家庭

---

① Thomas Marschall (Exports) Ltd. v. Guinle [1979] Ch 227,248, cited in Jansen & Zimmerman eds., *Commentaries on European Contract Laws*, Oxford University Press, 2018, p. 907.

② 参见胡康生主编:《中华人民共和国合同法释义》(第 3 版),法律出版社 2013 年版,第 83 页。

③ See Vogenauer & Zuloago Rios, Art. 2.1.16, para. 9.

④ See Gurry, *Breach of Confidence*, Oxford University Press, 1984, p. 111－112.

⑤ 参见崔建远:《合同法总论》(上卷)(第 2 版),中国人民大学出版社 2011 年版,第 444 页。

或个人事情相关的个人信息。[①]

具体哪些信息是“商业秘密”，哪些信息是“应当保密的信息”，需要由当事人自己来界定，是一个从受领信息者的角度解释的问题。

在一个案件中，甲与乙签订合同后不履行合同，转而与丙签订合同。乙起诉甲承担违约责任，丙向乙提供了甲与丙之间的合同，由此乙得以证明甲违约给乙造成的损害赔偿数额。甲因此起诉丙，认为甲与丙间的废铁购销合同、付款凭证、增值税专用发票均为商业秘密，故向丙请求损害赔偿。法院判决认为合同、发票、付款凭证等交易往来并不属于商业秘密，且双方间不存在不得向他人披露合同内容等保密条款的约定，故丙并未侵犯甲的商业秘密。[②]

四、义务违反方式

根据《民法典》第501条的规定，违反保密义务的方式有两种，第一种是泄露，第二种是不正当地使用该商业秘密或者信息。与1994年《国际商事合同通则》第2.16条比较，泄露的表达针对的是“disclose”，应当是“披露”的意思，而且通常是向第三人披露，包括故意或过失地以任何方式进行信息传输，即使不是为了使第三人知道的信息披露，也属于违反保密义务的披露。[③] 而“不正当地使用”的表述针对的是1994年《国际商事合同通则》第2.16条中“use it improperly for its own purposes”的表述；与披露相对，这里的不正当使用针对的是为了自己的目的，关键在于是否不正当。如果为了自己的目的使用，而且使用目的正当，则不构成不正当使用。这里加上“为了自己的目的”主要是为了区分披露的类型。而是否不正当，则须根据信息的性质以及信息被使用的目的来确定，与披露给第三人是否正当的判断标准并没有什么不同。在秘密信息的使用使侵害人获利或者一方的获利与信息持有人的损失相关联的情况下，即可以认定滥用了秘密信息。比如在英国的一个案例里，被告申请“地毯把手”的专利，与其在与原告谈判过程中获得的非专利设施很类似[④]，被告的行为即违反了保密义务。

---

① See Jansen & Zimmerman eds., *Commentaries on European Contract Laws*, Oxford University Press, 2018, p. 904.

② 参见张家港恩斯克精密机械有限公司与张家港保税区旺发废旧物资贸易有限公司不正当竞争纠纷案，张家港市人民法院(2019)苏0582民初7126号民事判决书。

③ See Vogenauer & Zuloago Rios, Art. 2. 1. 16, para. 16.

④ See Vogenauer & Zuloago Rios, Art. 2. 1. 16, para. 17.

五、过错

从诚实信用与公平交易的要求可以推知，要构成保密义务的违反，尚需要当事人知道信息的秘密性或者在信息秘密性方面存在过失。[①]

在当事人披露或使用谈判中获得的信息是为了公共利益的情况下，可以免除违反保密义务的责任。比如，当事人是为了准备诉讼或者提起诉讼而将信息披露给律师或者法庭，应当不构成违反保密义务。因为，这里的提起诉讼的利益要高于保护信息秘密的利益。

六、救济

（一）赔偿

根据《民法典》第 501 条的规定，一方当事人泄露、不正当地使用磋商中知悉的商业秘密或者信息的，有可能造成对方损失，对于该损失，该当事人应当承担赔偿责任。损失具体包括信用损失（如需要支付更高利息才能获得贷款）、商业信誉的损失（如导致市场转向竞争者）、失去与第三人订立合同的机会（如能证明在披露信息的时候，即将与第三人订立合同）。[②]进一步来看，损失必须是因为违反保密义务而造成的，二者之间应具有因果关系。

赔偿范围的确定先要看当事人是否约定有保守秘密合同或条款。如果有，则按照违约行为处理，在法律效果上适用违约责任规则，救济方式上可以是损害赔偿、采取补救措施等。在赔偿范围上，也应当是期待利益。[③]例如，甲委托乙设计招标项目的技术文件，乙将项目技术资料提供给第三人，甲投标后被告知与第三人的投标文件完全相同，其被列为不良行为人。法院判决乙违反了合同约定的保密义务，构成违约，赔偿甲 10 万元。[④] 在另一个案件中，甲委托乙进行市场调查，约定甲对调查取得的一切结果有专属所有权，乙对一切结果有保密义务，乙向甲提交调查报告后，在某周刊发布了调查报告中的部分信息，法院判决乙侵犯了甲的商业秘密，构成违

① See Jansen & Zimmerman eds., *Commentaries on European Contract Laws*, Oxford University Press, 2018, p. 909.

② See Jansen & Zimmerman eds., *Commentaries on European Contract Laws*, Oxford University Press, 2018, p. 910.

③ See Vogenauer & Zuloago Rios, Art. 2. 1. 16, para. 18.

④ 参见泊头市金键模具有限责任公司、天津艾弗特汽车技术有限公司、天津普信模具有限公司缔约过失责任纠纷案，河北省泊头市人民法院（2021）冀 0981 民初 755 号民事判决书。

约，须赔偿。[①]

有疑问的是，受害人可否请求惩罚性赔偿。《民法典》第 1185 条规定："故意侵害他人知识产权，情节严重的，被侵权人有权请求相应的惩罚性赔偿。"从利益状况来看，缔约前保密义务规则也有保护尚未形成知识产权的财产权之目的，故可以类推适用第 1185 条，受害人可以请求义务违反人承担惩罚性赔偿责任。

（二）获利返还

根据 1994 年《国际商事合同通则》第 2.16 条的规定，在适当的情况下，违反该义务的救济可以包括根据另一方当事人泄露该信息所获得之利益予以赔偿。也就是说，救济方式并非赔偿受害人的损失，而是由侵害人返还其所获得的利益，不过，前提是损害赔偿不合适。比如在不能或者很难证明损害的情况下，甚或受害一方没有任何损失的情况下。[②]

秘密信息可能具有财产价值，因为一方当事人披露或不正当使用，可能致使该财产利益由一方转移到另一方，获利的一方应当基于不当得利返还。《欧洲民法框架草案》第Ⅱ-3:302 条评论认为，可以类推适用侵犯知识产权的救济方式。[③] 在中国法上，《民法典》第 1182 条规定："侵害他人人身权益造成财产损失的，按照被侵权人因此受到的损失或者侵权人因此获得的利益赔偿；被侵权人因此受到的损失以及侵权人因此获得的利益难以确定，被侵权人和侵权人就赔偿数额协商不一致，向人民法院提起诉讼的，由人民法院根据实际情况确定赔偿数额。"在缔约人违反保密义务情况下，可以类推适用该规则，义务违反人应返还所获利益。

（三）禁令

针对披露或使用秘密信息，《欧洲民法框架草案》第Ⅱ-3:302 条第 3 款还规定了禁令的救济方式，在损害具有可能发生的相当确定性的情况下，也即因果关系相当的情况下，法院才可以发出禁令。

受害人可以自由选择使用上述三种救济方式。不过，只有在损害赔偿不合适的情形下，受害人才可以请求获利返还。[④] 另外，禁令这一救济方式可以与赔偿或获利返还一并使用。

---

① 参见北京中锐文化传播有限责任公司诉北京零点市场调查与分析公司不正当竞争纠纷案，载《最高人民法院公报》1999 年第 3 期。

② See Vogenauer & Zuloago Rios, Art. 2.1.16, para. 19.

③ See DCFR Ⅱ 3:302 Comment C.

④ See Vogenauer & Zuloago Rios, Art. 2.1.16, para. 22.

第五章　合同效力阻碍类型的缔约过失责任

我国《民法典》第500条(《合同法》第42条)规定了缔约过失责任的一般规则,明显受到了1994年《国际商事合同通则》第2.15条的影响。[①]而根据1994年《国际商事合同通则》第2.15条的规定,建立了合同前行为之责任的一般规则,即在合同前阶段没有遵守诚信与公平交易原则而承担的责任。[②] 在德国,合同前责任是缔约过失责任的一部分,属于合同性质的责任。[③] 在法国,虽然对于合同前责任没有法律明文规定,但学说与判例均承认合同前责任规则,在性质上属于侵权责任。[④] 中国法上,《合同法》第42条(《民法典》第500条)仅规定了《国际商事合同通则》第2.15条评释中的一个案例,即"假借订立合同,恶意进行磋商",但由于规定了一般性兜底条款"其他违背诚实信用原则的行为",所以,可以解释出一般性地承认了合同前责任。

在合同谈判阶段,当事人之间的利益是对立的,允许一方当事人仅仅考虑自己的好处,但基于诚实信用原则以及《民法典》第500条(《合同法》第42条)、第157条(《合同法》第58条),谈判当事人负有诚实交往的义务,谈判当事人不得恶意磋商;谈判当事人不得使谈判相对人形成对合同成立的错误印象后中断缔约;在缔约之际,谈判当事人也不得违反协助义务,也须及时通知另一方不知道的无效事由之发生。另外,谈判当事人不得有过错地导致合同无效。这些内容的缔约过失责任可以被类型化为合

---

① 在第一项的表述上比较类似于1994年《国际商事合同通则》第2.15条的表述,在全国人大常委会法制工作委员会的释义书中,列举的善意磋商的例子,与1994年《国际商事合同通则》第2.15条注释中的例子也是类似的。参见胡康生主编:《中华人民共和国合同法释义》(第3版),法律出版社2013年版,第81页。全国人大常委会法制工作委员会民法室编、姚红主编:《〈中华人民共和国合同法〉与国内外有关合同规定条文对照》,法律出版社1999年版,第27页,也表明参照了1994年《国际商事合同通则》第2.15条。

② See Vogenauer & Zuloago Rios, Art. 2.1.15, para 1.

③ See Markesinis, Unberath & Johnston, *The German Law of Contract, A Comparative Treatise*, 2nd edition, Hart Publishing Company, 2006, p.91 - 108.

④ See P. Giliker, *Pre - Contract Liability in English and French Law*, Kluwer Law International, 2002, p.1 - 2.

同效力阻碍型的缔约过失责任。①

第一节 虚假磋商之缔约过失责任

首先，当事人享有一般的谈判自由，当事人可以自由决定如何进行谈判、尽多大努力谈判以及谈判多久。② 谈判自由是契约自由、意思自治原则(《民法典》第5条)的内容之一。而契约自由是市场经济的基本原则，可以保障健康的市场竞争。

其次，契约自由是有边界的，不过其边界何在，值得思考。《民法典》第500条并没有规定当事人有谈判的权利或者中断磋商的权利，所以对契约自由的限制并非滥用权利。而从《民法典》第500条第3项规定来看，一般合同前责任的基础是诚实信用原则，所以，契约自由应受到诚实信用原则的限制。

1994年《国际商事合同通则》第2.15条第1款还特别强调，合同当事人原则上对于未达成的协议是不承担责任的，其目的在于说明合同前责任的根据并不在于谈判失败，而是别的原因，主要的原因就是违反诚信与公平交易。③ 按照逻辑，契约自由是原则，合同前责任是例外，而且是否构成合同前责任，需要根据个案具体判断，仅根据一般性构成要件尚不足够。

1994年《国际商事合同通则》第2.15条区分了两种类型的合同前责任，一种是有违诚信的磋商；另一种是有违诚信的中断磋商。这一分类是人为的，并没有一定根据，违反诚信的磋商也可能涉及中断磋商，而且这一区分与德国、法国等大陆法系国家的发展趋势也不相符，在这些国家，当事人承担磋商失败的责任不是因为中断磋商，而是因为其进行谈判的方式有违诚信。另外，这两类情况也不能涵盖所有合同前责任。④

《民法典》第500条第1项规定了恶意进行磋商类型缔约过失责任，从第3项中可以解释出违反诚信中断磋商类型的缔约过失责任。鉴于此，下

---

① 合同效力阻碍型的缔约过失责任与不完全给付并无相似之处，因为在内容上，其涉及的是合同订立，故只要合同成立或有效，合同效力阻碍型的缔约过失责任即消灭；而不完全给付处理的是合同成立有效后的履行问题。在德国法上，该类型的缔约过失责任与侵权责任也不会发生竞合，因为在此领域内侵害的是相对人的财产，依据侵权法，一般并不在侵权责任适用范围之内。Vgl. Medicus, Verschulden bei Vertragsverhandlungen, in: BMJ (Hrsg.), Gutachten und Vorschläge, Bd. Ⅰ, 1981, S. 487 f.

② 参见对外贸易经济合作部条约法律司编译:《国际统一私法协会国际商事合同通则》，法律出版社1996年版，第38页。

③ See Vogenauer & Zuloago Rios, Art. 2. 1. 15, para. 15.

④ See Vogenauer & Zuloago Rios, Art. 2. 1. 15, para. 15.

文区分恶意进行磋商以及违反诚信中断磋商两种类型，分别论述。

一、虚假磋商的内涵

依据《民法典》第500条第1项（《合同法》第42条第1项）的规定，假借订立合同，恶意进行磋商，造成相对人损失的，应当承担损害赔偿责任。

"假借订立合同，恶意进行磋商"这一类型的缔约过失责任参考了1994年《国际商事合同通则》第2.15条第2款和《欧洲合同法原则》第2:301条第2款中的虚假磋商（sham negotiating）制度。[①] 该制度主要是指当事人自始或嗣后缺乏缔约的意图，但却继续谈判，而且并未披露其内心的保留。[②] 1994年《国际商事合同通则》第2.15条给出的案例模型主要涉及，一方当事人在无意与对方达成协议的情况下，开始或继续与相对人进行谈判。[③]

虚假磋商具体又被划分为虚假开始磋商与虚假继续磋商两种情况。虚假开始磋商，是指当事人在磋商开始之际即没有订立合同的意图。例如，A了解到B有转让餐馆的意图。A根本没有购买餐馆的想法，但他仅为防止B将餐馆卖给竞争对手C，与B进行了长时间的谈判。当C买了另一家餐馆时，A中断了谈判，B后来只能以比C的出价更低的价格将餐馆转让了。对此，A应向B赔偿这两种价格的差价。而虚假继续磋商，是指当事人开始是具有订立合同的意图的，但在嗣后的谈判过程中改变了主意。例如，甲开始与乙磋商订立雇佣合同，但甲在谈判过程中拟做同样的生意，为了掌握乙的生产与销售信息，仍继续与乙进行磋商。[④] 所以，在解释上，《民法典》第500条第1项（《合同法》第42条第1项）规定，虚假磋商类型的缔约过失责任，包括开始磋商与继续磋商两种类型。[⑤]

虚假磋商类型是比较极端的不诚信缔约行为，当事人假借订立合同，恶意进行磋商，无疑是在欺骗或戏弄对方。对此，各国法律都会规定合同前责任。[⑥] 假借订立合同，恶意进行磋商可能是为了避免竞争对手与相对人订立合同，也可能是为了在与第三人的合同中抬高价格，或者是为了获

---

① 参见韩世远：《合同法总论》（第4版），法律出版社2018年版，第162页。

② See Jansen & Zimmerman eds., *Commentaries on European Contract Laws*, Oxford University Press, 2018, p. 889.

③ See Vogenauer & Zuloago Rios, Art. 2. 1. 15, para. 27.

④ 参见韩世远：《合同法总论》（第4版），法律出版社2018年版，第163页。

⑤ 参见韩世远：《合同法总论》（第4版），法律出版社2018年版，第163页。

⑥ See Cartwright & Herrelink eds., *Precontractual Liability in European Private Law*, Cambridge University Press, 2008, p. 60－63, 90－92.

得相对人的商业秘密。① 在这些案例情况下,当事人一方达到目的后,都会中断磋商。所以,虚假磋商与中断磋商很难区分。而且,在中断磋商情况下,当事人承担责任的原因并非中断磋商本身,而是中断磋商的行为。这也增加了区分虚假磋商与中断磋商的难度。

二、功能

在缔约时,当事人负有保护相对人财产的义务。当事人假借订立合同,恶意进行磋商,违反的是保护相对人财产利益的义务。

三、构成要件

(一)假借订立合同

一方当事人虽然进入合同谈判,但其并没有订立合同的意思,而是假借订立合同,达到其他不正当利益。

这里的问题是,如何证明当事人在磋商过程中没有订立合同的意图。不过,这是民法中证明背后意图的一般性问题,证明重大误解或错误,也同样困难。在技术上,可以进行客观解释。例如,《欧洲合同法原则》第2:102 条就规定,当事人受合同法律约束的意图可以通过相对人合理理解的当事人的陈述或者行为进行判断。首先,法院要判断当事人的行为是否可以解释为含有受将来合同约束的意思;其次,法院要考虑,对第三人的行为以及相对人所不知道的表示是否可以理解为假借订立合同达到其他目的。②

(二)恶意

根据《民法典》第 500 条第 1 项(《合同法》第 42 条第 1 项)的规定,要构成恶意磋商,当事人需具备恶意。从文意上看,恶意应是以损害对方或第三人利益为目的。也就是说,在目的上,可能是损害对方利益,也可能是损害第三方利益。例如,谈判者真正的目的可能是挫败竞争对手,为订立合同而进行谈判不过是掩人耳目,其最终的结果则是在与对方当事人进行长时间磋商后使之对其产生信赖时,停止谈判,致使对方当事人不仅因磋商而耗费了大量的财力、物力,也因该无益之磋商而错过其他订约机会。

从来源上看,恶意磋商是 1994 年《国际商事合同通则》第 2.15 条第 3

---

① See Vogenauer & Zuloago Rios, Art. 2.1.15, para. 26.

② See Jansen & Zimmerman eds., *Commentaries on European Contract Laws*, Oxford University Press, 2018, p. 889, 890.

款中“negotiating in bad faith”的翻译，但将“in bad faith”翻译为“恶意”，并不恰当，因为恶意有故意侵害他人利益的含义，而“in bad faith”针对的是行为。例如，一方当事人在并无与对方达成协议的意图的情况下，开始或继续进行谈判，所以“in bad faith”翻译为“背信”更加适宜。

而且，1998年8月20日《合同法（草案）》第40条第1款曾规定“以损害对方利益为目的”这一要件，但正式颁布的原《合同法》删掉了这一要件。也就是说，从立法本意来看，构成恶意，也不需要以损害对方或第三人利益为目的。只要缔约人在并无与对方达成协议的意图的情况下，开始或继续进行谈判，就构成恶意。

在农安盛祥玉米有限公司（以下简称盛祥公司）等与长春市康润生物科技有限公司（以下简称康润公司）缔约过失责任纠纷上诉案①中，据已查明的事实可以认定，盛祥公司能主动为康润公司偿还贷款，并与康润公司达成资产重组协议，其目的是取得中国农业发展银行吉林省分行营业部（以下简称农发行吉林营业部）2亿元贷款支持；农发行吉林营业部推动康润公司与盛祥公司进行资产重组谈判，并积极与盛祥公司和康润公司进行磋商与沟通，是以承诺给盛祥公司发放2亿元贷款为手段，达到消灭康润公司在农发行不良贷款的目的；康润公司积极配合进行资产重组，将有效资产投入盛祥公司，促使盛祥公司与农发行吉林营业部达成借款合同，是以消灭自己所担负的债务为目的。故此，只有2亿元贷款协议最终达成，才能达到盛祥公司得到2亿元贷款、农发行吉林营业部消灭不良贷款和康润公司债务的目的。而盛祥公司向康润公司汇入支持康润公司偿还贷款的款项并与康润公司达成资产重组协议的行为，只不过是为2亿元贷款协议的最终达成做铺垫。后由于盛祥公司与农发行吉林营业部未达成借款协议，双方由此产生纠纷。吉林省高级人民法院认为：“分析双方产生纠纷的原因是，农发行吉林营业部在达到消灭不良贷款目的后，未履行与盛祥公司签订借款合同的承诺，其行为有假借订立借款合同，恶意进行磋商，有违约诚实信用原则的性质。农发行吉林营业部的此种过错行为造成了盛祥公司的经济损失，盛祥公司诉请要求赔偿。根据《中华人民共和国合同法》第四十二条第一项关于缔约过失责任的规定，本案双方当事人之间权利义务关系的性质完全符合缔约过失责任的法律规定。”

在本案中，法院并没有考察农发行吉林营业部是否具备损害对方利益的目的，而是确认其并无与对方达成协议之目的，即开始进行谈判。

---

① 参见吉林省高级人民法院民事判决书，（2014）吉民二终字第106号。

值得注意的是，在中断磋商的一方存在恶意的情况下，并不要求对方对其产生信赖，中断磋商者本身并无缔约的诚意，其本意即是通过谈判使交易相对人受损，从某种程度上讲，交易不过是虚拟的。这与正常的商业交往是不同的，因为使对方受损是其启动谈判所追求的目的，因此交易相对人受损是一定的，是否存在受损方对中断交涉者的信赖，对损失发生并不会产生影响。因此对该必然发生的损失，分配给恶意中断磋商的一方具有合理性（这种风险分配方式为《国际商事合同通则》所采用）。从另一个角度来看，则表明在中断磋商的一方存在恶意时，并不以信赖为缔约过失成立的要件。但此时，因中断磋商受有损失的一方应对恶意之存在承担举证责任。

（三）进行磋商

根据《民法典》第500条第1项（《合同法》第42条第1项）的规定，要构成恶意进行磋商，需要缔约人假借订立合同，即利用订立合同这一手段，实际上并没有达成合同的真意，同时也要求缔约人实际进行了磋商。其实，“利用订立合同手段”与磋商、谈判含义相同，指向的是同一过程，即进入磋商或继续磋商。

一方当事人本来不应该进行该谈判，因为该谈判自始就不能达成预期的合同。[①] 该当事人义务违反行为不在于其中断了缔约，而在于开始或者继续谈判。例如，在招聘或招标程序中，尽管已经决定了中标单位或者聘用人，但还是进行该程序。

不过，《民法典》第500条并没有界定何为磋商或者磋商过程，从一般术语来看，应当是始自于一方接触另一方或者双方相互接触以便讨论订立合同之时，磋商的继续表现为信息的交换，而磋商之结束或者是磋商双方达成协议之时，或者是双方决定终止谈判之时，或者是一方中断磋商之时。[②]

（四）损失

要构成恶意磋商类型的缔约上过失责任，还要求恶意磋商人给对方造成损失。损失的内容是信赖利益。

在盛祥公司等与康润公司缔约过失责任纠纷上诉案中，法院认为，农发行吉林营业部不应承担盛祥公司可得利益损失的赔偿责任。本案纠纷产生于借款合同的缔约阶段，因农发行吉林营业部违反诚实信用原则造成

---

① 参见[德]维尔纳·弗卢梅：《法律行为论》，迟颖译，法律出版社2013年版，第738页。

② See Vogenauer & Zuloago Rios, Art. 2.1.15, para. 17.

无过失缔约相对方盛祥公司的经济损失，农发行吉林营业部承担赔偿损失的范围应限定在盛祥公司可信赖利益损失范围内。而盛祥公司提出的可得利益损失，属于违约损失。故此，原审对盛祥公司提出的赔偿可得利益损失不予支持正确。

在盛祥公司等与康润公司缔约过失责任纠纷上诉案中，由于中断缔结借款合同所造成的损害是已经支付的仓库租金，但"参照《中华人民共和国合同法》第一百一十九条关于合同违约守约方有减损义务的规定，盛祥公司在合同的缔约阶段同样具有减少损失的义务。由此，盛祥公司基于信赖利益而产生的租金损失期间可酌定以 1 年期为限，按六份 3 年期限的租赁合同总标的额 1083 万元计算，盛祥公司应得的租金损失赔偿额为 361 万元"。

最后，值得注意的是，假借订立合同恶意进行磋商的情况，已经构成背俗侵权，[①]通过侵权法上的请求权也可以给予救济。在《合同法》将其列为法定类型的情况下，应承认其为缔约过失之一种，但是同一事实同时符合缔约过失事实构成以及侵权法上请求权事实构成的，可以形成竞合关系。

第二节　中断缔约之缔约过失责任

当事人在为订约接触之初，往往是以追求利润为目的的，但经过谈判接触，一方当事人会发现交易无利可图或另发现更为有利的交易相对人，从而决定中断交涉。在一般情况下，当事人对因中断缔约而对对方造成的损失无须负责，谈判失败是交易当事人应当承担的合理风险。但在中断交涉的一方在此之前的行为（作为或不作为）足以使相对人产生对合同能够缔结的信赖并支出费用，而且中断交涉的一方主观上存在过错，则存在适用缔约过失责任之余地。也就是说，在以合同自由为基本原则的前提下，当事人中断缔约并不必然导致承担责任；相反，与中断谈判的自由相比，中断缔约构成法律上的责任只能算是一种例外。根据《国际商事合同通则》第 2.15 条第 1 款的规定，当事人可自由进行谈判，并对未达成协议不承担责任。《欧洲合同法原则》第 2:301 条也作出了完全相同的规定。相比之下，恶意缔约与中断缔约都是例外。因为普通法不愿意承认一般性的诚实信用原则，所以《欧洲合同法原则》第 2:301 条将缔约过失责任限定在有违

① 参见叶金强：《论中断磋商的赔偿责任》，载《法学》2010 年第 3 期。

诚信以及公平交易的中断缔约情况之下。[①]

在德国法上，如果缺少确定的同意，在当事人之间根本不存在或确实没有达成一个有效的合同，但在相对人关于缔约机会的误导或一方当事人表明的经济价值重大的情况下，一方当事人无理由中断缔约造成对方损失的，中断缔约方应为此承担一定的缔约过失责任，[②]当事人负有不能无理由中断缔约的义务（Verpflichtung Vertragsverhandlungen nicht grundlos abzubrechen）。

无理由中断缔约的表现形式具有多样性，大量的无理由中断交涉发生在磋商交涉阶段，表现为在合同谈判过程中，一方终止谈判，而使合同缔结停止于反复磋商之际。而有时无理由中断交涉则表现为，双方已就主要条款达成一致意见，但后来一方反悔，拒绝签订书面合同，或者拒绝在书面合同上签字、盖章，或者对特殊书面合同拒绝进行公证、审批或登记等手续的办理，从而使合同不能缔结。

一、中断缔约的现行法依据

原则上，中断缔约产生的损害，应由双方当事人各自承担。如果一方支出的费用由对方承担，无异于在强制对方缔约，有违契约自由。但在缔约谈判时，应当对相对人的财产或利益予以照顾。当事人已经进行缔约磋商，但因当事人一方过失，致使意图或期待之合同未能缔结，该当事人应承担相对人信赖契约得以缔结而遭受的损害，[③]此种类型的缔约过失责任，被称为中断缔约之缔约过失责任。

从《民法典》第 500 条第 1 项(《合同法》第 42 条第 1 项)的文义上看，其并没有规定中断缔约这一缔约过失责任类型，而只是规定了中断缔约的一种情况，即虚假磋商。不过，《民法典》第 500 条第 1 项规定的虚假磋商情况，与中断磋商无法完全区分，但可以涵盖一定情况下的中断磋商。据此，某些中断磋商案件，也可以适用《民法典》第 500 条第 1 项的规定。进一步来看，《合同法》第 42 条源自《国际商事合同通则》第 2. 15 条，而该条包括两种情况：一是有违诚信地进行谈判；二是有违诚信地中断谈判。所以，在继受的角度，可以扩张解释原《合同法》第 42 条第 1 项，将中断缔约

① See Jansen & Zimmerman eds. , *Commentaries on European Contract Laws*, Oxford University Press, 2018, p. 866.

② Vgl. Volker Emmerich, Zum gegenwärtigen Stand der Lehre von der culpa in contrahendo, Jura 1987, S. 561.

③ 参见刘春堂：《民法债编通则(一)：契约法总论》，2011 年自版发行，第 174 页。

包含在该条之中。有学者就认为中断缔约为“假借订立合同、恶意进行磋商”的一种。[①] 不过，也有学者认为，《合同法》第42条第1项规定的目的仅在于示范作用，而非自我限制，在现实中大量存在的中断交涉并不能涵盖于“假借订立合同，恶意进行磋商”范围中。而《合同法》第42条第3项“有其他违背诚实信用原则的行为”适用范围具有广泛性，对中断交涉的缔约过失亦是有据可循的。[②] 全国人大常委会法制工作委员会在其释义书中也认为中断缔约是《合同法》第42条第3项所规定的“有其他违背诚实信用原则的行为”[③]。

如果认为“恶意进行磋商”不包含“恶意终止磋商”，则由于《合同法》第42条第3项是一个开放性条款，故可将其解释为“其他违背诚实信用原则的行为”。另外，《合同法解释（二）》第8条规定，有义务办理申请批准或申请登记手续的一方当事人未办理的，属于《合同法》第42条第3项规定的情形。由于未办理手续客观上会导致缔约中断，属于中断缔约的一种情形，所以，也可将该种情形作扩大解释，因此“恶意终止磋商”亦属于《合同法》第42条第3项“有其他违背诚实信用原则的行为”。不过，未办理手续不影响合同成立，而中断缔约往往导致合同不成立，因此上述解释仍存在疑问。尽管如此，《合同法》第42条第3项作为兜底条款容纳“恶意终止磋商”，应当没有问题。

在司法实践中，法院已经借助诚实信用原则发展中断缔约（“恶意终止磋商”）之类型，但其常常不会清晰阐明请求权基础是《合同法》第42条第1项还是第3项。例如，在安徽金路建设集团有限公司与江苏盛元公路工程有限公司合同纠纷上诉案[④]中，安徽省高级人民法院认为：“安徽金路公司在与江苏盛元公司就涉案工程项目订立合同过程中，安徽金路公司故意隐瞒其与案外人江苏环宇公司签订《工程施工合作协议书》的事实，不信守承诺，拒绝与江苏盛元公司就涉案工程项目签订书面合同，违背诚实信用原则。”安徽省高级人民法院的判决理由同时涉及了《合同法》第42条规定的三项内容，而且结合案情来看，包含了“恶意终止磋商”，即中断缔约的情况。不过，无法辨别法院认定“恶意终止磋商”（中断缔约）的判决基础是《合同法》第42条第1项还是第3项。

在湖南省兴振建材有限公司与新疆北新路桥集团股份有限公司、新疆

---

① 参见韩世远：《合同法总论》（第4版），法律出版社2018年版，第164页。

② 参见李静：《中断交涉与缔约上的过失研究》，中国政法大学2000年硕士学位论文，第40页。

③ 胡康生主编：《中华人民共和国合同法释义》（第3版），法律出版社2012年版，第81～82页。

④ 参见安徽省高级人民法院民事判决书，（2014）皖民二终字第00514号。

北新路桥集团股份有限公司长沙分公司缔约过失责任纠纷案[①]中，湖南省高级人民法院认为："故以上行为足以使兴振建材公司有理由相信北新路桥公司或者北新路桥长沙分公司会与其签订正式的合作经营协议。也正是基于此合理信赖，兴振建材公司为双方的合作经营进行了诸如出资设立项目部、签订租地协议、建设、收购洗砂场等大量前期准备工作。但此后北新路桥公司、北新路桥长沙分公司却因娄底至衡阳高速公路中标合同被解除而拒绝与兴振建材公司签订正式合作经营协议，其行为显然违反了诚实信用原则，应对兴振建材公司在合同缔约过程中因信赖其行为所造成的损失与支出承担民事赔偿责任。"

本案也是中断缔约的情况，从湖南省高级人民法院的判决理由来看，似乎其认为该案属于《合同法》第 42 条第 3 项规定的情况，但因为诚实信用原则本就是缔约过失责任的基础，因此也不能断言判决基础是《合同法》第 1 项还是第 3 项。

而在长春御锋贸易有限公司与长春万隆集团有限公司房屋租赁合同纠纷案[②]中，吉林省高级人民法院再审认为："万隆公司与御锋公司就提前迁出及损失补偿事宜进行了多次协商，致使御锋公司有理由相信双方将达成协议，御锋公司于 2013 年 7 月 1 日前就迁出事项作了相应的准备工作，包括其自营的店面停业及与次承租人解约等行为。但万隆公司最终没有与御锋公司就新的租赁关系及补偿事宜进行签约，违反了诚实信用原则，故原审判决认定万隆公司的行为属于缔约过失，并判决万隆公司对御锋公司因此所遭受的损失进行赔偿，适用法律并无错误。"

本案中，相对人信赖合同能够订立，因此产生了损害，但一方当事人却中断缔约，即未与相对人就损害补偿事宜及新的租赁关系进行签约，所以应构成缔约过失责任。在请求权基础上，法院还是没有明确到底是基于《合同法》第 42 条第 1 项还是第 3 项。

不过，在上述案件中，法院都提到了当事人的行为违反了诚实信用原则，并且描述了中断缔约的缔约过失类型。所以，应当认为，中断磋商的请求权基础为《民法典》第 500 条第 1 项与第 3 项（《合同法》第 42 条第 1 项与第 3 项）。

二、中断缔约之缔约过失责任的正当性基础

有学者认为，只要不存在订立合同的义务，就不能将合同谈判视为有

---

① 参见湖南省高级人民法院民事判决书，(2015)湘高法民二终字第 208 号。

② 参见吉林省高级人民法院民事再审审查裁定书，(2015)吉民申字第 885 号。

过错的义务违反。原则上，对于合同订立的信赖不应予以保护，否则就修改了《德国民法典》第145条并扩张了强制缔约的范围。①

在英国法上，合同自由要求每一方当事人为了自己的利益而行为，并不需要照顾相对人在合同中的利益。所以，在谈判过程中，当事人并不负有诚信谈判的义务。所以，英国法并不承认当事人应当赔偿相对人信赖合同有效订立的利益。②

对于中断缔约类型的缔约过失责任，有英国学者提出了如下批评意见：

1. 中断缔约过失责任的基础不是中断的决定，而是进行谈判的方式。不过，值得质疑的是，有过错的当事人是否实际上被强制接受了合同，尤其是在履行合同时经济上的负担比赔偿无辜当事人费用要少的情况下。

2. 当事人无法预期对合同自由的限制，而且从何时当事人有过错地引起了相对人信赖合同能够订立，也不好确定，谈判时间长并不足以认定引发了相对人的信赖。另外，一方面需要信赖合同成立，另一方面需要承认可以自由中断合同谈判，二者之间存在矛盾。

3. 当事人放弃谈判的正当理由，也无法判断。交易的经济前景变得糟糕是否可以成为放弃谈判的理由呢？甚至在一方当事人有理由中断，在导致对方相信他会继续进行谈判并知道引起对方信赖产生相应费用的情况下，也有义务警告对方其不再愿意继续谈判。③

的确，在合同磋商阶段，一方当事人在契约订立前（Vorvertrag）原则上不负有必须与对方缔结合同的义务，除非法律规定有强制缔约义务。基于契约自由（Vertragsfreiheit），一方当事人可以在缔约前的任何时候无须提出理由地终止磋商，只要合同没有成立，在谈判中发生的费用（如差旅费、搜集情报费用、接受法律咨询费用或准备合同草案费用等），原则上由各方自己承担。

如果当事人无法事先知道谈判的结果，那么当事人承担中断缔约的合

① Vgl. Von Bar, Vertragliche Schadensersatzpflichten ohne Vertrag?, Jus 1982, S. 637, 639; Kuepper, Das Scheitern von Vertragsverhandlung, 1988, S. 140 ff., 202 ff.; Lutter, Der Letter of Intent, 1982, S. 62 ff.; Nirk, Culpa in contrahendo, FS – fuer Moehring, 1965, S. 385, 401.

② See Markesinis, Unberath & Johnston, *The German Law of Contract*, A Comparative Treatise, 2nd ed., Hart Publishing Company, 2006, p. 99.

③ See Markesinis, Unberath & Johnston, *The German Law of Contract*, A Comparative Treatise, 2nd ed., Hart Publishing, 2006, p. 101.

同前责任,就有违契约自由。[①] 但是,任何自由都不是绝对的,契约自由也是如此。在合同订立、履行过程中,缔约自由都要受到诚实信用原则的限制。如果当事人以对方支付大量费用为代价而中断谈判,那么这种自由将会受到实质的损害,从事谈判的人彼此应负有一定义务,违反之将导致赔偿责任。也就是说,参加谈判的当事人必须为合理行为,并考虑到彼此的利益;[②]否则,契约自由就会成为侵害他人的工具。

从经济分析角度来看,缔约过失制度是防止没有正当动机而中断缔约的当事人的机会主义行为有效的工具。机会主义会导致当事人在缔约前阶段低投入,因此又会导致低效率的合同安排,那么在此方面,缔约过失是有助于合同自由的。[③]

从法律社会学角度来看,缔约过失责任不仅有保护个别当事人的作用,而且有助于法律体系,尤其是合同法功能的一般信赖的构建。[④] 在缔约过失责任之上,体现了合同自由与诚信的平衡。契约自由是合同前谈判的基础,而诚实信用原则是针对不良谈判行为或者中断谈判的保障,保护的是相对人对合同缔结的信赖。[⑤]

中断缔约之缔约过失责任保护的是合同谈判所特有的损害之可能,即一方当事人对合同订立的期待落空,因为另一方没有促成合同完成。

三、中断缔约的构成

依据《民法典》第500条第1项、第3项的规定,在合同订立阶段,一方当事人的言行或举动导致相对人信赖合同能够订立,但该方当事人事后又无正当理由而中断缔约,相对人基于此信赖而放弃其他订约机会或支出费用,那么造成他人信赖者,应负损害赔偿责任。[⑥]

磋商或谈判(negotiations)是一个过程,是法律事实,而非法律行为。要约与承诺的缔约模式也不会排斥缔约过程的存在。实践中,比较常见的是,谈判之后,当事人进行要约、承诺,从而订立合同。缔约自当事人交换

① See Jansen & Zimmerman eds., *Commentaries on European Contract Laws*, Oxford University Press, 2018, p. 885.

② See Hein Koezt & Axel Flessner, *European Contract Law*, Clarendon Press, 1997, p. 35.

③ See EC Melato, *Precontractual Liability*, in G. de Geest, Contract Law and Economics, 2nd ed., Oxford University Press, 2011, p. 23.

④ Vgl. Fleischer, Informationsasymmetrie im Vertragsrecht, 2001, S. 422 f.

⑤ See Jansen & Zimmerman eds., *Commentaries on European Contract Laws*, Oxford University Press, 2018, p. 886.

⑥ 参见王利明:《合同法研究》(第1卷)(修订版),中国人民大学出版社2011年版,第346页。

信息以及为嗣后缔约准备开始；而缔约的结束，可能是缔结合同，也可能是所有当事人退出缔约或谈判，还可能是一方中断缔约。对于最后一种情况，中断缔约有可能进而引发缔约过失责任。

按照《欧洲合同法原则》的规定，如果被告已经作出了要约，而在例外情况下要约是不能撤销的，那么就不能适用缔约过失规则。[①] 根据《欧洲合同法原则》第2:202条的规定，在下述情况下，要约就是不可撤销的：即使要约本身没有显示是不可撤销的，只要是受约人有理由信赖要约是不可撤销的，而且受约人基于信赖而作出了行为，那么合同就成立了。

原则上，当事人有谈判自由，可以自由决定退出或继续。但是在某个转折点，当事人就会突然地、没有正当理由地中断磋商。由此，磋商过程被分为两个阶段，第一个阶段，中断一方没有责任；第二个阶段，为了保护相对人的信赖利益，中断一方须承担责任。[②]

中断缔约类型的缔约过失责任来自法国法。在法国法上，判断是否构成中断磋商，要考量当事人的动机与利益。根据法国最高法院的意见，如果使人相信合同会订立的一方当事人，没有正当理由或者可指责的轻率而中断磋商，就是对契约自由的滥用。比如，相对人的信赖是正当的，而没有其他因素可以支持被告，那么就可以认定是没有正当理由中断磋商。在一方当事人粗鲁地中断磋商，即没有事先通知或者在最终签订正式文本之前中断磋商，或者在一方当事人不考虑对对方的结果，并不管对方已经有相反的表示的情况下，都会被认定为存在可指责的轻率行为。[③] 这些情况，都可以归入违反诚信以及公平交易的行为。

（一）义务违反

我国《民法典》第500条第1项使用了“恶意”的表述。“恶意”一词来自《国际商事合同通则》第2.1.15条“in bad faith”的表达。而根据《国际商事合同通则》的官方评注，“in bad faith”是第1.7条诚信与公平交易（good faith and fair dealing）的应用情况，所以“in bad faith”应是不诚信或违反诚信的含义，而非恶意的含义。基于这样的解释，《国际商事合同通则》第2.1.15条的正面表达应该是，一方当事人有违诚信地谈判或者中断

① See Jansen & Zimmerman eds., *Commentaries on European Contract Laws*, Oxford University Press, 2018, p. 890.

② See Vogenauer & Zuloago Rios, Art. 2.1.15, para. 32.

③ See Jansen & Zimmerman eds., *Commentaries on European Contract Laws*, Oxford University Press, 2018, p. 891.

谈判导致另一方损失的,应承担责任。[①] 鉴于此,我国《民法典》第 500 条第 1 项的表述"恶意进行磋商",也应解释为"有违诚信"地进行谈判。如果可以扩张解释《民法典》第 500 条第 1 项包含中断缔约之类型,则在构成中断缔约类型的要件上,也应当是缔约人"有违诚信"地进行谈判。

违反诚信的行为的具体表现是缔约人造成了相对人信赖后中断谈判的行为,因为该行为自相矛盾,应当予以禁止。在性质上,中断缔约属于禁止自相矛盾行为(Verbot des venire contra factum proprium)的一种子类型。[②] 例如,缔约人为合同订立设立一定前提,但该前提具备后,又拒绝缔约。但是不必是已经确定要订约,而嗣后又拒绝订立契约;也不必是已经达到了确定要订约的程度,而嗣后又拒绝订立契约。在谈判当事人有过错地导致对方信赖合同关系会长期存在或者合同会续期,但没有正当理由而消灭合同或者拒绝延期,也准用中断缔约规则。

正如德国的情况所表明的那样,一方当事人使自己的行为方式足以使对方当事人或已使对方当事人有正当理由信赖合同将以谈判的内容成立,"且"没有正当理由而拒绝订立合同时,法院将要求当事人承担责任。也就是说,开始进行缔约谈判,通常只能产生下列义务:不得以使谈判对方当事人产生没有根据的信赖方式损害其利益。[③]

综上所述,在没有缔约之障碍或者至少在中断之时,缔约人不知道存在缔约障碍,义务违反存在于债务人有过错地制造了信赖基础。

(二)相对人合理信赖合同的成立

要构成中断磋商的责任,还需要基于中断磋商一方的行为,相对人可以合理信赖合同会被订立。[④] 也就是说,责任产生的基础不是中断磋商,而是中断一方使相对人相信磋商一定成功,合同一定能订立。

原告合理相信或信赖是客观的,须从理智的第三人视角判断。受害一方的信赖必须要有一定的事实基础,比如,被告的行为或陈述,[⑤]或者是保证,也有可能是不作为,比如在相对人(原告)基于信赖而行为的情况下,缔约人(被告)没有警告相对人(原告)还没有决定订立合同。[⑥] 另外,是否

① See Jansen & Zimmerman eds., *Commentaries on European Contract Laws*, Oxford University Press, 2018, p. 883; Vogenauer & Zuloago Rios, Art. 2. 1. 15, para. 18, 23.

② Vgl. Soergel/Widermann, vor § 275 Rn. 136.

③ 参见[德]迪特尔·梅迪库斯:《德国民法总论》,邵建东译,法律出版社 2000 年版,第 373 页。

④ See Vogenauer & Zuloago Rios, Art. 2. 1. 15, para. 34.

⑤ See Jansen & Zimmerman eds., *Commentaries on European Contract Laws*, Oxford University Press, 2018, p. 891.

⑥ See Vogenauer & Zuloago Rios, Art. 2. 1. 15, para. 36.

构成无理由中断缔约，主要取决于具体的案例情况，处于原告位置的理性人是否相信合同将会订立，被告的行为是否确实或可能被期待会产生这样的假定，即被告是否实际上或可能已经知道原告已经进行实质性的准备或一个理性人在这种情况下所会为的行为。[①]

首先，在整体上，信赖的事实构成必须是适格的，而且只有在确定缔约人中断缔约的情况下才构成。具体而言，如果谈判当事人同意开始履行合同，例如，交付土地或不动产，由此即可造成对方信赖。又如，订立合同谈判书，对合同要点全部达成合意，事实上已订立合同，此时双方共同构成信赖基础。再如，一方当事人要求先为给付，使对方先行给付预付款或者提供设计图纸，由此造成对方信赖合同将来会订立。此外，一方当事人要求对方为一定的基于合同订立之后才负担的行为，也可能使对方产生信赖。在债权让与或者合同概括移转的许可已经接近完成的情况下，也构成了适格的信赖。[②] 合同一方明示或默示地表达了承担风险或者承担费用，则由此承担信赖责任。

有学者还举出如下造成信赖之类型：一是交涉者一方是否对他方积极地进行指示或消极地默认他方的先行行为。例如，A 为美籍华人，在一次访问母校时，表示愿意捐款 100 万元，并希望母校能为此成立一专门机构，该大学遂为之准备，并聘请了财会及管理人员，花费若干，几日后，A 反悔。造成该大学处于尴尬局面的原因在于 A 对其进行了积极的指示行为，而后中断交涉，具有可归责性。二是一方掌握交涉之主导权，一方面积极地提高相对人对要约的期待，另一方面却又拖延订约时间。三是当事人明知相对人已开始准备行为，却不为适当的通知或警告，放任事态持续发展之情形。[③]

其次，相对人对磋商成功的信赖必须是正当的，即其有理由信赖合同会成立。而有理由信赖本身是一个事实问题，须根据案件情况具体判断，尤其是交流方式、当事人的行为、交易的性质和背景、当事人相互之间的合理期待。除此之外，还可以考虑磋商的持续时间、之前的阶段[④]以及磋商当事人所达成的协议程度。当事人所同意的涉及谈判的合同的要点越多，就

① See Hein Koezt & Axel Flessner, *European Contract Law*, Oxford University Press, 1997, p. 39.

② Vgl. Palandt/Grüneberg, § 311 Rn. 31.

③ 参见陈洸岳等：《“中断交涉”与缔约上过错责任的序论研究》，载《法学丛刊》1999 年第 176 期。

④ See Vogenauer & Zuloago Rios, Art. 2. 1. 15, para. 37.

越接近达成最终的协议,相对方就越有理由信赖磋商会成功。[1]《国际商事合同通则》第2.1.15条释评中举例如下:A向B保证,如果B努力积累经验并准备投资300,000美元,则向B授予专营许可。此后的两年间,B为订立该合同做了大量准备工作,且一直深信将会得到A的专营许可。当订立协议的一切准备工作就绪时,A通知B必须投资更多的金额。B拒绝了这种要求,同时B有权要求A补偿其为准备订立合同所发生的费用。[2] 在该案中,相对人的信赖是由一方当事人保证所引起,而且当事人已经准备要签署合同了,已经进入协议成熟阶段。

值得注意的是,如果缔约人被信赖的行为经过一段时间后,对方即不信赖合同成立;或者即使就合同重要内容达成一致,对方也不信赖合同成立。那么,对方即不得主张基于缔约过失的损害赔偿。

最后,受损害的谈判当事人自己是否确定订立合同,在所不问。但是如果其自己也不准备订约,可能会推断出其支出费用并不是基于信赖相对人的行为以及相对人准备缔约而支出的,从而不构成信赖。

理智来看,缔约人应当预计到谈判会失败的情况,或者支出费用者自己保留缔结合同的情况,均没有适用缔约过失的余地。例如,购买房屋者在与出卖人没有就价格达成合意之前,因为期待将来会达成合意,立即就出卖股票,但嗣后股市大涨,而实际上没有达成所希望的合同时,由此遭受了损失,但这里没有信赖基础,购买者应自行承担风险。[3] 在消费者行使撤回权的情况下,可以推定消费者不能信赖合同一定能够成立,故此种情况下,并没有适用缔约过失的余地。

(三)无正当理由中断缔约

在缔约人给对方造成印象,他肯定会与之缔结契约,最后没有正当理由中断缔约的情况下,缔约人应承担缔约过失责任。[4] 在德国法上,通说认为,中断是否有正当理由是构成缔约过失的要件。[5] 但弗卢梅(Flume)强调中断缔约自由,他认为中断缔约无须理由,即使没有正当理由也可以中断。[6] 在当事人不愿意缔约或者不能缔约而进行谈判的情况下,当事人应

---

① See Vogenauer & Zuloago Rios, Art. 2.1.15, para. 38.

② See Art. 2.1.156, Undroit Principles of International Commercial Contracts 2016, p. 62.

③ Vgl. Emmerich, Das Recht der Leistungsstoerungen, 6. Aufl. 2005, § 7 Rn. 69f.; MuenchKomm/Emmerich, 2007, § 311 Rn. 216.

④ Vgl. MuenchKomm/Emmerich, § 311 Rn. 213.

⑤ See Vogenauer & Zuloago Rios, Art. 2.1.15, para. 39.

⑥ Vgl. Flume, Allgemeiner Teil des bürgerlichen Rechts Ⅱ, Das Rechtsgeschäft, 3. Aufl. 1979, § 33, S. 617.

承担缔约过失责任,其过错在于引发了没有基础的信赖。

笔者认为,并不是在所有情况下,缔约人均可以自由中断缔约,只有当事人有正当理由的,才可以自由中断缔约。理由在于,在合同成立的情形下,如出现不可抗力的,债务人尚可免除给付义务,而在缔约准备阶段的情形下,依举重明轻的法则,[①]如一方当事人有正当理由而中断交涉,也应免除当事人之责任。另外,依据《民法典》第500条第1项、第3项的规定,中断缔约之缔约过失责任的构成,主要从两个方面考虑:一是当事人可以合理相信合同会被订立;二是被告没有正当理由中断合同前的磋商,二者共同构成了有违诚信的行为。王利明教授也认为,要构成中断缔约之缔约过失责任,还需要无正当理由中断缔约。[②]

进一步引发的问题是,正当理由的判断基准为何?有学者认为,具体对于正当理由的判断,要兼顾信赖合理性程度与过错程度,比较权衡、谨慎限定。[③]

具体到法国法,有理由中断缔约并非构成要件,但存在正当理由而中断缔约,则构成免责事由。比如,另有一方提出了更优的要约、相对人不诚信的行为(比如不可期待地提出新的、不合理的条件),即构成中断磋商的正当理由。[④]

一般而言,如中断交涉系天灾、战争、内乱等不可抗力所致,应为有正当理由;另如罢工、法令之实施等,当事人无法控制之社会情势的演变,当事人之间对于契约之内容有对立之意见或相对人财产状况恶化等阻碍契约缔结之事由,亦应有相同之解释。[⑤] 所以正当理由主要是指不能预见的、重大的情况出现了,而这些情况在意思形成阶段并未出现。由此,也可以推知缺少过错要件。

对于何种理由的中断缔约可以消除缔约谈判的拘束力问题,如果要求具有与消除完整合同效力一样的前提,则是值得怀疑的。因为对于缔约前拘束力的要求要少于对合同拘束力的要求。而且为了避免间接导致强制缔约,对于正当理由要求不能过高。任何理智的考虑都足以使中断谈判正当化。比如,第三人的报价更好、商业机会变得糟糕不应再进行该笔交易、

① 关于举重明轻,参见王泽鉴:《民法学说与判例研究》(重排合订本),北京大学出版社2015年版,第39页。

② 参见王利明:《合同法研究》(第1卷)(第3版),中国人民大学出版社2015年版,第349页。

③ 参见叶金强:《论中断磋商的赔偿责任》,载《法学》2010年第3期。

④ See Vogenauer & Zuloago Rios, Art. 2. 1. 15, para. 39.

⑤ 参见陈洸岳等:《“中断交涉”与缔约上过错责任的序论研究》,载《法学丛刊》1999年第176期。

相对人在所意欲订立合同方面存在重大腐败嫌疑。[①]

但是,对于正当事由的判断,也要结合其他要件予以综合判断。例如,社会经济状况恶化(不景气),或如已交涉到一定程度时另发现有条件更好的相对人而终止交涉之情形,若归责事由程度重大时,中断交涉即非正当行为。[②]

最后,就举证责任而言,在原告有正当理由信赖合同订立的情况下,被告要证明其具有正当的中断磋商的理由。而原告的合理信赖与被告的正当中断磋商理由之间是关联、不可分的。只要事实表明原告有正当理由相信合同订立,被告就要提出特别情况用以证明中断缔约是正当的。[③]

(四)可归责

有争议的是,无正当理由中断缔约而构成缔约过失责任,是否要以过错为构成要件。有观点认为,与其说这里是告知与警告义务的违反,不如说是无过错的信赖责任,可以类推适用《德国民法典》第122条关于错误的损害赔偿责任。[④] 因为过错在制造信赖事实构成的时候可能是不存在的,例如,缔约人担保合同会成立的情况,即造成信赖事实构成者在此刻仍是愿意订立合同的。与在第122条情况下一样,信赖利益的损害赔偿作为在此制造信赖者消灭拘束力的代价。[⑤]

尼尔克与施托尔均反对放弃过错要件。他们认为,就连基于已经缔结的合同的责任也是过错责任,在缔约前无过错负责任情况应当更少。而缔约人的过错并不是无保留地获取信赖,而是无理由地废止了通过信赖产生的拘束力。[⑥]

德国债法改革后,基于缔约过失请求损害赔偿应适用《德国民法典》第280条之一般性规定,而根据该条规定,要构成损害赔偿请求权,尚需要

---

① 参见叶金强:《论中断磋商的赔偿责任》,载《法学》2010年第3期。

② 参见陈洸岳等:《“中断交涉”与缔约上过错责任的序论研究》,载《法学丛刊》1999年第176期。

③ See Jansen & Zimmerman eds., *Commentaries on European Contract Laws*, Oxford University Press, 2018, p. 891.

④ Vgl. Canaris, Die Vertrauenshaftung im Lichte der Rechtsprechung des Bundesgerichtshofs, FG 50 Jahre BGH Bd.Ⅰ, S. 129 (181 f.); M. Weber, Haftung für in Aussicht gestellten Vertragsabschluß, AcP 192 (1992), S. 390 (399, 427 f.); Larenz, Bemerkungen zur Haftung für culpa in contrahendo, FS – fuer Ballerstedt, 1975, S. 397, 416; ders, Lehrbuch des Schuldrechts, Bd. Ⅰ, 14. Aufl. 1987, § 9 Ⅰ, S. 108.

⑤ Vgl. Larenz, Bemerkungen zur Haftung für culpa in contrahendo, FS – Ballerstedt, S. 397, 415 ff.

⑥ Vgl. Stoll, Tatbestaende und Funktionen der Haftung fuer culpa in contrahendo, FS – von Caemmerer, S. 435, 449; ders., Vertrauensschutz bei einseitigen Leistungsversprechen, FS – Flume Ⅰ, 1978, S. 741, 754 ff.

过错要件。所以,依据《德国民法典》的规定,缔约过失责任的构成要以过错为要件。

笔者认为,过错是责任法的基本原则,没有理由予以放弃。在德国法上,撤销的时候无须过错要件,原因是此时没有形成有拘束力的意思表示。在有些情况下,没有正当理由,但缺少过错,就让缔约人承担损害赔偿责任有过分之嫌。比如,合同订立时存在效力障碍,而该效力障碍又未存在于合同当事人风险范围内,此时中断缔约,并无可指责之处。

在这里,过错的含义有两种:其一,义务人是否有过错地引发对方对于嗣后没有订立之合同即将订立的信赖;其二,义务人是否以可归责形式引发对方该信赖,然后没有理由地中断谈判。

弗卢梅认为,过错在于引发了没有基础的信赖。① 弗卢梅之所以坚持这样的观点,是因为他认为构成中断缔约类型的缔约过失责任,是不需要具备正当理由就可以中断的,所以,其主张的过错指向的仅仅是信赖。但在中断缔约之构成需要正当理由要件的情况下,过错的含义应当是,义务人对于适格之信赖的事实构成的成立以及没有正当理由中断谈判是可归责的。

通常而言,一方在中断谈判前已通过行为使对方当事人产生合同必将被缔结的信赖,而此信赖产生又有合理的依据,则通常应推定中断缔约方存在过错。反之,缔约当事人一般是知道在合同未缔结前存在谈判失败的风险,如果毫无根据地相信合同能够订立,那么只能自行承担谈判失败的结果。

因为在缔约的过程中,以常人之考虑,契约能否最终订立,是存在不确定性的,缔约双方对此都是十分清楚的。对这种不确定的明知,降低了对当事人主观上的谨慎的要求。当事人仅在对中断交涉招致损失存在重大过失,或存在恶意时,才对中断交涉的损失负责任,而对轻微过失则无须负责,无过失当然更无须负责。

(五)信赖合同会订立而支出了无益费用

在当事人无理由中断谈判情况下,相对人信赖合同会订立,通常会支出一些无益费用,具体包括订约费用、准备履行费用以及丧失机会的损害。② 如果相对人信赖合同订立,但没有支出费用,则不存在损害,也就不构成基于缔约过失责任的损害赔偿请求权。

---

① Vgl. Werner Flume, Allgemeiner Teil des bürgerlichen Rechts Ⅱ: Das Rechtsgeschäft, 3. Aufl. 1979, § 33, 8, S. 617.

② 参见王泽鉴:《债法原理》(第2版),北京大学出版社2013年版,第246页。

在失信的发烧友(Der treulose Hifi – Freak)一案中,K 在专卖商 V 处购买音响设备,对 V 的展示样品进行使用测试后,K 决定买下 X 品牌类型产品,但 K 想要一个新的货物,而 V 除了样品没有其他同类货物,他也不想继续从上一家商人处预订这种机器。于是,K 向 V 保证,V 可以放心预订,他在任何情况下都会购买。三周后,V 购进了一台机器,而在此期间,K 已在另一家专卖商处购买了同样的产品。V 在很久以后才以很低的价位将这台录音机卖出,因为在此期间这台机器已过时了,为此 V 要求 K 赔偿相当于贬损价值的损失。[①]

在本案中,K 通过一定购买的保证而使 V 产生了信赖,使之陷入相信合同一定能够得以订立的设想中,V 为了合同的订立做了准备。而且,K 没有通知 V 他已经向另外的商人购买了该机器,所以,K 已经有责地违反义务,即无理由或没有充分理由地终止了合同磋商,而且 V 因为 K 中断缔约遭受了损失。所以,K 对 V 因降价处理该机器所受的损失,负有赔偿责任。

在我国司法实践中,加盟一方支付加盟费后反悔不再加盟,法院判决其承担缔约过失责任,赔偿对方为订立合同而支出的宣传、准备费用,最终对方仅返还 70% 的加盟费。[②]

在实践中,还有一类案件,单位向劳动者表示录取,劳动者因此向原单位提出离职,并解除劳动合同,但新单位因岗位取消、人员架构调整等自身原因拒绝录用劳动者。法院判决单位承担缔约过失责任,按照单位承诺的工资标准、劳动者停止工作期间及因停止工作造成的损失确定赔偿数额。[③]

在上海世家装饰实业股份有限公司与韩某根缔约过失责任纠纷案[④]中,投标人缴纳报名费、投标文件、投标保证金后,招标人取消招标。法院判决招标人承担缔约过失责任,返还投标人缴纳的费用。

---

① 该案例引自 Lutz Michalski, Das Rechtsinstitut der ,, culpa in contrahendo“ (c. i. c.), Jura 1993, S. 22, 27。

② 参见北京中教全纳教育科技有限公司等与孙某霞教育培训合同纠纷案,北京市第二中级人民法院(2021)京 02 民终 6996 号民事判决书。

③ 这类案情在实践中非常常见。例如:张某与北京粉笔天下教育科技有限公司沈阳分公司劳动争议案,辽宁省沈阳市沈河区人民法院(2021)辽 0103 民初 14796 号民事判决书;孙某与上海树元培训学校有限公司缔约过失责任纠纷案,上海市徐汇区人民法院(2021)沪 0104 民初 5025 号民事判决书;王某与天津赛象酒店有限公司劳动争议案,天津市南开区人民法院(2021)津 0104 民初 3329 号民事判决书。

④ 参见上海世家装饰实业股份有限公司与韩某根缔约过失责任纠纷案,江苏省常州市新北区人民法院(2020)苏 0411 民初 4275 号民事判决书。

(六)形式要件情况下的中断缔约

有疑问的是,合同有形式要件或者许可之要件的情况是否加强了缔约自由的范围。在合同成立需要形式要件的合同情况下,在完成形式要件前,当事人原则上可以中断缔约,除非一方当事人故意违反诚信义务。① 但是,在一方当事人故意中断缔约的情况下,即使即将订立的合同需要许可或者形式要件,抑或代理权有瑕疵,都不影响其承担中断缔约之责任。

四、法律效果

(一)损害赔偿

一方当事人没有正当理由中断磋商,应赔偿对方因此产生的损害,在范围上,原则上限于信赖利益。信赖利益有两部分内容,一部分是产生的费用、已经完成的工作以及交易上的损害;另一部分是利润的损失,即如果原告没有信赖已经开始的磋商,他可能与第三人订立合同所可能产生的利润。②

在一个案件中,双方口头约定,先由承包人对发包人的污水处理厂进行技术改造并负责运营,之后再订立承包合同。承包人经过半年时间使污水全面达标,但发包人将污水处理厂收回,拒绝签订承包合同。法院判决发包人承担缔约过失责任,赔偿承包人运营费。③ 在该案中,法院判决发包人赔偿的范围即信赖利益。

但在司法实践中,法院习惯于通过过错分配信赖利益损害。例如,在一个案件中,扶贫办在未进行招投标及签订书面合同的情况下,向某公司发送了"一键清"信息化系统的解决方案及各种信息,希望对方开发系统。该公司投入人力、资金,历时两年开发出系统,而扶贫办未能就签订合同事项完成审批,亦未使用该系统。法院判决扶贫办承担缔约过失责任,但由于该公司在未签订书面合同的情况下,即投入人力、资金开发,自身亦存在一定过错,故扶贫办赔偿该公司损失的70%。④

另外,值得注意的是,中断磋商者不能赔偿相对人的期待利益;否则,无异于强制当事人履行没有订立的合同,在结果上侵害了当事人不订立合

---

① Vgl. Volker Emmerich, Das Recht der Leistungsstoerungen, 6. Aufl. 2005, S. 121.

② See Jansen & Zimmerman eds., *Commentaries on European Contract Laws*, Oxford University Press, 2018, p. 893. Vogenauer & Zuloago Rios, Art. 2. 1. 15, para. 42.

③ 参见杨某江与萧县清源污水处理有限公司合同纠纷案,安徽省宿州市萧县人民法院(2021)皖1322民初214号民事判决书。

④ 参见三门峡市扶贫开发办公室、河南环宇博创科技有限公司缔约过失责任纠纷案,河南省高级人民法院(2021)豫12民终497号民事判决书。

同的消极合同自由。不过,在例外情况下,中断磋商者可能会赔偿受害人的期待利益损害。比如,在当事人达成负有诚信与公平交易义务谈判的协议的情况下,中断磋商者即应赔偿对方期待利益。此时违反该谈判协议,属于违约,故在赔偿范围上应确定期待利益。①在当事人已经签订合同,只是需要满足法定形式要件的情况下,中断磋商者也要赔偿受害方期待利益。②

(二)实际履行

如果当事人在预备性协议中约定了诚信谈判的义务,在一方违反的情况下,另一方可以主张其实际履行,但只能要求其继续履行谈判的义务,不能要求其订立合同。在上述《国际商事合同通则》第2.1.15条注释提供的案例4中,在当事人的要求下,诚信谈判的义务就被执行了。③

不过,有疑问的是,继续谈判的义务是否因其人身属性而不适合被实际履行。根据《民法典》第580条第1款的规定,谈判属于债务标的不适于强制履行的情况,但对于不适于强制履行的情况,当事人须通过抗辩主张,如果当事人不主张谈判不适于强制履行,应当就是可以强制履行的。

第三节　阻碍合同成立的缔约过失责任

一、预备性磋商与缔约过失责任

在现实中,合同订立的过程比古典合同法所描绘的要约、反要约、承诺、撤回、撤销的线形简单描述要复杂得多。在谈判中,经常没有要约或反要约的反复过程,而仅仅体现为一系列预备性合同草稿,并逐渐达成协议。最初是当事人双方信息的交换以及双方利益与分歧的趋同,接着双方妥协并就若干关键点达成暂时性协议,最后才是一份完善的合同。由于许多合同草案是由律师准备的,往往缺乏确定性以及定约的意图,故其根本不构成要约。这一阶段很少能适用要约与承诺规则,但这一阶段也可能存在不实陈述、欺诈、任意中断缔约等有违诚实信用的情况,常常游离于合同法要约、承诺规则的调整之外,对缔约过失责任来说,则具有典型意义。而在合同最终订立前,也会存在一些并非完全意义上的"合同",其中以预约为代

① See Jansen & Zimmerman eds., *Commentaries on European Contract Laws*, Oxford University Press, 2018, p. 893; Vogenauer & Zuloago Rios, Art. 2. 1. 15, para. 43; Official Comment 2 to Art. 2. 1. 15, p. 60.

② Vgl. BGHZ 48, 396; BGH, JZ 1997, 467.

③ See Official Comment 2 to Art. 2. 1. 15, p. 62.

表，意向书（Letters of intent）、备忘录在谈判中经常被采用。英美法上存在继续谈判的合同（agreement to negotiation）、留有空白条款的合同（agreement with open terms）等，对这些协议的违反，也常常表现为对当事人所欲最终达成的合同的中断缔结。

预备性磋商（preliminary negotiation）在合同谈判过程中时有发生，在合同订立过程中，当事人在谈判的一定阶段，往往会签定所谓的“意向书”“理解备忘录”“预约”等名称不同的预备性合同。之所以称为“预备性合同”，是因为其并非合同谈判的最终目的，而仅作为向最终目的过渡的一个阶段。如果作为自治工具的契约统一体没有被严重地削弱，当事人可以无责任地自由解除预备性的协商结果。毕竟他们没有形成一个有拘束力的协议。但是为了维护公平交易，对于某一方当事人来说，预备性协议可能被法律认定为有拘束力的约定。谈判越深入，随时终止合同就越会造成法律的不安定。[①] 所以，在这些情况下，一旦进入为缔约而协商的阶段，任何一方当事人违反这些协商（谈判协议），就会向另一方赔偿其信赖损失。

（一）预约

预约，是指为合同一方当事人或双方当事人设定将来订立本约义务的合同。还可能是，一方当事人向另一方当事人负有义务或者双方负有义务，与另一方当事人指定的第三人订立合同。《民法典》第 495 条第 1 款规定：“当事人约定在将来一定期限内订立合同的认购书、订购书、预订书等，构成预约合同。”实质上，认购书、订购书、预订书、意向书、备忘录并不一定构成预约，具体要按照是否形成具有拘束力的合同来判断。所以，该规定是一种解释规则，无论当事人采取何种表述，只要符合预约的构成，即可被认定为预约。根据该款规定，预约以订立本约之义务为内容，至少从其表述中能推断出本约的内容，而且双方当事人需具备受约束的意思，预约的内容必须十分具体确定，留待谈判的条款是非重要的，法院可以通过默示条款或扩大解释的方式对其进行补充。[②]

在通过招投标缔约的情况下，招标人的招标属于要约邀请，原告投标行为属于要约，然后通过开标与评标，最终确定中标人，招标人向中标人发出中标通知书。根据《招标投标法》第 46 条的规定，招标人和中标人应当自中标通知书发出之日起 30 日内，按照招标文件和中标人的投标文件订立书面合同。招标人和中标人不得再行订立背离合同实质性内容的其他

---

① See Friedrich Kessler & Edith Fine, *Culpa in Contrahendo, Bargaining in Good Faith, and Freedom of Contract: A Comparative Study*, Harvard Law Review, 1964, p. 412.

② See Hein Koezt & Axel Flessne, *European Contract Law*, Clarendon Press, 1997, p. 36.

协议。招标文件要求中标人提交履约保证金的,中标人应当提交。由此可以推知,中标通知书在性质上属于预约。①

预约合同生效后,双方当事人均应当按照约定履行自己的义务。如果义务人中断谈判并拒绝履行签订本约的义务,当然构成对预约合同的违反。

但有争议的是,违反预约合同的法律效果如何。根据2017年《买卖合同解释》(已被修改)第2条的规定,在预约的情况下,一方不履行,对方权利人也可以要求义务人承担违约责任,或者要求解除预约合同并主张损害赔偿。对此,首先要思考的是,如果当事人可以主张违约责任,具体是哪一种违约责任形式呢?

第一种观点是磋商义务说,当事人违反预约的,仅负有善意磋商义务。如在张某与徐州市同力创展房地产有限公司商品房预售合同纠纷案中,法院认为:"预约合同的目的在于当事人对将来签订特定合同的相关事项进行规划,其主要意义就在于为当事人设定了按照公平、诚信原则进行磋商以达成本约合同的义务。"②法院是从本约合同尚未成立的角度进行判断,认为预约义务的违反导致的是缔约过失责任。

第二种也是比较主流的观点是应当缔约说,其认为,预约订立后,预约双方须依诚信原则进行磋商,除不可归责于双方的事由外,应当缔结本约,否则将承担违约责任。③ 在俞某新与福建华辰房地产有限公司、魏某瑞商品房买卖(预约)合同纠纷案中,认定商铺认购书是预约合同,被告应当在"收到订金后30日内领取商品房预售许可证并与俞财新签订购房合同"④。但这里的应当缔约并非意味着强制缔约。如果被告不同意缔结本约,在逻辑上,原告可以要求赔偿损失,也可以请求解除合同并赔偿损失,预约的损害赔偿应相当于本约的信赖利益赔偿,即"相信本约能够签订的信赖利益损失",同时以不超过履行利益为限,包括缔约费用、准备履行费

---

① 参见朱庆育:《民法总论》(第2版),北京大学出版社2016年版,第152页。

② 张某与徐州市同力创展房地产有限公司商品房预售合同纠纷案,载《最高人民法院公报》2012年第11期。法院认为,被告违反预约合同,致使原告丧失了按照预订单约定的房屋价格与他人另订购房合同的机会,应依据《合同法》第42条的规定承担违约责任。这里,法官所指称的预约合同的违约责任,应当是针对本约未订立的缔约过失责任。

③ 参见最高人民法院民事审判第二庭编著:《最高人民法院关于买卖合同司法解释理解与适用》,人民法院出版社2016年版,第55页。

④ 俞某新与福建华辰房地产有限公司、魏某瑞商品房买卖(预约)合同纠纷案,载《最高人民法院公报》2011年第8期。

用、已经给付金钱之利息损失、提供担保所造成的损失等。①

在仲某清诉上海市金轩大邸房地产项目开发有限公司合同纠纷案中，法院从预约已经生效的角度出发，认为违反预约者应承担违约责任，不过二审主审法官撰文剖析损害赔偿决定过程时认为，预约违约所要赔偿的固然是履行利益，但是预约履行利益不是本约的履行利益，而应该是相当于本约的信赖利益。②

《民法典》第495条第2款规定："当事人一方不履行预约合同约定的订立合同义务的，对方可以请求其承担预约合同的违约责任。"此条明确规定违反预约的责任为违约责任。

除了纯粹的预约，当事人还可能约定附加排除特定障碍的生效条件的情况，比如首先要排除股东对该合同订立的反对意见；也可能表现为招聘，此时违反预约的，甚至要赔偿积极利益；还有可能预约只含有有限内容，比如以"必须磋商"为内容，具有有限内容的预约尤其会体现为意向书形式。如果通过解释确认当事人不愿意受约束，那么一般不能使其承担缔约过失损害赔偿责任。③

（二）意向书

意向书制度源于美国，被广泛运用于金融业，如公司收购、证券发行，在我国、德国等大陆法系国家的经济生活中得到广泛的运用。意向书一般是一项意思表示，即要约或附条件的要约，也可能是一项旨在订立合同的某项合同前的意思表示。主要表现为：双方当事人经过谈判就诸多问题达成一致后，一方以这些一致意见为基础向另一方要求确认或接受的法律文件。在表现形式上可以是建议书、协商记录或者会议纪要、谅解备忘录（memorandum of understanding）以及协议要点。④

首先，对于意向书的拘束力，本质上是一个解释问题。

1. 意向书中常写明"无拘束力"条款（no－binding effect Clause），表明正式签约前不受其约束的意思，如果当事人一方中断磋商，造成对方损失，一般不负责任。

在美国1989年关于买卖资产之同意书案中，争论点是经双方当事人

---

① 参见最高人民法院民事审判第二庭编著：《最高人民法院关于买卖合同司法解释理解与适用》，人民法院出版社2016年版，第61～62页。

② 参见仲某清诉上海市金轩大邸房地产项目开发有限公司合同纠纷案，载《最高人民法院公报》2008年第4期。

③ 参见孙维飞：《〈合同法〉第42条（缔约过失责任）评注》，载《法学家》2018年第1期。作者称其为仅有"必须磋商"义务的"预约"。

④ 参见许德风：《意向书的法律效力问题》，载《法学》2007年第10期。

签名后,同意书的法律效力如何。法院认为:(1)同意书之目的与功能,非使当事人受契约之拘束,仅提供当事人一初步协商之基础,故同意书不具法律上拘束力。(2)唯同意书确实科以双方当事人以诚信方式协商之义务。基于诚信继续协商义务,旨在防止当事人否认交易,放弃协商,坚持或加入与原先协同不符之条件。如因市场情况变动,当事人一方为避免受有不利,而坚持不合理之条件。至于当事人继续协商之实质义务内容,应视同意书之内容。①

但有时法院认定一个具备所有合同内容的意向书具有拘束力,在美国氰胺公司诉伊丽莎白雅顿销售公司(American Cyanamid Co. v. Elizabeth Arden Sales Corp.)案②中,原告、被告双方达成了一个出卖被告公司财产的意向书,意向书写明该交易的完成以如下两点为条件:一是双方满意的买卖协议的完成;二是原告董事会的同意。随之,被告接到了第三人莉莉(Lilly)的更高的报价,所以被告就此事通知了原告,但在收到该通知的当天,原告董事会正式批准了这一买卖协议,并通过了向被告起诉的决议。在分析该意向书性质的时候,法庭拒绝了被告认为其为"理解备忘录"的观点,认为该文件具备了合同所有实质性因素,虽然当事人约定意向书只有在原告董事会批准后才能约束双方,但这不意味着被告有任意撤回的自由。法庭认为,依照纽约州法律,该意向书构成了不可撤回的要约(irrevocable offer),只要原告董事会一批准,就形成了有拘束力的合同。③

在欧洲法上,即使当事人表示其合同前协议没有拘束力(gentlemen's agreements),但在一方当事人违反了诚信谈判的义务时,其也有可能承担缔约过失责任。④ 根据《国际商事合同通则》第 2.1.13 条的规定,在当事人签订了备忘录、意向书的情况下,如果当事人双方或一方声明,除非签订正式文本,否则将不受约束;那么,即使当事人已经就他们交易的所有方面都达成了一致,合同也没有成立。⑤ 在合同未成立的情况下,当事人负有诚

---

① 参见 A/S Apothekernes Laboratorium for Special Preaparater v. I. M. C. Chemical Group. Inc. 873F. 2d 155(7th Cir., 1989);转引自潘维大、黄阳寿主编:《英美契约法案例解析(二)》,台北,瑞兴图书股份有限公司 1997 年版,第 268 页。

② See 331F. Supp. 597(S. D. N. Y. 1971).

③ See Wendell H. Holmes, *The Freedom not to Contract*, Tulane Law Review, Vol. 60, 1986, p. 783.

④ See Jansen & Zimmerman eds., *Commentaries on European Contract Laws*, Oxford University Press, 2018, p. 887.

⑤ 参见对外贸易经济合作部条约法律司编译:《国际统一私法协会国际商事合同通则》,法律出版社 1996 年版,第 35 页。

信谈判的义务，如果有违诚信地磋商或中断磋商，则应承担相应的缔约过失责任。

在我国司法实践中，买卖双方签订商品房认购书、商品房预售合同、买卖定金协议书等后，买受人或出卖人反悔，拒绝签订商品房买卖合同。法院判决终止缔约的一方承担缔约过失责任，赔偿对方信赖利益损失。[①]

在租赁双方当事人签订意向协议等情况下，承租人支付订金后，但却另租他房。法院判决承租人承担缔约过失责任，赔偿出租人信赖利益损失，即一个月的房租，同时出租人向承租人返还订金。[②]

2. 独占协商条款

在实践中，当事人常常约定独占协商条款，即通过意向书限制双方当事人中断谈判的自由，或者约定当事人不得与第三方开始谈判（无论通知对方当事人与否）。对于此类条款的效力，实践中常常予以承认。在山西金盟实业有限公司、太原市锅炉修理安装公司与山西华嘉盛房地产开发有限公司案[③]中，被告与原告订立了包含独占协商条款的意向书，但又与第三人协商并购事宜，并最终与第三人订立了合同，法院认定被告违反了独占条款，应承担违约责任，依照约定支付违约金。

3. 留有空白条款的合同

在留有空白条款的合同中，合同的绝大多数条款已订立，当事人同意这些条款的拘束力，但当事人应当就将成为最终合同内容的空白条款之事项继续谈判。

商人经常以粗糙的、简洁的方式记录最重要的协议，一些被疏忽的条款留待以后的协议解决。当事人意图达成的协议，或一方合理信赖该交易，而且另一方当事人应该已经知道对方会信赖，只要在以前或随后的交易过程中，或可接受的商业实践中存在填补条款的客观标准，法院就可能会填补缺漏的条款或对不确定条款予以明确。[④] 该类合同的法律效果有二：一是即使当事人就空白条款没有形成合意，仍有义务履行交易，当事人

---

① 这类案情在实践中较为常见。例如：张某红、任某慧房屋买卖合同纠纷案，郑州市中级人民法院（2021）豫01民终5854号民事判决书；罗某妹与肇庆市宝能投资有限公司商品房预约合同纠纷案，广东省肇庆市鼎湖区人民法院（2021）粤1203民初427号民事判决书；章某云与肇庆市宝能投资有限公司商品房预约合同纠纷案，广东省肇庆市鼎湖区人民法院（2021）粤1203民初428号民事判决书。

② 参见成都多米尼鞋业有限公司、成都市武侯区亚细亚职业学校缔约过失责任纠纷案，成都市中级人民法院民事判决书，（2020）川01民终14399号。

③ 参见山西省高级人民法院民事判决书，（2000）晋经二终字第10号。

④ See Friedrich Kessler & Edith Fine, *Culpa in Contrahendo, Bargaining in Good Faith, and Freedom of Contract: A Comparative Study*, Harvard Law Review, 1964, p. 413.

将受最初达成的协议约束,其余事项由法院进行补充解释;二是对空白条款的谈判,当事人应秉承诚实信用义务进行之。[①] 在此情况下,当事人即使不继续谈判,也不构成中断交涉。

4. 继续谈判的合同

在普通法上,一般认为,继续谈判的协议、诚信谈判的约定(negotiate in good faith)以及尽最大努力订立合同的约定(to use best endeavors to form a contract)是具有可执行性的。[②]

在2010年的《国际商事合同通则》第2.1.15条注释提供的案例4中,建筑商A与供应商B签订预备性协议,约定如果A成功成为某大项工程主承包人,即应与B诚信地谈判,以订立供应合同。但是A中标后,却拒绝与B继续谈判。此时,B可以请求A继续与之谈判,也即执行该谈判。[③]

在中国法上,根据《民法典》第500条第3项的规定,当事人负有依据诚实信用原则谈判的义务。所以,在当事人之间存在继续谈判之初步协议的情况下,继续谈判等协议是有可执行性的。如果当事人能够证明双方具有受约束的意思,则在一方当事人违反该约定时,另一方当事人可以主张继续履行谈判义务,以及要求对方承担相应的缔约过失责任。

继续谈判的合同与留有空白条款的合同相似,但不同之处在于,如果谈判失败,即无合同的存在。在此类合同下,双方在谈判时,都知道如果不能订立最终性合同(ultimate contract),他们将不受约束。然而,当事人进行谈判时,负有一般的公平交易的义务。此时,由于最终性合同尚未确定,要求违反公平交易义务的人承担赔偿损失的期待利益是不可能的,因此,一般而言,赔偿仅限于信赖利益。由于继续谈判合同的当事人的订约目的在于保护信赖利益,因此,赔偿信赖利益应为适当,[④]当事人要对其违反谈判义务,导致不能达成本约,并给对方造成的准备费用的损失,承担中断缔约之缔约过失责任。

5. 费用分担条款

在意向书中,当事人还有可能约定,如果谈判失败,一方当事人对进一步准备工作发生的费用可以获得赔偿,这种协议需要进行解释,以便确定

---

① See Farnsworth, *Precontractual Liability: Fair Dealing and Negotiation Failure*, Columbia Law Review, Vol. 87, p. 253 – 263.

② See Farnsworth, *Precontractual Liability: Fair Dealing and Negotiation Failure*, Columbia Law Review, Vol. 87, p. 256.

③ See Vogenauer & Zuloago Rios, Art. 2. 1. 15, para. 30.

④ See Farnsworth, *Precontractual Liability: Fair Dealing and Negotiation Failure*, Columbia Law Review, Vol. 87, p. 263 – 269.

双方当事人的意向以及是否足够确定，必要时可以由法院强制执行。[①]

6. 最大诚信协商条款

在意向书中，如果当事人约定了诚信协商或者尽最大努力协商条款，一般会认为这样的条款是有拘束力的，这也是合同法中诚实信用原则所要求的。但诚信协商约定的目的在于强调当事人必须履行特定的缔约行为规范，而不是一定要成功缔结合同，如委托代理人协商、尽职调查并进行谈判、提请董事会批准等。如果当事人违反诚信协商义务，造成相对人信赖合同将会成立的期待落空，即应承担缔约过失责任。

有学者认为，如当事人已进入较正式的交涉阶段，且对契约的基本内容已有基本的共识，已有"协定"存在，虽然这个协定本身尚未达到预约或契约成立的程度，但该协定的存在，增强了交涉者需要负责的可能性。[②] 此种观点并无依据。就意向书订立人的意思而言，在没有订立最终合同之前，当事人双方都不受意向书的拘束。《德国民法典》第 154 条第 1 款第 2 句规定，即使已经以书面形式对合同的具体事项作了记载，在存有疑义时，就这些具体事项达成的合意也不具有拘束力。[③]

但是，在意向书引起对方产生了没有根据的信赖的情况下，即有可能构成缔约过失责任。[④] 因为当事人为订立契约而准备或商议，并以意向书形式以示诚意协商缔约之意愿，就使双方处于相互信赖之特殊关系中，如果一方违反进行缔约时应遵守之诚信原则，致使他方受损害，则该方应承担中断缔约的缔约过失责任。

当事人虽然通常有中断磋商的自由，但若一方已经确定不再订立合同，其违反诚信未能及时告知对方，未能及时中断磋商，则实质上会构成不当继续磋商的缔约过失行为。比如，在最高人民法院终审的一起案件中，被告确定不再订立合同但未及时告知对方，导致信赖合同可能订立的对方承担了不必要的停产等损失时，法院认为被告应承担缔约过失责任。[⑤]

二、要约的撤销与缔约过失

要约到达受要约人时生效(《民法典》第 137 条、第 474 条，《合同法》

---

① See Hein Koezt & Axel Flessner, *European Contract Law*, Clarendon Press, 1997, p. 36.

② 参见陈洸岳等：《"中断交涉"与缔约上过错责任的序论研究》，载《法学丛刊》1999 年第 176 期。

③ 参见［德］迪特尔·梅迪库斯：《德国民法总论》，邵建东译，法律出版社 2000 年版，第 329 页。

④ 参见［德］迪特尔·梅迪库斯：《德国民法总论》，邵建东译，法律出版社 2000 年版，第 348 页。

⑤ 参见贵州磨料厂与贵州省机场集团有限公司相邻权纠纷上诉案，最高人民法院(2004)民一终字第 87 号民事判决书。

第16条第1款)。依据《民法典》第472条第2项(《合同法》第14条第2项)的规定,要约的效力在于表明经受要约人承诺,要约人即受该意思表示的约束。要约的效力赋予了要约相对人同意成立合同的法律地位。此为要约的实质拘束力。

但就要约人角度而言,还要确定要约人能否任意撤销要约的问题,不得任意撤销的,要约即具有形式拘束力;可以任意撤销的,即不具有形式拘束力。我国合同法采取了要约原则上无形式拘束力的立法模式。首先,要约可以撤回,但撤回要约的通知应当在要约到达受要约人之前或者与要约同时到达受要约人(《民法典》第475条、《合同法》第17条)。其次,要约还可以被撤销,撤销要约的意思表示以对话方式作出的,该意思表示的内容应当在受要约人作出承诺之前为受要约人所知道;撤销要约的意思表示以非对话方式作出的,应当在受要约人作出承诺之前到达受要约人(《民法典》第477条)。

值得反思的是,既然要约无形式拘束力,为何要区分撤回与撤销两种情况。既然二者在法律效果上是一致的,都指向形式拘束力,不如合二为一。另外,如果要约无形式拘束力,承诺通知到达之时才应该是不可撤销要约的时点。①

根据《民法典》对要约的一般规则,原则上于要约生效后,在承诺发出前,要约人可以撤销要约,要约人有通知的义务,经其撤销,要约失效。但是如果要约人撤销要约未尽通知义务,或通知在受要约人的承诺发出后、要约生效前到达受要约人(承诺尚未到达要约人),其法律效果如何,法律规定不甚明了。② 从法律解释上来看,此时应承认要约继续有效,不发生撤销效力,则受要约人发出的承诺在到达要约人时合同成立,此时并不发生可构成缔约过失的中断交涉;如果受约人在未尽通知义务而又撤销要约的同时,就同一标的物,尤其是特定物,已与他人另行订立合同,甚至转移了所有权,属于"一物二卖"的情况,要约人应承担违约责任。可见,在撤销要约时,要约人对受要约人有通知义务,不履行此义务或履行不当,结果是原要约继续生效,而不生中断交涉的效力。

依据《民法典》第476条(《合同法》第19条)的规定,要约人确定了承

---

① 参见赵文杰:《要约》,载王洪亮等主编:《中德私法研究》第13卷,北京大学出版社2016年版,第281页。

② 我国《合同法》第18条仅规定合同要约的撤销通知应于受要约人发出承诺通知前到达受要约人。

诺期限或者以其他形式明示[1]要约不可撤销,或者受要约人有理由认为要约是不可撤销的,并已经为履行合同做了准备工作的,要约不可撤销。但应当明确的是,这一规则属于解释规则。具体在要约人发出要约时,设定承诺期限的,并不一定意味着要约不能撤销,而应运用合同法解释规则予以解释,只有从中解释出要约不可撤销的意思,要约方为不可撤销之要约。另外,应扩大解释"已经为履行合同做了准备工作",只要信赖要约不可撤销并作出一定的行为即可,比如进行市场调研、预先的产品试制或者招募合作者等。

在存在上述不可撤销事由的情况下,承诺尚未到达,合同亦没有成立。此时若要约人予以撤销,是否承认撤销之效力,在解释上存有争议。第一种观点认为,在要约不可撤销的情况下,要约撤销行为无效,只要受要约人的承诺到达,合同就成立。[2] 第二种观点与第一种观点不同,其认为,要约不可撤销规则只是受要约人主张缔约过失责任的依据,在此情况下,要约人仍可以撤销合同,但应当承担缔约过失责任,赔偿对方基于信赖而支出的费用。[3] 第三种是折中观点,该观点认为具体要看受要约人是否承诺,若承诺则合同成立,在要约人不履行合同的情形下,追究其违约责任;如果受要约人不承诺,则可以追究要约人的缔约过失责任。[4] 在实践中,受要约人在要约人提出撤销要约时,出于各种原因会同意要约人撤销要约(如考虑到如果不同意要约人撤销要约而坚持要求与其缔约,会造成履约上的困难,并造成其他缔约机会的丧失或更大的损失)。

笔者比较赞同第二种观点,依照《民法典》关于要约形式拘束力的规定,在体系上,应认为要约原则上没有形式拘束力,在承诺到达前,要约人可以任意撤销。即使存在特殊的不可撤销事由,当事人也得撤销。如果不允许要约人撤销,合同依然成立,要约人会承担违约责任,赔偿对方期待利益。在利益衡量上,并不合理。在比较法上,《意大利民法典》在第 1328 条以下的规定中区分了两种情况,分别予以处理,一种是设定承诺期限的,在期限内不得任意撤销要约;另一种是未设定承诺期限的,要约人可在承诺生效前任意撤销,撤销后需赔偿受要约人的损失。

进一步而言,还需要考察要约人是否引发受要约人对于要约不可撤销

---

① 在解释上,默示也是可以的。

② 参见朱广新:《要约不得撤销的法定事由与效果》,载《环球法律评论》2012 年第 5 期。

③ 参见王利明:《合同法研究》(第 1 卷)(第 3 版),中国人民大学出版社 2015 年版,第 260、261 页。

④ 参见孙维飞:《〈合同法〉第 42 条(缔约过失责任)评注》,载《法学家》2018 年第 1 期。

的信赖,如果要约相对人信赖要约不可撤销,并基于信赖支出了费用,此时要约人应承担缔约过失责任,赔偿对方支出的费用。

不过,值得注意的是,要对于有拘束力的要约产生信赖,前提应是最终签订的(主)合同主要部分已经确定。如果对于主要内容缺乏合意,则当事人一般不得信赖合意以及信赖订立合同。

三、承诺的迟到与缔约过失

(一)中国法

要约发出到达后,须经过受要约人承诺且承诺到达要约人,合同方才成立。此时,若受要约人超过承诺期限发出承诺,或者在承诺期限内发出承诺,按照通常情形不能及时到达要约人的,除要约人及时通知受要约人该承诺有效的以外,该承诺为新要约(《民法典》第486条、《合同法》第28条)。

例外情况下,如果受要约人在承诺期限内发出承诺,按照通常情形能够到达要约人,但因其他原因承诺未在承诺期限内到达要约人的,原则上该承诺有效,契约在承诺实际到达时成立。要约人可以拒绝该承诺,但需要发出承诺迟延通知(《民法典》第487条、《合同法》第29条)。

首先,这里的"其他原因"是指非可归责于受要约人的原因。其次,该通知为事实通知,以要约人将迟到事实通知承诺人即为已足,而且一发出即生效。承诺迟到的通知义务为不真正义务,违反之并不产生损害赔偿责任,而是将承诺视为未迟到,合同成立。[①] 再次,在逻辑上,要约人要知道或者应当知道存在损害发生可能性,即知道或应当知道受要约人误认为承诺未迟到的情况,方应承担通知义务。[②] 最后,如果受要约人知道或应当知道承诺迟到之事实,即不会陷入误认为承诺未迟到之情形,那么要约人也就没有通知义务。

进一步而言,如果承诺迟延并非《民法典》第487条规定的"其他原因"导致的,而是受要约人过错行为导致的,如写错地址,此时并无第487条适用之余地,但要约人知道受要约人相信合同成立,并未发出通知以避免受要约人发生进一步损害,其行为已经构成缔约前违反诚信之行为,可以适用《民法典》第500条的规定,赋予要约人通知义务。不过,要约人违反通知义务的,法律效果上并非合同成立,而是承担缔约过失的损害赔偿

① 参见崔建远:《合同法总论》(上卷)(第2版),中国人民大学出版社2011年版,第142页。

② 参见叶金强:《合同法上承诺传递迟延的制度安排》,载《法学》2012年第1期。

责任。①

在赔偿范围上，应以信赖利益为限，以要约人事实上收到承诺之时为起点计算受要约人的信赖利益，终点是受要约人知道承诺迟到事实之时。②

（二）德国法

根据《德国民法典》第149条的规定，承诺之表示，按照通常传达方法，应会及时到达要约人，且要约人也应当知道的，承诺表示迟延到达时，要约人于受领后，应立即向承诺人发出迟到通知；怠于通知的，其承诺视为未迟到，即合同成立了。这也是缔约过失责任的一种规定。

在德国法院的裁判中，将这一规则扩展到意思表示迟延到达上，对于迟延有过错之人，不得主张到达迟延。③

四、迟延或阻碍意思表示的发出与到达

虽然合同一方当事人发出必要的意思表示，但没有考虑接受相对人意思表示，比如没有提供通信地址、未设置信箱、电子邮箱已满等，最终导致合同不成立。此时，该方当事人应承担缔约过失责任。

为要约设定期间后发出要约之人，必须准备对方在此期间内发出受领意思表示，如果其有过错地没有准备或者阻碍承诺到达，则可能基于缔约过失承担责任。④

五、不合意与缔约过失

缔约当事人恶意地致使另一方不考虑某一合同必备的要素，因而导致合同不成立，在这种情况下，受害人可以请求信赖利益的赔偿。不过，其请求权基础可以是故意背俗侵权，而不必是缔约过失。

在因过错使用不清楚的表达方式而产生不合意等契约不生效力的情况下，首先需要进行解释，如果解释仍具有歧义，则另一方当事人可以依据缔约过失请求信赖利益损害赔偿。对此，弗卢梅持反对意见，因为在不合意情况下，根本谈不上过错的问题，意思表示的规范意思的确定并不指向过错之概念。⑤

① 参见叶金强：《合同法上承诺传递迟延的制度安排》，载《法学》2012年第1期。

② 参见叶金强：《合同法上承诺传递迟延的制度安排》，载《法学》2012年第1期。

③ Vgl. RGZ 58, 406 v. 13. 7. 1904.

④ Vgl. Larenz, Allgemeiner Teil des deutschen bürgerlichen Rechts, 7. Aufl. 1989, S. 424 f.

⑤ Vgl. Flume, Allgemeiner Teil des bürgerlichen Rechts Ⅱ, Das Rechtsgeschäft, 3. Aufl. 1979, S. 626.

在德国酒石酸案中,原告寄给被告存货价目表,其上列明酒石酸的价格是68.5马克;被告收到后给原告发了电报:100千克酒石酸,最优惠价格;两天后,原告回电报:酒石酸价格是128马克,100千克,货到付款。被告回复,100千克酒石酸可以,随后发确认函。在确认函到达原告时,原告才发现双方都想卖酒石酸,被告拒绝接受货物和支付货款,原告只能将货物公开拍卖。之后,原告起诉被告,要求赔偿其拍卖所得价款与双方达成的协议中的价格之间的差额。[①] 法院通过解释,确认当事人未达成合意,合同没有成立。双方都没有表述清楚,被告的电报中表述为最优惠的价格,在出售或者购买货物时都可以使用;同样,原告没有使用"酒石酸售价为128马克"的表述,而是说"酒石酸价格是128马克"。所以,对于合同成立,双方都有过错,但因为被告开启了谈判,应该更清晰、明确地表达自己的意思,所以其过失更大。对于原告的损失,双方应该分担,但仅限于消极利益,即拍卖所得价款与双方达成的协议中的价格之间的差额。如果当事人未达成合意而导致合同没有成立,而且缔约当事人对于合同不成立具有过错,那么缔约当事人就负有损害赔偿的义务,并且还要根据与有过失规则,分配损害赔偿责任。[②]

在隐藏不合意的情况下,如果一方当事人使相对人陷入误解,必须根据公平原则并兼顾交易安全,赔偿相对人信赖利益损失。[③]

六、合同订立以特定事项为条件的情况

一般情况下,当事人对合同的本质条款达成了协议,即使对于非本质条款未达成协议也不影响合同的成立。但是,如果当事人认为特定事项非常重要,以至于不能解决该特定事项,就不会达成有拘束力的协议,那么在未解决这些特定事项的情况下,合同就不会成立。不过,当事人必须明确地表达该特定事项的重要性。[④] 如果当事人明确地表达没有该特别条款就不受约束,则合同没有成立。但问题是,该当事人是否应当承担不诚信中断磋商的责任。例如,A与B就A销售B的产品的合同之主要条款达成了一致,而对于"由谁承担合同宣传活动费用"问题,B反复强调必须予以

① Vgl. RGZ 104, 265.

② 参见[德]维尔纳·弗卢梅:《法律行为论》,迟颖译,法律出版社2013年版,第747页。

③ Vgl. RGZ 104, 265, 267 f. v. 5. 2. 1922.

④ 参见《国际商事合同通则》第2.1.13条;对外贸易经济合作部条约法律司编译:《国际统一私法协会国际商事合同通则》,法律出版社1996年版,第34页。

明确解决，但最终没有达成一致，此时合同并未成立，[①]但 B 也负有诚信磋商的义务。如果当事人违反了诚信磋商的义务，应当向对方承担缔约过失责任。

在一个案件中，租赁合同以出租人在一定期限内清理厂房为生效条件，出租人超过约定期限仍未清理厂房。法院判决出租人承担缔约过失责任，返还承租人已付租金，并赔偿利息。[②]

在另一个案件中，甲依照中介合同为乙投标提供中介服务，但中介合同以乙中标为生效条件，居间劳务费为乙中标后总工程款的 2%。乙中标后主动弃标，导致居间合同无法生效。法院判决乙承担缔约过失责任，赔偿甲 10 万元。[③]

还有一起案件，甲、乙约定，甲向乙提供 80 万元投标保证金，待乙中标后与甲签订劳务分包合同。但乙在投标时存在不诚信行为，被取消中标资格并不予退还 80 万元投标保证金。法院判决乙承担缔约过失责任，返还甲 80 万元并赔偿信赖利益。[④]

七、特意待定条款的情况

在商业实践中，当事人可能故意留下某些条款待日后商定，或者交由第三人确认。原则上，当事人保留待定条款，并不影响合同的成立。即使不能通过当事人约定的条款确定待定条款，也可以在考量当事人的意思的情况下，通过解释确定。[⑤]

对于故意保留的待定条款，当事人负有诚信磋商的义务，在当事人不诚信地中断磋商或者不诚信地磋商的情况下，其应当承担缔约过失责任。

八、重新协商

重新协商的目的在于对已经达成的合同进行更新或者修改。在情势变更的情况下，当事人有重新协商的义务（《民法典》第 533 条）。在重新

---

① 参见对外贸易经济合作部条约法律司编译：《国际统一私法协会国际商事合同通则》，法律出版社 1996 年版，第 34 页。

② 参见黄某山与扬州千禧龙鞋业有限公司房屋租赁合同纠纷案，江苏省高邮市人民法院（2020）苏 1084 民初 748 号民事判决书。

③ 参见陈某同与江苏南通二建集团有限公司、黄某荣居间合同纠纷案，山东省德州市德城区人民法院（2020）鲁 1402 民初 5854 号民事判决书。

④ 参见陕西有色建设有限公司与王某亚缔约过失责任纠纷案，陕西省西安市中级人民法院（2021）陕 01 民终 7025 号民事判决书。

⑤ 参见《国际商事合同通则》第 2.1.14 条；对外贸易经济合作部条约法律司编译：《国际统一私法协会国际商事合同通则》，法律出版社 1996 年版，第 34 页。

协商时，当事人双方负有诚实信用地磋商的义务以及合作的义务。[①] 在重新协商阶段，如果一方当事人不诚信地磋商或者有违诚信地中断磋商，也应承担缔约过失责任。

九、合同不成立的缔约过失一般规则

2021年12月30日通过的《民法典总则编解释》第23条规定："民事法律行为不成立，当事人请求返还财产、折价补偿或者赔偿损失的，参照适用民法典第一百五十七条的规定。"据此，在合同不成立的情况下，有过错一方应向对方承担缔约过失责任。

第四节　阻碍合同生效的缔约过失责任

一、阻碍合同生效的缔约过失责任基础

除《民法典》第500条、第501条(《合同法》第42条、第43条)以外，《民法典》第157条(《合同法》第58条)规定了合同无效情况下的缔约过失责任。根据该条规定，合同无效或被撤销的，对合同无效或被撤销有过错的一方应当赔偿对方因此所受到的损失；双方都有过错的，应当各自承担相应的责任。《民法通则》第61条第1款、《经济合同法》第16条第1款都有类似之规定，这些规定在法院判决中被大量运用。[②] 一般认为，在合同无效或被撤销情况下的损害赔偿责任，在性质上属于缔约过失责任。[③]

《合同法》第58条仅规定了合同被撤销情况下的缔约过失责任，在合同因存在可撤销事由而变更的情况下，并没有规定基于缔约过失的损害赔偿责任。崔建远教授认为，在变更合同的情况下，也有保护无过错受害人的必要，应由有过错的缔约人承担缔约过失责任。[④]

二、个别规定与一般性规定模式

在规制合同被撤销或者无效的情况下，缔约过失责任的立法例有两种

---

① See Vogenauer & Zuloago Rios, Art. 2. 1. 15, para. 41.

② 参见李国光主编、最高人民法院经济审判庭编著：《合同法解释与适用》，新华出版社1999年版，第185页。

③ 参见韩世远：《合同法总论》(第4版)，法律出版社2018年版，第322页；王利明：《合同法研究》(第1卷)(修订版)，中国人民大学出版社2011年版，第727页；崔建远：《合同法总论》(上卷)(第2版)，中国人民大学出版社2011年版，第436页。

④ 参见崔建远：《合同责任研究》，吉林大学出版社1992年版，第292页。

模式，一种是个别规定模式，另一种是一般性规定模式。

（一）个别规定模式

对于无效或可撤销情况下的缔约过失责任，德国采取了个别规定模式。

1. 在真意保留或者发生错误而撤销法律行为的情况下，撤销人应赔偿相对人的信赖利益损害，如果相对人知道或应当知道无效原因，则不得请求损害赔偿（《德国民法典》第122条）。

2. 在代理人没有代理权而签订合同的情况下，如果被代理人拒绝承诺或被代理人不存在，则代理人应承担履行或者损害赔偿责任。在代理人不知道其代理权存在瑕疵的情况下，应赔偿信赖利益，并以期待利益为限。

这两种情况均是由于被告过失，而没有订立有效的合同。根据《德国民法典》第122条、第179条第2款的规定，这两种情况下产生一个注意义务，即不得导致对方产生纯粹经济损失的义务。

3. 按照旧《德国民法典》第307条、第309条的规定，订立合同时，知道或者应该知道给付不能或者违反法律规定，应该赔偿信赖利益，并以期待利益为限。而债法改革后，在自始无效的情况下，合同有效，有过错的一方须承担违约责任，应赔偿对方履行利益之损失。

4. 根据《德国民法典》第663条的规定，经过公开选任等方式接受处理事务者，在其不再愿意接受该委托时，负有不迟延地发出拒绝通知之义务，违反之，应承担缔约过失责任。[①]

5. 德国判例对阻碍合同效力类型的缔约过失责任进行类型化发展。例如，一方当事人没有告诉另一方当事人合同需要许可的情况下，须承担缔约过失责任。[②] 在另一个案件中，当事人约定一个需要许可的价值保证条款，合同在授予许可之前暂时不生效力（《德国货币法》第3条、第139条），法院认为合同当事人有义务合力变更合同，使其具有许可能力，即符合许可的前提。[③] 违反该义务，有过错的当事人原则上须赔偿履行利益。

针对形式要件瑕疵的问题，司法实践中发展出了一系列判例。在土地买卖中，长期不进行公证，最终出卖人请求返还已经交付给买受人的土地。对这种类型的案例，有学者认为主张形式瑕疵有违诚实信用，所以土地出卖人不得主张合同因为缺乏形式要件而无效。同时，法院通常会认为，如

---

① Vgl. Medicus, Verschulden bei Vertragsverhandlungen, in: BMJ (Hrsg.), Gutachten und Vorschläge, Bd. Ⅰ, 1981, S. 505.

② Vgl. Staudinger/Loewisch, vor § 275 Rn. 59.

③ Vgl. BGH NJW 1960, 523.

果可以主张形式瑕疵无效,那么要赔偿信赖利益损害。① 目前,判例区分两种情况分别处理。如果一方当事人在缔结合同时明知或应知形式要件要求但对另一方隐瞒的,即不可以主张合同因形式瑕疵而无效;②如果因过失而未注意形式要件,通常只能要求损害赔偿。损害赔偿情况,又分为两种,在履行形式要件义务的情况下,合同可以有效订立,则应该赔偿履行利益;③否则,应赔偿信赖利益。对于司法实践的处理办法,学界多有批评意见,在形式瑕疵情况下,承认履行请求权或者损害赔偿请求权,与形式要件之规范目的是相违背的。④

《奥地利民法典》采取的也是类似德国法的个别规定模式。该法第871条规定了因意思表示错误产生的缔约过失责任,第874条规定了欺诈与不法恐吓情况下的缔约过失责任,第869条规定了真意保留情况下的损害赔偿责任,第866条规定了无权代理或者以为自己是完全行为能力人的责任(该规则已被废除),在违法或者违背善良风俗情况下,也存在缔约过失责任。⑤ 根据第878条的规定,一方当事人在订立合同时明知或应知标的不能者,对于无过失之他方信赖契约有效所受之损害,负损害赔偿之责。

《瑞士债法典》也采取个别规定缔约过失的模式。在合同自始不能的情况下,或者缔约人因意思含糊而导致不合意的情况下,一方当事人应承担缔约过失责任(第20条)。在合同当事人提供虚假信息或者隐瞒信息的情况下,如果相对人知道就不会与之订立合同,那么该合同当事人即应承担缔约过失责任。特别是在合同没有被撤销,而是被受欺诈人追认的情况下,受欺诈之人也可以主张损害赔偿责任(第31条第3款)。

根据《瑞士债法典》第26条第1款的规定,在发生错误之人撤销合同的情况下,发生错误之人对错误有过失的,应赔偿相对人因契约无效所受的损害,但如果相对人知道或者应当知道该错误的,则撤销之人不承担损害赔偿责任。《瑞士债法典》第36条、第39条第1款规定了无权代理人的缔约过失责任。

英国法与上述大陆法系国家规定不同,其法律比较谨慎,在合同谈判

---

① Vgl. Medicus, Verschulden bei Vertragsverhandlungen, in: BMJ (Hrsg.), Gutachten und Vorschläge, Bd. Ⅰ, 1981, S. 507.

② Vgl. BGHZ 16, 334, 338; BGHZ 35, 272, 279.

③ Vgl. BGH NJW 1965, 812, 813 f.

④ Vgl. Medicus, Verschulden bei Vertragsverhandlungen, in: BMJ (Hrsg.), Gutachten und Vorschläge, Bd. Ⅰ, 1981, S. 508.

⑤ Vgl. Nirk, Rechtsvergleichendes zur Haftung fuer culpa in contrahendo, RabelsZ 18 (1953), S. 310, 315.

落空的情况，一般不保护相对人的信赖利益。因为谈判之协议并不确定，因而不拘于拘束力；即使当事人已尽最大限度努力达成协议，也没有拘束力。不过，在一个案件中，在没有可执行的基础合同或者担保不与第三人谈判的锁定合同的情况下，法院认定当事人不实陈述，应当承担信赖利益损害。①

（二）一般性规定模式

《意大利民法典》第 1338 条规定："知道或者应当知道契约无效原因存在的一方没有将其通知另一方，则该方要为此就对方在契约有效期内基于信赖、没有过错而遭受的损失承担赔偿责任。"②1950 年 10 月 25 日的《捷克斯洛伐克民法典》第 45 条也规定了类似的一般性规定："对法律行为无效具有过错者负有义务，赔偿信赖该法律行为有效之人的损害。"③

（三）中国法上一般性规定

我国《民法典》第 157 条（《合同法》第 58 条）规定，民事法律行为无效、被撤销或者确定不发生效力后，行为人因该行为取得的财产，应当予以返还；不能返还或者没有必要返还的，应当折价补偿。有过错的一方应当赔偿对方由此所受到的损失；各方都有过错的，应当各自承担相应的责任。法律另有规定的，依照其规定。基于这一规定，我国建立了一体化的过错责任，与德国法的个别规定模式并不相同，旧《德国民法典》规定错误产生的缔约过失责任不以过错为要件，而给付不能之缔约过失责任则是过错责任。在内容上，我国笼统地规定了所有无效或可撤销情况下的缔约过失责任，并未精细地区分利益状况，也未结合缔约过失的一般构成要件。比如，这里没有明确在合同无效或被撤销的情况下，缔约人违反的是什么义务，是不得阻碍合同生效的义务，还是违反说明义务的义务。也没有规定是否需要相对人产生信赖以及对什么产生信赖。如果相对人知道或明知无效或可撤销事由，是否还享有损害赔偿请求权。与《合同法》第 58 条相比，《民法典》第 157 条增加了"法律另有规定的，依照其规定"。在缔约过失责任构成要件上，《民法典》第 157 条并不完整，应根据第 500 条予以补充，首先，需要补充的是"在合同订立过程中"这一要件；其次，要补充违背诚信原则的行为，即义务违反的要件。所以，在合同无效或被撤销的情况下，

① Walford v. Miles (1992) 2 AC 128; Markesinis, Unberath & Johnston, *The German Law of Contract, A Comparative Treatise*, 2nd ed., Hart Publishing, 2006, p. 98.

② 转引自《意大利民法典》，费安玲、丁玫译，中国政法大学出版社 1997 年版，第 362 页。

③ Nirk, Rechtsvergleichendes zur Haftung fuer culpa in contrahendo, RabelsZ 18 (1953), S. 310, 318.

应具体区分是阻碍合同生效还是违反说明合同效力义务，并结合《民法典》第500条、第501条之构成要件，最终确定阻碍合同生效型缔约过失责任的构成要件。另外，在构成要件上，与《民法典》第500条、第501条相比，第157条有两处不同：一是其发生的情形限定于合同无效或者被撤销后；二是损失限定于因合同无效或可撤销所受到的损失①。

基于《民法典》第157条的规定，损害赔偿请求权的一般构成前提还需要义务违反人存在过错。在合同无效或被撤销情况下，义务违反人的过错是指其是否明知或应当知道合同无效。我国台湾地区的"民法"第113条规定，无效法律行为之当事人，于行为之时，知其无效或可得而知者，应负回复原状或损害赔偿之责任。《国际商事合同通则》第3.2.16条、《欧洲合同法原则》第4:117条也规定，无论是否宣告合同无效，已知或应该知道合同无效原因的一方当事人应承担损害赔偿的责任，以使另一方当事人处于如同未订立合同时所应处的状况。

三、阻碍合同生效缔约过失责任的正当性基础

在合同无效或者被撤销导致缔约过失的情况下，至少在一方当事人的眼中，谈判已经完成，而当事人信赖已经订立合同的有效性，现在合同无效，那么该当事人因而遭受了损害。该损害指向的是一开始合同有效，而嗣后却具有溯及力地无效了。所以，阻碍合同生效的当事人一方，须承担缔约过失责任，主要是为了保护信赖利益。

合同无效或可撤销的事由很多，当事人承担缔约过失责任的基础并不在于违法无效或者背俗无效等无效本身，而是在于其违反了缔约前义务。

首先，当事人的义务违反可能在于，其导致了合同效力之障碍的产生或者违反义务地没有排除合同效力之障碍。比如，一方当事人背俗地对另一方当事人作出了不利之行为。在这种情况下，有学者认为应赔偿履行利益，因为如果没有该导致损害赔偿之事件，合同就会有效订立。②

其次，义务违反的根据还在于当事人没有及时说明合同效力障碍，此时赔偿的应是信赖利益损害。因为即使没有导致损害赔偿义务的事件，合同也不会有效订立，但是如果说明了合同效力之障碍，可能会节省费用或

① 孙维飞：《〈合同法〉第42条（缔约过失责任）评注》，载《法学家》2018年第1期。

② Vgl. Medicus, Verschulden bei Vertragsverhandlungen, in: BMJ (Hrsg.), Gutachten und Vorschläge, Bd. Ⅰ, 1981, S. 504.

者选择与他人订立合同。[①]

四、阻碍合同生效缔约过失责任之具体类型

依据《民法典》的规定，广义的无效事由包括绝对无效事由、未决的无效事由以及可撤销事由。而绝对无效事由包括行为能力欠缺、真意保留、损害公共利益和违反法律、行政法规的强制性规定等；未决的无效事由包括限制行为能力人的行为、无权代理、无处分权等；可撤销事由包括欺诈、胁迫、错误（重大误解）等。在学说上，还有主张自始客观不能也为无效事由者，下面逐一分析有可能构成缔约过失责任的情况。

（一）自始不能

自始不能又分为自始客观不能与自始主观不能两种，前者如出卖已经灭失的汽车，后者如出卖不属于自己而属于他人的汽车。自始不能，可能是事实上的不能，也可能是法律上的不能或经济上的不能。法律上的自始不能，有可能同时构成违法无效情况。

依据旧《德国民法典》的规定，自始客观不能的法律效果是无效（第306条），契约因以不能之给付为标的而无效者，当事人于订约时，知其不能或可得而知者，对于非因过失而信其契约有效致受损害之他方当事人，负赔偿责任，赔偿范围为信赖利益损害（第307条、第309条）。

这一规则的根据是罗马法上的“对于不可能之物不能产生债”（impossibilium nulla obligation est）的教义。但多有学者对于这一规则予以批评，认为其在法政策上存在缺陷。胡伯（Huber）教授认为，自始客观不能规则应当予以修正，即在自始客观不能情况下，合同应当是有效的。[②] 德国债法改革采纳了这一见解。起草人认为，“对于不可能之物不能产生债”之规则的内涵仅仅是排除了实际履行请求权，并没有排除因为不履行而产生的损害赔偿责任。[③] 而且在法政策上，没有理由仅仅因为给付不能发生时点不同即区别对待自始不能与嗣后不能，应当认为，自始不能也是一种给付障碍。按照《德国民法典》的规定，债务人构成可归责的前提并非债务人是否对导致给付不能的情况的可归责，而是其对不知道给付障碍

---

① Vgl. Medicus, Verschulden bei Vertragsverhandlungen, in: BMJ (Hrsg.), Gutachten und Vorschläge, Bd. Ⅰ, 1981, S. 505.

② Vgl. Huber, Leistungsstörungen, in: BMJ (Hrsg.), Gutachten und Vorschläge, Bd. Ⅰ, 1981, D Ⅰ 18.

③ Vgl. Medicus, Verschulden bei Vertragsverhandlungen, in: BMJ (Hrsg.), Gutachten und Vorschläge, Bd. Ⅰ, 1981, S. 510.

的可归责。只有在债务人订约时知道或者应当知道存在给付障碍的情况下,才承担损害赔偿责任。[①]

我国《民法典》并没有规定自始不能规则,也没有明确的“自始客观不能合同无效规则”。在学说上,有学者对于合同标的自始客观不能应当无效的观点持保留态度。但还是认为,当事人订约时,知道不能或可得而知的,对于非因过失而信其合同为有效致使对方当事人受损害的,当事人负损害赔偿责任。[②] 例如,甲出卖给乙一艘船。该船停泊在海湾,但在合同签订前4个小时被闪电击中灭失。本案中,构成自始不能,但甲是否承担损害赔偿责任,还需要考察甲是否知道或者应当知道给付障碍。在合同订立的时候,债务人知道或者因过失不知道给付之障碍,则债务人有过失,对于相对人负有损害赔偿责任。所谓因过失不知道给付障碍,在有偿契约时,应根据善良管理人注意程度予以判断;在无偿契约时,根据应尽与处理自己事务为同一注意义务判断。[③] 债务人的过错是被推定的。

如果按照自始不能情况下合同有效的思路,即没有适用缔约过失之余地。但是,在自始不能的原因是违反法律规定的情况下,判定合同有效并赔偿履行利益是违背违法无效规则之规范目的的。所以有学者认为,如果债务人所允诺的在法律上是不能的,或者法律上可能的交易受到法律(比如外贸法)之禁止,那么合同就是无效的,此时应适用缔约过失责任。[④] 此外,在不能给付价值无法确定的情况下,也不能赔偿履行利益。例如,当事人约定出卖永动机,该给付依照自然法则是不可能的,但该给付的价值无法确定,[⑤]所以,此时只能适用缔约过失规则赔偿信赖利益损害。

(二)行为能力之欠缺

依据《民法典》第20条、第21条之规定,无民事行为能力人,应由其法定代理人代理实施民事法律行为,而依据《民法通则》第58条之规定,无民事行为能力人实施的法律行为无效;依据《民法典》第19条、第22条的规定,限制民事行为能力人实施民事法律行为由其法定代理人代理或者经其法定代理人同意、追认,但是,其可以独立实施纯获利益的民事法律行为或者与其年龄、智力、精神健康状况相适应的民事法律行为。

---

① Vgl. Fikentscher/Heinemann, Schuldrecht, 10. Aufl. 2006, S. 205, Rn. 407.

② 参见韩世远:《合同法总论》(第4版),法律出版社2018年版,第165页。

③ 参见詹森林:《自始客观不能(二)》,载《月旦法学教室》第2期,第59页。

④ Vgl. Huber, Leistungsstörungen, in: BMJ (Hrsg.), Gutachten und Vorschläge, Bd. Ⅰ, 1981, D Ⅰ 18 c.

⑤ Vgl. Medicus, Verschulden bei Vertragsverhandlungen, in: BMJ (Hrsg.), Gutachten und Vorschläge, Bd. Ⅰ, 1981, S. 511.

行为能力规则之目的是保护未成年人，而未成年人之保护应优先于交易安全及相对人信赖之保护。如果此时承认合同订立无效而产生损害赔偿义务，则会架空对非完全民事行为能力人的保护，《民法典》第19条以下的规则就会被未成年人过失侵权规则所替代。而且，非完全民事行为能力人不应负有获得法定代理人同意的义务。

在德国法上，如果非完全民事行为能力人伪称自己是完全民事行为能力人，并足以使相对人相信，则善意相对人可以撤回意思表示（《德国民法典》第109条第2款前段）。对此，我国台湾地区“民法”第83条进一步规定，限制民事行为能力人使用诈术使人信其为有行为能力或已得法定代理人允许者，其法律行为有效。对此，反对者认为，使用诈术使人信其为有行为能力或已得法定代理人允许并不必然表示限制民事行为能力人可以在法律交往中自我保护，[①]所以该规则并不具有正当性。

在非完全民事行为能力人有违事实地称自己是完全民事行为能力人的情况下，即使对方产生信赖，也不负有履行或者赔偿积极利益的义务，也不会因为没有指明自己是未成年人而负担信赖利益赔偿。

（三）欠缺法定形式或约定形式

根据《民法典》第135条（《合同法》第10条）的规定，当事人订立合同，有书面形式、口头形式和其他形式。法律、行政法规规定采用书面形式的，应当采用书面形式。当事人约定采用书面形式的，应当采用书面形式。也就是说，合同可能有法定或约定之形式要件。形式要件规则的目的主要是防止当事人过于匆忙作出决定，具有警告与保护功能，合同不具备形式要件的，原则上无效。不过，法律、行政法规规定或者当事人约定采用书面形式订立合同，当事人未采用书面形式但一方已经履行主要义务，对方接受的，该合同成立（《民法典》第490条第2款）。如果一方未履行主要义务，或者履行了主要义务对方拒绝接受的，负有形式瑕疵的合同即不成立。在法律效果上，该不成立与无效一致。[②]

1. 就形式要件恶意诈欺的情况

如果一方当事人恶意对于形式要件问题进行诈欺，则不得以形式要件瑕疵为由主张合同无效。[③] 但是这并不意味着合同当然有效，因为若如此，可能会造成欺诈人违背被欺诈人意思而主张合同无效。值得考虑的是，是

---

① 参见朱庆育：《民法总论》（第2版），北京大学出版社2016年版，第260页。

② 参见朱庆育：《民法总论》（第2版），北京大学出版社2016年版，第305页。

③ 参见 Karl Larenz, Lehrbuch des Schuldrechts, Bd. Ⅰ, 14. Aufl. 1987, § 10 Ⅲ, S. 123 f.；朱庆育：《民法总论》（第2版），北京大学出版社2016年版，第306页。

否规定一般性的缔约过失责任。但缔约过失责任一般仅指向损害赔偿，而非履行；而损害赔偿要根据如果没有该导致损害赔偿义务之事件所应有的状态，在缺少形式要件的情况下，欺诈人通常不愿意受其约束，所以赔偿的通常是信赖利益。而且，在结果上也不符合当事人之间的利益状况。在此，不如赋予受诈欺之人以决定合同是否有效的权利，受诈欺人决定合同有效的，合同即有效，此权利为形成权。[①]

2. 过失未遵守形式要件的情况

原则上，在订立合同时，任何一方当事人都需要自行注意形式要件的问题，并承担因为形式瑕疵而带来的损害。但在例外情况下，基于合同、法律或者先前行为，一方当事人负有义务照顾另一方当事人的，一方当事人才负有提示对方有形式要件要求的义务或者负有完成形式要件的义务。具体来讲，法定的照顾义务，如父母子女关系、父亲赠与儿子不动产；约定的照顾义务，如银行与保证人订立保证合同，通常银行要考虑形式要件的问题；基于先前的行为，如一方当事人提供错误法律信息，阻碍另一方当事人完成形式要件。[②] 在一方当事人负有说明义务的情况下，原则上自己不能主张合同缺乏形式要件而不成立。

在建芳河南省福浩食品有限公司等与中国人民健康保险股份有限公司濮阳中心支公司等缔约过失责任纠纷案[③]中，银行和保险公司未提示投保人、被保险人在保险单中签字，导致合同无效。法院认为，二被告违背了诚实信用原则，应承担缔约过失责任。赵某昌作为完全民事行为能力人，应尽到一定的注意义务，其未在保险单中签字，具有一定的过错，因此，赵某昌对合同无效应承担 20% 的责任，被告保险公司和银行应各承担 40% 的赔偿责任。

在德国司法实践中，要进一步区分，在履行形式要件义务的情况下，合同是否可以有效订立，如果可以有效成立，义务违反人则应该赔偿履行利益；[④]否则，应赔偿信赖利益。如果赔偿履行利益，则直接与形式要件的保护过于匆忙的规范目的相冲突，而且也不能确定在履行形式要件义务的情况下，合同可以有效订立。所以，在构成缔约过失的情况下，债务人承担的

---

① Vgl. Medicus, Verschulden bei Vertragsverhandlungen, in: BMJ (Hrsg.), Gutachten und Vorschläge, Bd. Ⅰ, 1981, S. 512.

② Vgl. Medicus, Verschulden bei Vertragsverhandlungen, in: BMJ (Hrsg.), Gutachten und Vorschläge, Bd. Ⅰ, 1981, S. 514.

③ 参见河南省南乐县人民法院民事判决书，(2019)豫 0923 民初 1700 号。

④ Vgl. BGH NJW 1965, 812, 813 f.

应是信赖利益损害赔偿义务。而且，该信赖利益赔偿应以期待利益为限，因为受损害人的地位不能好于合同有效时的状况。

（四）合同违反法律、行政法规的强制性规定的情形

依据我国《民法典》第153条第1款的规定，违反法律、行政法规的强制性规定的合同无效。但是，该强制性规定不导致该合同无效的除外。而根据《民法典》第157条第2句（《合同法》第58条）之规定，有过错的一方应赔偿对方由此而受到的损失，其责任基础是缔约过失。[①] 不过，此时双方当事人都知道法律的规定或者会推定双方都知道法律，双方当事人的过错程度是相同的，应当没有损害赔偿请求权产生之余地。[②] 但在实践中，合同因违法而无效的，常常会令原告赔偿被告损失。如在马某涛诉李某兰房屋买卖合同纠纷案中[③]，原告马某涛认为买受人李某兰不属于通州区宋庄镇辛店村农民，其无权使用辛店村宅基地，故起诉请求确认马某涛与李某兰所签房屋买卖协议无效，李某兰返还房屋，原告同意按有关部门评估的房屋现值退还李某兰购房价款。法院最终以房屋买卖合同违反我国现行土地管理法律、法规、政策之规定[④]，认定该合同无效。但由于被告没有提起损害赔偿诉讼，所以法院判决只能留下余地，提示当事人另行提起损害赔偿诉讼。二审法院认为，出卖人在出卖时即明知其所出卖的房屋及宅基地属禁止流转范围，出卖多年后又以违法出售房屋为由主张合同无效，故出卖人应对合同无效承担主要责任。对于买受人信赖利益损失的赔偿，应当全面考虑出卖人因土地升值或拆迁、补偿所获利益，以及买受人因房屋现值和原买卖价格的差异造成损失两方面因素予以确定。但鉴于李某兰在原审法院审理期间未就其损失提出明确的反诉主张，在二审程序中，不宜就损失赔偿问题一并处理，李某兰可就赔偿问题另行主张。于是李某兰又提起了损害赔偿之诉[⑤]，通州区人民法院认为，马某涛作为出卖人在出卖时

① 参见韩世远：《合同法总论》（第4版），法律出版社2018年版，第319页。

② 参见许德风：《论合同违法无效后的获益返还——兼议背信行为的法律规制》，载《清华法学》2016年第2期。

③ 北京市通州区人民法院民事判决书，（2007）通民初字第1031号；北京市第二中级人民法院民事判决书，（2007）二中民终字第13692号。

④ 法院没有明确本案合同违反的是哪一部法律的哪一条，与之相关的可能是《土地管理法》第62条第1款以及国土资源部印发的《关于加强农村宅基地管理的意见》第13条，但要对这些规则进行解释，通过解释，可以发现，违反这些规则，并不会导致本案合同无效。参见朱庆育：《农村不动产交易中的契约自由与国家管制——以画家村房屋买卖案为分析样本》，载张双根等主编：《中德私法研究》第7卷，北京大学出版社2011年版，第37页以下。

⑤ 参见北京市通州区人民法院民事判决书，（2008）通民初字第02041号；北京市第二中级人民法院民事判决书，（2009）二中民终字第00769号。

即明知其所出卖的房屋及宅基地属于我国法律禁止流转范围，其在出卖房屋多年后又以违法出售房屋为由主张合同无效，故其应对合同无效承担主要责任。对于李某兰作为买受人的信赖利益损失的赔偿，应当全面考虑出卖人因土地升值或拆迁、补偿所获利益，以及买受人因房屋现值和原买卖价格的差异所造成损失两方面因素予以综合确定。最终，被告赔偿原告185,290元。据此，在缔约时，被告违反了向原告说明合同效力障碍的义务，尤其是在出卖房屋多年后又以违法出售房屋为由主张合同无效，有违诚实信用，对此，本应该不支持马某涛的合同无效的主张，但由于法院对原国土资源部印发的《关于加强农村宅基地管理的意见》等政策的执行，不得不支持其合同无效的主张，但为了平衡当事人的利益，还是应由马某涛基于缔约过失承担损害赔偿责任，而且，在本案中，人民法院支持的损害赔偿范围大体上相当于合同有效成立的期待利益。

应当进一步明确的是，明知或可得而知其无效的一方当事人，应对非因过失信其为有效而受损害之他方当事人负赔偿责任，《德国民法典》第309条（合同违反法律）设有准用第307条（自始客观不能）之规定，对上述问题应作肯定回答。王泽鉴教授认为，就“最高法院”五十九年（1970年）台上第七七一号判决所涉及之农地买卖案而言，我国台湾地区“最高法院”的判决认为买受人无自耕能力，其买卖契约违反强行法规定无效时，善意买受人可以就其信赖买卖契约有效而支出之订约登记费用，向知情之出卖人请求赔偿，从而就上述问题采肯定的立场。① 于此情形，可能发生一方当事人非因过失而信其法律行为有效而受损害，而他方明知或者可得而知其无效之情事，此时，明知者应当赔偿前者的信赖损失。②

在时间集团公司诉浙江省玉环县国土局土地使用权出让合同纠纷案③中，根据《合同法》第15条第1款的规定，国有土地使用权出让公告属于要约邀请，竞买人在竞买申请中提出报价，并按要约邀请支付保证金的行为属于要约，双方当事人尚未形成土地使用权出让合同关系。国有土地使用权出让方因出让公告违反法律的禁止性规定，撤销公告后，造成竞买人在缔约阶段发生信赖利益损失的，应对竞买人的实际损失承担缔约过失责任。

---

① 参见王泽鉴：《第一一三条规范功能之再检讨》，载王泽鉴：《民法学说与判例研究》第4册，中国政法大学出版社2003年版，第65页。

② 参见王泽鉴：《第一一三条规范功能之再检讨》，载王泽鉴：《民法学说与判例研究》第4册，中国政法大学出版社2003年版，第65页。

③ 参见《最高人民法院公报》2005年第5期。

依据《合同法解释(一)》第10条的规定，当事人违反国家限制经营、特许经营以及法律、行政法规禁止经营而订立的合同，为无效合同，因信赖其有经营权及契约有效成立而遭受损害之相对人均可依缔约过失原则获得赔偿。

根据《建设工程施工合同解释(一)》第1条的规定，建设工程合同无效包括建筑业企业资质或者超越资质等级、借用资质、未招标或者中标无效、转包、违法分包等情形。而在建设工程施工合同无效的情况下，建设工程发包人须承担缔约过失责任，但《民法典》第793条区分建设工程经验收合格时规定，建设工程发包人承担期待利益赔偿以及信赖利益的赔偿。

(五)合同损害社会公共利益的情形

依据《民法典》第153条第2款的规定，违背公序良俗的民事法律行为无效。而依据《合同法》第52条第4项的规定，损害社会公共利益的合同无效。在解释上，社会公共利益相当于公序良俗、公共秩序。保护公共利益亦即保护全体社会成员的共同利益。如果当事人订立的合同危害国家政治、经济、财政、金融、税收、治安等国家公共秩序，违反性道德、合法的射幸行为或者危害家庭关系、人格尊严、劳动者保护或消费者保护以及违反公平竞争原则等，均属损害社会公共利益，应归于无效的合同。[①]

违背善良风俗有两种类型：一为双方背俗；二为单方背俗，比如高利贷。

在双方背俗情况下，不会构成基于缔约过失的损害赔偿请求权。双方背俗情况下，双方都是知道背俗之事实情况的，并不会产生一方向另一方进行说明的义务。出现上述情况，当事人均应认识到其背俗性，当事人不可能不知道无效之原因，故不存在缔约过失责任。

在单方背俗情况下，构成背俗侵权，通过侵权法上的损害赔偿请求权，可以处理信赖利益的问题；如果一方已经支付了贷款，那么按照《德国民法典》第817条第2句的规定，不得请求返还。对于高利贷问题，我国法律采取了相对缓和的规则，在存在高利贷的情况下，有关本金部分的合同还是有效的，对于利息部分，超出合理的部分才无效。在逻辑上，如果高利贷造成借贷人损害的，放贷人应承担损害赔偿之缔约过失责任。

(六)重大误解

根据《民法典》第157条(《合同法》第58条)的规定，在一方当事人因重大误解而撤销合同的情况下，如果发生错误的一方对于错误的发生有过

---

① 参见崔建远：《合同法总论》(上卷)(第2版)，中国人民大学出版社2011年，第263页以下。

错,则应赔偿对方因此遭受的损失。发生错误的人之所以要承担缔约过失责任,是因为其导致了合同效力的障碍。

不同意见认为,不应以过错为要件,因为在错误非因过错所导致时,错误人更正错误的成本,就被转嫁给相对人,在结果上,显然对于错误人过于宽容,而对于相对人过于苛刻。[①]

(七)欺诈与胁迫

一方以欺诈或胁迫手段订立且损害国家利益的合同无效,若不侵害国家利益,则为可撤销合同,有过错的当事人应当赔偿对方因此所受的损失。

有学者认为此项欺诈或胁迫,已构成对精神自由之侵害,故该受欺诈或胁迫而为意思表示之人如因此而遭受损失,得依侵权行为规定请求损害赔偿。[②] 但有学者认为,为保护当事人使其多获救济机会,尤其是在其被欺诈时,似可解释为类推关于错误的规定而使当事人获得缔约过失赔偿。[③] 在欺诈的情况下,欺诈人故意违反说明义务,应承担缔约过失责任。

(八)乘人之危、显失公平

根据《民法典》第151条的规定,一方利用对方处于危困状态、缺乏判断能力等情形,致使民事法律行为成立时显失公平的,受损害方可以请求人民法院或者仲裁机构撤销合同;而依据《民法典》第157条第2句(《合同法》第58条)的规定,在一方当事人因显失公平而撤销合同的情况下,如果有过错,则应赔偿对方因撤销而遭受的损失。[④]

(九)恶意串通行为

双方当事人恶意串通损害他人合法利益的(《民法典》第154条),应向该第三人或国家、集体赔偿损失,但这不是缔约过失问题,应当依照侵权行为承担责任。就双方当事人而言,由于是通谋,并无缔约过失责任适用之余地。[⑤]

(十)虚伪行为

当事人以虚假的意思表示实施的法律行为无效(《民法典》第146条第1款),此时,如果当事人通谋为虚伪行为,亦无适用缔约过失之余地。如果单方为虚伪行为,则相对人可以请求缔约过失上的赔偿责任。

---

① 参见朱庆育:《民法总论》(第2版),北京大学出版社2016年版,第277页。

② 参见郑玉波:《民法债编总论》(第2版),台北,三民书局股份有限公司2002年版,第149页;史尚宽:《债法总论》,中国政法大学出版社2000年版,第143页。

③ 参见刘春堂:《缔约上过失之研究》,台湾大学1983年博士学位论文,第183页。

④ 参见韩世远:《合同法总论》(第4版),法律出版社2018年版,第165页。

⑤ 参见崔建远:《合同法总论》(上卷)(第2版),中国人民大学出版社2011年版,第367页。

（十一）无权代理

《民法典》第171条第1款、第3款、第4款规定："行为人没有代理权、超越代理权或者代理权终止后，仍然实施代理行为，未经被代理人追认的，对被代理人不发生效力。""行为人实施的行为未被追认的，善意相对人有权请求行为人履行债务或者就其受到的损害请求行为人赔偿。但是，赔偿的范围不得超过被代理人追认时相对人所能获得的利益。""相对人知道或者应当知道行为人无权代理的，相对人和行为人按照各自的过错承担责任。"

代理人无权代理，而本人又未追认的，此时，代理人要向相对人承担责任（《民法典》第171条第3款、《合同法》第48条第1款、《民法通则》第66条第1款）。在责任构成上，不以无权代理人有故意或过失为要件，属于一种无过失责任。[①] 在责任内容上，无权代理人须承担实际履行责任或者损害赔偿责任，具体由善意相对人选择，相对人选择损害赔偿的，损害赔偿的内容为信赖利益。[②] 而且，该信赖利益不得超过被代理人追认时相对人所能获得的利益，即期待利益。但是在相对人知道或者应当知道行为人无权代理的情况下，须考察相对人和无权代理人是否具有过错，仅无权代理人有过错的，其独自承担责任；但如果相对人也有过错的，则按照各自的过错承担责任。也就是说，仅仅依据相对人恶意还不能完全免除无权代理人责任，尚须考察过错要件，此时无权代理人的责任构成以过错为要件。

对于无权代理的性质，有力学说认为是缔约过失责任，[③]不同意见认为是独立的法定责任，主要理由是该责任不以过失为要件。该学说进一步认为无权代理人责任为确保责任，即代理人以被代理人名义从事交易时，应确保自己有代理权或将来会获得追认。[④] 笔者认为，无权代理人的责任为缔约过失责任。首先，尽管在大部分情况下，缔约过失责任以过错为要件，但在个别情况下，也可以是无过错责任，如《德国民法典》第122条有关过错情况下的损害赔偿责任，也就是过错并非缔约过失的必然构成前提。其次，无权代理人以本人名义从事代理行为，也不必然产生确保义务，在法律结果上，其只能自己承担损害赔偿或者实际履行之责，其中的损害赔偿责任针对的是相对人相信其有代理权而产生的损害。另外，依据德国法，区

① 参见梁慧星：《民法总论》（第5版），法律出版社2017年版，第243页。

② 参见王利明：《合同法新问题研究》（修订版），中国社会科学出版社2011年版，第303页。

③ 参见王利明：《合同法新问题研究》（修订版），中国社会科学出版社2011年版，第303页；杨代雄：《民法总论专题》，清华大学出版社2012年版，第265页。

④ 参见纪海龙：《〈合同法〉第48条（无权代理规则）评注》，载《法学家》2017年第4期。

别对待无权代理人是否明知的情况，无权代理人明知自己无代理权的，善意相对人有权选择代理人赔偿履行利益或者实际履行，在无权代理人不知自己无代理权时，仅承担信赖利益损害赔偿责任，并以履行利益为限。[①] 在无权代理人不知自己没有代理权的情况下（如本人撤回代理权授予，但没有通知代理人的情况），使无权代理人承担明知无权代理人之责，并无正当性。此时，应比照基于错误的损害赔偿责任规则，仅承担信赖利益损害赔偿之责。[②] 最后，根据《民法典》第 171 条第 4 款的规定，如果相对人知道或者应当知道行为人无权代理的，相对人和行为人按照各自的过错承担责任。这里的责任应当是损害赔偿责任，并且应当是以过错为要件的。所以，在性质上，无权代理属于缔约过失责任。

在李某杰与北京市链家房地产经纪有限公司等缔约过失责任纠纷上诉案[③]中，代理人未告知相对人其无权代理。法院认为，代理人李某杰无权代理他人签订合同，且对无权代理行为应是明知的，其应承担全部赔偿责任。刘某黎作为合同相对方，在李某杰出示华某红房产证、华某红身份证、结婚证原件以及授权委托书的情况下，出于信赖与李某杰签订合同，应视为尽到了谨慎的审查义务，不存在过错。

在大连阿兹慕游艇有限公司、顾某荣缔约过失责任纠纷案[④]中，成年的限制民事行为能力人（患精神疾病）签订了 750 万元的游艇买卖合同，其妻子作为法定监护人，明知丈夫与对方洽谈游艇买卖事宜，却未告知相对人丈夫有精神疾病，导致相对人为履约购进了游艇。法院认为，其妻子的行为违反法律规定，违背诚实信用原则。

（十二）待批准的合同情况下的缔约过失责任

1. 需要批准的合同

合同需要行政机关的批准，在法律上多有规定。具体如《城市房地产管理法》第 40 条的规定，划拨土地使用权转让需要批准程序；《矿产资源法》第 6 条规定，当事人转让探矿权与采矿权的，应当经过批准；《企业国有资产法》第 53 条规定，企业国有资产转让合同，需要批准；2014 年《证券法》第 101 条第 1 款规定，收购上市公司中由国家授权投资的机构持有的股份，应当按照国务院的规定，经有关主管部门批准。《中华人民共和国商业银行法》《证券法》《保险法》等法律规定，购买商业银行、证券公司、保险

---

① Vgl. Ruthers/Stadler, AT des BGB, 16. Aufl. 2009, S. 504 ff.

② 参见朱庆育：《民法总论》（第 2 版），北京大学出版社 2016 年版，第 362 页。

③ 参见北京市第二中级人民法院民事判决书，（2018）京 02 民终 8288 号。

④ 参见辽宁省高级人民法院民事判决书，（2020）辽民终 363 号。

公司5%以上股权须经相关主管部门批准。《中华人民共和国中外合资经营企业法实施条例》(2019年修订,已失效)第20条第1款规定:“合营一方向第三者转让其全部或者部分股权的,须经合营他方同意,并报审批机构批准,向登记管理机构办理变更登记手续。”根据《反垄断法》第20条以下规定,经营者集中协议也需要批准。

值得注意的是,这里的批准,针对的可能是处分行为,也可能是负担行为。在第一种情况下,应当办理申请批准等手续的当事人未履行义务的,对方可以请求其承担违约责任;在第二种情况下,应当办理申请批准等手续的当事人未履行义务的,对方可以请求其承担缔约过失责任。

2. 针对处分行为的批准

土地使用权、股权、采矿权以及国有资产的转让,均存在债权行为与处分行为的二元结构。如果批准针对的是土地使用权等绝对权处分行为,则处分行为没有被批准的,不影响债权行为的效力,受害人可以基于债权合同追究违约责任。

在当事人约定转让矿业权的情况下,批准并非转让矿业权合同的生效要件,而是矿业权权利变动的要件。《矿业权解释》第6条即规定:“矿业权转让合同自依法成立之日起具有法律拘束力。矿业权转让申请未经自然资源主管部门批准,受让人请求转让人办理矿业权变更登记手续的,人民法院不予支持。当事人仅以矿业权转让申请未经自然资源主管部门批准为由请求确认转让合同无效的,人民法院不予支持。”在当事人之间的矿业权转让合同依法成立后,转让人无正当理由拒不履行报批义务,受让人可以请求解除合同,从而请求转让人承担返还已付转让款及利息并赔偿损失的违约责任(《矿业权解释》第8条)。

在深圳市标榜投资发展有限公司、鞍山市财政局股权转让纠纷案[①]中,

---

① 参见《最高人民法院公报》2017年第12期。2012年4月17日,鞍山市财政局(甲方)与标榜公司(乙方)签订股份转让合同书,鞍山市财政局以其持有的鞍山银行8.9987%即22,500万股份以肆亿伍仟万元(每股2.00元人民币)的价格转让给标榜公司。股份转让合同书约定,审批机关包括中国银行业监督管理委员会等依法具有审批权限的机关或其地方授权机关,合同获得有权审批机关批准后生效。2012年2月10日,标榜公司按约定将相关报批材料按双方合同约定提交至鞍山银行。鞍山银行向中国银行业监督管理委员会鞍山监管分局报送了《关于标榜公司等2家企业受让持股鞍山银行股东资格审查的请求》。中国银行业监督管理委员会鞍山监管分局同意鞍山银行此次股东变更有关行政许可事项。2013年6月6日,鞍山市财政局向沈交所发出《关于终止鞍山银行国有股权转让的函》(鞍财债〔2013〕137号),以国有资产明显增值为由终止本次鞍山银行国有及国有法人的转让。沈阳联合产权交易所根据鞍山市财政局上述文件,向标榜公司、宏运集团及中信红河矿业有限公司、辽宁融信资产经营有限公司发出《关于终止鞍山银行国有股权转让的通知》。

最高人民法院认为,鞍山市财政局无正当理由不履行涉案合同报批义务,其行为已构成《合同法》第42条第3项规定的"有其他违背诚实信用原则的行为",应认定其存在缔约过失。在赔偿范围上,法院认为,除直接损失外,缔约过失人对善意相对人的交易机会损失等间接损失,应当予以适当赔偿。间接损失数额应考虑缔约过失人过错程度及获得利益情况、善意相对人成本支出及预期利益等,综合衡量确定。应当说明的是,该案并没有区分是债权合同还是处分行为的批准。在该案中,合同已经成立,需要批准的是股权让与这一处分行为,而处分行为未获得批准的,股份买受人仍可以基于合同请求履行利益的赔偿。

3. 针对债权合同的批准

如果批准针对的是债权合同,即债权行为,则会涉及合同是否生效的问题。没有办理批准等的合同,也可以嗣后补救。所以,在合同没有获得批准的情况下,其效力待定。不过,在效力待定期间,合同当事人即应受约束,单方解除不生效力。① 在合同被批准后,溯及既往地发生效力,溯及到合同订立之时。

基于所订立合同的目的,缔约当事人原则上负有义务对合同的成立作出自己的贡献。因此要承担清除合同效力障碍的义务,尤其在有批准程序或形式要件的情况下,缔约当事人要帮助相对方使合同满足批准程序或形式要件。在合同已经成立,但因尚未获得批准而效力待定时,如果不使当事人负有申请义务或者促成批准的协作义务,那么就与当事人订立合同的宗旨不相符合。②

双方当事人均负有义务尽最大努力以取得许可,并负有义务不为有碍许可授予的行为。该义务并非产生于合同本身,而是产生于合同前的法律关系。如果一方当事人有过错地阻碍了许可的授予,则在没有该阻碍行为许可就可授予的情况下,阻碍许可授予者须承担赔偿损害责任,并以履行利益为限。③ 值得注意的是,如果谈判当事人有过错地对确保获得许可作出了不正确的陈述,那么也要承担缔约过失责任,这属于违反说明义务类型的缔约过失类型。

有疑问的是,什么是尽最大努力以取得许可的义务?在合同需要批准的情况下,批准是最终的结果,申请批准也是在后的程序,在此之前,需要做一系列准备,当事人之间需要相互配合,以符合批准的要求,而且在申请

---

① Vgl. Karl Larenz, Lehrbuch des Schuldrechts, Bd. Ⅰ, 14. Aufl. 1987, S. 59.

② 参见孙维飞:《〈合同法〉第42条(缔约过失责任)评注》,载《法学家》2018年第1期。

③ Vgl. Karl Larenz, Lehrbuch des Schuldrechts, Bd. Ⅰ, 14. Aufl. 1987, S. 59.

过程中，还要按照行政机关的要求进行配合、协助。所以，这里的申请人义务应作广义理解，即包括协作、配合等义务。[①]

综合上述，在合同被批准前，合同本身成立了，但还没有生效，在此阶段，如果一方当事人违反申报义务或者协助义务等附随义务，造成对方损害的，也应承担缔约过失责任。[②]

根据《合同法解释(二)》第8条的规定，依照法律、行政法规的规定经批准或登记才能生效的合同成立后，有义务办理申请批准或者申请登记等手续的一方当事人未按照法律规定或者合同约定办理申请批准或者未申请登记的，属于"其他违背诚实信用原则的行为"，人民法院可以根据案件的具体情况和相对人的请求，判决相对人自己办理有关手续；对方当事人对由此产生的费用和给相对人造成的实际损失，应当承担损害赔偿责任。该条规定的批准义务主要针对的是债权合同。此时违反申请批准义务者应承担缔约过失责任。

在缔约过失责任方面，首先是实际履行责任。如果一方负有申请办理批准登记等手续的，则另一方可以请求其申请办理；或者一方拒绝配合申请办理的，如合资合同的批准手续，则另一方也可以请求其配合申请办理，如果其拒绝，则另一方可以申请法院作出判决该另一方自行办理，如此促成合同生效(《外商投资企业纠纷规定(一)》第6条)。原则上，负有申请办理批准登记手续的一方应承担缔约过失责任，赔偿另一方的信赖利益损失。[③]

如果当事人有过错地违反了协助或配合义务，而一旦其履行协助义务或配合义务，合同就能获得批准的情况下，相对人也可以请求赔偿期待利益。[④]

如果不予以准许的原因是当事人约定的内容不符合准许标准，而不予批准后，当事人就得变更合同从而实际履行合同。例如，德国法上，在没有批准但具备可批准的价值保证条款的情况下，联邦法院多次判决，合同双方当事人负有同意变更合同的义务，通过合同变更达到通过该禁止条款所要达到的目的，而且无须批准。[⑤] 在嗣后判决中，法院通过补充解释，直接

---

① 参见汤文平：《批准(登记)生效合同、"申请义务"与"缔约过失"：〈合同法解释(二)〉第8条评注》，载《中外法学》2011年第2期。

② 参见孙维飞：《〈合同法〉第42条(缔约过失责任)评注》，载《法学家》2018年第1期。

③ 参见崔建远：《合同法总论》(上卷)(第2版)，中国人民大学出版社2011年版，第95页。

④ 参见王文胜：《论合同生效前当事人的协作义务——以经批准或登记后生效的合同为例》，载陈小君主编：《私法研究》第12卷，法律出版社2012年版，第81页。

⑤ Vgl. BGH NJW 1967, 830, 831; Horn, Neuverhandlungspflicht, AcP 181(1981), S. 255, 270.

将禁止条款转化为无须批准的条款，合同当事人必须予以接受。[①] 类似地，根据1997年《德国建筑法》第19条的规定，建筑行政部门在没有批准土地所有权让与时，如果变更合同对于出卖人受保护之利益没有影响，但对于买受人的利益影响重大，那么出卖人就负有义务协助变更合同内容从而排除行政机关批准之必要，并重新进行土地所有权让与。[②]

4. 约定报批义务条款的情况

当事人可以特别约定报批义务条款，赋予一方当事人报批义务。此时，报批义务即由附随义务转变为给付义务。报批义务条款可以被独立对待，负有报批义务的一方当事人未办理批准等手续影响合同生效的，不影响合同中履行报批等义务条款以及相关条款的效力（《民法典》第502条第2款第2句）。

这里的疑问是，违反报批义务约定，应当承担何种责任。根据《民法典》第502条第3款的规定，应当办理批准等手续的当事人未履行义务的，对方可以请求其承担违反该义务的责任。在这里，并没有采用“违约责任”的表述。参照合同违约责任之意，“违反该义务的责任”可以包括继续履行、赔偿损失、支付违约金等形式。[③] 有学者认为，在外商投资企业股权转让合同需要批准的情况下，转让方和外商投资企业不履行报批义务承担的责任属于违约责任，而非缔约过失责任。[④]

基于报批义务条款的约定，当事人可以要求负有报批义务的一方实际履行报批义务。根据《外商投资企业纠纷规定（一）》第6条的规定，受让方可以诉请转让方与外商投资企业在一定期限内共同履行报批义务，也可以诉请在转让方和外商投资企业于生效判决确定的期限内不履行报批义务时自行报批。

鉴于对报批义务条款的独立性质的认定，外商投资企业股权转让合同成立后，转让方和外商投资企业不履行报批义务，经受让方催告后在合理的期限内仍未履行，受让方可以解除合同（《外商投资企业纠纷规定（一）》第5条）。法院判决转让方与外商投资企业在一定期限内共同履行报批义务，但转让方与外商投资企业拒不履行的，受让方也可以解除合同（《外商投资企业纠纷规定（一）》第6条第2款）。在逻辑上，因为转让方与外商

① Vgl. Soergel/Widermann, vor § 275 Rn. 143.

② Vgl. BGHZ 67, 34, 35.

③ 参见黄薇主编：《中华人民共和国民法典释义》（中），法律出版社2020年版，第964页。

④ 参见刘贵祥：《论行政审批与合同效力——以外商投资企业股权转让为线索》，载《中国法学》2011年第2期。

投资企业不履行约定的报批义务，整个合同目的不能实现，所以受让方可以解除合同。

根据《外商投资企业纠纷规定（一）》第5条、第6条的规定，外商投资企业股权转让合同被解除后，受让人可以请求损害赔偿。第5条规定的赔偿损失是实际损失，这里的实际损失是信赖利益的损失。[①] 而第6条明确赔偿损失的范围可以包括股权的差价损失、股权收益及其他合理损失，一般不应超过履行利益。在利益衡量上，外商投资企业股权转让设置批准要求具有国家安全、防止垄断、考虑税收以及劳动力就业地方利益等政策考量，如果不分情况支持履行利益赔偿，就会导致这些政策考虑落空。[②]

在逻辑上，违反报批义务条款，毕竟不是违反整体合同，所以对于违反报批义务条款的责任，只能参照合同违约责任予以确定。如果最终合同未被批准，负有报批义务者，也应承担缔约过失责任。具体就损害赔偿数额而言，需要结合批准可能性、当事人履行的完成度与成熟度等因素进行综合判断，最高可以很接近整体合同的履行利益，但不能超过整体合同的履行利益。[③]

（十三）无效担保合同情况下的担保人缔约过失责任

《民法典》第388条第1款第4句、第2款从主从合同角度出发，规定主债权债务合同无效的，担保合同无效。而担保合同被确认无效后，债务人、担保人、债权人有过错的，应当根据其过错各自承担相应的民事责任。《民法典担保制度解释》第17条对此进一步作出解释，在主合同有效而第三人提供的担保合同无效的情况下，债权人与担保人均有过错的，担保人承担的赔偿责任不应超过债务人不能清偿部分的1/2；担保人有过错而债权人无过错的，担保人对债务人不能清偿的部分承担赔偿责任；债权人有过错而担保人无过错的，担保人不承担赔偿责任。主合同无效而导致第三人提供的担保合同无效，担保人无过错的，不承担赔偿责任；担保人有过错的，其承担的赔偿责任不应超过债务人不能清偿部分的1/3。

首先，该规则误将担保合同与主合同的关系认定为被担保债权与担保物权之间的从属关系。其次，即使认定为从属关系，也是抗辩权移转附随性的问题，而非笼统地承担赔偿责任的关系。而且，在主合同无效的情况

① 参见万鄂湘主编、最高人民法院民事审判第四庭编著：《最高人民法院关于审理外商投资企业纠纷案件若干问题的规定（一）条文理解与适用》，中国法制出版社2011年版，第76页以下。

② 参见汤文平：《批准（登记）生效合同、"申请义务"与"缔约过失"：〈合同法解释（二）〉第8条评注》，载《中外法学》2011年第2期。

③ 参见黄薇主编：《中华人民共和国民法典释义》（中），法律出版社2020年版，第964页。

下，担保物权应不受其影响，继续存在；在担保合同无效的情况下，具体看担保物权是否也因此无效，如果没有同一瑕疵，担保物权还是可以继续存在的。最后，发生无效的原因很多，不能一概规定损害赔偿请求权，具体还要考察担保人是否阻碍了合同的生效或者违反了说明义务。

担保人承担损害赔偿责任的性质，一般被认为是缔约过失责任。[①] 但综上所述，并不是在所有情况下都可以产生缔约过失责任。在违法无效的情况下，各方都知道违法事项，不会存在信赖或者一方存在过失而订立合同的情况。[②] 尤其是使担保人承担损害赔偿责任的基础何在？担保人若阻碍担保合同发生效力，则其违反了促成合同有效义务，应当承担缔约过失责任。但担保人无论如何不能阻碍主合同效力的产生；因此，要求担保人承担损害赔偿责任，实在没有根据。不过，在实践中，担保合同无效的主要原因是担保主体不适格或者担保人提供的抵押财产之上不得设定担保（《民法典》第 398 条、第 399 条）。在此种情况下，担保人可能因违反了说明义务而承担缔约过失责任。例如，在三亚市人民政府与关闭海南发展银行清算组借款合同纠纷上诉案中，三亚市人民政府下辖某职能部门为债务人借款提供保证，两审法院均依《担保法》第 8 条之规定，认定保证合同无效，同时又认为，对于保证合同无效，“双方均有过错，应依法承担相应的过错责任”，因而判令三亚市人民政府就债务人不能清偿部分承担一定比例的责任。

进一步来看，《民法典担保制度解释》第 17 条第 2 款规定，主合同无效而导致第三人提供的担保合同无效，担保人有过错的，其承担的赔偿责任不应超过债务人不能清偿部分的 1/3。此时，担保人仅承担缔约过失责任，对于债权人（担保权人）而言甚为不公，本来可以要求担保人承担担保责任，但因为主合同无效，而仅能要求其承担缔约过失责任。而且，如此规定，无疑是要求债权人负有保障担保合同有效的义务。反过来思考，主合同无效而导致第三人提供的担保合同无效，担保人承担缔约过失的基础又何在？在此种情况下，担保人不可能阻碍合同的生效，也不可能违反说明合同效力瑕疵的义务。

---

① 参见高圣平：《担保法论》，法律出版社 2009 年版，第 53 页以下；最高人民法院民事审判第二庭：《最高人民法院民法典担保制度司法解释理解与适用》，人民法院出版社 2021 年版，第 208 页。

② 参见许德风：《论合同违法无效后的获益返还——兼议背信行为的法律规制》，载《清华法学》2016 年第 2 期。

第五节　法律效果

一、信赖利益的赔偿

在中断缔约、合同不成立或者无效的情况下，受害人可以请求信赖利益（消极利益）的赔偿。所谓信赖利益，又被称为“消极利益”，是合同当事人因信赖法律行为有效而产生的损害，受害人的状态应当恢复到如同没有签订合同的状态。在缔约过失场景下，即恢复到合同缔结前无加害行为时所处的状态。但受害人原则上不能请求期待利益（积极利益）的赔偿，原因在于，如果可以请求期待利益的赔偿，就会导致通过缔约过失责任达到强制缔约的效果。例如，一方当事人有责地引起或保持了另一方当事人的期待，即谈判即将继续进行，或合同将有效地订立（虽然他知道或应该知道，情况并非如此，而且也没有通知的情况下），因此应赔偿信赖利益，即基于另一方所引发的信赖而产生的无益费用。

除此之外，受害人也可以基于（默示达成的）关于相对人谈判支出费用与风险分担的约定，承担费用赔偿的义务。[①]

二、信赖利益的内容

就信赖利益的内容而言，学说上存在分歧。有学者认为信赖利益的赔偿范围只能限于直接损失，指因信赖合同的成立和生效所支出的各种费用。且应当是合理支出的费用，以一个谨慎小心的合理的人的行为为标准。义务人不应当赔偿间接损失，理由有二：一是机会所形成的利益很难合理确定，若是允许赔偿机会损失则范围过大；二是机会损失在举证上存在困难，可能引发当事人与第三人恶意串通索取巨额机会损失的费用。[②]

多数学者认为信赖利益损害包括所受损害和所失利益[③]或直接损失和间接损失[④]；但也有学者对这两种分类方法是否能等同提出疑问。[⑤] 崔建远教授将直接损失概括为缔约费用、准备缔约费用和受害人支出上述费用所失去的利息，将间接损失概括为丧失与第三人订立合同的机会所产生的损失。韩世远教授列举如下：所受损害包括为签订合同而合理支出的交通

① Vgl. Volker Emmerich, Das Recht der Leistungsstörungen, 6. Aufl. 2005, S. 122.

② 参见王利明：《合同法研究》（第1卷）（第3版），中国人民大学出版社2015年版，第367页。

③ 参见韩世远：《合同法总论》（第4版），法律出版社2018年版，第144～145页。

④ 参见崔建远：《缔约上过失责任论》，载《吉林大学社会科学学报》1992年第3期。

⑤ 参见陈吉生：《论缔约过失责任》，法律出版社2012年版，第187～188页。

费、鉴定费、咨询费、勘察设计费及银行利息等；所失利益指丧失与第三人另订合同的机会所产生的损失。①

对于所失利益包含交易机会的丧失，就其理由而言，“交易机会的损失也是交易成本之一”②；从比较法角度考察，各国立法和司法实践中也都承认交易机会的损失赔偿。如德国、瑞士司法实务中均存在对缔约机会损失进行保护的案例，而《葡萄牙民法典》第564条明确规定信赖利益损失包括现有利益损失和可得利益损失，法国最高法院和英美国家的判例中都体现了对机会损失和合理期待的保护。③

我国司法实践也承认机会损失是缔约过失的责任范围。例如，在中信红河矿业有限公司、鞍山市财政局股权转让纠纷案④中，最高人民法院认为，如果善意相对人确实因缔约过失责任人的行为遭受交易机会损失等间接损失，则缔约过失责任人也应当予以适当赔偿。又如，开发公司因不具有商品房许可证导致买卖合同无效，其应赔偿购房人与替代交易价格之间的差额。

还有学者认为，信赖利益不仅包括且不限于机会损失，还包括期待利益的损失。如建设工程施工合同因承包人不具有资质而无效，但工程竣工验收合格，依据《建设工程施工合同解释》第2条的规定，这种情况下发包人应参照合同约定向承包人支付工程价款。但如果承包人延期完工，发包人可要求承包人赔偿迟延损失。学者认为这种赔偿的性质是对所失利益的赔偿，但不属于与第三人订立合同的机会损失。⑤ 在合同无效时，出于操作方便，根据合同有效时的履行利益进行损害赔偿，用以替代被放弃的其他缔约机会利益，作为赔偿的计算基础。⑥ 比如，保险合同无效，且并非保险人方原因造成，但已经发生了保险事故的，此时，有裁决判定义务人赔偿约定的已经支付的保险金，该保险金作为投保人的信赖利益损失。⑦ 笔者认为，这种观点均混淆了信赖利益与期待利益，在本质上，信赖利益与期待利益根本不同，不能互相替代。

---

① 参见韩世远：《合同法总论》(第4版)，法律出版社2018年版，第144～145页。

② 朱广新：《合同法总则》，中国人民大学出版社2008年版，第120页。

③ 参见陈吉生：《论缔约过失责任》，法律出版社2012年版，第182～184、190～191页。

④ 参见济宁工藤房地产开发有限责任公司与嘉祥县人民法院预售合同纠纷申请再审案，载吴庆宝主编：《权威点评最高法院合同法指导案例》，中国法制出版社2010年版，第24页以下。

⑤ 参见陈吉生：《论缔约过失责任》，法律出版社2012年版，第192～196页。

⑥ 参见张家勇：《论前合同损害赔偿中的期待利益——基于动态缔约过程观的分析》，载《中外法学》2016年第3期。

⑦ 参见屈某华等诉泰康人寿保险股份有限公司人身保险合同案，湖北省宜昌市中级人民法院(2004)宜民终字第859号民事判决书。

笔者认为，信赖利益亦包括两部分，即所受损害与所失利益，前者表现为其财产的减少，如为了缔约而支出的各种费用；后者体现为应当增加的财产没有增加，如由于与合同相对人磋商而丧失了与其他人磋商缔约的机会。但信赖利益不应该包括期待利益。

信赖利益具体包括：(1)缔约费用，包括邮电费用、赴订约地或察看标的物所支出的合理费用；(2)为准备履行或接受履行所支出的费用，如为运送标的物或保管标的物而订立相应合同的费用及因违约而支出的违约金、赔偿金等；(3)上述费用的利息损失；(4)因合同不成立或效力瑕疵而在市场上以合理价格购买同类标的物之差价损失；(5)因信赖合同有效成立而放弃其他订约机会的损失；等等。

最后，应注意的是，造成信赖产生之行为的时点之后支出的费用，才是缔约过失赔偿的范围。之前产生的费用是风险承担问题，应由缔约人各自承担，没有理由将风险移转给对方。

三、信赖利益赔偿范围的限制

(一)是否以履行利益为限

依据原《德国民法典》第122条、第307条、第309条的规定，表意人应向另一方当事人赔偿因相信意思表示有效而受到的损害，但赔偿数额不得超过履行利益。这样规定的原因是该种类型的缔约过失责任的基础在于信赖。

通常情况下，信赖利益小于履行利益，但未必总是如此。在有些情况下，信赖利益大于履行利益，如交易机会丧失之损害就可能高于履行利益之损害，此时若允许信赖利益赔偿，则受损害人的情况要好于合同正常履行的情况，如此会有不公平之感。[①] 故在错误、无权代理情况下，信赖损害赔偿应以履行利益为限。

在德国法上中断缔约的情况下，义务人赔偿受害人信赖利益，但并不以履行利益为损害赔偿范围的界限。而且依据判例和《德国民法典》第249条的规定，原则上赔偿信赖利益损害，并不以履行利益为限。[②] 于侵害身体或所有权时赔偿固有利益或完全性利益。

---

① 参见叶金强：《信赖原理的私法结构》，北京大学出版社2014年版，第178页。

② 参见朱岩编译：《德国新债法：条文及官方解释》，法律出版社2003年版，第180页。案例参见崔建远：《缔约上过失责任论》，载《吉林大学社会科学学报》1992年第3期。

对此,我国多数学者主张对信赖利益的赔偿应当以履行利益为限。[①] 理由为,“盖契约纵经当事人合意而成立,其所得利益亦以履行利益为限”[②]。王利明教授认为:“在一般情况下,基于信赖利益的赔偿,不可能达到履行利益的范围,但仍有必要以履行利益限制信赖利益的赔偿范围,因为这是一项基本原则;确立这一原则对实践中认定信赖利益的赔偿范围十分必要。”[③]在司法实践中,多有坚持信赖利益赔偿应以履行利益为限的裁判。[④]

崔建远教授反对该观点,认为“我国合同法不宜沿袭这种观点,而应实事求是,受害人受有多少损失,有过错的缔约人就应赔偿多少,否则就是对有过错者的放纵”。对于德、日判例学说中出现的赔偿范围也可以是履行利益的损失的观点,崔建远教授认为可能与其缔约过失责任可适用于有效成立的合同场合有关。我国情形与此相反,故不宜采此种观点。[⑤] 王泽鉴教授也认为“此项信赖利益的赔偿范围不受履行利益的限制”[⑥]。

2019 年《全国法院民商事审判工作会议纪要》第 32 条中规定:“合同不成立、无效或者被撤销情况下,当事人所承担的缔约过失责任不应超过合同履行利益。”不过,目前我国法律上仅有一处规定了信赖利益的赔偿不能超过期待利益的赔偿,即《民法典》第 171 条第 3 款,其规定:“行为人实施的行为未被追认的,善意相对人有权请求行为人履行债务或者就其受到的损害请求行为人赔偿。但是,赔偿的范围不得超过被代理人追认时相对人所能获得的利益。”在这里,此款规定应限定在代理人不知代理权欠缺的情况下。只有如此,才值得通过限定信赖利益赔偿规则予以保护。在我国现行法上,除此之外,并没有其他规定。所以,笔者认为,首先,不能将信赖利益的赔偿不能超过期待利益赔偿的规则一般化。其次,在其他的合同不成立或者无效情况下,不仅不一定以履行利益赔偿为限,而且有可能赔偿期待利益。在信赖利益超出履行利益的情况下,赔偿以期待利益为限,不符合完全赔偿原则。比如,承揽人因信赖建筑工程合同有效,而丧失了另

---

① 此种观点参见孙森焱:《民法债编总论》(下册),法律出版社 2006 年版,第 572 页;王利明:《合同法研究》(第 1 卷)(第 3 版),中国人民大学出版社 2015 年版,第 367 ~ 368 页;张广兴:《债法总论》,法律出版社 1997 年版,第 56 页;韩世远:《合同法总论》(第 4 版),法律出版社 2018 年版,第 145 页。

② 孙森焱:《民法债编总论》(下册),法律出版社 2006 年版,第 572 页。

③ 王利明:《合同法研究》(第 1 卷)(第 3 版),中国人民大学出版社 2015 年版,第 367 ~ 368 页。

④ 参见尚连杰:《信赖利益赔偿以履行利益为限吗——从一般命题到局部经验》,载《政治与法律》2017 年第 11 期。

⑤ 崔建远:《缔约上过失责任论》,载《吉林大学社会科学学报》1992 年第 3 期。

⑥ 王泽鉴:《债法原理》(第 2 版),北京大学出版社 2013 年版,第 194 页。

一项建筑工程合同,而后者带来的收益更高,此时,信赖利益就可能高于履行利益,有损害就应赔偿,不应以履行利益数额为限。

在恶意磋商或者欺诈情况下,义务人的可归责性比较强,此时,在法政策上并没有保护之正当性。所有的信赖利益,包括直接费用、交易机会等均应完全予以赔偿,并不以期待利益为限。不过,在过失情况下,基于利益衡量,只有在受害人证明本来会与义务人订立更有利的合同时,信赖利益的赔偿范围才可以超过履行利益的赔偿范围。①

(二)可预见性规则的限制

有学者将合同法的合理预见规则引入缔约过失责任,主张在合同不成立、无效或被撤销的情况下,有过错一方所赔偿的信赖利益不应超过当事人订立合同时所应当预见的损失。②

从缔约过失性质来看,其属于法定责任,但类似于合同关系,故此,在法律适用上,应适用《民法典》关于损害赔偿的规则,其中就包括了可预见性规则(第 584 条)。

(三)与有过失规则

信赖利益的赔偿还受到损害赔偿一般限制条件制约,如与有过失原则。与有过失,也被称为“过失相抵”,如果受害人自己对于损害的产生或者扩大可归责地共同起了作用,那么依据诚实信用原则,受害人不能向侵害人要求全部的损害赔偿(《民法典》第 592 条)。根据《民法典》第 157 条(《合同法》第 58 条)的规定,在合同被撤销或者无效的情况下,有过错的一方应当赔偿对方因此所受到的损失;双方都有过错的,应当各自承担相应的责任。也就是说,在缔约过失责任情况下,也适用与有过失规则。

在过错责任的情况下,还要比较双方过错的大小。双方通常按照过错比例承担损害责任,但也有可能完全由侵害人承担责任,如侵害人故意而受害人轻过失的情况下。相反,在受害人的过错很重而侵害人没有过错仅因危险而承担责任的情况下,则可能完全由受害人承担责任。

在当事人双方过错的判断上,判断的对象是当事人是否知道或者应当知道合同无效。在上海民生投资有限公司与吉林省东力综合投资(集团)有限公司委托理财纠纷案③中,原告上海民生投资有限公司与被告吉林省

---

① 参见尚连杰:《信赖利益赔偿以履行利益为限吗——从一般命题到局部经验》,载《政治与法律》2017 年第 11 期。

② 参见张广兴:《债法总论》,法律出版社 1997 年版,第 56 页。

③ 参见最高人民法院民事审判第二庭编:《最高人民法院商事审判指导案例》(合同卷)(上),中国法制出版社 2011 年版,第 61、63、64 页。

东力综合投资(集团)有限公司签署了资产委托管理合同,由于被告不是证券公司,不能从事证券业务,其并不具有从事资产管理业务的资质,不是合法的受托人,法院因此判定资产委托管理合同属于无效合同。一审法院考虑被告在明知本身不具有从事资产管理业务资质的情况下,主观上存在较大过错,而原告作为投资者,对于受托人的理财能力应有充分注意,尤其对受托人的从业资格应尽谨慎注意义务,但原告显然疏于注意,盲目信任,对其委托资金受到损失也应承担相应的责任。因此一审法院判决原告、被告双方各承担50%的责任。最高人民法院对此持不同观点,认为判令一审被告只返还一审原告本金损失的50%有失公允,一审被告应当全额给付一审原告的本金损失,并承担一定的利息损失。

四、履行利益的赔偿

一方当事人有责行为导致双方意图订立的合同没有订立时,另一方当事人可以要求达到合同已经订立时的情况,即履行利益。也就是说,缔约人可以基于缔约过失责任要求赔偿期待利益。[①] 如建设工程施工合同无效,但建设工程经验收合格,依据《民法典》第793条第1款的规定,发包人可以参照合同关于工程价款的约定折价补偿承包人。在一个案件中,建设工程发包人未取得建设用地规划许可证、建设工程规划许可证等施工所需的证件,导致施工现场被查封,承包人无法施工,双方建设工程施工合同被法院判决无效。法院判决发包人承担缔约过失责任,发包人需按实际投入的资金、完成的工程量及所受的损失赔偿承包人。[②]

在需要批准合同的情况下,一方当事人违反协作义务而致使合同不生效力,此时,若该方当事人履行协助义务,合同就会得到批准并生效的,该方当事人则须赔偿相对人履行利益。[③]《外商投资企业纠纷规定(一)》第6条第2款规定:"转让方和外商投资企业拒不根据人民法院生效判决确定的期限履行报批义务,受让方另行起诉,请求解除合同并赔偿损失的,人民法院应予支持。赔偿损失的范围可以包括股权的差价损失、股权收益及其他合理损失。"这里的赔偿范围指向的是期待利益。

但在合同因违反形式要件而无效的情况下,当事人则不可以要求按比

---

① 参见张家勇:《论前合同损害赔偿中的期待利益——基于动态缔约过程观的分析》,载《中外法学》2016年第3期。

② 参见河北冠博建筑工程有限公司、河北盛红电子科技有限公司缔约过失责任纠纷案,河北省高邑人民法院(2021)冀0127民初98号民事判决书。

③ 参见孙维飞:《〈合同法〉第42条(缔约过失责任)评注》,载《法学家》2018年第1期。

合同订立情况更好的情况之赔偿。尽管一方当事人知道合同的形式要件要求，但没有向另一方当事人说明该形式要件，于是另一方当事人不可以要求所表示的给付，即该当事人已经说明该形式要件并合乎法定形式订立合同所表示的给付，否则会使形式要件的规定被弱化，当事人只能获得限于信赖利益的赔偿。① 因为履行利益是基于合同成立而产生的，而在中断缔约情况下，没有订立合同，故相对人不应赔偿履行利益。

2019 年《全国法院民商事审判工作会议纪要》第 35 条规定，在合同不成立、无效或者被撤销时，对于损害赔偿范围的确定，既要根据当事人的过错程度合理确定责任，又要考虑在确定财产返还范围时已经考虑过的财产增值或者贬值因素，避免双重获利或者双重受损的现象发生。如果损害赔偿范围的确定考虑财产增值损失，即赋予受害人期待利益的赔偿。如在海涛诉李某兰房屋买卖合同纠纷案中②，人民法院即考虑了因土地升值或拆迁、补偿所获利益，而这些利益是在合同有效成立下，买受人应获得的利益。

---

① Vgl. Karl Larenz, Lehrbuch des Schuldrechts, Bd. Ⅰ, 14. Aufl. 1987, S. 112 – 113.

② 北京市通州区人民法院民事判决书，(2007)通民初字第 1031 号；北京市第二中级人民法院民事判决书，(2007)二中民终字第 13692 号。

第六章　违反缔约前说明义务之缔约过失责任

自罗马法以来,法律上一直奉行买者当心原则,当事人双方应自行搜集信息。在市场竞争规则下,即使一方当事人利用了信息的优势,也被认为是正当的。[①] 所以,现行法并没有规定一般性的缔约前信息提供义务,只是承认了故意欺诈情况下的撤销规则以及缔约过失规则。但现代合同法中,多有法律明确规定缔约人的缔约前说明义务,如保险合同法、消费者保护法。在司法实践中,法院基于诚实信用原则,为了保护消费者或者信息上的弱者,逐渐赋予了一方当事人缔约前的说明义务。在本质上,合同法从一般正义走向了个别正义。

第一节　过失违反说明义务

一、违反说明义务缔约过失责任之法律基础

1994 年《国际商事合同通则》第 2. 1. 15 条规定的违反诚信谈判(虚假磋商)的类型下有两种案例,一种是没有订立合同的意图而订立合同的情况;另一种是一方当事人在将来合同条款与性质方面故意或者过失地误导另一方,或者是错误陈述事实,或者是没有披露反映当事人合同本意的、应该披露的事实。[②] 在结果上,可能是最终没有订立合同,也可能是最终订立了合同。《国际商事合同通则》第 2. 1. 15 条列举的案例 2,就是当事人最终订立了合同的情况,为了推销 B 所在国军工部门生产的军事设备,A 与 B 谈判, A 了解到 B 不可能取得出口许可证,而这又是 A 向 B 付款的先决条件,A 不向 B 说明,即最终签订了合同,最后该合同因没有许可证而不生效。而《国际商事合同通则》第 2. 1. 15 条列举的案例 3,则是当事人没有订立合同的情况,A 与 B 谈判,以获得银行贷款。但到了最后时刻,该分支机构才披露其无权签约,其上级机构已经决定不批准该协议草案,而 A 原

---

① Vgl. Paefgen, Haftung für mangelhafte Aufklaerung aus culpa in contrahendo: Zur Taeuschung ueber den Vertragsinhalt und ihren Folgen im Zivilrecht, 1999, S. 52.

② 参见 Vogenauer/Zuloago Rios, Art. 2. 1. 15, para. 27;对外贸易经济合作部条约法律编译:《国际统一私法协会国际商事合同通则》,法律出版社 1996 年版,第 39 页。

本可以从另一家银行获得贷款。[①]

我国《民法典》第500条(《合同法》第42条)第2项继受了这种类型的违反诚信谈判的情况,但是仅规定了故意隐瞒重要事实以及提供虚假情况的类型[②]。2021年12月30日通过的《民法典总则编解释》第21条规定了欺诈的要件,并增补了故意隐瞒的主体必须是依照法律规定、诚信原则、交易习惯特别信赖关系等负有告知义务的人。实质上认定了故意隐瞒之人必须负有告知义务,在缔约人故意隐瞒与订立合同相关的重要事实的情况下,即可构成欺诈,无须考察依照法律规定、诚信原则、交易习惯特别信赖关系等是否负有告知义务。

《民法典》第500条第2项并没有规定一方当事人过失地未提供与订立合同有关的重要事实或过失地提供虚假信息的情况、提供的信息错误的情况,以及提供的信息不完全的情况。在技术上,可以目的性扩张第500条第2项,将其适用于过失没有提供与订立合同有关的重要事实的情况。不过,在实践中,法院通常根据原《合同法》第42条第3项"有其他违背诚实原则的行为",处理当事人过失提供虚假信息或过失隐瞒重要事实等情况。[③]

在缔约人积极提供对合同订立意义重大的虚假信息的情况下,通常即存在可归责的义务违反,除非出卖人能够证明他对其所陈述的虚假信息不知道或者不应当知道。在此种情况下,出卖人是否负有说明义务,并不是缔约过失责任的构成要件。[④] 而在缔约人过失未进行说明的情况下,则需要说明义务产生根据这一要件。说明义务产生的基础可能是法律规定,也可能是信赖,具体标准根据诚实信用原则确定。具体而言,在义务人于缔约前过失违反法律规定的说明义务情况下,其须承担缔约过失责任。而在法律没有明确规定,但一方知道或者应当知道某些特别或者其他情况,而这些情况对于另一方当事人的决定有重大影响,按照交易观念,另一方当事人可以期待能够实际获得该信息的时候,也构成缔约过失责任。

存在说明义务产生根据的情况下,义务人不进行说明,即违反了法定的附随义务属性的说明义务。《民法典》第509条第2款(《合同法》第60

---

① 这两种类型源自《国际商事合同通则》。参见对外贸易经济合作部条约法律司编译:《国际统一私法协会国际商事合同通则》,法律出版社1996年版,第39页。

② 《荷兰民法典》第3:44条第3款也有类似规定。

③ 参见孙维飞:《〈合同法〉第42条(缔约过失责任)评注》,载《法学家》2018年第1期;韩世远:《合同法总论》(第4版),法律出版社2018年版,第254页。

④ Vgl. Mertens, culpa in contrahendo beim zustande gekommenen Kaufvertrag nach der Schuldrechtsreform, AcP 203 (2003), S. 819.

条第2款）所列举的附随义务，虽然没有明文规定说明义务，但从其表述“通知、协助、保密等”中，可以推知除了通知、协助、保密义务外，还包含了照管义务、保护义务以及说明义务等。另外，《民法典》第509条第2款所规定的附随义务规则可以被类推适用于缔约前阶段。

二、说明义务的内涵与性质

说明义务（有学者称之为“告知义务”[①]，也有学者称之为“解明义务”“开示义务”“信息披露义务”[②]），是指一方当事人负有的、未经对方要求而告知相对人对其作出决定所必要的而又未知的情况的义务。[③]

在当事人之间约定一方当事人负有说明义务的情况下，该说明义务为基于合同而产生的给付义务。具体可能是纯粹以提供信息为主给付义务的合同，也可能是与其他主给付义务混合在一起的合同，前者如提供咨询的合同，后者如连锁经营加盟契约。在当事人没有约定的情况下，随着合同的发展，一方当事人负有保护另一方当事人人身、财产等利益不受侵害之义务，其中就包含说明义务（类推我国《民法典》第509条第2款）。附随义务性质的说明义务存在于合同订立前、合同订立中与合同订立后。但在具体情况下，当事人是否负有说明义务，不能一概而论，应当根据具体情况予以论证。

当事人违反缔约前说明义务，可能会导致合同不发生效力，也可能会导致订立了有效的合同，但所订立的合同与当事人的期待不一致。有学者认为，在契约缔结过程中，因情报提供不充分或不实等，情报提供义务之违反，其所能导致的结果有两种形态：（1）缔结与表意者之目的不适合之契约。（2）该契约是会被缔结，唯因情报之不充分或不实在，而未能获得预期之效果，[④]该种契约的订立与说明义务的违反有一定的因果关系。

说明义务与答询义务在内容与可诉性上均不相同。就特定情况，被询问者或者说实话，或者保持沉默，但没有权利说谎。另外，说明义务指向的是相对人没有获得信息，其先前的行为指向这些信息，由于这些没有告知的信息大部分嗣后都为人所知，或者先前的行为已经作出，这些信息已经没有价值，所以对于说明义务是不能诉讼的。而答询请求权（Auskunftsanspruch）

---

① 参见韩世远：《合同法总论》（第4版），法律出版社2018年版，第137页以下。

② 参见刘春堂：《民法债编通则（一）契约法总论》，2011年自版发行，第177页。

③ Vgl. MuenchKomm/Kramer, § 241 Rn. 114.

④ 参见刘得宽：《契约缔结过程上的情报提供义务——消费者保护重要课题之一》，载《法学丛刊》1998年第171期。

与其不同,答询义务是可诉的,因为答询的信息是用来确定将来的行为的。[①]

三、说明义务产生的基础

在市场经济条件下,合同法奉行私人自治之理念,每一方当事人均应自我决定与自我负责。当事人为维护自己的利益,必须自己进行调查,获知与合同相关的信息与风险。因此,在订立合同时,当事人不应向另一方当事人负担一般性的说明义务。而且,在市场经济条件下,每个交易参与人与市场信息源都是同样接近的。缔结合同时,每个人一般都可以从可供使用的信息源中获得信息,因此花费的成本应当由自己承担。在私法自治原则下,基于契约缔结自由,从而于契约成立过程中,各当事人自应尽可能以自己之责任维护自己之利益。从商业交易的角度来说,买卖双方存在利益冲突,一方当事人不能期待另一方当事人向其提供与物品定价相关的市场信息。[②] 反过来说,规定一般性缔约前说明义务,会损害合同当事人的利益或者妨碍当事人利用更好的市场知识牟利,在结果上会导致不可能有人会努力去获得费力才能获得的信息优势地位。[③] 而且,如果合同当事人必须告知相对人所有他知道的信息,那么合同就丧失了其获得利润的功能,也丧失了其作为交换机制的社会功能。[④]

但是,我们也应考虑到事物背后的实质,契约自由是建立在当事人缔约地位平等的基础上的,而各自获得信息则是建立在当事人之间信息平等的基础上的。当事人间因专门知识、特殊技能、经验、情报量等之不同,以致其磋商能力存在显著差异时,特别是随着近代科技之进步,各种交易需要具有极其专门之知识,凡此均有待立于专家地位之一方当事人在契约磋商过程中,适时提供必要及确实之说明与情报,始足以在当事人间形成一种公正合理之契约关系。于此情形,"缔约过失"法律之适用,乃在交易上立于有利地位之当事人,就对他方当事人在意思决定上具有重要意义事项负一定之开示义务(调查、解明、告知义务),借以防止一方当事人恶意地利用处于劣、弱立场当事人之无知或无经验,从事不正当或不公平之交易,并排斥一方当事人对他方当事人缔约意思之形式,为不相当之介入。就此言之,则"缔约过失"法理,对契约缔结前之动机或意思形成,在实质上乃

---

① Vgl. MuenchKomm/Kramer, § 241 Rn. 114.

② 德国判例持续持此观点,参见 Koetz, Europaeisches Vertragsrecht, 2. Aufl. 2015, S. 259。

③ Vgl. MuenchKomm/Kramer, § 241 Rn. 123.

④ Vgl. Soergel/Harke, § 311 Rn. 84.

具有保护之机能。[①] 所以,信息提供义务主要是为了平衡当事人间缔约上的情报力之差距,以达成实质上契约自由为目的,对当事人的意思形成产生实质保护。一方当事人提供这方面的信息,旨在保护对方当事人,使其免受一项对自己来说毫无用处的或者损害自己利益的合同的损害。[②] 综合上述,笔者认为,说明义务产生的基础是当事人双方存在信息之落差(Informationsgefaelle)。[③] 一方当事人具有信息优势,其知道影响相对人是否缔结契约的重大的知识、经验或信息。

在一方当事人询问相对人的情况下,被询问人原则上应负有答询义务或者提供信息义务。[④] 也就是说,当事人在被问询时,应负担说明义务。[⑤] 例如,我国《保险法》第16条第1款规定:"订立保险合同,保险人就保险标的或者被保险人的有关情况提出询问的,投保人应当如实告知。"

在缔结合同前,原则上当事人是自由的,可以自由决定是否缔结合同。但是如果缔约一方当事人提供错误信息,使对方信赖合同一定能够成立,但最终缔约还是失败了,缔约一方当事人是否应赔偿对方因为缔约而支出的费用?基于缔约之际的保护义务的要求,当事人须诚实信用地交易,不得使相对人对于合同的成立产生错误的设想。如果先存的行为导致合同相对人产生错误认识,当事人即负有说明义务。比如,投资顾问或经纪人引发了客户的错误认识,或者说明书嗣后出现了不正确的情况,投资顾问或经济人均需要进行说明,予以纠正。[⑥] 而且,当事人负有义务尽可能地避免发生对于另一方来说并不知道的不生效力的事由。[⑦]

另外,在只有一方当事人知道或可以知道该信息或情形,而且他知道或应当知道其所知道的信息对于另一方缔约当事人是否缔约具有决定性的意义的情况下,法官会倾向于依据缔约过失不断丰富一方当事人的说明义务的内容和范围。法官运用这种制度,作为自由裁量的工具,依照法官的观念去补充和修正那些在缔结合同时风险与机遇在当事人之间不公平

---

① 参见刘春堂:《缔约上过失之研究》,台湾大学1983年博士学位论文,第184页。

② 参见[德]迪特尔·梅迪库斯:《德国民法总论》,邵建东译,法律出版社2000年版,第343页。

③ 参见向恩明:《前契约说明义务之形塑与界限》,载《月旦法学杂志》2011年第3期。

④ 参见刘得宽:《契约缔结过程上的情报提供义务——消费者保护重要课题之一》,载《法学丛刊》1998年第171期。

⑤ See Friedrich Kessler & Edith Fine, *Culpa in Contrahendo, Bargaining in Good Faith, and Freedom of Contract: A Comparative Study*, Harvard Law Review, 1964, p. 439.

⑥ Vgl. MuenchKomm/Emmerich, § 311 Rn. 77.

⑦ Vgl. Weber, Haftung für in Aussicht gestellten Vertragsabschluß, AcP 192 (1992), S. 390.

的分配。[①] 其根据在于，缔约之际当事人间信赖程度的增加，尤其是随着社会分工的专门化，对于业者（专家）依存或信赖之增加。在这方面，（德国）司法判例往往引用下列深受巴勒施泰特[②]影响的表述：助长信赖并得到信赖之处，应负提供信息之义务。联邦最高法院的相应表述为："缔约过错责任的基础是被辜负的信赖。"[③]

在法律上，多有规定当事人说明义务的情况。而说明义务的来源多基于法律上保护特定人群的需要。比如，消费者保护法规定了经营者对消费者的说明义务，这些信息提供义务的正当性在于消费者之保护。具体如我国《消费者权益保护法》第 8 条、第 18 条、第 19 条、第 21 条规定了经营者对消费者负有信息提供义务。在互联网合同情况下，《消费者权益保护法》还规定了向消费者提供经营地址、联系方式、商品或者服务的数量和质量、价款或者费用、履行期限和方式、安全注意事项和风险警示、售后服务、民事责任等信息的义务（第 28 条）。

四、说明义务存在的具体判定因素

在法律没有明确规定说明义务的情况下，值得探讨的是，在何种条件下，才能够认定存在提供信息义务？即一方当事人在什么条件下以及在何种程度上必须向对方当事人提供信息。对此，不能一概而论，要根据交易的类型、个案的情况以及当事人的情况而定。

（一）德国法上说明义务的判断要素

德国司法实践发展出对信息义务判断的要点进行综合考察的模式。[④]德国判例认为，对于信息提供义务的判定，应考量交易习惯与为维护双方当事人利益而得期待之诚信说明。[⑤] 其中包含了诸多考量因素。首先，要考虑该信息是否对于订立合同具有重大意义。任何一方缔约人在订立合同之前都要向相对人说明其应知或知道的、有可能阻碍合同目的实现以及对于决定是否订立合同具有重大意义的信息，但该告知应在交易观念上是

---

① Vgl. Volker Emmerich, Zum gegenwaertigen Stand der Lehre von der culpa in contrahendo, Jura 1987, S. 561.

② Vgl. Ballerstedt, Zur Haftung für culpa in contrahendo bei Geschäftsabschluß durch Stellvertreter, AcP 151 (1950/51) S. 501, 507 ff.

③ 参见 NJW 1966, 498, 499 ff.。转引自[德]迪特尔·梅迪库斯:《德国民法总论》,邵建东译,法律出版社 2000 年版,第 344 页。

④ 参见李静:《违反信息义务致损的民事救济——从德国法与英美法之比较展开讨论》,载《法商研究》2007 年第 6 期。作者对于德国违反信息义务的确定标准有概括性论述。

⑤ Vgl. RGZ 111, 234; BGHZ 60, 223; BGH WM 1975, S. 158; BGH NJW 1989, S. 764.

可期待的。[①] 其次，要考虑该信息是否会危及合同目的。当事人如果知道存在挫败或者危害将来合同目的的信息，也要告知相对人。[②] 所谓合同目的，指的是相对人的合同目的，即没有被告知信息的当事人对于"与其需求相适应的合同"的利益。[③] 交易观念上的可期待性，是一个比较模糊的概念，需要具体化。有学者认为，只要合同标的物在特性上以及与此关联的风险不同于类似的客体，知道合同标的物的一方就应负有义务向相对人说明。[④] 而卡纳里斯则主张通过是否与当事人关于合同客体品质的明示或默示约定相符来判断交易观念上的可期待性。[⑤] 但依此观点，计算之公开以及生产方式等因素，都不属于约定品质的范畴，当事人对此没有信息提供义务，甚不合理。对于不在约定品质范围内，但根据合同客体使用目的衡量构成瑕疵的情况，当事人也应负有说明义务。

梅迪库斯也提出了通过考察若干要素确定说明义务的观点。他认为，首先，要看哪一方当事人享有必要的信息或者他能够（更容易地）获取之。例如，一辆旧车的历史（已驶里程、车祸记录等），只有前手车主最为清楚。其次，要考察有关信息对另一方当事人的重要性。信息的重要性，指的是该信息对于相对人订立合同以及以此为内容订立合同具有实质性影响。比如，出卖人应向买受人说明所出售房屋前面有一锅炉房，冬季取暖时会有气体排放。但是，信息也有重要程度之分，车子擦破了一点漆，不可能与刹车系统中的缺陷同样重要，在信息不重要的情况下，合同当事人不必要告知对方。最后，要看是否具有合理的可期待性。例如，与顾客自行对商品价格进行比较相比，虽然小店店主更容易获取其经营的商品在附近超级市场中的销售价格的信息，但肯定不会有人认为，小店店主负有将其竞争对手的价格告知其顾客的义务。[⑥]

除此之外，当事人之间的信赖关系，也是考量的因素之一。首先，在具有维护对方利益的义务的合同（如律师委任、合伙、保险合同）中，一方当事人对相对人的说明义务要加强；其次，如果当事人之间存在以信赖为前提的法律关系，如人合公司、医疗合同等，则一方当事人对相对人的说明义务也要加强；最后，一项业已存在的信赖关系，如持续的交易接触，也会促

---

① Vgl. BGH NJW 2007, 3057, Rz 35; 2008, 3699, Rz 10.

② Vgl. RGZ 97, 325; BGH NJW1976, S. 892 f.

③ Vgl. Soergel/Harke, § 311 Rn. 85.

④ Vgl. Soergel/Harke, § 311 Rn. 85.

⑤ Vgl. Canaris, Wandlungen des Schuldvertragsrechts, AcP 200(2000), S. 273, 308 ff.

⑥ 参见[德]迪特尔·梅迪库斯：《德国民法总论》，邵建东译，法律出版社 2000 年版，第 345 页。

成一方当事人对相对人负有说明义务。[①]

(二)动态系统论思路下的说明义务

布赖登巴赫(Breidenbach)从动态系统论的思维出发,认为在确立是否产生说明义务时,需对三个要素进行综合判断,这三个因素是信息需求、信息可能性和职责范围。所谓信息需求,是指该信息是否重要,当事人对于可能阻碍合同目的实现进而对于缔约决定具有重要意义的信息,均应予以说明。[②]

所谓信息可能性,是指提供信息的可能性,通常说明义务人只有在已经掌握信息的情况下,才具有向相对人提供信息的可能性。不过,如果信息接受一方也可以轻易或者低成本获得信息,则不会构成"信息可能性"之要素。一般认为,当事人原则上并不负有调查并收集信息的义务。只有在当事人对于货物是否符合约定用途存在怀疑时,才负有调查收集信息的义务。但当事人只有在克服巨大困难、花费成本比较高的情况下才能获得信息,或者在信息的获得取决于第三人的情况下,其即不应负有调查收集义务。[③]

所谓职责范围,考虑的是说明义务人的职业或者相对于信息受领人而言其扮演的角色,如果一方当事人特殊的职业或角色,引发或助长了相对人一定的期待与信赖,则其应承担说明义务。例如,律师、医生等专业人员承担了专家职责,并能够引发或助长相对人的信赖。职责范围本身能够确定信息提供的范围,具体如银行承担发行企业证券的业务,根据银行的职责范围,其负有审查企业支付能力的义务,但并不负有审查企业税负信息的义务。[④] 值得强调的是,在判断当事人是否负有说明义务的时候,并不要求上述三个要素同时具备或者同时完全具备,三个要素相互作用,可能强度各有不同。另外,这三个要素还要与过错因素相互作用,用于判断是否产生说明义务。

对于布赖登巴赫的理论,洛伦茨(Lorenz)认为,在动态体系要素上,还需要进一步完善。比如,信息可能性内含的信息搜集义务如何定位?是说明义务履行的前提,还是其内容;而且说明义务人是否知道该信息以及是

① Vgl. Wolf/Neuner, Allgemeiner Teil des BGB, 10. Aufl. 2012, S. 478.

② Vgl. Breidenbach, Die Voraussetzungen von Informationspflichten beim Versttagschluss, 1989, S. 62.

③ Vgl. Breidenbach, Die Voraussetzungen von Informationspflichten beim Versttagschluss, 1989, S. 72.

④ Vgl. Breidenbach, Die Voraussetzungen von Informationspflichten beim Versttagschluss, 1989, S. 73 ff.

否负有调查义务，在本质上属于过失的问题。信息需求层面，不仅含有"不知道信息"的内容，而且也涉及自行搜集信息的合理性的内容。洛伦茨的观点对布赖登巴赫的理论在三个方面进行了修正：首先，在信息需求中加入自行搜集信息的可期待性，这是判断说明义务的核心内容；其次，信息可能性转变为判断说明义务人有无过错的要素；最后，职责信息转化为判断信息需求人是否属于合理不知的标准。[①]

（三）说明义务的判断要素

尚连杰博士在布赖登巴赫的理论以及洛伦茨的理论基础上，提出了四要素动态系统论：第一个要素是信息的重要性，这是从信息本身特性入手的要素分析；第二个要素是披露可能性，这是从提供信息义务人角度确定的要素；第三个要素是期待合理性，是从信息权利人角度确定的要素；第四个要素是信赖紧密度。[②] 具体来看：

1. 信息的重要性层面，考虑的是信息是否影响当事人订立合同，是否会阻碍合同目的的实现。涉及合同内容的信息通常都是重要信息。除此之外，涉及客体周边的信息，也可能影响当事人决定是否订立合同。

例如，在陈某燕与叶某盈、翁某琴房屋买卖合同纠纷案[③]中，法院即认为，原告、被告双方在房屋买卖定金协议及附加条款约定的原拆建面积50.95平方米中有31.83平方米是按照新房市场评估价购买这一事实，足以影响原告是否购买涉案房屋，又系关系涉案房屋购买价格之重要因素，二被告应在出卖给原告之时尽到向原告明确而详细的特殊说明义务。又如，在肖某等诉杜海某房屋买卖合同纠纷案[④]中，法院认为，被确定或冠以凶宅的房屋通常都难以出售，或出现价值贬损，所以属于重要事实，出卖人应当予以披露。出卖人未披露过所售房屋曾经发生非正常死亡事件的信息，构成故意隐瞒重要事实。再如，在金某新与邹某山房屋买卖合同纠纷案[⑤]中，被告未将邹某在屋内死亡的信息告知原告，属于故意隐瞒与订立涉案房屋买卖合同有关的重要信息，故法院支持了原告要求撤销涉案房屋买

① 参见 Lorenz, Der Schutz vor dem unerwuenschten Vertrag, 1997, S. 434 ff.。观点总结来自尚连杰：《缔约过程中说明义务的动态体系论》，载《法学研究》2016 年第 3 期。

② 参见尚连杰：《缔约过程中说明义务的动态体系论》，载《法学研究》2016 年第 3 期。

③ 参见浙江省温州市鹿城区人民法院民事判决书，(2014)温鹿民初字第 744 号。

④ 参见上海市浦东新区人民法院民事判决书，(2015)浦民一(民)初字第 3599 号。法院认为："被确定或冠以凶宅的房屋通常都难以出售，或出现价值贬损。"因此，出卖人有义务披露此类信息。在詹某、廖某与马某房屋买卖合同纠纷上诉案[四川省资阳市中级人民法院(2015)资民终字第 1022 号民事判决书]中，出卖人未告知房屋是凶宅。

⑤ 金宝新与邹登山房屋买卖合同纠纷案，辽宁省台安县人民法院(2021)辽 0321 民初 698 号民事判决书。

卖合同的请求,并判决有过错的被告赔偿利息损失。

2. 披露可能性层面,考虑的是哪一方拥有信息。拥有信息的一方,才可能负有提供信息的义务。也就是说,说明义务人是知道相关事实的人。如在封某与保山恒易商业管理有限公司租赁合同纠纷上诉案①中,被告知道自己不能保证有权控制超出其出租管理范围的商铺,仍然出租。

特定领域的专家通常拥有专业知识,比如在票据往来、期货投机的情况下,说明义务人具有专门知识,应负有向相对人说明的义务,经营者一方当事人对消费者相对人,负有提供能左右缔约之信息的义务。知识上或经济上的优势地位越大,说明义务也就越多。比如,银行与保险公司对消费者的说明义务。② 在嘉兴市乍嘉苏高速公路有限责任公司与中国工商银行股份有限公司上海市外滩支行金融衍生品交易纠纷案③中,法院认为,银行有义务对交易的解除后果及反向平盘过程进行信息披露和风险揭示。在赵某锋与中国长城资产管理公司济南办事处等债权转让合同纠纷案④中,法院认为,被告作为专业的资产管理公司,其有义务详尽调查核实所转让债权的情况,并向购买方进行全面、真实、明确的告知。

不过,针对一方当事人花费巨资获得的土地下面可能有油田这一信息,该方当事人没有义务在订立土地买卖合同时告诉对方该信息;在古董市场上寻宝的人也没有告知对方商品价值连城的义务。⑤ 例如,在德国的一起案例中,商人甲将一部美国电视剧的广播权转让给乙,保留了在对方授权时的50%收益权。嗣后甲又将该收益权以10万欧元的价格转让给乙,但乙没有告诉甲其已经获得了830万元授权许可要约。甲主张撤销合同。一审法院认为乙没有告知义务,甲是专业的许可代理商,其主动提起的该投机性交易,应当可以发现市场的变化,所以乙方没有义务提供信息。

当事人一般也没有义务提供经评估的市场状况和财产增值属性等经过个人努力获得的信息。如果获得信息的一方不是通过投资或调查而获得的信息,或者其要比相对人更容易、成本更低地获得信息,则应该向对方提供信息。具体如二手车经销商有义务主动告知车辆的瑕疵。⑥

在特定情况下,说明义务人须从其可接触的来源获得相关信息。比如

---

① 参见云南省高级人民法院民事判决书,(2015)云高民三终字第35号。

② Vgl. Volker Emmerich, Das Recht der Leistungsstörungen, 6. Aufl. 2005, S. 87.

③ 参见上海市高级人民法院民事判决书,(2013)沪高民五(商)终字第5号。

④ 山东省济南市市中区人民法院民事判决书,(2014)市商初字第60号。

⑤ Vgl. Koetz, Europaeisches Vertragsrecht, 2. Aufl. 2015, S. 260.

⑥ Vgl. Koetz, Europaeisches Vertragsrecht, 2. Aufl. 2015, S. 261.

企业在其负责范围内必须采取相应组织措施,从中其可以获得并能够提供相应的商业秘密以及信息。[①] 在林某柱与陈某培房屋买卖合同纠纷案[②]中,法院认为买受人对于土地是否存在争议及建设项目是否办理了报建手续等信息可以自行获取。

3. 期待合理性层面,考虑的是需求信息方的身份类型,如果金融产品的买受人是普通消费者,则其对销售方信息提供的期待是合理的;但是,如果买受人是商人,则对信息披露的期待合理性就比较弱。[③]

在李某标、杜某香等与刘某、蒋某萍等产品销售者责任纠纷上诉案[④]中,出卖人是种子经营者,在销售案涉"通育梗1号"水稻种子时,未能向购买该种子的农户充分说明种子的特性、种植方式和播种时间等主要事项,特别是未能有效告知购买者如果使用直播方式种植该种子时必须把握的播种时间节点。作为买受人的76位农户可以期待种子经营者告知上述信息。

在买卖合同情况下,由于当事人双方存在利益冲突,一方当事人不可能期待相对人向其提供物品价格,尤其是价格涨跌的信息。[⑤] 但是,对于价格构成,是可以期待相对人告知的。[⑥]

如果信息需求方明知或者可以自行收集信息,则不能期待对方提供信息。在福建省中天恒基置业有限公司、蒋某洁缔约过失责任纠纷案[⑦]中,法院认为,结合蒋某洁父母在中天恒基置业有限公司的任职情况、蒋某洁关于其父母对案涉集中式广场项目了解情况的自认以及3600万元款项的来源情况,可以认定蒋某洁在缔约过程中明知案涉集中式广场项目的转让限制条件和建设现状。在游某与深圳市中联地产置业顾问股份有限公司居间合同纠纷上诉案[⑧]中,法院认为,原告可以自行获得关于深圳市实施房屋

---

① Vgl. MuenchKomm/Kramer, § 241 Rn. 126.

② 林某柱与陈某培房屋买卖合同纠纷案,广东省和平县人民法院(2021)粤1624民初210号民事判决书。出卖人向买受人表示欲集资在某处建房,买受人支付5万元有意继续协商,后该建设工程被政府责令停工,法院判决出卖人返还买受人5万元,但由于买受人在没有审查土地是否存在争议及建设项目是否办理了报建手续的情况下即交付5万元,其自身过错明显,故对方无须赔偿利息损失。

③ 参见尚连杰:《缔约过程中说明义务的动态体系论》,载《法学研究》2016年第3期。

④ 参见浙江省岩城市人民法院民事判决书,(2015)盐民终字第00770号。

⑤ Vgl. Koetz, Europaeisches Vertragsrecht, 2. Aufl. 2015, S. 259.

⑥ 如江苏刚正薄板科技有限公司与内蒙古包钢钢联股份有限公司等买卖合同纠纷申请案,最高人民法院(2013)民提字第216号民事裁定书,被告没有告知原告"指导价订货、结算价结算""商定价格"的内涵。

⑦ 参见福建省高级人民法院民事判决书,(2020)闽民终1120号。

⑧ 参见深圳市中级人民法院民事判决书,(2014)深中法商终字第1254号。

购买“限购”和“限贷”政策。

4. 信赖层面，可以考虑合同关系类型以及合同关系的持续性。比如当事人准备的是长期合同关系，尤其是合伙合同，当事人的说明义务就会广泛一些；而在投机交易情况下，当事人可能完全没有说明义务。①

（四）国际协定中有关过失违反诚信义务的具体规则

国际协定普遍规定了关于信息提供义务的一般条款，即如果基于诚实信用以及公平交易必须披露信息的一方当事人沉默，则构成欺诈。对于这一原则，国际协定均予以具体化，如果一方当事人拥有更多专业知识，则就应披露更多的信息；掌握的信息相对于另一方当事人更多的一方当事人，应披露信息；如果一方当事人发现信息的成本比另一方更低，则其应负有披露义务。对方当事人能够通过其他手段获取信息，则其不必披露信息。当然，一方当事人披露的信息必须是对相对人明显重要的信息。②

根据《欧洲合同法原则》第4:107条第3项的规定，在确定诚实信用和公平交易是否要求一方当事人透露某特定信息时，考虑如下因素：（1）该方当事人是否拥有专门知识；（2）获取相关信息所需费用；（3）对方当事人自己是否可以合理地获取该信息；（4）该信息对对方当事人显而易见的重要性。《欧洲私法共同参考框架草案》第Ⅱ－7:205条第3款也作了类似的规定，即在确定当事人是否应依诚实信用与公平交易原则披露特定信息时，应考虑所有具体情况，包括：（1）当事人是否拥有特殊专业知识；（2）当事人获取相关信息的成本；（3）对方当事人能否通过其他手段合理获取该信息；（4）该信息对相对人是否具有明显重要性。

五、说明义务的内容

《民法典》第500条第2项规定了故意隐瞒与订立合同有关的重要事实的情况。根据《民法典》第500条第3项的规定，在过失违反说明义务的情况下，说明义务的内容也必须是与订立合同有关的重要事实的情况，而与订立合同有关的重要事实比较广泛，主要是财产状况、履约能力、瑕疵产品性能和使用方法等信息。③ 在个案中，需要根据信息重要性、披露可能性、期待合理性以及信赖等要素具体作出判断。

在司法实践中形成案例群，并抽象出其中的一般思想，最终形成比较

---

① Vgl. Volker Emmerich, Das Recht der Leistungsstörungen, 6. Aufl. 2005, S. 87.

② 参见《欧洲合同法原则》第4:107条第3款、《欧洲民法框架草案》第Ⅱ－7:205条第3款、《欧洲统一买卖法草案》第49条第3款。

③ 参见王利明：《合同法研究》（第1卷）（第3版），中国人民大学出版社2015年版，第348页。

稳定的事实构成。这种类型化的方法可以确保最低限度的法律安定性，避免先合同说明义务泛滥。在德国司法实践中，逐渐形成了合同目的妨碍、合同目的违反、特殊的合同风险、先行行为和特别的信赖等类型的缔约过失责任。[①]

（一）合同生效方面的说明义务

在违反形式要件的情况下，原则上任何一方都没有义务告知对方形式之瑕疵。因为对于要件的遵守，双方当事人都负有注意义务。这一结论也适用于合同违法无效、背俗无效等情况。

但在特定情况下，如果阻碍合同生效的信息明确地属于一方的风险领域，那么该方当事人即负有义务向对方说明此情况。另外，如果一方当事人承担了照顾对方的义务，则应向对方承担说明义务。再有，如果当事人一方具有更优的专业法律知识，其即负有向对方说明形式要件的义务。[②]最后，当事人违反了形式要件规则，但一方当事人知道另一方当事人错误地认为该合同有效或者一方当事人使另一方当事人错误地认为合同有效，则该方当事人应告知另一方当事人。[③] 在这种情况下，一方当事人因此必须向另一方指出他所知道的与缔结的合同的效力相反的顾虑或怀疑。比如，知道缔结的合同形式要件或官方的批准要求的当事人，必须向对此不知道的另一方当事人指出这种情况。例如，明确知道土地交易的形式要件要求的人（《德国民法典》第 313 条）仅仅签订了一个私人书面合同，此时尽管合同无效（《德国民法典》第 125 条），善意相对人可以根据缔约过失责任获得赔偿。在姜堰区万达广告标牌厂与泰州港丰物流有限公司承揽合同纠纷案[④]中，广告标牌制作专业厂家未提示相对方高炮广告牌应当办理审批手续，应向对方承担缔约过失责任。

在缺乏代理权的情况下，代理人与本人均负有义务告知相对人，否则须根据《民法典》第 171 条第 3 款承担损害赔偿责任。在李某杰与北京市链家房地产经纪有限公司等缔约过失责任纠纷上诉案[⑤]中，代理人未告知

---

① Vgl. Lorenz, Der Schutz vor dem unerwuenschten Vertrag, 1997, S. 416 ff.

② Vgl. BGH NJW 1972, 1189 f.

③ Vgl. Volker Emmerich, Das Recht der Leistungsstörungen, 6. Aufl. 2005, S. 88.

④ 参见江苏省泰州市海陵区人民法院民事判决书，(2017)苏 1202 民初 3371 号。

⑤ 参见北京市第二中级人民法院民事判决书，(2018)京 02 民终 8288 号。类似案件还有，高某阳与雷某梅、邓某燕房屋买卖合同纠纷案[郑州市中原区人民法院(2016)豫 0102 民初 5936 号民事判决书]，居间人未告知无权代理情况；夏某锋、王某民、四川中原物业顾问有限公司等房屋买卖合同纠纷上诉案[成都市中级人民法院(2018)川 01 民终 6581 号民事判决书]，代理人未告知无代理权。

其无代理权，须向合同相对人承担缔约过失责任。

在刘某琦、赵某生等与中国石化销售股份有限公司黑龙江石油分公司租赁合同纠纷案[①]中，被告未告知原告承租人的公司已在两年前注销，仍以该公司名义签订合同，而原告已在签订补充协议后基于长期租赁加油站的预期以及对合同相对方的信赖，投入了近200万元用于加油站升级改造。人民法院依照《合同法》第42条第2款之规定，并结合原告实际投入及损失数额，同时参考补充协议第6条约定的违约金数额，认定被告刘某琦、赵某生、刘某祥应当向原告赔偿损失200万元。

对于构成履行障碍的情况的说明义务，通常涉及的不是合同中给付义务之违反。只有在合同相对人的期待不是合同的内容等情况下，才会有适用违反说明义务类型的缔约过失责任的余地。比如出卖人就供货时点误导了买受人，此时认定存在说明义务，并无必要；供货时间为合同内容，违反之，须承担违约责任。相反，如果银行在顾客询问下，尽管知道有风险，还是对分配可能性作了错误陈述，则银行将因违反说明义务而承担缔约过失责任。[②]

阻碍合同生效信息的披露的主要理由，在于当事人之间存在信息落差，比如企业与消费者之间、公法人与私人之间的信息落差。而且，在这种情况下，一方的信息优势并不值得保护，因为缔结完契约，当事人都会认为合同发生效力；如果当时人知道无效的信息，那么就应当告知对方，否则会与合同发生效力的认识相冲突。[③]

（二）合同缔结前景的说明

在缔结合同情况下，一方当事人知道对方准备缔结契约，并且在使对方相信合同能够成立的情况下，最终自己却放弃订立契约或者没有订立契约，该当事人即负有说明义务，即毫不迟延地告知对方不再想订立合同或者不一定能够订立合同。例如，原告正在与被告银行进行关于1200万美元信用证的谈判。由于他急需这笔钱购买煤油，所以他询问该银行负责此项工作的职员，信用证能否按时开出；虽然银行职员知道此事尚未确定，但是，他还是告知原告不必担心，所以原告并没有另外去找别的门路。[④] 在此，被告违反了如实说明的义务，从而使对方相信合同一定能够订立，并产生了损失，被告对此应承担缔约过失责任。

---

① 参见黑龙江省大庆市中级人民法院民事判决书，(2020)黑06民初225号。

② Vgl. Volker Emmerich, Das Recht der Leistungsstörungen, 6. Aufl. 2005, S. 90.

③ Vgl. Soergel/Harke, § 311 Rn. 77.

④ Vgl. BGH NJW, 1984, 866.

如果谈判一方知道或者应当知道合同订立所面临的障碍而违反义务并有过错地没有告知合同相对人,则应承担责任。如果在这种情况下继续谈判而后缔约失败,可指责的行为就是没有履行说明义务,而不是嗣后的中断缔约。[①] 应当告知的障碍事由包括主观上没有进行缔约的意思、内部组织上的困难等。

如果一开始就假装准备缔约,实际上并无缔约意思,或者没有立即在自己放弃缔约时告知对方,导致对方支付了本来不应支付的费用[②],就可能承担缔约过失责任。中断缔约人违反的是基于合同谈判而产生的照顾义务,主要是说明与警告义务,基于该义务,不得使对方对自己的缔约准备产生错误设想或继续保持该错误设想。即使在有过错一方有理由放弃缔约的情况下,如果其使相对人信赖其会订立合同并知道相对人信赖这一点,且因此发生了费用,则也需要告知相对人一方其不愿意继续谈判。[③]

(三)合同实施障碍方面的说明义务

基于诚实信用原则,当事人在自己可能以及可期待的范围内应该告知缔约相对人那些阻碍合同目的的情况,或表明对于另一方当事人的合同履行特别危险的情况。[④]

1. 给付障碍情况的说明义务

对于给付能力,原则上,债务人并没有提供信息的义务。但是在债务人知道或者应当知道标的物自始不能的情况下,应当告知对方。不过,只有在订约时知道或者应当知道给付障碍的情况下,债务人才承担损害赔偿责任。[⑤] 比如甲出卖给乙一艘船。该船停泊在海湾,但在合同签订前4个小时被闪电击中灭失。此时,甲如果在订约时知道或者应当知道该船已经灭失,即应告知对方,否则应承担损害赔偿责任。对于这一损害赔偿责任,有争议的是,是否为缔约过失责任。如果认为自始客观不能的情况下,合同无效,则该赔偿责任为缔约过失责任。

在上海瑞丛投资管理有限公司诉彭某居间合同纠纷上诉案[⑥]中,公司未告知彭某其属上海市政府管理性规定的限购对象,不具备办理房地产受让登记的资格。在秦某铭诉施某军等房屋租赁合同纠纷再审案[⑦]中,被告

① Vgl. Soergel/Widermann, vor § 275 Rn. 136.
② Vgl. MuenchKomm/Emmerich, § 311 Rn. 213.
③ Vgl. BGH NJW 1996, 1884.
④ Vgl. Volker Emmerich, Das Recht der Leistungsstörungen, 4. Aufl. 2005, S. 89.
⑤ Vgl. Fikentscher/Heinemann, Schuldrecht, 10. Aufl. 2006, S. 205, Rn. 407.
⑥ 参见上海市第一中级人民法院民事判决书,(2016)沪01民终13973号。
⑦ 参见辽宁省锦州市中级人民法院民事判决书,(2018)辽07民再9号。

未告知约定的停车场即将拆迁。合同嗣后履行不能。在垫江县世国林产品开发有限公司与李某、卢某高等租赁合同纠纷上诉案①中,被告未告知养猪场为禁养区,合同自始履行不能。在朱某田与张某、成都松林新型建材厂买卖合同纠纷案②中,被告未告知建材厂已不存在,不可能用该厂生产的页岩砖抵款。在高某碧与高某红、陈某凤房屋买卖合同纠纷案③中,被告未告知合同中约定的门市不存在。在梁某娟与梁某帮合同纠纷案④中,出让人未告知受让人其不符合股权转让受让人条件。在李某与南陵荣程新型材料制造有限公司加工合同纠纷案⑤中,被告在尚未与项目部签订合同的情况下,即与原告签订《南青段二标段石子加工项目合作合同》,且未将此事实告知原告。原告信赖合同成立,购买相关设备,并运送到施工现场。

2. 关于资金方面的给付能力的说明义务

在合同当事人缺乏给付能力的情况下,即当事人不能或有可能不能支付对价的,并不构成给付不能,因为合同当事人就其全部财产承担无限责任。但是,如果相对人有先给付义务,或者在长期交易关系情况下,或者在对方明示询问的情况下,债务人负有说明义务。⑥

如果债务人在订立合同时,已经可以预见其没有资金给付能力,那么在明知对方为准备履行或者履行合同已经采取行动的情况下,必须不断地告知对方其资金能力情况。尤其是在大规模交易或者根据处于经济困难一方个人需要而定制的合同的情况下,债务人应告知对方其资金能力。⑦

3. 终止合同前的说明义务

在长期合同情况下,若没有约定期限,一方当事人即使有理由终止合同,也须提前告知对方自己终止合同的意图。因为在订立合同时没有确定将来终止合同的日期,另一方具有合理期待其应提前告知终止的时间。比如,雇主在雇佣雇员时,如果可以预见该工作位置将来可能被取消,那么在订立合同时就应该告知对方。⑧

在王某文与攀枝花龙蟒矿产品有限公司劳动争议上诉案⑨中,劳动合

① 参见重庆市第三中级人民法院民事判决书,(2017)渝03民终1993号。
② 参见成都市龙泉驿区人民法院民事判决书,(2015)龙泉民初字第695号。
③ 参见重庆市大足区人民法院民事判决书,(2021)渝0111民初3180号。
④ 参见广东省佛山市顺德区人民法院民事判决书,(2015)佛顺法良民初字第679号。
⑤ 参见安徽省芜湖市南陵县人民法院民事判决书,(2021)皖0223民初1275号。
⑥ Vgl. BGH NJW 87, 27, 34 = NJW 1983, 1607, 1609.
⑦ Vgl. Soergel/Harke, § 311 Rn. 82.
⑧ Vgl. BAG NZA 2005, 1298, 1301 f.
⑨ 参见四川省攀枝花市中级人民法院民事判决书,(2016)川04民终1335号。

同终止前劳动者未履行告知义务,违反《劳动合同法》第 37 条之规定。在北京麦当劳食品有限公司与赵某江劳动争议案[①]中,劳动合同终止前用人单位未履行告知义务,违反《劳动合同法》第 40 条之规定。

在不定期租赁合同情况下,承租人或出租人在订立合同的时候已经知道,订立合同不久就会终止合同,则在订立合同时就应告知对方。

(四)合同客体方面的说明

在标的物或服务与约定的品质不相符合,而一方当事人明知的情况下,其应负有告知相对人该瑕疵以及其中的风险的义务。在上海凯尉纽澳实业有限公司与旭化成建材株式会社缔约过失责任纠纷上诉案[②]中,旭化成建材株式会社未告知宣传的产品无法提供,其实际能提供的产品不符合上海凯尉纽澳实业有限公司需求等信息。

为了避免当事人基于合同客体的特征或者订立合同的情况而产生误解,对于那些根据一方当事人说明的用途可以期待约定为客体品质的情况,一方当事人也负有说明义务。[③]

对于某些适合作为约定品质内容的、合同客体直接具有的特征的情况,当事人也负有说明义务。比如非专业的买受人购买暖气设备,而其安装需要专业人士来操作的情况下,出卖人就应当告知他如何按照生产商说明书安装。[④]

在不是合同客体直接具有的特征,而是与合同客体关联的情况下,如果合同的使用目的依赖于该情况,而当事人一方明显错误估计,那么了解这一情况的当事人即负有说明义务。例如,承揽企业能够测算工程的成本以及工程的用处,而按照这一标准,承揽工程在经济上毫无意义,那么该承揽人即应告知发包方。[⑤] 又如,医生或医院知道其所建议的治疗,并不在保险范围内,病人必须自费,此时必须提醒病人注意,否则要承担病人作出治疗决定之后而产生的损害。[⑥]

在牟某国与荆门市龙泰房地产开发有限责任公司、荆门至高拍卖有限公司拍卖合同纠纷上诉案[⑦]中,涉及客体上的权利瑕疵,被告没有告知拍卖标的设定有抵押权。

---

① 参见北京市东城区人民法院民事判决书,(2018)京 0101 民初 15630 号。

② 参见上海市高级人民法院民事判决书,(2014)沪高民二(商)终字第 S14 号。

③ Vgl. Soergel/Harke, § 311 Rn. 86.

④ Vgl. Soergel/Harke, § 311 Rn. 87.

⑤ Vgl. Hamm, NJW – RR 1992, 1329, 1330.

⑥ Vgl. MünchKomm/Emmerich, § 311 Rn. 84.

⑦ 参见湖北省荆门市中级人民法院民事判决书,(2015)鄂荆门民二终字第 18 号。

（五）相关情况的说明

对于影响当事人缔结合同等的重要信息，当事人也负有说明义务。所谓重要影响，可以从反面考察，即如果一方当事人作了说明，相对人就不会作出该意思表示或者会作出该内容的意思表示，这些信息即为重要信息。

在出卖股票的情况下，出卖人并没有说明市场状况或市场价值的义务，但是就仅有出卖人知道的、会导致股票毫无价值的矿山渗水的情况，出卖人则有说明义务。[①] 在我国司法实践中，对于股权相关情况等信息，出让人往往负有说明义务。比如，在一个案件中，法院认为，股权出让方故意隐瞒拖欠职工的加班工资、年休假工资、经济补偿金、公积金、社会保险费及工伤赔偿款的事实，致使大批职工与单位产生纠纷，导致股权受让方在受让股权后产生以上费用支出，应承担缔约过失责任。[②]

土地出卖人必须告知买受人土地上已经负载了强制扣押标记。在德国自动洗衣机案[③]中，67 岁的 W 在 E 的电器商店寻找一台洗衣机，E 向他提供了最快的、每分钟转 200 次的洗衣机，他向没有经验的 W 解释，自己如何掌握操作，以及洗衣机技术细节和洗涤程序。洗衣机运送到 W 家后，W 立刻进行了使用，但在旋转脱水时没有固定牢洗衣机，因此导致 W 受到了巨大的损害。制造商提供的说明书也没有指明，机器在运转时必须被固定。在该案中，对于无商业经验与不精通技术的顾客来讲，电器商负有广泛的说明义务，包括对于旋转脱水时须将洗衣机固定在地板上的说明。

在林某等诉成都晨光房地产开发有限公司商品房预售合同纠纷案[④]中，地方政府规定购买从未办理过网签的房屋的可享受政府补贴，被告出售房屋时未告知原告其房屋曾经办理过网签，卖给原告属于改变网签，因此，原告不能享受政府补贴。法院认为被告缔约时未尽到告知义务，致使原告不能享受政府购房补贴，依据《合同法》第 42 条，应承担相应的赔偿责任。

在嘉兴市乍嘉苏高速公路有限责任公司与中国工商银行股份有限公司上海市外滩支行金融衍生品交易纠纷案[⑤]中，“讼争合同的主要内容是以欧元利率指数符合某种计算公式时双方互为给付”，法院认为合同有效，

① Vgl. RGZ 111, 233, 234 f.

② 参见姚某孙、黄某文等与合肥电力安装有限公司巢湖分公司股权转让纠纷案，安徽省巢湖市人民法院民事判决书，(2021)皖 0181 民初 83 号。

③ Vgl. BGH NJW 1967,1805; 1985, 2472.

④ 参见四川省郫县人民法院民事判决书，(2014)成郫民初字第 565 号。

⑤ 参见上海市高级人民法院民事判决书，(2013)沪高民五(商)终字第 5 号。

但“依诚实信用原则，工行外滩支行作为专业银行，在与乍嘉苏公司签订此类履行期限长达数十年的合同时，有义务将乍嘉苏公司退出合同的程序、方法和费用等因素告知。工行外滩支行现无证据证明自己于缔约时履行上述告知义务，本院可以认定其在缔约时存在过失”。

在桂林市辰美广告有限公司诉中国电视剧制作中心撤销权纠纷案①中，剧作中心作为电视剧的专业制作单位，对国家的相关规定②应当熟知，而桂林市辰美广告有限公司对电视剧的制作及发行等相关事宜所存在的认识偏差，致使其与中国电视剧制作中心所签协议的第 3 条与第 5 条内容明显矛盾，严重违背其真实意思表示。也就是说，如果《吾》剧不得使用中国电视剧制作中心的拍摄许可证及播出许可证，则意味着该剧无法在国内电视台播出，即无法实现该协议第 3 条表明的使《吾》剧尽快面市的合同目的。在本案中，中国电视剧制作中心明知桂林市辰美广告有限公司陷入错误，有受损害之危险，缔约人有义务告知对方，未尽到说明义务，应当依据缔约过失承担损害赔偿责任，相对人可以废止该其所不期望的契约。

在一个拍卖案中，某纸业公司经过咨询与看样后，向某拍卖有限公司竞拍购得一批德国产聚氯乙烯。其在使用中发现该批货物含有杂质，无法作为通常原料使用，遂起诉，主张某拍卖有限公司未尽告知义务，要求退货。法院经审理认为，本案中的拍卖人进行了实样展示，并在展示期间将证明拍卖品质量的入境货物检验检疫情况通知交给了某纸业公司，履行了告知义务。因此某纸业公司应自行承担参与竞拍并购得拍卖品的后果。③

六、过失违反告知义务

如果一方当事人没有告知相对人信息，那么在其有义务告知相对人信息，并知道其沉默会使得相对人陷入错误，且基于错误确定或者共同确定订立合同的情况下，构成欺诈。而如果一方当事人没有告知相对人信息，那么在其有义务告知相对人信息，只是过失没有告知相对人、导致相对人陷入错误的情况下，则需要基于缔约过失向相对人承担损害赔偿责任。④

---

① 参见北京市第一中级人民法院民事判决书，(2003)一中民初字第 4413 号。

② 根据国家广播电视总局的相关规定，剧作中心在制作《吾》剧必须持有电视剧制作许可证，剧作中心完成该剧后应当获得国产电视剧发行许可证方可发行，并且发行前须在每集片首和片尾标明国产电视剧发行许可证和电视剧制作许可证；没有取得国产电视剧发行许可证和电视剧制作许可证的电视剧，不得在国内电视台播出。

③ 参见王信芳主编：《民商事合同案例精选》，上海人民出版社 2004 年版，第 296 页以下。

④ Vgl. Koetz, Europaeisches Vertragsrecht, 2. Aufl. 2015, S. 263 f.

在张某诉北京合力华通汽车服务有限公司买卖合同纠纷案①中，原告从被告处购买轿车一辆，购买后原告在将车辆送交保养时，发现该车曾于2007年1月17日进行过维修。法院认为，汽车销售者承诺向消费者出售没有使用或维修过的新车，消费者购买后发现系使用或维修过的汽车，汽车销售者不能证明已履行告知义务且得到消费者认可的，构成销售欺诈；消费者要求汽车销售者按照《消费者权益保护法》赔偿损失的，人民法院应予支持。也就是说，在标的物存在瑕疵的情况下，出卖人要履行说明义务，而且要证明其履行了说明义务以及得到买受人的认可。在说明义务来源上，法院的论证是合理的。首先，汽车是否出过车祸并被维修过属于重要信息，而汽车销售者是掌握这一信息的，消费者则很难获得该信息，而且缔约时，消费者对于汽车销售者是信赖的，相信其出售的是新车。其次，汽车销售者没有证明其告知了消费者。但进一步的问题是，汽车销售者是故意没有告知还是过失没有告知，如果是故意没有告知，则构成欺诈；如果是

---

① 最高人民法院指导案例17号（2013年）。之后产生了一系列关于汽车瑕疵的案件，如巴中市中瑞汽车销售服务有限公司与徐某彤买卖合同纠纷上诉案，四川省巴中市人民法院民事判决书，（2018）川19民终502号，经营者未告知汽车存在瑕疵，订立合同时告知消费者车辆处于全新状态。赤水市金顺汽车商贸有限公司、四川精典申众汽车销售服务有限公司买卖合同纠纷上诉案，贵州省遵义市中级人民法院民事判决书，（2019）黔03民终1123号，经营者未告知消费者汽车故障灯常亮问题。大理万福汽车销售服务有限公司、颜某强买卖合同纠纷上诉案，云南省大理白族自治州中级人民法院民事判决书，（2018）云29民终728号，经营者未如实告知车辆除底盘受损以外存在其他的瑕疵。邓某华诉上海永达鑫悦汽车销售服务有限公司买卖合同纠纷上诉案，上海市第一中级人民法院民事判决书，（2017）沪01民终7144号，经营者未告知完整的电脑系统的车辆维修记录。郭某文、太原顺宝行汽车销售服务有限公司买卖合同纠纷上诉案，山西省太原市中级人民法院民事判决书，（2017）晋01民终4003号，经营者未告知车辆存在维修更换发动机的情况。开平市丰泰汽车销售服务有限公司、张某静买卖合同纠纷上诉案，广东省江门市中级人民法院民事判决书，（2018）粤07民终2232号，经营者未告知车辆维修过。辽源市辉业汽车销售有限公司与黄某兴买卖合同纠纷上诉案，吉林省辽源市中级人民法院民事判决书，（2017）吉04民终609号，经营者未告知车辆存在后保险杠修复过的瑕疵。汪某与无为县祥和汽贸有限责任公司、常州众恒汽车销售服务有限公司、上海大众汽车有限公司买卖合同纠纷案，安徽省无为县人民法院民事判决书，（2016）皖0225民初2163号，经营者未告知车辆受冰雹影响，曾经过钣喷修复。延边名车汇汽车销售服务有限公司与王某雷买卖合同纠纷上诉案，吉林省延边朝鲜族自治州中级人民法院民事判决书，（2018）吉24民终153号，经营者未告知曾对后车门及玻璃进行更换、改装。原告周某与深圳宝源行汽车销售服务有限公司、华晨宝马汽车有限公司产品销售者责任纠纷案，广东省深圳市福田区人民法院民事判决书，（2016）粤0304民初24360号，被告公司已经将涉案车辆属于物流质损车辆的情况告知了原告。但是，该告知行为既不全面，亦不充分，不是建立在诚实履行了其应尽的合同或者法律义务的基础之上。被告未按照规定的程序和要求对涉案车辆的物流质损情况进行全面检查、处理，未予以检测、维修。原告并不能清楚知道涉案车辆属于物流质损车辆的全部事实。被告提供的信息不全面、具有误导性。上述这些案件审理法院均认定被告构成欺诈，但均没有论证被告是故意还是过失违反信息提供义务。

过失没有告知,则是属于过失违反信息提供义务的缔约过失责任。法院在此不加论证地认定汽车销售者故意隐瞒,构成欺诈,进而构成欺诈行为,消费者可以请求损害赔偿,而且可以请求基于《消费者权益保护法》的惩罚性赔偿,是不合理的。

第二节 法律规定的说明义务

在现代社会中,经营者与消费者之间,甚至经营者与经营者之间存在巨大信息落差,一方当事人拥有大量信息,而另一方当事人则没有信息或者拥有很少的信息,缔约人经常在欠缺基本信息的情况下作出意思表示。而正确、完整的信息是意思形成以及决定必不可少的前提,只有在充分信息基础上作出的意思表示,发生当事人意欲的法律效果,才有正当性。[①] 所以,为了使缔约人在充分、完整信息下作出意思决定,现代立法者赋予了一方当事人越来越多的信息提供义务。

法律上并没有规定缔约人一般的说明义务,但在特别法中具体规定了特定情况下缔约当事人的说明义务。法律上的规定,考虑了信息的重要性、信息提供义务人提供信息的可能性以及当事人之间的信赖关系。

一、格式条款的说明义务

《民法典》合同编中的格式条款说明义务。在一方当事人提供信息的情况下,其提供的信息往往过于宽泛,相对人无法识别出对其意思形成与决定而言必要的人正确与完整的信息,甚至相对人没有时间与耐心阅读完这些信息。针对这一情况,法律规定了格式条款使用人的提示与说明义务。

格式条款是当事人为了重复使用而预先拟定,并在订立合同时未与对方协商的条款(《民法典》第 496 条第 1 款)。格式条款订入合同,需要格式条款使用人提示、说明,否则即被视为没有订入合同。如《民法典》第 496 条第 2 款规定:“采用格式条款订立合同的,提供格式条款的一方应当遵循公平原则确定当事人之间的权利和义务,并采取合理的方式提示对方注意免除或者减轻其责任等与对方有重大利害关系的条款……”进一步需要考虑的问题是,何为“采取合理的方式提示对方注意”。《合同法解释

① 参见[德]莱纳·舒尔策、[波兰]弗里德里克·佐尔:《欧洲合同法》(第 2 版),王剑一译,中国法制出版社 2019 年版,第 124 页。

(二)》第6条第1款将合理方式明确为采用足以引起对方注意的文字、符号、字体等特别标识。

根据《民法典》第496条第2款的规定,只有在合同相对人要求的情况下,格式条款使用人才负有予以说明的义务。有疑问的是,说明义务应达到何种标准?对此,原则上应以理性人的认识水平和判断能力为标准,但兼顾智力障碍者、文盲、盲人等群体的特殊情形,如果他们尽到最大注意义务还无法理解免责条款内容的,应认为免责条款没有订入合同。①

根据《民法典》第496条第2款的规定,提供格式条款的一方未履行提示或者说明义务,致使对方没有注意或者理解与其有重大利害关系的条款的,对方可以主张该条款不成为合同的内容。

需要考虑的是,对于格式条款,也应适用一般说明义务判断标准,即根据信息的重要性、提供信息可能性、信息的可期待性以及信赖关系予以判断。对于符合这几个标准的格式条款,格式条款提供人应负有主动说明义务。也就是说,在缔约之际,消费者即使不询问,提供格式合同的一方也负有说明义务。

另外,根据《民法典》第496条第2款的规定,提供格式条款的一方应当遵循公平原则确定当事人之间的权利和义务。公平之意甚为广泛,在这里,主要是指格式条款不能不同寻常。作为合同相对人,其得信赖格式条款并未超出其类型合同中通常的期待的内容。也就是说,格式条款使用人不得拟定使相对人吃惊的条款;否则,也被视为未订入合同。②

综合上述,在缔约之时,格式条款提供人因过失没有对格式条款说明的,在法律效果上是格式条款没有订入合同。

根据《民法典》第497条第1项的规定,格式条款具有《民法典》第一编第六章第三节以及《民法典》第506条规定的无效情形,该格式条款无效。《民法典》第一编第六章第三节规定的法律行为无效情形主要是无民事行为能力人实施的法律行为无效、虚假法律行为无效、违反法律无效、背俗无效以及恶意串通行为无效。《民法典》第506条规定的无效情形则是造成对方人身损害的免责条款以及因故意或者重大过失造成对方财产损失的免责条款无效。应当说,这些法律行为无效规则是一般性的规则,所有的法律行为出现这些无效事由时均为无效。在法律适用上,格式条款出现这些无效情形,应当直接适用《民法典》第一编第六章第三节以及《民法

① 参见崔建远:《合同法总论》(上卷),中国人民大学出版社2008年版,第145页。

② 参见刘璐、高圣平:《格式条款之订入合同规则研究》,载《广西社会科学》2005年第2期。

典》第506条规定的无效规则,而无须适用格式条款效力审查规则。[①]

根据《民法典》第497条第2项的规定,提供格式条款一方不合理地免除或者减轻其责任、加重对方责任、限制对方主要权利的格式条款无效。不合理的格式条款仅会导致其本身无效,不会影响合同其他条款的效力。也就是说,民事法律行为部分无效,不影响其他部分效力的,其他部分仍然有效(《民法典》第156条)。但是,如果格式条款的无效影响其他条款也无效的,则应适用《民法典》第157条的规定,即民事法律行为无效后,行为人因该行为取得的财产,应当予以返还;不能返还或者没有必要返还的,应当折价补偿。有过错的一方应当赔偿对方由此所受到的损失;各方都有过错的,应当各自承担相应的责任。对于损害赔偿的请求权基础为缔约上过失。

二、《消费者权益保护法》中的信息提供义务

《消费者权益保护法》规定了特别的信息提供义务。在第二章"消费者的权利"分别规定了消费者的知情权(第8条第2款[②]——答复义务)和受教育权(第13条)。但从第8条内容来看,规定的是答询义务,而非说明义务。答询义务与说明义务的区别在于:前者是经询问而告知,而后者是主动告知。

1. 提供信息的范围

主流观点认为,获取所有相关信息是消费者理智决定的首要前提。但不同观点认为,信息提供会使消费者不堪重负;人们只能同时处理少量信息,唯有集中于具体相关或重要的信息时,消费者才能理性地作出决策。消费者往往能比立法者更好地判断究竟哪些信息是其所需要的。所以,在立法上应将说明义务的内容确定在重要信息之上。这些信息主要是涉及给付标的以及影响消费者预期的合同目的的信息。

《消费者权益保护法》第20条第1款规定:"经营者向消费者提供有关商品或者服务的质量、性能、用途、有效期限等信息,应当真实、全面,不得作虚假或者引人误解的宣传。"前半句是一般性信息提供义务及其要求,后

---

① 参见贺栩栩:《〈合同法〉第40条后段(格式条款效力审查)评注》,载《法学家》2018年第6期。

② 《消费者权益保护法》第8条第2款规定:"消费者有权根据商品或者服务的不同情况,要求经营者提供商品的价格、产地、生产者、用途、性能、规格、等级、主要成份、生产日期、有效期限、检验合格证明、使用方法说明书、售后服务,或者服务的内容、规格、费用等有关情况。"与之对应,第20条第2款规定:"经营者对消费者就其提供的商品或者服务的质量和使用方法等问题提出的询问,应当作出真实、明确的答复。"

半句是不得误导宣传义务。第21条还规定了经营者关于真实名称和标记的告知义务。

除了上述信息内容外,对于消费者缔结合同最为关键的还有价格信息以及与履行期限和方式相关的信息。

针对采用网络、电视、电话、邮购等方式提供商品或者服务的经营者,以及提供证券、保险、银行等金融服务的经营者,还应当向消费者提供经营地址、联系方式、商品或者服务的数量和质量、价款或者费用、履行期限和方式、安全注意事项和风险警示、售后服务、民事责任等信息(第28条)。

对于价格信息,应予规制的是,有关价格的约定达到何种透明或明确的程度才能对消费者产生拘束力。质量信息,若亲眼可见,在规定有瑕疵担保责任以及撤回权的情况下,对商品特性的抽象信息披露义务,就没有存在必要。[①]

《消费者权益保护法》第三章"经营者的义务"还明确规定了经营者关于可能危及消费者人身、财产安全的产品的说明和警示义务(第18条第1款第2句、第19条)、经营者关于真实名称和标记的告知义务(第21条),这实际上间接规定了消费者有获知相关信息的权利。

根据第18条第1款第2句的规定,对于可能危及人身、财产安全的商品和服务,经营者应当向消费者作出真实的说明和明确的警示,并说明和标明正确使用商品或者接受服务的方法以及防止危害发生的方法。根据第19条第1款第1句前半句的规定,经营者发现其提供的商品或者服务存在缺陷,有危及人身、财产安全危险的,应当立即向有关行政部门报告和告知消费者。

尽管《消费者权益保护法》从信息不对称问题出发,对告知义务内容的规范更为具体、详细和有针对性,但并未就违反告知义务作太多规定,当事人依然需要依据原《合同法》关于缔约过失、因欺诈撤销合同、违约责任等一般规定进行救济。[②]

《欧洲买卖合同法草案》分别规定了经营者与消费者订立合同情况下的先合同信息义务,以及经营者之间的先合同信息义务。对于前者,该草

---

① 参见霍斯特·艾登穆勒等:《评〈欧洲共同买卖法条例草案〉——欧洲合同法最新文本的不足》,王蒙译,载《北航法律评论》2014年第1辑。

② 参见陆青:《论消费者保护法上的告知义务——兼评最高人民法院第17号指导性案例》,载《清华法学》2014年第4期。关于违反告知义务的各种法律责任及相互关系,参见尚连杰:《缔约过程中的说明义务研究——以中德民法的比较为中心》,清华大学2015年博士学位论文,第58~123页。

案第 13 条规定了具体的义务类型,但对于后者,该草案第 23 条第 1 款除规定了经营者之间的信息义务之外,还援引了诚信原则以及正直商业交往的原则,这就使信息提供义务的范围十分宽泛。[①]

在经营者没有履行信息提供义务的情况下,欧洲法律规则往往会规定法院有权根据信息调整合同的内容。根据《欧洲民法框架草案》第Ⅱ-3:109 条的规定,如果经营者没有履行本节以上条文规定的义务,且合同已经缔结,则经营者应当承担合同义务,但该义务是相对人可以合理期待的、作为信息不完整或不正确的后果。

《欧洲买卖合同法草案》第 17 条规定了损害赔偿请求权,并规定,若经营者未告知第 14 条所述的、有关附加费用的信息,或第 17 条第 2 款所述的、有关退货费用的信息,则消费者不必支付附加费用及其他费用。不过,如果《欧洲买卖合同法草案》另行规定法律效果是损害赔偿请求权、撤销权等,会使很多其他方面有意义的规则落空,如缔约过失产生的损害赔偿、瑕疵担保产生的损害赔偿(以过错要件,并规定有特殊时效)。[②]

《欧盟消费者权利指令》第 22 条也规定了对于额外费用需要买受人另外的同意,同时出卖人也要告知买受人额外费用,以取得买受人同意。[③]

2. 提供消费者享有权利方面的信息的义务

在消费者保护方面,消费者被赋予了特别权利,比如撤回权,对于这些特别权利,经营者也有义务告知消费者,只有消费者知道了其享有权利,才会去行使。《欧盟消费者权利指令》第 6 条第 h 项即规定了经营者告知消费者撤回权的行使条件、期限和程序,并需要根据指令附件中的撤回表格模版提供这些信息。[④] 违反关于撤回权信息的提供义务,会导致撤回期间延长一年,撤回期间自合同缔结时起算。

如果经营者没有提供撤回权信息,而消费者行使了撤回权,经营者还要受到惩罚,根据《欧盟消费者权利指令》第 14 条第 2 款的规定,如果经营者没有提供撤回权信息,则消费者对货物灭失价值不承担赔偿责任;而根据该指令第 14 条第 4 款的规定,消费者甚至可以不支付服务报酬或者水、

---

① 参见[德]莱纳·舒尔策、[波兰]弗里德里克·佐尔:《欧洲合同法》(第 2 版),王剑一译,中国法制出版社 2019 年版,第 137 页。

② 参见霍斯特·艾登穆勒等:《评〈欧洲共同买卖法条例草案〉——欧洲合同法最新文本的不足》,王蒙译,载《北航法律评论》2014 年第 1 辑。

③ See Zoll, *Culpa in Contrahendo in European Private Law*, in Schulze and Perales Viscasillas eds., The Formation of Contract, 2016, p. 53.

④ 参见[德]莱纳·舒尔策、[波兰]弗里德里克·佐尔:《欧洲合同法》(第 2 版),王剑一译,中国法制出版社 2019 年版,第 126 页。

电、煤气的对价。①

3. 信息表格制度

经营者提供的信息量往往比较大，消费者无法进行选择甚至无法阅读完毕，而消费者不表示阅读完毕或者同意，又无法进行交易。从经营者的角度来讲，经营者也不知道或者无法确定哪些信息需要提交或者需要提交多少信息。鉴于此，《欧盟消费者信贷指令》第 5 条采取了信息表格制度，经营者向消费者提供的信息，应通过附件二中的“欧洲消费信贷标准信息”表格以纸质或永久数据载体的方式告知。②

三、《电子商务法》中的信息提供义务

在现行法上，通常情况下是买者当心，但缔约人不能故意提供虚假信息。在消费者保护的理念下，经营者被赋予了越来越多的信息提供义务（《消费者权益保护法》第 8 条、第 18 条、第 19 条、第 21 条）。而在电子合同情况下，《消费者权益保护法》还规定了向消费者提供经营地址、联系方式、商品或者服务的数量和质量、价款或者费用、履行期限和方式、安全注意事项和风险警示、售后服务、民事责任等信息的义务（第 28 条）。在此基础上，《电子商务法》为电子商务经营者进一步规定了两种义务，一种是信息提供义务（第 50 条第 1 款），另一种是技术准备义务（第 50 条第 2 款），二者紧密关联，信息提供义务为履行技术准备义务创造前提或者使用户知道电子商务经营者履行了该技术准备义务。之所以施加给电子商务经营者这两种义务，是因为在电子商务情况下，对用户的远程与媒介服务越来越多，用户严重缺乏信息，用户针对订购程序的技术缺陷无能为力，有必要予以救济。而且，在合同缔结程序中，需要特别的知识为前提，或者技术上比较复杂，需要电子商务经营者向用户告知合同缔结程序的技术程序。

从规范目的上看，这两种义务的目的在于为形式公平的合同启动以及形式公平的合同缔结提供最低限度的前提保障。尤其是避免在电子商务交易中产生的高度危险，如用户因为程序的技术构造而发出了其所不愿意发出的订单，或者错误地多次发出了订单，或者不清楚订单是否被登记了、是否导致了合同订立。另外还要保障的是，电子商务经营者的格式条款在合同订立之后被改变，或者用户在证明技术上没有可能根据最原始的版

---

① See Zoll, *Culpa in Contrahendo in European Private Law*, in Schulze and Perales Viscasillas eds., The Formation of Contract, 2016, p. 52.

② 参见［德］莱纳・舒尔策、［波兰］弗里德里克・佐尔：《欧洲合同法》（第 2 版），王剑一译，中国法制出版社 2019 年版，第 130 ~ 131 页。

本。除此之外,还有促进互联网交易互信的目的。最后,还可以保护用户免予承担因单独与电子商务经营者磋商所须付出的交易成本,以及信用建立过程中产生的费用。[①]

1. 信息提供义务

《电子商务法》第 50 条第 1 款规定:"电子商务经营者应当清晰、全面、明确地告知用户订立合同的步骤、注意事项、下载方法等事项,并保证用户能够便利、完整地阅览和下载。"

从适用主体来看,义务主体一定是电子商务经营者,而相对人可以是经营者,也可以是用户。电子商务经营者的身份,由用户证明。

《电子商务法》第 50 条第 1 款没有规定告知义务的时点。基于该制度的规范目的,电子商务经营者应当在用户订购之前告知,即应当在用户发出与合同标的相关的数据交给电子商务经营者之前,以可期待的方式使用户知道,从而使用户在告知信息前提下作出决断。具体来讲,通常在订购键、订购表格出现之前,用户必须在电子商务经营者网页上能够调用这些信息。在设置网页技术上,需要保障用户可以在发出订单之前知道这些信息。

《电子商务法》第 50 条第 1 款要求提供的信息必须清晰、全面、明确。具体包括信息的打印页、结构、表述以及范围均须清晰、全面、明确。是否清晰、全面与明确,需要从一般的用户能力出发予以判断。通常要求一般用户不需要法律咨询就可以理解,不得引用法律规定或者法律专业术语。但也不必强制用户在订立合同前即可以调用这些信息,只要在订立合同前插入下载按钮即可。

所提供的信息内容涉及订立合同的步骤、注意事项、下载方法等事项。所谓的订立合同的步骤,是指具体的技术步骤。技术步骤不是现代数据传输的阶段,而是要让用户清楚,哪些行为或表示是从用户方或者从电子商务经营方发出的,以及这些行为或表示具有哪些法律效果。尤其要清楚,在哪一时刻,客户发出了有法律拘束力的要约,以及电子商务经营者的哪些行为表明要约被接受。[②]

所谓注意事项,不仅是使用规则,还包括电子商务经营者的企业行为准则,电子商务经营者需要告知用户这些信息,并提供链接。

《电子商务法》对所谓下载方法的规定比较宽泛。下载方法固然重

---

① Vgl. MünKomm/Wendehorst, § 312i Rn. 3.

② Vgl. MünKomm/Wendehorst, § 312i Rn. 69.

要,但更重要的是下载内容。为了便于用户日后调取查用,并获得原始合同证据,电子商务经营者应当提供合同条款下载可能性。① 电子商务经营者要使用户有可能在订立合同时下载合同条款,并且可以复制的形式储存。电子商务经营者应当告诉用户如何以及何时可以下载合同条款,并可以可复制的形式储存,同时也要告知储存格式。

2. 准备义务

《电子商务法》(草案二次审议稿)第 50 条第 2 款曾规定:"电子商务经营者应当保证用户在提交订单前可以更正输入错误。在性质上,这种义务是经营者在技术上准备的义务以及组织的义务。"

在比较法上,《德国民法典》第 312i 条规定了,网络上的经营者对顾客负有提供适当、有效且易于使用之方法的义务,以使顾客于订购前知悉输入之错误并进行更正。该条不仅规定了更正技术准备义务,而且还规定了知悉输入错误的技术准备义务。

在逻辑上,知悉与纠正错误的技术准备义务是相互关联的,应当一并赋予消费者。据此,在用户提交订单前,电子商务经营者必须给予用户纠正输入错误的机会。而要保障用户有此纠正输入错误的机会,必须由电子商务经营者提醒用户,并提供输入错误的信息。

该附随义务的规范目的在于避免用户因为粗心或者注意力不集中点击错误领域或者下达错误命令。

(1)所谓输入错误,是指在电子交易中,表意人可能作出了根本不愿意作出的意思表示,比如在虚拟购物搜寻时错误点击,或者用户缺少实际的表示意识,抑或在没有行为意识情况下错误点击,如在电脑前睡着,错误点击鼠标。第一种情况是一种典型的表示错误。在第二种情况下,虽然缺乏表示意识,但在规范上,表意人的通知可以归责于表意人,因为表意人必须清楚,电子消息被理解为意思表示。此时,意思表示有效发出并到达,但可以类推错误规则予以撤销。在第三种情况下,表意人没有行为意识,应当认为没有构成意思表示。

值得注意的是,动机错误并不属于输入错误,比如用户没有考虑成熟,在确定后马上又后悔的,在此情况下,只能通过消费者撤回权予以保护(《消费者权益保护法》第 25 条)。

(2)提交订单不仅仅是用户指向订立合同的意思表示,而且包括所有

① 参见王利明:《编纂一部网络时代的民法典》,载《暨南学报(哲学社会科学版)》2016 年第 7 期。

的电子商务经营者与用户之间的、涉及合同标的的数据传送,如是否还有存货的询问、查看的要求等。即使库存询问并不会引发任何法律效果,也须将之包括在内,因为如此可以促进互联网交易的迅捷。但中间存储并不属于提交订单,比如点击购货框的按钮。如果在任意中间阶段,都要求电子商务经营者提供纠错可能,会使得电子商务经营者压力过大并严重阻碍电子交易。

(3)在提交订单前,电子商务经营者就必须安装程序软件,使用户能够知道并能够改正。在接受确认之后才提供纠正可能,而不是在提交订单前。用户在输入过程中应该有充分的可能性发现输入错误。也就是说,需要在技术上提供清除书写按键、命令选择菜单,双击不能自动导致双重订购。对于格式设计,要求用户在输入时可以读到全部或者足够的范围,在一页里要尽可能包括输入窗口、给付描述以及合同条款。①

在给付相关的数据首次传送给电子商务经营者之前,用户必须有机会对其全部有关联的表示预读一遍,并有机会翻页检查是否正确。而且电子商务经营者不能通过技术施加时间压力。电子商务经营者还必须在输入过程中以及在向电子商务经营者传输数据前给予用户纠错机会,尤其要保障用户所熟知的"删除键"及"退格键"保持其通常的功能分配,同时存在便于操作且标识明确的其他取消合同的可能性。而且,纠正之后,不能要求客户从头开始重新填写订购表格。②

(4)在电子商务经营者没有设置纠错机制或者没有充分告知如何使用的情况下,如果用户撤销意思表示,那么基于诚信原则以及与有过失规则(《民法典》第1173条),电子商务经营者不得向用户请求信赖利益损害赔偿。③

(5)在德国法上,如果用户是消费者,还享有撤回权,而在电子商务经营者没有履行安装纠错机制或者告知义务以前,撤回权期间不开始起算,而此时消费者可以在6个月内行使撤回权,如此可以避免基于错误撤销而带来的证明责任以及损害赔偿。

如果用户不是消费者,那么他必须证明其错误点击或者根本不想订购,只是想离开网页,但这样的证明是比较困难的。这样,即使电子商务经营者提供纠正输入错误的工具,用户也不能撤销意思表示,对电子商务经营者形成不了任何制裁。

① Vgl. MünKomm/Wendehorst, § 312i Rn. 63.
② Vgl. MünKomm/Wendehorst, § 312i Rn. 65.
③ Vgl. Dörner, Rechtsgeschäfte im Internet, AcP 202 (2002), S. 381.

《电子商务法》（初次审议稿）曾经试图通过赋予用户告知义务来解决错误输入证明的问题，其第30条规定："电子合同使用自动交易系统的，在人机互动中用户发生输入错误，而该系统未提供更正错误的方式，同时符合以下要求的，用户有权撤回输入错误的部分：（一）该用户在发生错误后立即通知对方当事人有输入错误发生；（二）该用户没有从对方当事人处获得实质性的利益或者价值。"①但这样规定无疑增加了用户的负担，赋予用户通知义务并无正当性，而且也不能真正解决输入是否确实发生错误的问题。

所以，问题的关键在于，能否减轻用户的举证责任，能否由法官自由采证。在德国法上，如果当事人对于损害或者赔偿的利益数额有争议，法官可以在考量所有情况下予以自由心证。是否以及在多大程度上采证或者是否由官方委托专家鉴定，也由法官自由裁量（《德国民事诉讼法》第287条第1款）。在错误输入情况下，可以类推适用这一规则，由法官自由裁量是否采信用户的证据。

四、保险合同中的说明义务

（一）答询义务

《保险法》第16条第1款规定："订立保险合同，保险人就保险标的或者被保险人的有关情况提出询问的，投保人应当如实告知。"《保险法解释（二）》第6条第1款规定："投保人的告知义务限于保险人询问的范围和内容。当事人对询问范围及内容有争议的，保险人负举证责任。"由此可见，这里规定的义务内容实质为答询义务。在缔约前，保险人询问，投保人没有如实告知的，投保人应承担缔约过失责任。但是，如果保险人未询问的，则投保人没有义务主动提供信息。在李某勋诉中国平安人寿保险股份有限公司无锡中心支公司人寿保险合同纠纷案②中，投保人对未经询问的健康事项没有如实告知，法院认为，保险公司无权解除保险合同。

在保险合同已经订立的情况下，因为保险合同并不是当事人所意愿的，所以有效合同成为一种"损害"，而排除这种损害的方法就是废止该合同。《保险法》第16条第2款规定："投保人故意或者因重大过失未履行前款规定的如实告知义务，足以影响保险人决定是否同意承保或者提高保险费率的，保险人有权解除合同。"

---

① 该规则源自《美国统一计算机交易法》，参见齐爱民：《电子合同典型法律规则研究》，载《武汉大学学报（社会科学版）》2002年第2期。

② 参见江苏省无锡市崇安区人民法院民事判决书，（2012）崇商初字第0074号。

（二）提示义务

根据《保险法》第17条第2款的规定，对保险合同中免除保险人责任的条款，保险人在订立合同时应当在投保单、保险单或者其他保险凭证上作出足以引起投保人注意的提示，未作提示的，该条款不产生效力。

《保险法解释（二）》第11条第1款规定："保险合同订立时，保险人在投保单或者保险单等其他保险凭证上，对保险合同中免除保险人责任的条款，以足以引起投保人注意的文字、字体、符号或者其他明显标志作出提示的，人民法院应当认定其履行了保险法第十七条第二款规定的提示义务。"《保险法解释（二）》第12条还特别规定："通过网络、电话等方式订立的保险合同，保险人以网页、音频、视频等形式对免除保险人责任条款予以提示和明确说明的，人民法院可以认定其履行了提示和明确说明义务。"在整体上，对于提示义务，保险法要求不高。

在期货经纪合同中，期货公司提示义务的内容是交易风险说明书，其本质上是一个比较形式化的说明义务。《期货公司监督管理办法》第64条规定："期货公司在为客户开立期货经纪账户前，应当向客户出示《期货交易风险说明书》，由客户签字确认，并签订期货经纪合同。《〈期货经纪合同〉指引》和《期货交易风险说明书》由中国期货业协会制定。"《期货纠纷规定》第16条规定："期货公司在与客户订立期货经纪合同时，未提示客户注意《期货交易风险说明书》内容，并由客户签字或者盖章，对于客户在交易中的损失，应当依据合同法第四十二条第（三）项的规定承担相应的赔偿责任。但是，根据以往交易结果记载，证明客户已有交易经历的，应当免除期货公司的责任。"

（三）说明义务

《保险法》规定了保险人向投保人提示、说明格式条款以及免责条款的义务，并没有规定比较广泛的说明义务（第17条）。对于格式条款的界定，根据《民法典》第496条第1款来确定。但对于免责条款的界定，存在争议。有学者认为，一切导致保险人不承担责任或减轻承担责任的合同条款都属于责任免除条款。① 不同观点认为，只有在保险单、保险条款、批单等保险合同书面形式中表达为"责任免除"或"除外责任"的才属于责任免除条款。② 从《民法典》第496条的规定来看，免责条款应从实质上进行理解，包括免除或者减轻其责任等与对方有重大利害关系的条款。在司法实

① 参见曹兴权：《保险缔约信息义务制度研究》，中国检察出版社2004年版，第225页。

② 参见张海棠主编：《保险合同纠纷》，法律出版社2010年版，第125页。

践中,免责条款具体包括责任免除条款,除外责任条款,以及关于免赔率、免赔额等部分或全部免除保险人赔偿或给付保险金责任的条款。①

由于保险合同具有复杂性与专业性,保险人与投保人之间的信息存在很大落差,保险人应当负有向投保人说明重要信息的义务。比较来看,一般情况下,在信息重要、缔约人掌握信息以及相对人可期待并信赖的情况下,缔约人即应负有说明义务。在保险合同的情况下,依照《保险法》的规定,仅对格式条款以及免责条款负有说明义务,并不合理。另外,《保险法》第116条从监管的角度规定,保险公司及其工作人员在保险业务活动中不得有"欺骗投保人、被保险人或者受益人""对投保人隐瞒与保险合同有关的重要情况"的行为,否则应承担相应的行政法律责任。该规定虽然没有直接规定保险人对投保人的一般说明义务,但从其规范目的来看,其目的明显是保护投保人。由此可以推知,保险人对投保人应负有告知重要信息的义务。而所谓重要信息,是对投保人缔约决定构成实质性影响的信息,具体包括"除外与不包括条款"、"投保人或被保险人义务及其违反效果条款"、特约条款等。②

对于说明义务的程度,《保险法解释(二)》第11条第2款有规定,但并不严格,即:"保险人对保险合同中有关免除保险人责任条款的概念、内容及其法律后果以书面或者口头形式向投保人作出常人能够理解的解释说明的,人民法院应当认定保险人履行了保险法第十七条第二款规定的明确说明义务。"

对于说明义务的履行,由保险人予以举证。只要投保人对保险人履行了符合《保险法解释(二)》第11条第2款要求的明确说明义务在相关文书上签字、盖章或者以其他形式予以确认的,就应当认定保险人履行了该项义务。但另有证据证明保险人未履行明确说明义务的除外(《保险法解释(二)》第13条)。

在上海劲轩国际物流有限公司与中国人寿财产保险股份有限公司上海市分公司财产保险合同纠纷案③中,被告未说明保险险种间的差异,导致应购买物流责任险的投保人(原告)购买了货运险,法院认为,被告作为专

① 参见江苏省高级人民法院2011年1月12日发布并实施的《关于审理保险合同纠纷案件若干问题的讨论纪要》第1条。转引自杨茂:《完善我国保险人明确说明义务的法律思考》,载《现代法学》2012年第2期。

② 参见于海纯:《保险人缔约信息义务的边界——以重要性标准之建立为中心》,载《比较法研究》2011年第2期。

③ 参见上海市虹口区人民法院民事判决书,(2018)沪0109民初9552号。

业保险机构,完全有能力区分承运人责任险与货物运输险在保险利益归属及投保人利益保护上的不同,此事实关切投保人缔约目的,属于有关订立合同的重要事实,被告在向投保人推介保险产品时应当如实告知和进行说明。结合《预约保险协议书》第5条免予追偿条款的约定,法院有理由确信原告订立合同的目的在于通过免于追偿条款约定转移责任风险,而并非纯为第三人即货主利益投保。然而,目前原告损失未能避免,究其原因在于原告投保的货物运输险未能正确匹配承运人的责任保险利益,特别是在货主另行投保货物运输险、太保公司营运中心赔付后行使追偿权的情形下,原告无法以本合同保险人放弃追偿的约定抗辩太保公司营运中心。倘若被告在缔约时明确告知并说明保险利益归属及货主另行投保对追偿的影响,原告从理性角度来看,几无可能缔结本合同。现被告未举证证明其已经告知并说明险种性质、区别及货主投保之理赔风险,结合对被告的专业能力要求,法院认定被告对于该重大事项不予告知及说明存在过错,被告之不作为严重影响原告对合同履行利益的判断,属于对先合同义务的违反。

法院还特别强调,缔约过失责任与当事人之间合同是否有效成立无关,本案原告、被告双方缔结了有效的保险合同,但在缔结过程中被告有违诚实信用义务,应承担缔约过失责任。法院认为,原告所受直接损失在金额上为其向太保公司营运中心支付的231,858.40元货物损失,但其要求被告承担的损害赔偿不应超过合同履行利益,且在损害分配上适用过失相抵规则。

(四)咨询义务

由于保险合同的专业性与复杂性,缺乏专业知识的投保人的问题往往不是保险人没有说明造成的,反而是因为欠缺专业知识没有选择合适的保险合同或者保险范围,其所选择的保险并不能满足其投保需求。鉴于此,《德国保险合同法》第6条规定了保险人的咨询义务。保险人的竞争要以投保人能够理性地选择适合自己的保险产品为前提,而这一前提需要通过说明义务以及适当的咨询义务来实现。[①]

咨询义务由询问义务、建议及说明理由义务、记录义务等组成。首先,保险人负有积极的询问义务,作为保险人建议及说明的基础。在当事人缔结保险合同时,保险人尤其要询问投保人的客观保险需求与主观需求,如保险标的价值、就投保标的是否已经订立过保险合同、尽可能选择费用低

---

① 参见沈小军:《德国法上保险人的咨询义务——兼论我国保险人说明义务的完善》,载《保险研究》2017年第3期。

的保险产品等。其次，保险人需要对那些对于投保人等意义重大的情况进行建议并说明理由。在判断这些情况是否对投保人等意义重大时，需参考是否存在建议的理由，是否可以期待保险人建议以及与投保人所询问保险产品的关联等因素。保险人应向投保人提供信息、进行说明，并应提供不同解决方案，在投保人需求与可以考虑的产品之间进行比较、评价，并提出对投保人更有利的建议。保险人提出建议后，还应向投保人说明理由。最后，保险人应在考虑所提供的保险合同的复杂程度的基础上记录其询问、建议与说明理由的情况，以供投保人在一段时间内理解消化保险人所提供的咨询与建议。①

在合同订立前，保险人违反咨询义务的，应向投保人承担缔约过失责任。具体根据《德国民法典》第 280 条的规定，向投保人承担损害赔偿责任。

《保险法》并没有规定保险人的咨询义务。但在金融产品买卖上，2019 年《全国法院民商事审判工作会议纪要》认为，应当将金融消费者是否充分了解相关金融产品、投资活动的性质及风险并在此基础上作出自主决定作为应当查明的基本事实。该纪要第 72 条规定的适当性义务，在性质上属于咨询义务。所谓适当性义务，是指卖方机构在向金融消费者推介、销售银行理财产品、保险投资产品、信托理财产品、券商集合理财计划、杠杆基金份额、期权及其他场外衍生品等高风险等级金融产品，以及为金融消费者参与融资融券、新三板、创业板、科创板、期货等高风险等级投资活动提供服务的过程中，必须履行的了解客户、了解产品、将适当的产品（或者服务）销售（或者提供）给适合的金融消费者等义务。②

卖方机构承担适当性义务的目的是确保金融消费者能够在充分了解相关金融产品、投资活动的性质及风险的基础上作出自主决定，并承受由此产生的收益和风险。

金融产品发行人、销售者未尽适当性义务，导致金融消费者在购买金融产品过程中遭受损失的，应向金融消费者承担缔约过失责任，而且是连带责任。金融服务提供者未尽适当性义务，导致金融消费者在接受金融服

① 参见沈小军：《德国法上保险人的咨询义务——兼论我国保险人说明义务的完善》，载《保险研究》2017 年第 3 期。

② 《商业银行个人理财业务管理暂行办法》（已失效）规定："商业银行利用理财顾问服务向客户推介投资产品时，应了解客户的风险偏好、风险认知能力和承受能力，评估客户的财务状况，提供合适的投资产品由客户自主选择，并应向客户解释相关投资工具的运作市场及方式，揭示相关风险。商业银行应妥善保存有关客户评估和顾问服务的记录，并妥善保存客户资料和其他文件资料。"

务后参与高风险等级投资活动遭受损失的，金融消费者可以请求金融服务提供者承担赔偿责任。

在建行恩济支行案①中，2015 年 6 月 2 日，王某经建行恩济支行工作人员推荐，在建行恩济支行购买前海开源中证军工指数型证券投资基金，认购金额为 96.60 万元。2018 年 3 月 28 日，王某进行了基金赎回，赎回金额为 389,518.05 元，本金亏损 576,481.95 元。法院认为，建行恩济支行在对王某进行风险评估后，明知其属于保守型投资者，本金出现 10% 以内的损失，即会明显焦虑，却依旧向王某主动推介了“风险较大”的“经评估不适宜购买”的指数基金。建行恩济支行在明知王某的投资目的、投资态度等风险偏好的情况下，推介其购买不适宜投资的较高风险的股票型基金，存在重大过错。法院认为，若无建行恩济支行的不当推介行为，王某不会购买涉诉基金，相应损失亦无从发生，故应认定建行恩济支行的过错行为与王某的损失之间存在因果关系。在此情况下，王某要求建行恩济支行赔偿其损失 576,481.95 元的诉讼请求，应予支持。

五、《商业特许经营管理条例》中的特许人信息披露义务

所谓商业特许经营，是指拥有注册商标、企业标志、专利、专有技术等经营资源的企业（特许人），以合同形式将其拥有的经营资源许可其他经营者（被特许人）使用，被特许人按照合同约定在统一的经营模式下开展经营，并向特许人支付特许经营费用的经营活动（《商业特许经营管理条例》第 3 条）。在特许人与被特许人之间，存在信息落差，特许人掌握了更多的商业信息，而且其掌握的信息，对于被特许人决定是否缔结合同，至关重要。

（一）提供信息的范围

对于特许人应提供信息的范围，《商业特许经营管理条例》第 22 条列举规定了 12 项，②对于这 12 项，《商业特许经营信息披露管理办法》第 5 条

---

① 参见北京市第一中级人民法院民事判决书，（2018）京 01 民终 8761 号。

② 《商业特许经营管理条例》第 22 条规定：“特许人应当向被特许人提供以下信息：（一）特许人的名称、住所、法定代表人、注册资本额、经营范围以及从事特许经营活动的基本情况；（二）特许人的注册商标、企业标志、专利、专有技术和经营模式的基本情况；（三）特许经营费用的种类、金额和支付方式（包括是否收取保证金以及保证金的返还条件和返还方式）；（四）向被特许人提供产品、服务、设备的价格和条件；（五）为被特许人持续提供经营指导、技术支持、业务培训等服务的具体内容、提供方式和实施计划；（六）对被特许人的经营活动进行指导、监督的具体办法；（七）特许经营网点投资预算；（八）在中国境内现有的被特许人的数量、分布地域以及经营状况评估；（九）最近 2 年的经会计师事务所审计的财务会计报告摘要和审计报告摘要；（十）最近 5 年内与特许经营相关的诉讼和仲裁情况；（十一）特许人及其法定代表人是否有重大违法经营记录；（十二）国务院商务主管部门规定的其他信息。”

进行了进一步解释。《商业特许经营管理条例》第 16 条特别规定了,特许人要求被特许人在订立特许经营合同前支付费用的,应当以书面形式向被特许人说明该部分费用的用途以及退还的条件、方式。第 17 条第 1 款规定,推广、宣传费用的使用情况应当及时向被特许人披露。这些需要提供的信息均是重大信息,如果特许人隐瞒,将会影响特许经营合同履行,致使不能实现合同目的(《商业特许经营信息披露管理办法》第 9 条)。

对于这里的影响特许经营合同履行,司法实践采取了综合考量的思路,如北京市高级人民法院《关于审理商业特许经营合同纠纷案件适用法律若干问题的指导意见》第 15 条第 1 款规定:"对特许人欺诈的认定应综合考虑特许人隐瞒的信息、提供的虚假信息或夸大的经营资源与合同目的的关联性、与真实信息的背离程度及其对特许经营合同订立和履行的影响程度等因素。"而对于"致使不能实现合同目的",理解上应予以放宽,只要特许人在订立合同过程中隐瞒、提供或者夸大直接关系到特许经营实质内容的相关信息或经营资源,足以导致被特许人签订特许经营合同的,被特许人可以请求撤销或者依法解除该特许经营合同。

(二)法律效果

《商业特许经营管理条例》第23 条第3 款规定:"特许人隐瞒有关信息或者提供虚假信息的,被特许人可以解除特许经营合同。"该规则将隐瞒有关信息与提供虚假信息整合在一起,二者的法律效果都是解除特许经营合同。北京市高级人民法院《关于审理商业特许经营合同纠纷案件适用法律若干问题的指导意见》第 15 条采取的是认定欺诈的思路,但法律效果上则是撤销与解除。其规定:"对特许人欺诈的认定应综合考虑特许人隐瞒的信息、提供的虚假信息或夸大的经营资源与合同目的的关联性、与真实信息的背离程度及其对特许经营合同订立和履行的影响程度等因素。特许人在订立合同过程中隐瞒、提供或者夸大直接关系到特许经营实质内容的相关信息或经营资源,足以导致被特许人签订特许经营合同的,被特许人可以请求撤销或者依法解除该特许经营合同。"

对于解除的法律效果,逻辑上存在问题,依据我国《民法典》合同编的解除规则,总体上违约行为必须达到根本违约的程度,守约人才能解除合同。在特许合同情况下,特许人违反说明义务,被特许人即可解除合同,不太合理。另外,特许人违反的是缔约前的说明义务,而不是缔约后的附随义务性质的说明义务。违反缔约前的说明义务,会导致被特许人订立一个其所不期望的合同,而违反缔约后的说明义务,则是附随义务的问题,不会因违反说明义务使当事人陷入错误,从而使被特许人订立一个其所不期望的合同。对此，有观点认为，《商业特许经营管理条例》第 23 条关于解除权的规定应是撤销权的规定，撤销权事由即为欺诈或重大误解。[①] 但是撤销权的思路也存在问题。首先，撤销权的构成，需要法定事由；其次，撤销权的性质属于形成权，单方意思表示即可发生撤销的法律效果；最后，撤销权需要在 1 年内行使，否则权利人即不可以行使。

对此，笔者认为，首先应区分故意与过失隐瞒有关信息情况。在故意情况下，符合欺诈的要件，应允许受欺诈人撤销，而在过失的情况下，则应依据《民法典》第 500 条处理，被特许人可以请求特许人损害赔偿。而特许人违反缔约前说明义务，往往会使被特许人陷入错误，并基于错误认识订立合同，此时，被特许人所订立的合同是其所不期望的，对其而言构成损害。也就是说，被特许人的损害赔偿请求权的内容就是废止该合同。值得注意的是，废止合同不同于解除合同。在解除合同情况下，法律效果上，原合同转化为清算关系，在清算关系框架内，返还与恢复原状。而在废止情况下，特许合同被废止，损害即被排除，不会产生返还与恢复原状等法律效果。合同被废止后，特许人需要返还的，得基于不当得利请求。

第三节　违反说明义务之缔约过失责任与其他制度的关联

一、自始不能规则与错误规则的关系

在实践中，自始不能的情况较为常见，其与错误法律关系经常处于并存状态。原则上，买受人的瑕疵担保权利不得通过基于错误撤销的合同而被否定或排除。出卖人的瑕疵担保责任属于特别法，应当优先适用。例如，甲出卖给乙一幅齐白石的画，后来被发现实际上是当代一个画家的画。如何处理？在此案中，由于该瑕疵是不可以去除的，所以乙可以根据《民法典》第 563 条、第 610 条（《合同法》第 94 条、第 148 条）解除合同，并依据《民法典》第 577 条、第 615 条、第 617 条（《合同法》第 107 条、第 153 条、第 155 条）请求损害赔偿。在此情况下，并不能适用错误规则，应避免通过撤销（仅承担受限制的消极利益赔偿）来架空瑕疵担保责任。

如果债务人对于不知道瑕疵没有过错的，其即不能依据瑕疵担保法承担损害赔偿责任。此时，能否适用错误制度呢？例如，在上述案件中，该画

---

① 参见肖舒森：《论商业特许经营合同中特许人违反缔约前信息披露义务时被特许人的撤销权》，清华大学 2019 年硕士学位论文，第 16 页以下。

经过专家鉴定为真，甲对于瑕疵不知道，其没有过错，这里不能认为甲对画的真实性进行了保证，故在该情况下，只能认为甲没有可归责性，并无损害赔偿责任。此时，有学者主张类推适用错误撤销时损害赔偿的规定，该责任承担并不考虑当事人是否具有过错，但赔偿范围只限于消极利益。但由上所述并不能抽象出自始不能损害赔偿规则优先于错误损害赔偿规则的一般原则，而只能基于权利滥用来处理二者的关系。例如，在上述案例中，若甲错误地将齐白石的画当作当代画家的画出卖，后来发现该画是齐白石的画，此时则可以根据错误损害赔偿制度处理，并不存在滥用权利之情况。

二、说明义务违反与欺诈的关系

（一）欺诈规则

依据《合同法》第 54 条的规定，一方以欺诈手段使对方在违背真实意思的情况下订立的合同，受损害方有权请求人民法院或者仲裁机构变更或撤销。而依据《民法典》第 148 条的规定，一方以欺诈手段，使对方在违背真实意思的情况下实施的民事法律行为，受欺诈方有权请求人民法院或者仲裁机构予以撤销。相比于《合同法》，删除了变更之法律效果。

何为欺诈行为，《合同法》与《民法通则》并没有给出详细的界定，《民法通则意见》第 68 条填补了这一漏洞，《民法典总则编解释》第 21 条基本上接受了该规则。所谓欺诈行为，是指一方当事人故意告知对方虚假情况，或者故意隐瞒真实情况，诱使对方当事人作出错误意思表示。在构成上，欺诈方须具有主观故意，而且该故意具有双重性，一方面要故意使对方陷入错误，另一方面还须故意使对方基于错误作出意思表示。① 构成欺诈的，受欺诈人可以主张撤销。

而欺诈行为本身即构成对相对人利益照顾义务之违反，违反该义务，依据《合同法》第 58 条以及《民法典》第 157 条的规定，有过错的一方应当赔偿对方由此所受到的损失；各方都有过错的，应当各自承担相应的责任。在损害赔偿责任性质上，通说认为是缔约过失责任。②

（二）故意隐瞒类型的缔约过失责任

《民法典》第 500 条第 2 项又进一步具体规定了“故意隐瞒与订立合同有关的重要事实或者提供虚假情况”下的缔约过失规则。从该规定来看，当事人在缔约时并无一般性的信息披露义务，而仅在故意隐瞒与订立合同

---

① 参见韩世远：《合同法总论》（第 4 版），法律出版社 2018 年版，第 254 页。

② 参见崔建远：《合同法》（第 3 版），北京大学出版社 2016 年版，第 110 页。

有关的重要事实或提供虚假情况时负责任。我国台湾地区"民法"第245条之一第1款表述为就订约有重要关系之事项,对他方之询问,恶意隐匿或不实之说明。二者存在如下不同:

首先,术语上《民法典》采用故意隐瞒以及提供虚假情况,并没有采用恶意隐匿或不实之说明。故意隐瞒表明当事人是以不作为行为违反信息披露义务,而向相对人"提供虚假情况"则是一种作为。

其次,我国台湾地区"民法"第245条之一第1款所规定的说明义务之前提是"对他方之询问",严格来讲,这是一种答询义务。而《民法典》第500条第2项(《合同法》第42条第2项)并没有进行限制,其规定的是说明义务。

最后,《民法典》第500条第2项(《合同法》第42条第2项)并没有规定过失欺诈类型,如果要解释,也只有在"故意隐瞒"之中才可解释出重大过失违反说明义务的类型。而我国台湾地区"民法"第245条之一第1款则规定了过失违反说明义务也即过失欺诈的情况。

所谓"与订立合同有关",应指影响相对人订约意愿和订约条款安排的事实和情况。而所谓"重要",则只能就特定的交易情形,结合具体的合同类型和交易惯例等加以具体的判断。影响相对人订约意愿和订约条款安排的,主要是指涉及标的物或服务瑕疵的情形。①

在因欺诈而产生撤销权的情况下,撤销人须在一年内提出,否则即丧失撤销权,该期间为除斥期间。依据《民法典》第157条请求缔约过失损害赔偿责任也就没有了根据;而如果根据《民法典》第500条的规定,在此期间之后,权利人仍可以根据缔约过失主张损害赔偿责任。

在《德国民法典》欺诈模式中,事实上的决定自由损害本身就足以导致合同的撤销,而不必再考虑合同内容是否有失公平,在欺诈的重大性上要求有可归责性,即第123条第2款应当知道之规定,在这种解决模式中,事实决定自由损害之种类与程度在逻辑上具有重要的意义,故此《德国民法典》第123条规定欺诈以非常重大的违法性以及故意为前提条件。这一故意要件,使这一种类中事实决定自由损害的保护机制面对某些非故意之动机错误难以发挥作用,这样就产生一种强化保护事实决定自由,并进而对其予以具体化的深远影响。②

而在违反说明义务类型的缔约过失责任的情况下,也需要违法性要

---

① 参见孙维飞:《〈合同法〉第42条(缔约过失责任)评注》,载《法学家》2018年第1期。

② 参见[德]卡拉里斯:《债务合同法的变化——即债务合同法的"具体化"趋势》,张双根译,载《中外法学》2001年第1期。

件,但不需要故意要件,过失即为已足。如果合同已经有效成立,则此时的损害表现为一方当事人因为对方的过错而负担了一个有效的合同。① 此时,基于缔约过失的损害赔偿请求权,指向的是恢复原状,其内容通常是合同的解消或废止。② 也就是说,基于欺诈可以撤销合同,基于缔约过失也可以达到解消的目的,在法律效果上,二者是一致的。由此提出了二者适用关系的问题。

德国联邦法院在一个判例中认为二者的区分在于,基于欺诈的撤销保护的是决定自由,而基于缔约过失的损害赔偿保护的是财产。③ 在比较合同带来的利益与不利益之后,若不利益更为主要,即存在损害。我国也有学者认为,欺诈是解决意思表示效力的问题,而缔约过失救济的是由此造成的损害。④

对此,梅迪库斯持反对意见。他认为违反说明义务的法律效果是解消合同,属于恢复原状的一种,而恢复原状并不限于财产损害,基于缔约过失的损害赔偿请求权也针对决定自由。⑤ 进一步而言,对他人个人决定自由的侵害即构成损害。⑥

笔者也赞同这一观点。但接下来又会产生新的问题,即如何解决二者的关系问题。在本质上,欺诈规则本身并非请求权基础规范,其法律效果是撤销,恰好与基于缔约过失的解消法律效果类似。在逻辑上,二者之间并非请求权竞合关系,而是所谓的制度竞合,需要考虑规范之间的相互影响,促使不同制度在达到统一效果时的协调。⑦

从构成上比较,构成缔约过失责任,只要过失要件即可,但构成欺诈,则需要故意的要件。如此,弱要件与强要件的法律效果相同,在评价上会存在矛盾。另外,基于欺诈的撤销权的除斥期间为 1 年,而基于缔约过失的请求权,诉讼时效为 3 年。而且,在诉讼中,证明故意难度会大一些,所以当事人会选择基于缔约过失的请求权,而放弃基于欺诈的撤销权或损害赔偿请求权。另外,在撤销权经过 1 年的除斥期间后,仍可根据缔约过失

---

① Vgl. Lorenz, Der Schutz vor dem unerwuenschten Vertrag, 1997, S. 388.

② Vgl. Canaris, Wandlungen des Schuldvertragsrechts, AcP 200(2000), S. 273, 304; BGH NJW 1998, 302;BGH NJW 2006, 845, 847.

③ Vgl. BGH NJW 1998, 302;BGH NJW 2006, 845, 847.

④ 参见韩世远:《合同法总论》(第 4 版),法律出版社 2018 年版,第 167 页。

⑤ Vgl. Medicus/Lorenz, Schuldrecht Ⅰ, 20. Aufl. 2012, Rn. 109.

⑥ Vgl. BGH NJW 2005, 1579; Staudinger/ Löwisch, § 311 Rn. 162.

⑦ 参见刘勇:《缔约过失与欺诈的制度竞合——以"欺诈"的故意要件为中心》,载《法学研究》2015 年第 5 期;尚连杰:《缔约过失与欺诈的关系再造——以错误理论的功能介入为辅线》,载《法学家》2017 年第 4 期。

处理。最终在结果上，缔约过失责任的适用会"掏空"欺诈制度。[①]

对于这一问题的解决，德国判例采取了协调两种制度的模式，在基于欺诈的撤销权的1年除斥期间经过之后，当事人不得基于缔约过失主张解消合同，免除合同义务。[②] 反过来，对于基于缔约过失主张解消合同的情况，也应适用撤销权1年除斥期间规则。[③]

过错违反说明义务的情况有两种，一种是说明义务人知道该信息但违反义务而沉默，另一种是说明义务人不知道相关信息，但说明义务人不知道这一信息是应受谴责的，比如订立的合同具有利他性或者处理他人事务的性质，[④]这些情况的救济是欺诈制度所不能涵盖的。

在法国，对于信息提供义务理论，乃依据信息提供义务上的欺诈或错误之扩展的观点来处理之。因为，依据以往的概念，虽然将信息义务认为是既不属于欺诈又不属于错误之中间领域者，但仍以欺诈与错误之扩张解释来对被害人予以救济，而将其置于欺诈与错误之接点位置。[⑤] 在判例上，先是承认所谓的"沉默欺诈"；然后，逐渐开始承认在一定情况下，不需要证明欺诈故意；最终，逐渐确立了独立的信息提供义务。2013年法国司法部的债法修正草案甚至一般性地规定了信息提供义务，明确违反信息提供义务是合同可撤销的原因。[⑥]

为了彻底消除这两个制度之间的评价矛盾，有学者主张通过构建过失欺诈，即放弃欺诈的故意教义，从而打通欺诈与基于缔约过失的说明义务违反，但该观点最终还是建议通过信息提供义务来实现过失欺诈制度。[⑦]

有观点认为，这一解决方案不具有合理性。过失欺诈缺乏比较法上的支持，而且法律上规定的欺诈均以故意为要件，过失欺诈的概念本身就是矛盾的，通过过失欺诈达到承认过失违反说明义务之缔约过失责任，仍然没有解决问题。另外，对第三人欺诈与相对人过失欺诈作同等评价并不妥

---

① 参见刘勇：《缔约过失与欺诈的制度竞合——以"欺诈"的故意要件为中心》，载《法学研究》2015年第5期。

② Vgl. OLG Hamm, NJW－RR, 1995, 205.

③ Vgl. Fleischer, Konkurrenzprobleme um die culpa in contrahendo, AcP (200) 2000, S. 119.

④ 参见［德］卡拉里斯：《债务合同法的变化——即债务合同法的"具体化"趋势》，张双根译，载《中外法学》2001年第1期。

⑤ 参见刘得宽：《契约缔结过程上的情报提供义务——消费者保护重要课题之一》，载《法学丛刊》1998年第171期。

⑥ 参见刘勇：《缔约过失与欺诈的制度竞合——以"欺诈"的故意要件为中心》，载《法学研究》2015年第5期。

⑦ 参见刘勇：《缔约过失与欺诈的制度竞合——以"欺诈"的故意要件为中心》，载《法学研究》2015年第5期。

当,现行法上也没有过失欺诈的根据。① 在这一批判基础上,该学者进一步提出了通过错误制度解决当事人过失违反说明义务的情况。②

其实,实质的问题在于是否承认过失违反说明义务之缔约过失责任。至于其体系位置是根据过失欺诈制度处理,还是归于错误制度,则是次要问题。而且,在体系上,借助《民法典》第 500 条第 3 项(《合同法》第 42 条第 3 项)“其他违背诚实信用原则的行为”,即可塑造独立的过失违反说明义务之缔约过失责任类型。

三、说明义务违反之缔约过失责任与瑕疵担保责任的关系

(一)瑕疵担保规则与缔约过失规则的共同基础

1. 瑕疵担保法

旧《德国民法典》第 459 条及其以下规定了瑕疵担保责任,这是要被优先适用的特别规则,因为其负载了特殊的制度价值,即为了出卖人的利益,迅速地清算物之瑕疵引起的争议,比如将出卖人的责任限定在价格以内(旧《德国民法典》第 477 条)、短期时效制度(旧《德国民法典》第 462 条)。同时也是为了有效地使买方免受按照无瑕疵状态下计算的买卖价格与有瑕疵货物之间价值比例关系失衡的损害,比如出卖人的无过错责任规则。③

在债法改革后,根据《德国民法典》第 433 条第 1 款第 2 句的规定,卖方不仅有义务交付标的物和移转标的物所有权给买方,而且出卖人负有无瑕疵给付的义务,应保证标的物不存在质量和权利瑕疵。该条根据的是所谓的履行理论(Erfüllungstheorie),据此,出卖人交付无瑕疵的标的物的义务是主给付义务,瑕疵给付是未履行。违反该义务的法律效果被转引到一般给付障碍法规则(第 437 条第 2 项、第 3 项),对此,第 437 条第 1 项、第 438 条以下有修正性的特别规定。据此,以前的瑕疵担保责任作为债法不良给付的特别规则的瑕疵担保理论还是“生存”下来了。④

在债法改革之后,瑕疵担保责任制度仍然是特殊的给付障碍法规则,只是部分地与债法总则中的一般给付障碍法规则关联起来。⑤ 梅迪库斯认为瑕疵担保责任与一般给付障碍法更接近了,请求权性质的解除

① 参见尚连杰:《缔约过失与欺诈的关系再造——以错误理论的功能介入为辅线》,载《法学家》2017 年第 4 期。

② 参见尚连杰:《缔约过失与欺诈的关系再造——以错误理论的功能介入为辅线》,载《法学家》2017 年第 4 期。

③ Vgl. Jauernig/Vollkommer, § 459 Rn. 1.

④ Vgl. Fikentscher/Heinemann, Schuldrecht, 10. Aufl. 2006, S. 405, Rn. 831.

⑤ Vgl. Fikentscher/Heinemann, Schuldrecht, 10. Aufl. 2006, S. 405, Rn. 831.

(Wandelung)转化为形成权性质的解除,减价请求权也转化为形成权,损害赔偿请求权也与一般给付障碍法的损害赔偿请求权统一起来。尤其重要的是,出卖人负有给付无瑕疵标的物之义务,瑕疵担保责任并非不完全给付的特别形态了,在结果上,买受人可以也必须请求补救履行。

根据德国现行法,虽然瑕疵担保的救济方式要适用一般给付障碍法的规定,但瑕疵担保责任的特殊制度价值并没有被消灭。在价值取向上,瑕疵担保责任还是建立在有利于卖方的基础之上的,比如补救履行(Nachbesserung)优先;在买方知道或者因重大过失而不知的情况下,不可以主张瑕疵担保责任,除非卖方是恶意的或者提供了保证(《德国民法典》第442条第1款)。但同时应注意的是,瑕疵担保责任由原来的无过错责任转变为过错推定责任,买方的所谓平衡利益之保护,在一定程度上被削弱了。

在德国法上,是否存在物上瑕疵,主要判断的是,在风险转移时,是否具有按照当事人所设想的买卖物所应有的状态,即主观瑕疵概念(《德国民法典》第434条第1款第1句)。[①] 当双方当事人对物的性质有约定时,在风险转移时,物上应具有约定的性质;如果双方对此没有约定,那么该物应适合于合同所规定的用途,或者应当符合通常的用途,并具有相同种类物所具有的通常的品质,而且该性质是买受人在该类物上所能期待的,即客观瑕疵概念(《德国民法典》第434条第1款第2句)。按照《德国民法典》第434条第1款第3句的规定,物上瑕疵还存在于,当买卖物不具有按照出卖人、生产者或其辅助人在广告中的公开表述,买受人所能期待的品质或状态。"品质或性质"(Beschaffenheit)这一概念为我国台湾地区"民法"所接受(台湾地区"民法"第373条),指向灭失或减少价值之瑕疵,灭失或减少通常效用或契约预定效用之瑕疵。[②] 物上瑕疵指出卖人对于买受人应担保其物于危险移转于买受人时,无灭失或减少其价值之瑕疵,亦无灭失或减少其通常效用,或预定效用之瑕疵。[③]

另外,按照《德国民法典》第434条第2款的规定,当约定的安装是由出卖人或其履行辅助人违反操作规程进行的,或者安装说明具有瑕疵,而买受人按照该说明将买受物有瑕疵地安装的情况下,都存在瑕疵。立法者还认为交付合同约定标的物以外的他物(Aliud – Lieferung)或者数量不足

---

① Vgl. Lehmann, Verbrauchsgüterkauf und Schuldrechtsmodernisierung, JZ 2001, S. 952, 953.

② 参见史尚宽:《债法各论》,中国政法大学出版社2000年版,第24页;王泽鉴:《民法学说与判例研究》(第3册),北京大学出版社2009年版,第87页。

③ 参见王泽鉴:《民法学说与判例研究》(第6册),北京大学出版社2009年版,第90页。

(Mankolieferung),与物上瑕疵,在性质上是相同的,[①]都适用瑕疵担保责任。

《德国民法典》取消了关于保证特性的规定(旧《德国民法典》第459条第2款),根据旧《德国民法典》的规定可知,只有对物的特性的保证,才可以适用旧《德国民法典》第463条第1款关于损害赔偿的规定;但现在根据《德国民法典》的规定,所有瑕疵担保责任都可以根据履行义务违反法来处理(第280条第1款、第3款,第281条,第283条,第311a条第2款),而且保证(Garentie)之承担被合入了第276条第1款,作为可归责之类型,当事人对性质担保负有无过错责任,所以没有必要在合同法中单列为一种类型。根据《德国民法典》第444条的规定,出卖人不得在合同中排除该担保(Garantie)责任。

《德国民法典》并没有对品质进行定义,因为立法者不愿决定,品质是否只包括与物自身相关的特性,或者与旧法一样,还包括在物自身以外的其他情况。按照学理,物的品质不仅涉及物的自然(物理上)特性,而且还涉及物对周围环境的法律上以及经济上的关系,只要根据交易观念,该关系对物的可用性或者物的价值有重大意义即可。[②]

根据《德国民法典》第437条以下规定的规则,买受人可以首先要求重新履行(第437条第1项、第439条),如债务人还不履行的话,可以减少价款(第437条第2项、第441条)、解除买卖合同(第323条、第326条第1款、第437条第2项、第440条)和(或者)要求损害赔偿(第280条、第281条、第283条、第311a条、第437条第3项、第440条)。重新履行是顺位在先的请求权。也就是说,只有在重新履行不可能,或者进行了催告、出卖人有过错地不履行的情况下,才可以请求其他法律救济措施,如解除合同、减价或者损害赔偿,其目的在于保证合同尽量得到履行,从而促进经济之发展。

对于种类物的重新履行,可以是无瑕疵同种类物的给付,亦可以是修理;但在特定物买卖中,通常首先要考虑的是修复或者改造,因为不可能用其他物代替履行,所以在这种情况下,重新交付之请求权因给付不能而被排除(《德国民法典》第275条第1款)。

对于重新履行给付种类物之义务,《德国民法典》第437条第1款规定了修复以及重新交付这两种选择。买受人可以选择其中之一,即可以决定

---

① Vgl. Begr, BT-Druck14/6040, S.216.

② Vgl. Lorenz/Reihm, Lehrbuch zum neuen Schuldrecht, 2002, S.256, Rn.482.

是排除瑕疵还是交付新的标的物,由出卖人承担补救履行的费用。但进一步来看,只要选择权在买受人手中,就会由买受人决定出卖人事后补救履行费用。为此,须给出一定界限,赋予出卖人一定的抗辩权,在修理的费用是替换给付费用数倍的情况下,应允许出卖人抗辩,其根据是经济上的不能。依据《德国民法典》第 437 条第 3 款的规定,当选定的重新履行方式需要花费不相称的过高费用时,出卖人可以拒绝。费用不相称主要是指当另一个重新履行结果更有利时,出卖人可以提请买受人接受结果上更公平的补救办法。如果二者都造成了不相称的费用的话,出卖人可以拒绝二者;买受人可以不经催告而解除合同。在重新履行有瑕疵的情况下,买受人亦可不经催告而解除合同(《德国民法典》第 440 条)。

但在承揽合同以及旅游合同中,选择权并不在债权人手中,而是在债务人手中。比如汽车车门掉漆,是换门还是刷漆,选择权在承揽人或旅游组织者手中,因为相对于顾客而言,他们拥有专业知识、专业人员以及经验与工具,更加了解补救履行之方式的利弊。① 与买卖法不同,定作人有权自己加工(Selbstvornahme),根据《德国民法典》第 634 条第 2 项与第 637 条的规定,定作人可以为加工人确定合理的宽展期间。如果期间经过后,加工人仍不重新履行的,定作人可以自己排除瑕疵,由加工人承担该费用。但加工人对瑕疵之排除是否陷入迟延,并非自己加工之前提。

在时效方面,根据《德国民法典》第 438 条的规定,涉及动产的,原则上为两年,但在起算上不同于一般时效,以送交标的物时起算,属于特别时效;在解除权或者减价权情况下,转引到第 218 条,在补救履行请求权经过时效且出卖人主张的,二者无效。

2. 缔约过失责任

基于缔约过失责任,债权人可以请求变更合同。在有的情况下,即使相对人在减少价格的情况下不会签订合同,债权人也可以请求减少价款。② 在债权人坚持合同继续有效的情况下,债权人通常只能请求信赖利益损害。而只有在能够证明,如果履行了说明义务,当事人就可以订立更优的合同的情况下,债权人才可以请求订立一个更优的合同。③

如果出卖人提供的错误信息涉及的是买卖标的物的特征或品质,此时,同时构成了瑕疵担保法上的瑕疵,债权人可不必经过缔约过失主张变更合同,而是可以直接基于瑕疵担保责任主张补救履行或者减价。

---

① Vgl. Kötz, Vertrasgsrecht, 2009, Rn. 763.

② Vgl. BGH NJW 168, 35.

③ Vgl. Medicus/Lorenz, Schuldrecht Ⅰ, 20. Aufl. 2012, Rn. 109.

基于上述,会引发请求权竞合的问题。

（二）德国法上缔约过失责任与瑕疵担保责任之间的关系

1. 旧《德国民法典》的有关规定

（1）瑕疵担保责任的优先适用性

通说认为,在合同前说明义务违反涉及的是旧《德国民法典》第459条规定的瑕疵担保责任对象的情况下,就要优先适用瑕疵担保责任,[①]因为第459条及其以下意图排他地调整瑕疵责任问题。

在出卖人故意对物之特性提供虚假陈述或者故意违反义务地不进行陈述的情况下,瑕疵担保没有优先适用性,而是可以根据缔约过失,请求信赖利益赔偿,因为此时,卖方是不值得保护的。[②] 所以,适用缔约过失责任,也适用旧《德国民法典》第195条的30年诉讼时效,即使买方知道陈述的不真实性,也是如此。

在出租人违反说明义务的案件中,在缔结合同过程中,出租人对出租物的性能作了不正确的说明,若出租人仅具有过失,就应优先适用租赁法上的瑕疵担保责任;但如果出租人是故意的,那么承租人就可以请求基于缔约过失的信赖利益损害赔偿。[③]

（2）不构成瑕疵的情况下适用缔约过失责任

按照旧《德国民法典》第463条的规定,买受人因买卖标的物本身有瑕疵而遭受损害的,仅于该标的物欠缺出卖人所保证之品质,或出卖人恶意（不告知瑕疵）时,才可请求损害赔偿。对当事人之保护不无欠缺,才有特别承认契约有效成立时之缔约过失责任的必要,当买卖契约缔结时,出卖人对于买卖标的物是否具有瑕疵,应负一定的注意义务。如因过失而不知有瑕疵,或过失未将此项瑕疵告知买受人,致买受人遭受损害的,出卖人自应对之负损害赔偿责任。

判例一直将主观瑕疵概念与客观标准结合在一起,以便于使与出卖人的主观期望不相符合的情况,也可以被认定为物上瑕疵。虽然,判例也认为瑕疵涉及的不仅仅是买卖标的物的物理品质,也包括基于物对周围世界的事实、经济、社会或者法律上关系而产生的瑕疵;[④]但是判例一直坚持,只

① Vgl. BGHZ 60, 319; 88, 134; 111, 78 ff.; NJW 89, 1794; 95, 46 u. 2160; S. Walter, Kaufrecht, 1987, S. 244; Rohlack, Das Verhaeltnis der positiven Forderungsverletzung und culpa in contrahendo beim Kauf – und Werkvertrag, 1997, S. 160 ff.

② Vgl. Reinicke/Tiedtke, Kaufrecht, 6. Aufl. 1997, Rn. 710.

③ Vgl. BGH NJW 1997, 2813.

④ Vgl. BGHZ 70, 47, 49; 111, 75, 78 (staendige Rechtsprechung).

有在该瑕疵是直接存在于物上的、其本身内在的，并且是从其内部产生的，才可以认定为物存在瑕疵。[①]

由于瑕疵的概念界定比较严格，所以在违反说明义务情况下，不构成瑕疵担保的情况还是存在的，因此适用缔约过失责任的情况也比较多。在作为基础案例的圆锯案中，出卖人的职员在对安装位置测量后错误地向买受人担保，圆锯可以安装于该位置。[②] 按照主观瑕疵概念，该情况与瑕疵的区别是非常微小的：并非因为圆锯大于合同所预定的标准，而是因为用来安装的位置太小，故而不构成旧《德国民法典》第459条所规定的瑕疵的要件。所以，只能根据缔约过失请求债务人承担损害赔偿责任。值得注意的是，在该案中，出卖人故意提供虚假信息的情况，也可以构成缔约过失责任。

在20世纪90年代，法院的态度有所改变。在一个判例中，土地出卖人对土地实际上收益的租金额作了虚假陈述，按照上述标准，不构成旧《德国民法典》第459条意义上的瑕疵；但是，法院认为这具有可担保的特性，所以可以适用瑕疵担保法。[③] 但是在判定何为可担保之特性上，法院坚持认为，可担保之特性是那些在买卖标的物自身上有其原因的关系，而且按照其类型与持续期间，可担保之特性是对物的可用性以及价值存有重大意义的关系。[④] 按照这一标准，出卖人对营业额以及收益的错误陈述，通常不构成出卖企业上的瑕疵，而只有在这些陈述内容长期存在，且因此形成了对收益能力以及企业价值可靠的依据，才可以构成瑕疵。[⑤] 也就是说，如果该错误陈述的情况，既不是物上瑕疵，也不是可担保之特性，那么就要适用缔约过失责任，[⑥]尤其是在企业以及土地买卖情况下，法院经常运用这一方式否认瑕疵担保责任的适用。[⑦] 这样做并不是为了限制出卖人的责任范围，而是为了避免适用买卖法的短期诉讼时效，从而适用缔约过失责任。

---

① Vgl. BGHZ 70, 47, 49; BGH NJW 1980, 1456, 1458.

② Vgl. BGH NJW 1962, 1196.

③ 参见 BGH NJW 1992, 2564, 2565。关于土地将来的租金收益陈述，则是不可担保之特性（BGH NJW 2002, 208, 210 f.）。

④ Vgl. BGH NJW 2001, 65; BGHZ 114, 263, 266.

⑤ Vgl. BGH NJW 1999, 1404, 1405.

⑥ Vgl. Lorenz/Riehm, Lehrbuch zum neuen Schuldrecht, 2002, Rn. 575.

⑦ 参见 BGH NJW 1999, 1404, 1405（对出卖的律师事务所的年收入之陈述为虚假）; BGHZ 69, 53（企业收益的陈述虚假）; BGH NJW 2002, 208, 211（将来可收取租金的陈述虚假）; BGH NJW 1998, 302（建筑物区分住宅所有权取得时，出卖人对其上负担进行了陈述虚假）。

这样,在结果上就导致了缔约过失责任适用范围的扩大。①

(3)权利瑕疵情况

在权利瑕疵情况下,瑕疵担保责任法不能优先于缔约过失责任被适用,因为对权利瑕疵适用一般给付障碍法规则,并不适用特别规则。

(4)瑕疵结果损害的情况

在瑕疵结果损害情况下,如出卖人没有告知物的瑕疵,导致买受人在正常使用情况下人身或财产受到损害,此时只能适用缔约过失责任。②

(5)代理人或中介人提供虚假信息的情况

在承担个人责任的代理人或者中介人提供虚假信息情况下,只能适用缔约过失责任,因为债务人对代理人或中介人不享有瑕疵担保请求权。③瑕疵担保责任只能存在于合同当事人之间。④

2.《德国民法典》中的有关规定

(1)瑕疵担保责任适用排他性增强

在《德国民法典》中,瑕疵担保责任在救济方式上,与一般给付障碍法的救济方式是一致的。在损害赔偿救济上,无须像旧《德国民法典》那样要求出卖人存有恶意或作出了保证,只要是过失就可以了,这与缔约过失是一样的。在瑕疵担保情况下,义务违反存在于物上有瑕疵,而在缔约过失情况下,义务违反是对该瑕疵的披露义务没有履行。但是二者实际区别不大,因为二者在判断是否有过失的问题上是一致的,即出卖人在多大程度上负有调查义务。

在德国法上,通说认为,瑕疵担保责任规则是具有排他性的规则。在出卖人违反义务行为尤其是提供与买卖标的物性质有关的不实信息的情况下,一般不会适用缔约过失责任,而只能适用瑕疵担保责任。⑤ 因为在瑕疵担保责任救济方式上,限定期间的重新履行是优先救济方式,而缔约过

---

① 参见 BGH NJW – RR 97, 145; 98, 16;BGH NJW 1999, 1404, 1405; BGH NJW 2002, 208, 210 m. w. N。这种情况下也可能构成欺诈,从而适用旧《德国民法典》第123条。旧《德国民法典》第119条第1款(对价格或者物的本体性错误)、第120条、第123条,主要适用于卖方欺诈、发生错误等情况。比如在卖方欺诈情况下,对买方来说,适用旧《德国民法典》第459条第2款、第462条、第463条比适用撤销法有利得多。参见 Medicus, Schuldrecht Ⅱ, 16. Aufl 2012, Rn. 64 ff.。

② Vgl. Larenz, Lehrbuch des Schuldrechts, Bd. Ⅱ, 1. Halbband, 13. Aufl. 1986, § 41 Ⅱ, S. 75f.; Reinicke/Tiedtke, Kaufrecht, 6. Aufl. 1997, Rn. 700 ff.

③ Vgl. BGH 63, 387 f. str.; Hamm, NJW – RR 96, 39.

④ Vgl. Walter, Kaufrecht, 6. Aufl. 1997, S. 252.

⑤ Vgl. Palandt/Grüneberg, § 311 Rn. 14

失责任上没有这样的规则，[①]而且立法者在瑕疵担保责任的制度设计上，有着特殊的利益平衡。如果在现在诉讼时效差别被缩小的情况下，不保证瑕疵担保责任的优先适用性，则所有的制度设计都会落空，其理由具体如下[②]：①现在缔约过失责任的诉讼时效（《德国民法典》第 195 条）与瑕疵担保责任的诉讼时效（《德国民法典》第 438 条）的差别，相对于以前的差别，虽然被大大地缩小了，但在起算点上，二者差别很大。在瑕疵担保责任情况下，诉讼时效的起算与债权人的知道与否无关，而缔约过失责任适用的一般诉讼时效起算恰恰要从债权人知道开始。这一点区别是立法者故意保留的。[③] ②根据《德国民法典》第 442 条第 1 款的规定，在买方知道或者因重大过失而不知的情况下，是不可以主张瑕疵担保责任的，除非卖方是恶意的或者卖方作出保证。而在由于信息义务违反情况下，买方对卖方作出的不完全或者不正确信息，理智来看，是可能知道的，但还是可以适用缔约过失责任的。这样一来，第 442 条第 1 款的制度设计又白费力气了。由于《德国民法典》中权利瑕疵与物上瑕疵适用同一规则，上述瑕疵担保制度价值丧失的情况，也适用于权利瑕疵情况。最后要注意的是，物上瑕疵担保责任对缔约过失责任的排斥作用，只有在风险移转时才发生。在权利瑕疵情况下，上述排斥作用在所有权移转时才发生。那么，在风险移转之前，就可以适用缔约过失责任。

（2）前合同信息提供义务基本由瑕疵担保责任调整

现在的瑕疵概念放弃了可担保瑕疵与瑕疵之间的区别，而将判定瑕疵担保责任上瑕疵的因素确定为统一概念——品质。而且，在规定了客观瑕疵概念后，物如果不符合预定的使用目的，或者买方根据出卖人以及生产商的表述作出的期望不能达到，也属于瑕疵。现在，在瑕疵担保法中，原来的衡量标准，即该情形是否是可以被担保的，转化为该情形是否可以被约定为品质。这样一来，瑕疵担保责任的适用范围被大大扩大了。

根据《德国民法典》的规定，对于故意违反信息义务的，也要适用瑕疵担保规则，因为《德国民法典》也要保护那些实施故意行为的出卖人。尤其在瑕疵是可以消除的情况下，重新履行权是优先的，在限定期间经过后，

---

① Vgl. Mertens, culpa in contrahendo beim zustande gekommenen Kaufvertrag nach der Schuldrechtsreform, AcP 203(2003), S. 826.

② Vgl. Mertens, culpa in contrahendo beim zustande gekommenen Kaufvertrag nach der Schuldrechtsreform, AcP 203 (2003), S. 828 ff.

③ Vgl. BT – Dr. 14/6040, S. 229.

买方才可以请求价款减少、解除合同或者损害赔偿。[①] 这个规则也不能为缔约过失责任所规避，而且根据《德国民法典》第 438 条第 3 款的规定，在恶意情况下，适用一般诉讼时效规则。不过，反对意见认为，在出卖人恶意或者故意行为的情况下，出卖人不值得被保护，所以，除了适用瑕疵担保责任之外，还应该可以适用缔约过失责任。[②]

在旧《德国民法典》中，有学者认为，在瑕疵结果损害情况下，应适用缔约过失责任，而在瑕疵损害情况下，才适用瑕疵担保责任，[③]因为瑕疵担保责任中的赔偿责任只保护积极利益，而不保护买方在其他法益上的利益。[④] 这个论据已经不适合《德国民法典》的情况了，在《德国民法典》中，依据第 280 条主张损害赔偿，该损害赔偿请求权可以涵盖瑕疵结果损害。所以现在对于瑕疵结果损害赔偿的情况，也仅适用瑕疵担保责任。[⑤]

所以，无论是过失的信息义务违反，还是故意的信息义务违反，都适用瑕疵担保规则，根据《德国民法典》第 276 条以及第 280 条第 1 款承担损害赔偿责任。这样一来，相比于旧《德国民法典》，缔约过失适用范围有所缩小。[⑥]

(3)缔约过失的剩余适用范围

根据《德国民法典》的规定，在出卖人没有告知信息或者虚假陈述信息情况下，缔约过失只能适用于那些既没有约定，也不能根据客观瑕疵概念推定出卖人有承担义务的情况。但这种情况是很少发生的。比如，一个手工业外行人购买了需要自己安装的一套暖气设备，对于外行人来讲，安装是可能的，但非常难且耗费时间，对此，出卖人没有事先指明。纽伦堡州法院基于缔约过失责任，判定原告可以解除合同。[⑦]

如果出卖人承担的是咨询义务，那么基于缔约过失的请求权可以与合

---

① Vgl. Lorenz/Riehm, Lehrbuch zum neuen Schuldrecht, 2002, Rn. 576; Mertens, culpa in contrahendo beim zustande gekommenen Kaufvertrag nach der Schuldrechtsreform, AcP 203 (2003), S. 830; Jauernig/Stadler, § 311 Rn. 38.

② Vgl. Palandt/Grüneberg, § 311 Rn. 15.

③ Vgl. Larenz, Lehrbuch des Schuldrechts Ⅱ/1, 13. Aufl. 1986, § 41 Ⅱ, S. 75f.; Reinicke/Tiedtke, Kaufrecht, 6. Aufl. 1997, Rn. 700 ff.

④ Vgl. Paefgen, Haftung für mangelhafte Aufklaerung aus culpa in contrahendo, 1999, S. 48 ff.

⑤ Vgl. Mertens, culpa in contrahendo beim zustande gekommenen Kaufvertrag nach der Schuldrechtsreform, AcP 203 (2003), S. 840 ff.

⑥ Vgl. Canaris, Wandlungen des Schuldvertragsrechts, AcP 200 (2000), S. 273, 305 ff.; MüKO/Emmerich, vor § 275 Rn. 153 ff.

⑦ Vgl. OLG Nürnburg, NJW – RR 2001, 1558.

同法上的请求权并存。咨询义务经常存在于电子数据处理设施合同[①]以及银行合同、金融合同中。

另外,在买方对合同前作出的不正确信息,在危险移转前(或者在权利瑕疵情况下的所有权移转前)就已经知道,从而拒绝受领有瑕疵货物的情况下,也可以适用缔约过失责任。在信息义务违反适用缔约过失责任的情况下,按照《德国民法典》的规定,受害人可以按照实物返还(Naturalrestitution)原则,通过损害赔偿法路径,废止合同(《德国民法典》第249条第1句、第280条第1款)。而且,受害人还可能通过损害赔偿法路径,要求返还多支付之金额,实质上是一种依据缔约过失请求的价款减少。[②]

在瑕疵担保责任被排除适用的情况下,如买受人因重大过失而不知瑕疵(《德国民法典》第442条)的存在,可以适用缔约过失责任。在买受人而非出卖人违反说明义务的情况下,则不能适用瑕疵担保责任,而只能适用缔约过失责任。[③]

(4)权利瑕疵情况

权利瑕疵情况下的原则,与物上瑕疵情况下的原则是一致的,即须优先适用瑕疵担保责任。只有在合同因为缺乏许可而效力待定的情况下之权利瑕疵,才会有缔约过失责任适用的余地。[④]

(三)中国法上的瑕疵担保责任

我国《民法典》不仅规定了一般给付障碍法,还规定了买卖、承揽以及租赁情况下的特别障碍法。尤其是在《民法典》"买卖合同"章中第610条以下规定了出卖人瑕疵担保责任。根据《民法典》第617条的规定,出卖人交付标的物不符合质量要求的,买受人可以依据合同编通则第582条的规定请求出卖人承担采取补救措施、退货以及减价等违约责任。另外,根据《民法典》第577条、第583条的规定,买受人还可请求损害赔偿。通过这样的体系安排,瑕疵担保责任成为了总则制度,交付有瑕疵之物即为义务违反或者违约。

1. 构成

第一,瑕疵担保责任的构成需要义务违反之行为,出卖人交付了有瑕

① Vgl. Palandt/Grüneberg, § 311 Rn. 17.

② Vgl. BGH NJW 2001, 2875; Lorenz/Riehm, Lehrbuch zum neuen Schuldrecht, 2002, Rn. 381.

③ 参见尚连杰:《先合同说明义务违反视角下的缔约过失与瑕疵担保关系论——德国法的启示与中国法的构造》,载《政治与法律》2014年第11期。

④ Vgl. Palandt/Grüneberg, § 311 Rn. 17.

疵的标的物，即构成了义务违反行为。根据《民法典》第 604 条的规定，风险（对待给付风险）移转的时点为交付之时。所以，只有在交付之后，才会适用瑕疵担保责任。

的确，根据《民法典》第 595 条、第 598 条的规定，无法推出交付无瑕疵的标的物是出卖人的主给付义务。但是，首先，《民法典》第 610 条规定瑕疵物的给付作为部分给付处理，从中可以推断出，交付无瑕疵之物应是主给付义务，否则构成不了部分给付。其次，如果交付无瑕疵物不是主给付义务，瑕疵担保责任本质上不是不履行，故也不存在基于不履行的损害赔偿请求权，而是大损害赔偿请求权，即拒绝受领瑕疵物并返还，之后可以请求损害赔偿，但须证明瑕疵物对自己没有利益。再次，对于物出现瑕疵的情况，我国通说认为当事人可以行使同时履行抗辩权。① 而一般同时履行抗辩权只适用于存在主给付义务的情况。最后，法律规定了修理、更换等丰富的救济手段，在逻辑上，是因为出卖人负有交付无瑕疵标的物之义务，通过修理、更换等丰富的救济手段达到交付无瑕疵标的物的义务。所以，可以认为，出卖人交付无瑕疵物的义务应为主给付义务；违反之，就不是瑕疵担保责任，而是债务不履行。

由于《民法典》第 577 条、第 583 条原则上规定的是无过错责任，所以，对于瑕疵损害赔偿请求权，并不需要过错要件。但值得注意的是，对于瑕疵担保责任，《民法典》规定了两个排除瑕疵担保权利的规则。

而就瑕疵的界定，《民法典》第 615 条（《合同法》第 153 条）规定，出卖人应当按照约定的质量要求交付标的物。出卖人提供有关标的物质量说明的，交付的标的物应当符合该说明的质量要求。这里的质量，并不以客观质量标准为基础，而是以合同中当事人通过约定的质量数据以及描述确定的特性为标准。

当事人对标的物的质量要求没有约定的，则根据法定解释规则处理（《民法典》第 616 条）。首先，当事人可以协议补充；不能达成补充协议的，根据合同有关条款或者交易习惯法定解释规则确定（《民法典》第 510 条）。若还不能确定，则根据国家标准、行业标准履行；没有国家标准、行业标准的，按照通常标准或者符合合同目的的特定标准履行（《民法典》第 511 条第 1 项）。而所谓符合合同目的，是指买受人根据标的物的类型所能期待的标准。

综上所述，对于标的物有约定的，根据约定；没有约定的，根据法定解

---

① 参见韩世远：《合同法总论》（第 4 版），法律出版社 2018 年版，第 394 页以下。

释规则确定;法定解释规则确定不了的,采取客观标准确定,具体考虑通常标准以及买受人根据标的物的类型所能期待的标准。在瑕疵确定上,我国合同法采取了主观标准与客观标准双重确定的模式。[①] 早期,我国就有学者将瑕疵责任定义为出卖人应保证标的物符合国家规定的质量标准或者合同约定的质量标准。[②]

有疑问的是,这里的质量是否仅限于标的物物理上的特征,可否扩及物与周围环境的关系。从我国关于所谓"三包"的法规中,可以知道,"三包"解决的是产品质量与性能问题,这里的性能,不仅包括了产品缺陷(不合理缺陷)、实用性能与质量状况,而且还包括卫生条件等。[③] 另外,《消费者权益保护法》第23条也使用了"瑕疵"这一术语,包括质量、性能、用途和有效期限等因素。最高人民法院也使用了"瑕疵"这一术语,区分隐蔽瑕疵与外观瑕疵,其中隐蔽瑕疵就涵盖了物与周围环境的关系,就数量不足的情况下,在解释上,也视为标的物有瑕疵(《民法典》第621条第1款、《合同法》第158条第1款)。[④]

第二,自风险转移之日起,才适用瑕疵担保责任规则;[⑤]在此之前,适用债之不完全履行规则或者缔约过失规则。因为,就特定物而言,只有在已经履行的情况下,通过特殊规则增加交易确定性才有意义,如修理、更换规则、检验期制度或客观短期时效制度;而在种类物情况下,种类物中个别标的物存在瑕疵,债权人尚未选定,自然不能主张瑕疵担保责任。[⑥] 所以,要构成瑕疵担保责任,还需要证明标的物的瑕疵须在风险移转时已经存在。

2. 买受人适时地进行了检验并提出了瑕疵异议

《民法典》第620条、第621条规定的是隐蔽瑕疵的检验与异议通知制度,解决无法确定瑕疵何时产生的问题。买受人受领标的物的,应当及时检验。但是,当事人之间约定检验期限的,买受人应当在约定的检验期限内检验(《民法典》第620条)。检验的意义在于确定瑕疵异议提出的最迟

① 参见崔建远:《合同法》(第3版),北京大学出版社2016年版,第445~446页;王利明:《合同法研究》(第3卷)(第2版),中国人民大学出版社2015年版,第110页。

② 参见梁慧星:《论出卖人的瑕疵担保责任》,载梁慧星:《民法学说判例与立法研究》,中国政法大学出版社1993年版,第155页。

③ 参见钟瑞华:《中国三包制度总检讨》,载《清华法学》2005年第2期。

④ 参见最高人民法院民事审判第二庭编著:《最高人民法院关于买卖合同司法解释理解与适用》,人民法院出版社2016年版,第280页。

⑤ 参见崔建远主编:《合同法》(第6版),法律出版社2016年版,第339页。

⑥ 参见 Mertens, culpa in contrahendo beim zustande gekommenen Kaufvertrag nach der Schuldrechtsreform, AcP 203 (2003), S. 831;崔建远:《合同法》(第3版),北京大学出版社2016年版,第446页。

时点，在逻辑上，提出异议所需要的时间即正常交易中正常检验所需要的时间。

买受人发现或者应当发现质量瑕疵的，应当通知出卖人(《民法典》第621条)，通知的目的是提出质量异议，其内容可以是质量有问题、送交货物错误或者安装错误，但不能是未送交或者送交迟延，对后者的通知，不会发生质量异议的效力。在具体内容要求上，并不要求明确描述瑕疵的细节，只要指出义务违反的类型即可。也就是说，买受人并没有义务具体调查研究瑕疵的根源或者形成因素，调查研究的义务应由出卖人承担。

《民法典》第621条第1款第1句(《合同法》第158条第1款第1句)规定，当事人约定检验期限的，买受人应当在检验期限内将标的物的数量或者质量不符合约定的情形通知出卖人。在这里，法律上将约定的检验期视为约定的异议期。在本质上，检验期与异议期是不同的期间，二者不能合并为一个期间，但前者会影响后者。如检验需要很多时间，需要请专家或鉴定人，那么买受人应在检验期就考虑如何具体根据检验结果行事。如果检验后发现瑕疵，应当迅速进行质量异议，[①]自不待言。但是，当事人没有约定检验期限的，买受人应当在发现或者应当发现标的物的数量或者质量不符合约定的合理期限内通知出卖人(《民法典》第621条第2款第1句、《合同法》第158条第2款第1句)。也就是说，检验期限的起算点是买受人发现瑕疵之时或者应当发现瑕疵之时。这里的所谓“应当发现”，是指基于正常检验和合理判断即能发现标的物的瑕疵，而不是指经过专家或者专门仪器才能发现标的物的瑕疵。[②] 进一步还需判断的问题是，何为合理的期限？对此，《买卖合同解释》第12条第1款规定：“人民法院具体认定民法典第六百二十一条第二款规定的‘合理期限’时，应当综合当事人之间的交易性质、交易目的、交易方式、交易习惯、标的物的种类、数量、性质、安装和使用情况、瑕疵的性质、买受人应尽的合理注意义务、检验方法和难易程度、买受人或者检验人所处的具体环境、自身技能以及其他合理因素，依据诚实信用原则进行判断。”值得注意的是，当事人约定的检验期限过短，根据标的物的性质和交易习惯，买受人在检验期限内难以完成全面检验的，该期限仅视为买受人对标的物的外观瑕疵提出异议的期限(《民法典》第622条第1款)。出卖人知道或者应当知道提供的标的物不符合约定的，买受人不受《民法典》第621条第1款、第2款规定的通知时

---

① Vgl. Schlechtriem & Schroeter, Internationales UN - Kaufrecht, 5. Aufl. 2013, Rn. 415.

② 参见最高人民法院民事审判第二庭编著：《最高人民法院关于买卖合同司法解释理解与适用》，人民法院出版社2016年版，第324页。

间的限制(《民法典》第621条第3款),但应当受诉讼时效期限的限制。

如果买受人有效、及时地提出质量异议,则买受人即保有其法定的瑕疵担保救济手段;对于这些救济手段,有的是请求权,依据法律规定,应从当事人知道或者应当知道权利受侵害之时起开始计算;有的是形成权,按照法律规定,应从当事人知道或者应当知道权利发生之时起开始计算。

如果买受人没有在检验期限、合理期限、二年期限内提出质量异议,则视为标的物的数量或者质量符合约定,也即买受人不得依据瑕疵担保责任规则请求救济(《民法典》第621条第2款第2句、《买卖合同解释》第14条第1款)。

3. 继续履行的优先顺位

在买受人或者承揽人拒绝受领有瑕疵的标的物或者承揽成果的情况下,履行请求权就转化为补救或继续履行请求权。① 在构成上,其为无过错责任,补救履行之费用由债务人承担。补救履行之救济方式不仅对受领瑕疵给付标的物且愿意排除瑕疵从而获得无瑕疵标的物的债权人有利,而且也避免了债务人因没有第二次给付机会而遭受不利益。自当事人主张瑕疵担保权利之时起,继续履行请求权即替代原给付请求权,性质上是原给付请求权的变化,是原给付标的的再履行。②

我国《民法典》称补救履行为继续履行,并规定了多样化的救济方式,其内容可以是修理,主要针对特定物;也可以是更换,主要针对种类物;还可以是提交真正的标的物,如在给付他物的情况下;针对数量不够的情况,还可以采取补足的救济措施(《民法典》第582条)。

在解释上存在的困难是,退货是否属于继续履行措施?如果当事人退货的意思是终局的、不再继续合同关系的意思,应是解除合同之意思,并非继续履行措施。如果当事人退货的意思并非终局的,则可能是更换甚至代物清偿,③其并不具有独立的意义。

在标的物出现瑕疵的情况下,债权人除了行使采取补救措施请求权外,尚可主张解除或者减价,请求损害赔偿。

有疑问的是,这些请求权或形成权之间是否也有先后顺位。

在中国法上,从《民法典》第577条、第582条、第583条的文字表述来看,继续履行请求权是优先于减价、退货以及损害赔偿请求权的。在司法实践中,法院一般都承认继续履行的优先性。比如在程某伦诉长丰县创业

---

① Vgl. Kötz, Vertrasgsrecht, 2009, Rn. 759.

② 参见崔建远主编:《合同法》(第6版),法律出版社2016年版,第314页。

③ 参见崔建远:《退货、减少价款的定性与定位》,载《法律科学》2012年第4期。

农机销售有限公司买卖合同纠纷案[①]中，法院依据《农业机械产品修理、更换、退货责任规定》认为，买受人必须先更换部件（相当于修理），仍有问题再换货（更换），还不能解决问题才能退货。在浙江向日葵光能科技股份有限公司与无锡弘意宝科技实业有限公司买卖合同纠纷上诉案[②]中，法院认为可以通过修理达到合同目的的，不允许解除合同。在某甲与某集团公司房屋买卖合同纠纷案[③]中，法院以出卖人已经进行修复为由驳回了解除合同的诉请。在李某芹与天津市宝坻区长城实业有限公司买卖合同纠纷上诉案[④]中，法院的判决中也显露出认可修理、更换、退货的先后顺序的意思。在平阳县昆阳镇九洲大厦小区业主委员会诉温州市九洲房地产开发有限公司修理纠纷案[⑤]中，法院认为修理即为已足，一方要求更换或重作的请求依据不足。在张某明诉沈某刚承揽合同纠纷案[⑥]中，法院认为物（定制木门）的瑕疵不构成根本性的瑕疵，不支持原告拆除的请求，而只允许其减少价款。在青铜峡市峡辉清真食品厂诉史某承揽合同纠纷案[⑦]中，法院也是在无修复可能的前提下进行了履行不能意义上的损失赔偿认定。

对于消费者订立的合同，《消费者权益保护法》有特别规定，法定或约定的退货权优先于更换或修理请求权。而没有国家规定或当事人约定的退货权的情况下，首先根据是否在收到商品之日起 7 日内，如果是在 7 日内，则消费者可以退货。收到货物 7 日后，则要先判断是否符合法定解除合同条件：符合法定解除合同条件的，消费者可以及时退货，不符合法定解除合同条件的，则可以要求经营者履行更换、修理等义务（《消费者权益保护法》第 24 条第 1 款）。

进一步的问题是，继续履行的措施是修理或者更换，二者之间是否有先后顺序？买受人可否自己选择？根据《民法典》第 582 条的规定，受损害方（买受人）可以根据标的物的性质以及损害大小，合理选择请求对方承担修理、更换等责任。买受人选择权的行使应当遵循诚实信用原则。[⑧]

（四）修理或更换

在罗马法上，卖方没有第二次机会通过消除瑕疵或更换无瑕疵标的物

---

① 参见长春市中级人民法院民事判决书，(2014)长民二初字第 00046 号。

② 参见江苏省常州高新技术产业开发区人民法院民事判决书，(2013)新硕商初字第 0268 号；江苏省无锡市中级人民法院民事判决书，(2014)锡商终字第 0539 号。

③ 参见上海市浦东新区人民法院民事判决书，(2012)浦民一（民）初字第 8013 号。

④ 参见天津市第一中级人民法院民事判决书，(2013)一中民三终字第 446 号。

⑤ 参见浙江省平阳县人民法院民事判决书，(2013)温平民初字第 444 号。

⑥ 参见河南省睢民县人民法院民事判决书，(2013)睢民初字第 0159 号。

⑦ 参见宁夏回族自治区青铜峡市人民法院民事判决书，(2013)青民初字第 590 号。

⑧ 参见王利明：《合同法研究》（第 3 卷）（第 2 版），中国人民大学出版社 2015 年版，第 113 页。

而获得价金。因为在罗马法上,奴隶与牲畜是主要的买卖标的物,其上的瑕疵,是无法轻易消除的,故此直接进入解除或减价与损害赔偿救济,对卖方是不利的。但在现代社会,技术复杂的设备,容易通过更换与修理得到矫正。在日常交易中,购买到瑕疵商品者,希望更换也是合理的。因为更换对买方更为有利。

对于种类物的重新履行可以是无瑕疵同种类物的给付,亦可以是修理。但在特定物买卖中,通常首先要考虑的是修复或者改造,因为不可能用其他物代替履行,所以在这种情况下,重新交付之请求权因给付不能而被排除(《德国民法典》第 275 条第 1 款)。

根据我国《民法典》第 500 条第 2 项(《合同法》第 42 条第 2 项)的规定,当事人在订立合同过程中,因故意隐瞒与订立合同有关的重要事实或提供虚假情况造成相对人损失的,应向相对人承担缔约过失之损害赔偿责任。而《民法典》第 500 条第 3 项的规定(《合同法》第 42 条第 3 项)可以作为过失违反说明义务类型化的基础,在缔约之际过失违反说明义务的情况下,当事人也应向相对人承担缔约过失之损害赔偿责任。

(五)中国法上缔约过失责任与瑕疵担保责任

1. 故意提供虚假信息的情况下适用缔约过失责任

在缔约之际,一方当事人违反说明义务,既可能符合瑕疵担保责任要件,又可能符合缔约过失责任要件。鉴于瑕疵担保责任检验期规则、瑕疵担保责任排除规则在规范目的上,瑕疵担保责任有特殊的保护出卖人的目的。而且,瑕疵担保责任并不以过错为要件,买受人主张瑕疵担保责任,也省去了举证负担。[①] 所以,原则上,应优先适用瑕疵担保责任。但在出卖人故意提供虚假信息的情况下,没有通过瑕疵担保责任检验期规则、瑕疵担保责任排除规则优待、保护出卖人之必要。所以,应当否认瑕疵担保责任的优先适用性,适用缔约过失责任。在逻辑上,如果法律承认后续履行优先规则,故意违反说明义务也不应适用缔约过失责任,否则会使得后续履行优先规则的规范目的落空。但基于恶意出卖人不值得被保护的理念,还是应当对故意提供虚假信息的情况排除瑕疵担保责任的优先适用。

不过,有学者提出了受害人自由选择的学说,其主要理由为,我国合同法上并没有承认后续履行优先规则,所以没有必要将故意提供虚假信息与过失提供虚假信息同等对待,即均适用瑕疵担保责任;而且,受害人自由选择思路很有利于实现受害人与义务违反人之间的利益均衡;另外,在故意

① 参见许德风:《论瑕疵责任与缔约过失责任的竞合》,载《法学》2006 年第 1 期。

违反说明义务场合，会同时构成欺诈与瑕疵担保责任。[①] 对于这种观点，笔者持不同意见，首先，我国买卖法中的瑕疵担保责任中存在优待出卖人的规则；其次，恶意出卖人不值得被保护的理念符合诚实信用原则，允许受害人选择，无疑是否定了这一理念。而且，《民法典》第500条第2项明确规定了故意提供虚假信息的缔约过失责任。如果当事人在合同中约定了标的物品质，则通常即不应适用缔约过失责任。

2. 风险移转之前的法律适用

一般来讲，在风险移转之后，才可以适用瑕疵担保责任。在风险移转之前，如果是特定物，在交付前还有修理等余地，而如果是种类物，在交付前还没有选定，均不能在交付前即追究瑕疵担保责任。所以，在风险移转之前，存在缔约过失责任与不完全给付责任竞合的可能，但不存在缔约过失责任与瑕疵担保责任的竞合。在当事人违反说明义务的情况下，缔约过失责任与不完全给付责任或者违反附随义务的违约责任存在竞合，当事人可以选择。另外，在当事人没有明确约定质量标准的情况下，可以通过缔约过失责任处理标的物质量方面的争议，比如企业出卖人错误告知企业债务状况、错误告知企业盈利和营业额、错误告知企业员工信息以及隐瞒企业不景气现状等。[②]

3. 瑕疵概念的狭窄性导致缔约过失适用范围扩张

如上所述，《民法典》中合同编部分所规定的“瑕疵”概念比较狭窄，只能包括主观瑕疵与客观瑕疵，并不能涵盖与周围环境的社会、经济或文化上的关联。所以，在说明义务对象针对的是物本身以外的因素的时候，只能通过缔约过失制度予以救济。比如在实践中，凶宅本身无法被视为“瑕疵”，从而不能适用瑕疵担保责任，对于此类案件，只能适用缔约过失责任。[③] 比如出卖人出卖房屋，过失忘记告诉买受人邻居经常制造噪声，这不是物的瑕疵，若出卖人不告知，则应承担缔约过失责任。在胡某代、廖某合同纠纷案[④]中，店铺出让人未告知店铺中有部分违章建筑已被有关机关下达强制拆除的行政决定，该信息不属于物本身的瑕疵，法院认为被告故意隐瞒与订立合同有关的重要事实，依照缔约过失责任规则判决被告承担损

---

① 参见尚连杰：《先合同说明义务违反视角下的缔约过失与瑕疵担保关系论——德国法的启示与中国法的构造》，载《政治与法律》2014年第11期。

② 参见许德风：《论瑕疵责任与缔约过失责任的竞合》，载《法学》2006年第1期。

③ 有学者主张扩大瑕疵的概念，参见尚连杰：《先合同说明义务违反视角下的缔约过失与瑕疵担保关系论——德国法的启示与中国法的构造》，载《政治与法律》2014年第11期。

④ 参见四川省成都市中级人民法院民事判决书，(2019)川01民终12740号。

害赔偿责任。

对于瑕疵概念，有的法院会作扩张解释。如在刘某芳与张某南、商丘市方圆房地产中介有限公司行纪合同纠纷案[①]中，出卖人表示小区已通暖气，小区虽安装有暖气，但因未交小区改装费，暖气实际无法使用。法院认为，在买卖合同中，出卖人对标的物瑕疵负担保义务和依诚实信用原则而如实告知义务，标的物的瑕疵不仅包括房屋还应包括附属配套设施，如实告知义务亦应包括重要的无法通过感知的附属设施现状的告知义务，被告张某南违反法定的瑕疵担保义务和如实告知义务，应承担该瑕疵损失，即原告为此应交暖气管道改装费 3970 元和暖气初装费 1640 元的违约损害赔偿责任。

4. 权利瑕疵情况下的适用

我国现行法并没有区别对待权利瑕疵与物的瑕疵。所以，在法律适用关系上，权利瑕疵的情况与物的瑕疵的情况是一致的。在出卖人故意违反权利方面的说明义务的情况下，可以适用缔约过失责任，而在出卖人过失违反权利方面的说明义务的情况下，应优先适用瑕疵担保责任。

5. 瑕疵结果损害赔偿

对于瑕疵结果损害，出卖人故意违反说明义务，侵害的是合同给付义务以外的人身或者财产利益，也应区分故意与过失。在出卖人故意造成瑕疵结果损害的情况下，可以适用缔约过失责任，而在出卖人过失造成瑕疵结果损害的情况下，应优先适用瑕疵担保责任。

第四节　法律效果

一、损害赔偿

（一）损害赔偿请求权基础

在当事人一方违反信息提供义务的情况下，如果是故意违反，构成欺诈的，在德国法上，受害人一方可以基于《德国民法典》第 826 条故意背俗侵权规则请求损害赔偿。但在实践中，更多的是依据违反合同前信息提供义务的缔约过失责任承担损害赔偿责任，而且，在义务违反人故意与过失的情况下均是依据缔约过失责任承担损害赔偿责任。[②]

在中国法上，故意违反信息提供义务，即故意隐瞒的欺诈，欺诈人基于

---

① 参见河南省商丘市梁园区人民法院民事判决书，(2020)豫 1402 民初 228 号。

② Vgl. Koetz, Europaeisches Vertragsrecht, 2. Aufl. 2015, S. 259.

《民法典》第157条向相对人承担缔约过失损害赔偿责任。[①] 不过，值得注意的是，《民法典》第500条第2项特别规定了故意欺诈情况下的缔约过失责任。所以，在判决书中，应一并适用《民法典》第157条、第500条。在过失违反信息提供义务的情况下，受害人则应依据《民法典》第500条主张损害赔偿。不过，法院也会考虑受害人是否也有过错，最终在当事人之间分配损害。在武某民、吴某琳缔约过失责任纠纷案[②]中，进行股权转让时，被告未告知公司因违规使用土地被执法局调查，可能面临行政处罚。法院认为，吴某琳对合众公司可能面临的行政处罚应当是知道的，其将涉案股权转让给武某民时应将上述可能影响合同订立的重要事实如实告知武某民，但其未告知；后鹿城区执法局向富帝公司作出行政处罚决定书，武某民因此向富帝公司支付代缴相应的行政罚款，导致其受到了损失，故原审法院认定吴某琳在缔约阶段违反先合同义务，武某民有权向吴某琳主张损害赔偿。但在双方签订涉案股权转让协议时，武某民对《房屋租赁合同》载明的内容是清楚的，结合其陈述内容，武某民对合众公司租赁涉案厂房存在的违规行为可能面临的行政处罚风险应有所预知，但其未尽到谨慎的注意义务，仍受让了吴某琳持有合众公司的涉案股权，也存在相应的过错。最终，法院减少了被告损害赔偿的数额。

（二）信赖利益赔偿

在缔约人故意或者过失地违反缔约前的说明义务的情况下，首要的法律效果是赔偿相对人的信赖利益损害。在信赖利益损害赔偿请求权的构成上，也需要义务违反、过错、损害以及因果关系等要件。

信赖利益的损害包括两个方面：一是所受损害，主要是当事人订约费用（如差旅费、样品制作费）、履约准备费用（如鉴定费、运输费）、准备受领而支出的费用（如培训费）等支出，表现为当事人积极财产的减少；二是所失利益，即当事人财产应当增加的因损害事由而没有增加[③]，如因信赖受挫而丧失与第三人订约机会的损失。比如，当出卖人违反房屋买卖预约，在诉讼时房价上涨，此时，买受人的信赖利益即为丧失其他订约机会而可能再次购买房屋不得不承受更高房价的损失。[④]

在一个案件中，买受人在合同订立时，再三向出卖人确认落地价是否含税、含保险，出卖人予以肯定。双方签订合同时，合同未将车辆购置税列

---

① 参见崔建远：《合同法》（第4版），北京大学出版社2021年版，第116页。

② 参见浙江省温州市中级人民法院民事判决书，（2020）浙03民终2815号。

③ 参见王泽鉴：《民法学说与判例研究》（第5册），北京大学出版社2009年版，第161页。

④ 参见孙维飞：《〈合同法〉第42条（缔约过失责任）评注》，载《法学家》2018年第1期。

入价款包含范围，买受人其后在落地价之外另行承担了车辆购置税。[①] 法院认为，出卖人未能做到明码标价，致使双方未能就车辆购置税的实际负担作出明确约定并导致买受人出于误解而与出卖人达成买卖合同，有违诚信。买受人因此享有撤销权。本案买受人未行使撤销权，但出卖人仍应赔偿其缔约过失造成买受人的信赖利益损失。

（三）履行利益赔偿

缔约人违反说明义务，也可能导致相对人丧失履行利益。比如合同需要批准的情况下，缔约人违反信息提供义务或者违反协助义务，阻碍合同获得批准，则会导致相对人丧失履行利益，故此，违反说明义务或协助义务人应赔偿相对人期待利益。[②]

在一个案件中，甲按照乙的指示拉客户充值游戏币，甲为此垫资近 8 万元，由此产生的提成款近 1 万元。但该行为违反了乙与第三方之间的《手机游戏推广合作合同》，乙并未向甲透露过这一信息。第三方发现后，对乙停止结算。法院判决乙承担缔约过失责任，赔偿甲的垫资款及提成款。[③] 在这里，乙承担的是期待利益的赔偿责任。

（四）类似于减价的赔偿

由于瑕疵担保责任适用范围比较窄，在实践中，在一方当事人违反合同标的相关因素说明义务的情况下，法院会判决相当于减少价格的“损害赔偿”。如在李某水、邹某华伟置业有限公司房屋买卖合同纠纷案[④]中，被告未告知储藏室内的三面墙壁和上部空间有四条巨型排污管道和一条小管道，占总空间近 30%。法院认为，李某水选择继续履行合同而非部分解除合同，故应尊重当事人的自主选择权。法院综合考虑管道分布影响使用的程度及该 16 号楼储藏室的总体情况，酌定华伟置业有限公司的赔偿数额为 6000 元。这里的损害赔偿大体上相当于因标的物瑕疵而导致的价格减少部分。

（五）因果关系

比较麻烦的是，义务违反与损害之间的因果关系及其证明问题。经常不清楚的是，说明义务的违反是否会影响受害人的行为。如果义务人提供了充分的信息，相对人可能还是会订立该合同，也可能与义务人订立另外一份合同，也可能与第三人订立合同，还有可能根本就不订立合同了。其

---

① 参见广东省广州市番禺区人民法院民事判决书，(2021)粤 0113 民初 7267 号。

② 参见孙维飞：《〈合同法〉第 42 条(缔约过失责任)评注》，载《法学家》2018 年第 1 期。

③ 参见湖南省祁阳市人民法院民事判决书，(2021)湘 1121 民初 1444 号。

④ 参见山东省滨州市中级人民法院民事判决书，(2021)鲁 16 民终 1194 号。

中，如果义务人告知对方信息，对方还是会签订同样的合同，此时就没有了损害，因而也不构成缔约过失责任。只有在后三种情况下，才有可能产生损害。但必须进一步确认，只有在履行了说明义务，相对人就会订立一个更为有利的合同的情况下，才会真正产生损害。

由此，按照一般的举证负担规则，受害人作为请求权人必须证明，如果义务人履行了说明义务，他会如何行为，是否会真的订立一个对于他而言更为有利的合同。只有证明了这一点，他才有权请求赔偿基于受到阻碍的、更为有利的合同而产生的利润。[①] 但理性地看，对于受害人来讲，要证明其在信息充分的情况下如何行为，已经很困难了，要进一步证明他会订立一个更为有利的合同，就更加困难了。

在德国司法实践中，常常通过举证责任倒置规则来救济受害人举证不能的困局。首先，推定义务违反与产生的损害之间存在因果关系。其次，义务人要举证推翻该推定。对于说明义务的违反与所产生的损害之间缺乏因果关系的，由造成对方错误的人承担证明责任。[②] 对于举证责任倒置的救济方式，有学者持反对意见，认为义务人几乎不可能推翻该因果关系的推定，[③]对于义务人而言过于严苛。的确，举证责任倒置过于严格。不过，在德国司法实践中存在予以缓和的做法值得借鉴。在德国司法实践中，就反证的要求来看，义务人并不是一定要证明，提供说明之后相对人不会订立更有利的合同，只要能侧面证明，即使提供说明，相对人还是会订立合同即可。比如在银行责任或者投资咨询的情况下，银行可以通过证明相对人在之前阶段对好的建议不感兴趣，或者根本就没有根据该信息而作出了决定。[④]

一方当事人向另一方当事人有过失地不实陈述，另一方对此产生信赖，基于此而加入合同。此时，当事人只要证明，如果当事人没有作出与询问相关的陈述，另一方当事人无论如何也不会以这种条件（款）订立合同即可。

二、废止合同

在一方当事人因过失没有履行说明义务，如不告知或不正确告知合同

---

① Vgl. Volker Emmerich, Das Recht der Leistungsstörungen, 6. Aufl. 2005, S. 139.

② Vgl. BGH NJW 1998, 302; NJW 1998, 1440.

③ Vgl. Gruenwald, Die Beweislastverteilung bei der Verletzung von Aufklärungspflichten, ZIP 1994, S. 1163 f.

④ Vgl. Volker Emmerich, Das Recht der Leistungsstörungen, 6. Aufl. 2005, S. 140.

标的物使用可能性或股份价值，导致相对人陷入错误，并基于错误订立合同，但其有效订立的合同并非其所希望的合同，则有效的合同被认为是一种损害。受害人可以要求损害赔偿，指向的是恢复原状，损害赔偿内容就是废止合同。[①] 有学者借鉴德国联邦法院判例，认为若损害在于缔约自身（如因不实广告而缔约），则给予受害人以解除权。[②] 准确地讲，这里不应是解除权，而是废止权。

在我国并没有将合同作为损害，从而以废止合同的方式救济的观点。但从解除权角度去考虑问题，我国存在以下两种观点。一种观点认为，合同解除不应适用于缔约过失责任场合，缔约过失责任形式应为单一的损害赔偿。[③] 另一种观点认为，在我国特别法的缔约过失责任中存在解除合同的可能。如在订立保险合同场合和订立期货经纪合同场合。[④]《保险法》第 16 条第 1 款和第 2 款规定，订立保险合同，保险人就保险标的或者被保险人的有关情况提出询问的，投保人应当如实告知。投保人故意或者因重大过失未履行前款规定的如实告知义务，足以影响保险人决定是否同意承保或者提高保险费率的，保险人有权解除合同。所以有学者认为，缔约过失的法律效果之一为解除合同。[⑤]

使用“解除”这一术语并不准确，一方当事人违反缔约前信息提供义务，并非违约行为；而且违反缔约前信息提供义务，也未必导致缔约目的不能达到。所以，在这里，不宜规定为“解除”。

在一个案件中，案涉网球场有权属争议，权属争议是网球场由出让方单独享有还是由业主共有，居委会召开协调会，会议作出停止网球场一切经营活动的意见。网球场出让方在合同缔结时隐瞒了这一信息，导致受让方无法经营。[⑥] 在该案中，因出让人没有提供信息，导致受让人陷入错误，并基于错误订立了一个自己所不期望的合同，受让人可以基于损害赔偿请求废止该合同。但这种思路并未被法院接受。法院还是从合同解除的思路来处理该案，认为受让方合同目的无法实现，享有合同解除权。并且法

---

① Vgl. Canaris, Wandlungen des Schuldvertragsrechts, AcP 200 (2000), S. 273, 304; Medicus/Lorenz, Schuldrecht AT, 20. Aufl. 2012, Rn. 109.

② 参见黄立：《民法债编总论》，中国政法大学出版社 2002 年版，第 47 页。

③ 参见崔建远：《缔约上过失责任论》，载《吉林大学社会科学学报》1992 年第 3 期。

④ 参见韩世远：《合同法总论》（第 4 版），法律出版社 2018 年版，第 189 页。朱广新博士也赞同此观点，参见朱广新：《合同法总则》，中国人民大学出版社 2008 年版，第 120 页。

⑤ 参见韩世远：《合同法总论》（第 4 版），法律出版社 2018 年版，第 189 页。

⑥ 参见上海企艺文化发展有限公司与上海起道体育文化发展有限公司企业承包经营合同纠纷案，上海市闵行区人民法院民事判决书，(2021)沪 0112 民初 4612 号。

院还认为，本案中受让方行使了解除权，同时由于受让方对于经营受限的情况亦并非完全不知情，仍报以侥幸心理签订合同，故受让方对于合同目的无法实现亦存在一定过错，应承担部分责任。

另外，解除的法律效果与废止的法律效果存在根本不同。在解除的情况下，当事人要依据《民法典》第563条之规定返还、恢复原状以及采取其他补救措施，而在废止情况下，合同本身是损害，合同一旦被废止，损害即被填补，不会产生返还与恢复原状法律效果。

这里的废止比较类似于撤销，但二者也有所不同。首先，撤销权的构成，需要法定事由；废止的前提是一方当事人违反缔约前信息提供义务。其次，撤销权的性质属于形成权，单方意思表示即可发生撤销的法律效果；而废止的行使，是通过请求损害赔偿的路径而为之的。最后，撤销权需要在1年内行使，否则权利人即不可以行使；而废止合同是通过请求损害赔偿的方式行使的，在逻辑上，应适用3年的诉讼时效。

在司法实践中，在居间人违反信息提供义务的情况下，有的法院裁决居间人不得请求支付报酬，在逻辑上，这应当是废止合同的法律效果。如果是解除合同，居间人也可以要求价值补偿。如在于某峰与上海太平洋房屋服务有限公司居间合同纠纷案[①]中，居间人未告知二次购房贷款限制情况，法院认为居间人虽已促成买卖合同，但也无法全额获取约定的居间报酬。在天津市甲房地产经纪有限公司诉薛某甲居间合同纠纷上诉案[②]中，中介公司未告知需要房屋其他共有人全部同意房屋才能实际转让的信息，法院认为中介公司无权要求薛某甲支付中介服务费。

三、合同变更

在德国法上，缔约人违反说明义务，承担缔约过失责任时，受害人可以请求变更合同。例如，如果受害人认识到实际情况，就会以较低价格订立买卖合同，若构成缔约过失责任，受害人可以请求减少买卖合同价格。[③] 具体如在收购企业的情况下，目标公司提供不实信息，导致企业价值被高估。如果收购方知道真实信息，即会降低收购价格，则收购方可以要求继续履行合同并减少价款。[④] 而且，在逻辑上，如果履行了说明义务，当事人就可

① 参见上海市浦东新区人民法院民事判决书，(2017)沪0115民初12936号。

② 参见天津市第一中级人民法院民事判决书，(2013)一中民三终字第311号。

③ Vgl. Staudinger/Loewisch, § 311 Rn. 144 f.

④ 参见林洹民：《论基于缔约过失之合同变更权》，载《内蒙古社会科学(汉文版)》2019年第4期。

以订立更优的合同，那么受害人就可以请求订立一个更优的合同。[①]

在我国，《中华人民共和国民法典·民法总则专家建议稿（征求意见稿）》接受了《民法通则》以及《合同法》的“撤销权人不仅可以撤销，而且可以变更”的规则，但没有接受“当事人请求变更的，人民法院或者仲裁机构不得撤销”的规则。对此，多有学者予以反对。有学者认为，在单方行为情况下，表意人可以撤销行为后另为意思表示，无变更之必要。而在合同情况下，允许表意人单独变更，无异于在承认单方意思能够约束相对人，有违契约原则。[②] 若将这里的变更解释为请求人民法院进行的变更，则更违背私人自治。[③] 而且，承认表意人变更权，在相对人不愿意与之交易时，其可以抬高条件，以求订立合同，然后以重大误解为由要求变更，最终达到以通常条件缔结合同的目的。[④] 最终，《民法总则》没有规定撤销之后的可变更规则。《民法典》也是如此。不过，有学者认为，既然承认合同有效型的缔约过失责任，那么就应该承认变更权，而且《合同法》第42条的“损害赔偿”概念包含了恢复原状，故可以从恢复原状的界定中解释出变更权。[⑤]

值得注意的是，《民法典》第533条规定的情势变更规则中保留了变更权规则。在构成情势变更的情况下，人民法院可以结合案件的实际情况，根据公平原则变更或者解除合同。那么，在构成缔约过失责任的情况下，可以准用该变更规则。

---

① Vgl. Medicus/Lorenz, Schuldrecht Ⅰ, 20. Aufl. 2012, Rn. 109.

② 参见朱庆育：《民法总论》（第2版），北京大学出版社2016年版，第326页。

③ 参见朱广新：《民事法律行为制度的反思与完善——以法律规范的逻辑合理性为中心》，载《政治与法律》2015年第10期。

④ 参见朱庆育：《民法总论》（第2版），北京大学出版社2016年版，第327页。

⑤ 参见林洹民：《论基于缔约过失之合同变更权》，载《内蒙古社会科学（汉文版）》2019年第4期。

结　论

缔约过失责任制度是现代债法体系中最为重要的发展之一，是在既有的合同法上与侵权法上请求权基础之外，发展出的独立请求权基础。我国《民法典》对其进行了继受，但对于其构成、类型、功能与体系，学界尚未进行彻底的反思。本书深入论证了缔约过失一般规则加具体类型的基本体系以及一般构成、具体类型构成。

1. 第一章首先研究了缔约过失责任制度的历史，从罗马法出发，经由普通法时期的与缔约过失责任类似的规则，最后耶林作为集大成者首创了缔约过失责任制度。耶林从目的法学出发，发现在合同被撤销等场合有进行救济之必要，在分析罗马法法源等基础上，利用过失的概念，确认在缔约前，当事人之间负有注意义务。法律所保护的并非仅是一个业已存在的契约关系，正在发生的契约关系也应被保护；否则，契约交易将暴露于外，不受保护，缔约当事人一方不免因而成为他方疏忽或不注意的牺牲品。耶林将缔约过失责任分为三种情况：第一种是主体无能力的情况；第二种是客体无能力，即因合同客体而无效的情况，如基于法律或事实原因不能；第三种是合同意思不可信赖的情况，如意思表示错误或错误传达等。

《德国民法典》对于耶林的学说在具体规则上予以继受，但并没有继受一般性的缔约过失制度。其后经过一百余年的判例、学说之合力，首先从合同对等性思维出发，确立了缔约过失责任的义务违反之构成，缔约过失责任之构成前提为保护义务或照顾义务之违反。其次，德国司法实践拓展了缔约过失的类型，出现了缔约前违反保护义务类型、阻碍合同效力类型、过失违反说明义务类型、第三人责任等类型，并成为习惯法。最后在2001年，利用德国债法现代化之契机，将习惯法予以成文法化。在立法技术上，采取了一般性规定的模式，并部分地进行了类型化规定，但并没有舍弃背后的实践案例群类型，形成了比较独特的法律适用体系。

2. 第二章论证了缔约过失责任的一般性构成条款及其类型，中国法在继受时，不自觉地进行了一般化继受。首先，这体现在关于合同被撤销或者无效情况下的损害赔偿责任规则上，不加区分地适用所有类型的合同被撤销或者无效之情况。其次，体现在《民法典》第500条第3项（《合同法》第42条第3项）一般性规定上。不过，在一般性规定之外，中国法上还规定了法定类型,而且在类型发展上,《民法典》第 500 条第 3 项提供了继续发展的基础。利用类型化技术,我国司法实践在存在一般性规则的基础上,继续发展缔约过失责任之类型,从而形成了一般构成要件与具体类型的体系。

缔约过失责任的第一个构成要件是合同订立前的义务违反,不仅合同订立前的范围比较广,而且与嗣后合同是否订立并不相关。在适用前提上,关键是"在订立合同过程中"。在解释上,订立合同过程包括合同磋商、合同准备以及类似交易接触等阶段。在以缔结合同或者其他交易行为为目的而接触的情况下,即出现了对相对人法益、权利与利益影响之可能。在此时点,一方当事人的法益、权利或者利益受到另一方影响较大,特别结合关系也由此产生。缔约过失责任的第二个构成要件是保护义务之违反,义务之内容界定可以准用《民法典》第 501 条关于保密义务的具体规则以及第 509 条第 2 款。缔约过失责任的第三个构成要件是可归责,这里的可归责事由并不限于恶意或者故意,一般的过失即为已足。根据对《民法典》第 500 条以及第 577 条的体系解释,缔约过失责任的构成应以"过错"为前提。这里的过错,既包括故意,也包括过失。对于过失,应从客观上予以判断。尽管《民法典》第 500 条前两项规定均需以当事人"恶意"或"故意"为要件,但对于第 3 项"其他违背诚信原则的行为"这一概括条款的适用,原则上一般性过失即可。缔约过失责任的第四个构成要件是损害,缔约过失责任制度不仅保护权利、权益不受损害,也保护利益不受损害。缔约过失责任的第五个构成要件是义务违反与损害之间的因果关系。通过对学说与立法的分析,笔者认为所谓缔约过失即为,在契约接触或磋商之际,在当事人之间产生了以信赖关系、保护关系为基础之法定债务关系,因一方当事人未尽诚实、保护等义务,致他方当事人遭受损害的,应负损害赔偿责任。

缔约过失责任类型并不限于法律上既有的规定,司法实践中发展了过失违反说明义务等类型,具体根据是《民法典》第 500 条第 3 项,通过类型化技术,进行类型化作业,然后经过学说锤炼,最终形成稳定的缔约过失责任类型。在类型化分析上,笔者主张根据每种类型不同的功能予以分类,主要分为以契约磋商或准备为机缘之加害责任、合同效力障碍、合同缔结期间的说明义务的违反等类型。

3. 在一般化与类型化研究基础上,本书第三章探讨了缔约过失责任制度的一般理论基础。在分析了诸多学说的基础上,笔者认为缔约过失责任是一种类似合同的法定债之关系,在法律适用上,适用合同法的规则。

各种缔约过失类型功能不一,有的是为了维护缔约之际人身财产的安全,有的是为了保护缔约人合理期待,而在说明义务之下,则是为了使当事人不陷入其所不期望的合同,实质在于保护当事人的决定自由。在第三人责任情况下,第三人造成的信赖引发特别期待。由此,无法统一缔约过失责任制度的功能。在思想基础上,交往安全说仅能适用于契约前人身、财产保护类型,社会接触说与特别关系说并未真正描述缔约过失责任的正当性基础。而信赖说则在最广泛以及最深入两个层面确立了缔约过失责任的基础。合同谈判阶段的债之关系的基础在于所需要信赖的授予。如果相对人信赖落空,当事人就应承担缔约过失责任。

尽管缔约过失责任的思想基础未必一致,但这些思想基础都会成为保护义务或者照管义务产生的基石。从债法义务角度观察,缔约过失责任基础存在于保护义务之上。对于这里的保护义务应作广泛理解,通知、照顾、注意等义务均为其所包含,其所保护的对象为合同缔结过程中建立在完整正确的信息基础上的意思表达,意思不暴露于交易关系之外而被任意侵害,甚至第三人的意思也受到保护。

随着社会发展,法律对人们的保护愈加具体化、精细化,形式上(法律上)的契约自由不时添加实质上(事实上)的契约自由,或不时被社会正义、新的经济与道德伦理修正,使原来建立的古典合同法理论结构以及司法方法产生了变化。古典合同法的基本特征是形式上的,而现代社会的发展,在许多时候要考虑实质的社会因素。

4.第四章研究了缔约之际人身财产保护义务。对于这一类型,英国、美国、法国等均根据侵权法予以处理。德国法上之所以存在这种类型的缔约过失责任,源自其侵权法的结构,其侵权法没有广泛保护纯粹经济损失,而且由于其雇主责任奉行过错推定规则,故只能通过缔约过失制度予以调整。中国法上并不存在同样的问题,因为中国法上贯穿雇主责任规则的是无过错责任,即雇主对于雇员的行为承担无过错责任(《民法典》第1191条、《侵权责任法》第34条)。而且在诉讼时效上,侵权法上请求权与合同法上请求权差别并不大。至于举证责任上,合同法上损害赔偿责任的构成原则上不需要过错要件,较有利于债权人,但不能因此而在利益衡量上向债权人倾斜。而且,由于合同法规则准用于缔约过失规则,故受害人原则上不能请求精神损害赔偿。因而通过缔约过失责任调整缔约之际的人身财产保护,原则上并无必要。但我们也注意到,侵权法上的交往安全义务规则过于狭窄,只能调整公共场所以及组织者责任;在处理缔约之际人身财产保护上,雇主责任规则也不如缔约过失责任规则对受害人有利。在现阶段,还是存在对于身体受到伤害适用 1 年诉讼时效的可能。在过错举证责任问题上适用缔约过失责任规则,更有利于债权人。所以,综合考虑之下,笔者认为对于缔约前侵害人身与财产利益的情况,仍有缔约过失责任适用的余地。

缔约之际人身财产保护义务的制度基础在于:在合同准备阶段,参与磋商的当事人的利益与权利高度地受到了企业的影响。为订约目的而向潜在的顾客开放自己的营业场所的经营者,对于进入其经营场所的顾客的权利与利益的干涉可能性大大增加。在本质上,缔约前的保护义务,其性质是行为义务,属于交往安全义务的一种,其法律效果主要是维持利益或者固有利益的赔偿。

5. 第五章探讨了合同效力阻碍类型的缔约过失责任。法律规定的第一种类型是虚假磋商缔约过失责任,具体包括虚假开始磋商与虚假继续磋商两种情况。假借订立合同,恶意进行磋商,违反的是保护相对人财产利益的义务。在构成上,恶意应解释为背信。除此之外,还要求进行磋商或谈判,当然还需要一般构成要件。

在解释上,《民法典》第 500 条第 1 项规定的目的仅在于起示范功能,而非在于自我限制,在现实中大量存在的中断交涉并不能涵盖于"假借订立合同,恶意进行磋商"范围中;相反,当事人在为订约接触之初,往往是以追求利润为目的,但经过谈判接触,会发现交易无利可图或另发现更为有利的交易相对人,从而决定中断交涉。在一般情况下,当事人对因中断缔约而对对方造成的损失无须负责,谈判失败是交易当事人应当承担的合理风险,但在中断交涉的一方在此之前的行为(作为或不作为)足以使相对人产生能够缔结合同的信赖,其主观上存在过错,然后又无理由中断缔约的,则缔约过失责任有适用余地。

中断缔约责任的本质在于,由于相对人未使合同完成,而使订立合同的期待落空,可能是单方中断合意的达成,也可能是双方当事人达成了合意,但拒绝执行必要的形式。是否构成无理由中断缔约,主要取决于具体的案例情况,处于原告位置的理性人是否相信合同将会订立,被告的行为是否确实或可能被期待会产生这样的假定,即被告是否实际上或可能已经知道原告已经进行实质性的准备或一个理性人在这种情况下所会为的行为。

在预备性磋商的情况下,是否构成缔约过失责任,须进行个别考察,在违反预约情况下,原则上并没有缔约过失责任适用之余地。在意向书情况下,要具体考察约定条款内容。比如,当事人违反诚信协商义务,造成相对人信赖合同将会成立的期待落空的，即应承担缔约过失责任。在发出要约的情况下，如果要约相对人信赖要约不可撤销，并基于信赖支出了费用，此时，要约人应承担缔约过失责任，赔偿对方支出的费用。要约人知道受要约人相信合同成立，并未发出通知以避免受要约人发生进一步损害，其行为已经构成缔约前违反诚信之行为，可以适用《民法典》第500条，赋予要约人通知义务。不过，要约人违反通知义务的，法律效果上并非合同成立，而是承担缔约过失的损害赔偿责任。如果当事人未达成合意而导致合同没有成立，而且缔约当事人对于合同不成立具有过错，那么缔约当事人即负有损害赔偿的义务。

对于阻碍合同生效的缔约过失责任，《民法典》第157条规定了统一的缔约过失之法律效果。所谓阻碍合同生效的缔约过失责任，乃指当事人一方于契约缔结之际或缔约前之磋商准备阶段之过失，致业已缔结之契约无效时，该有过失之一方当事人，对信赖该契约为有效或已成立而遭受损害之他方当事人应负之责任。发生无效或者可撤销的情况很多，在解释上，应只承认真意保留、错误情况下、单方背俗情况下的损害赔偿以及无权代理情况下的损害赔偿。如果一方负有申请办理批准登记等手续的，则另一方可以请求其申请办理；或者一方拒绝配合申请办理的，如合资合同的批准手续，则另一方也可以请求其配合申请办理。如果其拒绝，则另一方可以申请法院判决该另一方自行办理，如此促成合同生效。但此时负有申请办理批准登记手续一方应承担缔约过失责任，赔偿另一方的信赖利益损失。在其他情况下，须根据说明告知义务违反规则处理。只有在没有说明无效的原因或者无效障碍的情况下，才负有损害赔偿责任，如因过错未告知对方合同必须得到外汇法上的核准、合同因违背法律上的禁止性规定而无效等。在有形式要件要求的合同中，严重违背诚信尤其是故意情况下才有损害赔偿之缔约过失责任。

合同效力阻碍类型缔约过失责任的法律效果是赔偿信赖利益，即基于另一方所引发的信赖而产生的无益费用，但并不以履行利益为损害赔偿的界限。

6. 本书第六章研究了缔约之际说明义务违反类型的缔约过失责任。在出卖人积极提供对合同订立意义重大的虚假信息的情况下，通常即存在可归责的义务违反，除非出卖人能够证明他对其所陈述的信息的虚假性不知道或者不应当知道。在此，在告知的虚假信息方面，出卖人是否存在说明义务，并不是构成要件。而在过失未进行说明的情况下，则需要说明义务产生根据这一要件。说明义务产生的基础可能是法律规定，也可能是信赖，具体标准根据诚实信用原则确定。具体而言，在义务人于缔约前违反法律规定的说明义务情况下，义务人须承担缔约过失责任。而在法律没有明确规定，但一方知道或者应当知道某些特别或者其他情况，而这些情况对于另一方当事人的决定有重大影响，按照交易观念，另一方当事人可以期待实际获得该信息的时候，则可以构成缔约过失责任。

在市场经济条件下，每个交易参与人与市场信息源都是同样接近的。每个人缔结合同，一般都可以从可供使用的信息源中获得信息，因此花费的成本由自己承担。但因当事人间专门知识、特殊技能、经验与情报量等的不同，以致其磋商能力存在显著差异时，只有在一方当事人知道或可以知道该信息，而且他知道或应当知道其所知道的信息对于另一方缔约当事人是否缔约具有决定性的意义的情况下，才应当赋予其说明或者提供信息义务，以期实现实质的合同自由。

说明义务内容包括合同生效方面的说明义务、合同缔结前景的说明义务、合同实施障碍方面的说明义务、合同客体方面的说明义务以及其他合同要素的说明义务。

说明义务的产生根据还可以是法律规定，具体规定在《合同法》《保险法》《商业特许经营管理条例》《消费者权益保护法》中。

违反说明义务的缔约过失责任与欺诈的法律效果可能是一致的，都可以指向合同的解消。在本质上，欺诈规则本身并非请求权基础规范，其法律效果是撤销，恰好与基于缔约过失的解消法律效果类似。在逻辑上，二者之间并非请求权竞合关系，而是所谓的制度竞合，需要考虑规范之间的相互影响，促使不同制度在达到统一效果时的协调。

违反说明义务的缔约过失责任与瑕疵担保的法律效果也可能是一致的。在缔约之际，一方当事人违反说明义务，既可能符合瑕疵担保责任要件，也可能符合缔约过失责任要件。鉴于瑕疵担保责任检验期规则、瑕疵担保责任排除规则在规范目的上，有特殊的保护出卖人的目的，原则上，应优先适用瑕疵担保责任。但在出卖人故意提供虚假信息的情况下，没有通过瑕疵担保责任检验期规则、瑕疵担保责任排除规则保护出卖人之必要，所以，应当否认瑕疵担保责任的优先适用性，承认缔约过失责任的适用。

依据《民法典》的规定，瑕疵的概念一般限于主观或客观标准，并不能涵盖与周围环境的社会、经济或文化上的关联。所以，在说明义务对象针对的是物本身以外的因素的时候，只能通过缔约过失制度予以救济。

违反缔约之际说明义务的法律效果可以是信赖利益的赔偿，也可以是期待利益的赔偿，特别的，还可以是合同的废止以及变更合同等。

参考文献

一、中文

（一）著作

1. 曹兴权:《保险缔约信息义务制度研究》,中国检察出版社 2004 年版。

2. 陈吉生:《论缔约过失责任》,法律出版社 2012 年版。

3. 陈小君主编:《合同法新制度研究与适用》,珠海出版社 1999 年版。

4. 程啸:《侵权行为法总论》,中国人民大学出版社 2008 年版。

5. 崔建远:《合同责任研究》,吉林大学出版社 1992 年版。

6. 崔建远主编:《新合同法原理与案例评析》,吉林大学出版社 1999 年版。

7. 崔建远:《合同法研究》(上卷)(第 2 版),中国人民大学出版社 2011 年版。

8. 崔建远:《合同法》(第 3 版),北京大学出版社 2016 年版。

9. 崔建远主编:《合同法》(第 6 版),法律出版社 2016 年版。

10. 崔建远:《合同法》(第 4 版),北京大学出版社 2021 年版。

11. 董安生:《民事法律行为:合同、遗嘱和婚姻行为的一般规律》,中国人民大学出版社 1994 年版。

12. 董安生:《民事法律行为》,中国人民大学出版社 2002 年版。

13. 杜景林、卢谌:《德国新给付障碍法研究》,对外经济贸易大学出版社 2006 年版。

14. 对外贸易经济合作部条约法律司编译:《国际统一私法协会国际商事合同通则》,法律出版社 1996 年版。

15. 傅静坤:《二十世纪契约法》,法律出版社 1997 年版。

16. 高圣平:《担保法论》,法律出版社 2009 年版。

17. 韩世远:《合同法总论》(第 4 版),法律出版社 2018 年版。

18. 何宝玉:《英国合同法》,中国政法大学出版社 1999 年版。

19. 胡康生主编:《中华人民共和国合同法释义》(第 3 版),法律出版社 2013 年版。

20. 黄立:《德国新债法之研究》,台北,元照出版有限公司 2009 年版。

21. 黄茂荣:《债法总论》(第1册),中国政法大学出版社2003年版。

22. 黄薇主编:《中华人民共和国民法典释义》(中),法律出版社2020年版。

23. 黄越钦:《私法论文集》,台北,世纪书局1980年版。

24. 孔祥俊:《合同法教程》,中国人民公安大学出版社1999年版。

25. 李国光主编、最高人民法院经济审判庭编著:《合同法释解与适用》(上册),新华出版社1999年版。

26. 李晓明:《模糊性:人类认识之谜》,人民出版社1985年版。

27. 李永军、易军:《合同法》,中国法制出版社2009年版。

28. 李永军主编:《债权法》,北京大学出版社2016年版。

29. 李永军:《合同法》(第4版),中国人民大学出版社2016年版。

30. 梁慧星:《民法总论》(第5版),法律出版社2017年版。

31. 林诚二:《民法理论与问题研究》,中国政法大学出版社2000年版。

32. 林诚二:《民法债编总论——体系化解说》,中国人民大学出版社2003年版。

33. 刘春堂:《民法债编通则(一):契约法总论》,2011年自版发行。

34. 刘得宽:《民法诸问题与新展望》,中国政法大学出版社2002年版。

35. 潘维大、黄阳寿主编:《英美契约法案例解析(二)》,台北,瑞兴图书股份有限公司1997年版。

36. 邱雪梅:《民事责任体系重构》,法律出版社2008年版。

37. 全国人大常委会法制工作委员会民法室编著:《〈中华人民共和国合同法〉及其重要草稿介绍》,法律出版社2000年版。

38. 全国人大常委会法制工作委员会民法室编、姚红主编:《〈中华人民共和国合同法〉与国内外有关合同规定条文对照》,法律出版社1999年版。

39. 史尚宽:《债法总论》,中国政法大学出版社2000年版。

40. 史尚宽:《债法各论》,中国政法大学出版社2000年版。

41. 苏号朋:《合同法教程》(第3版),中国人民大学出版社2015年版。

42. 孙瑞玺:《缔约过失责任论》,知识产权出版社2005年版。

43. 孙森焱:《民法债编总论》(下册),法律出版社2006年版。

44. 万鄂湘主编、最高人民法院民事审判第四庭编著:《最高人民法院关于审理外商投资企业纠纷案件若干问题的规定(一)条文理解与适用》,中国法制出版社2011年版。

45. 王洪亮:《债法总论》,北京大学出版社2016年版。

46. 王家福主编:《中国民法学·民法债权》,法律出版社 1999 年版。

47. 王利明:《违约责任论》,中国政法大学出版社 1996 年版。

48. 王利明:《合同法研究》(第 1 卷)(第 3 版),中国人民大学出版社 2015 年版。

49. 王利明:《合同法研究》(第 3 卷)(第 2 版),中国人民大学出版社 2015 年版。

50. 王培韧:《缔约过失责任研究》,人民法院出版社 2004 年版。

51. 王信芳主编:《民商事合同案例精选》,上海人民出版社 2004 年版。

52. 王泽鉴:《债法原理》(第 2 版),北京大学出版社 2013 年版。

53. 王泽鉴:《民法学说与判例研究》(重排合订本),北京大学出版社 2015 年版。

54. 吴从周:《民事法学与法学方法——债法修正溯及适用与法官阐明时效抗辩》(第 3 册),台北,元照出版有限公司 2007 年版。

55. 徐国栋:《民法基本原则解释:诚信原则的历史、实务与法理研究》,中国政法大学出版社 1992 年版。

56. 杨代雄:《民法总论专题研究》,清华大学出版社 2012 年版。

57. 杨仁寿:《法学方法论》,中国政法大学出版社 2013 年版。

58. 杨桢:《英美契约法论》,北京大学出版社 1997 年版。

59. 叶金强:《信赖原理的私法结构》,北京大学出版社 2014 年版。

60. 张广兴:《债法总论》,法律出版社 1997 年版。

61. 张海棠主编:《保险合同纠纷》,法律出版社 2010 年版。

62. 郑玉波主编:《民法总则论文选辑》(上),台北,五南图书出版股份有限公司 1984 年版。

63. 郑玉波:《民法债编总论》(第 2 版),台北,三民书局股份有限公司 2002 年版。

64. 朱广新:《信赖责任研究——以契约之缔结为分析对象》,法律出版社 2007 年版。

65. 朱广新:《合同法总则》(第 2 版),中国人民大学出版社 2012 年版。

66. 朱广新:《合同法总则研究》(上册),中国人民大学出版社 2018 年版。

67. 朱庆育:《民法总论》(第 2 版),北京大学出版社 2016 年版。

68. 朱岩编译:《德国新债法:条文及官方解释》,法律出版社 2003 年版。

69. 最高人民法院民事审判第二庭编著:《最高人民法院关于买卖合同司法解释理解与适用》,人民法院出版社 2016 年版。

70. [德]迪特尔·梅迪库斯:《德国民法总论》,邵建东译,法律出版社 2000 年版。

71. [德]卡尔·拉伦茨:《法学方法论》,陈爱娥译,台北,五南图书出版股份有限公司 1996 年版。

72. [德]莱纳·舒尔策、[波兰]弗里德里克·佐尔:《欧洲合同法》(第 2 版),王剑一译,中国法制出版社 2019 年版。

73. [德]维尔纳·弗卢梅:《法律行为论》,迟颖译,法律出版社 2013 年版。

74. [德]鲁道夫·冯·耶林:《论缔约过失》,沈建峰译,商务印书馆 2016 年版。

75. [美]科斯、哈特、斯蒂格利茨等:《契约经济学》,李风圣主译,经济科学出版社 1999 年版。

76. [美]理查德·A. 波斯纳:《法律的经济分析》(上),蒋兆康译,中国大百科全书出版社 1997 年版。

77. [美]迈克尔·D. 贝勒斯:《法律的原则——一个规范的分析》,张文显等译,中国大百科全书出版社 1996 年版。

78. [美]麦克尼尔:《新社会契约论》,雷喜宁、潘勤译,中国政法大学出版社 1994 年版。

79. [意]桑德罗·斯契巴尼选编:《契约之债与准契约之债》,丁玫译,中国政法大学出版社 1998 年版。

80. [英]哈特:《法律的概念》,张文显等译,中国大百科全书出版社 1996 年版。

81. [英]S. F. C. 密尔松:《普通法的历史基础》,李显冬等译,中国大百科全书出版社 1999 年版。

(二)期刊论文

1. 蔡章麟:《私法上诚实信用原则及其运用》,载郑玉波主编:《民法总则论文选辑》(上),台北,五南图书出版股份有限公司 1984 年版。

2. 陈洸岳等:《"中断交涉"与缔约上过失责任的序论研究——民法研究会第十四次学术会议》,载《法学丛刊》1999 年第 176 期。

3. 陈丽苹、黄川:《论先契约义务》,载《中国法学》1997 年第 4 期。

4. 崔建远:《缔约上过失责任论》,载《吉林大学社会科学学报》1992 年第 3 期。

5. 丁勇:《论德国法中的第三人缔约过失责任》,载《法律科学》2004 年第 3 期。

6. 韩成军:《缔约过失责任的理论逻辑与实证注解》,载《河北法学》2011 年第 7 期。

7. 傅静坤:《论美国契约理论的历史发展》,载《外国法译评》1995 年第 1 期。

8. 郭雪军:《专家契约责任的经济分析》,载《法学论坛》2004 年第 1 期。

9. 韩世远:《我国合同法中的缔约上过失问题研究》,载《法学家》2004 年第 3 期。

10. 韩子清:《试论缔约上过失责任》,载《法学与实践》1994 年第 1 期。

11. 纪海龙:《〈合同法〉第 48 条(无权代理规则)评注》,载《法学家》2017 年第 4 期。

12. 姜淑明:《先合同义务及违反先合同义务之责任形态研究》,载《法商研究(中南政法学院学报)》2000 年第 2 期。

13. [德]库尔特·锡尔:《德国新债法之缔约过失》,侯英泠译,载《月旦法学》2003 年第 8 期。

14. 李建华、董彪:《专家对第三人承担民事责任的理论基础——兼论德国新债法对我国民事立法的启示》,载《社会科学战线》2005 年第 5 期。

15. 李静:《有限责任公司经理人的缔约上过失责任——德国法上制度考察》,载《比较法研究》2006 年第 4 期。

16. 李军:《寻求公平:缔约过失制度的开创与完善》,载《现代法学》1998 年第 3 期。

17. 李中原:《缔约过失责任之独立性质疑》,载《法学》2008 年第 7 期。

18. 梁春海、刘晓军:《缔约过失责任概念辨析》,载《河北法学》2005 年第 8 期。

19. 梁慧星:《诚实信用原则与漏洞补充》,载梁慧星:《民商法论丛》第 2 卷,法律出版社 1994 年版。

20. 林诚二:《民法上信赖利益赔偿之研究(一)》,载《法学丛刊》1973 年第 69 期。

21. 林洹民:《论基于缔约过失之合同变更权》,载《内蒙古社会科学(汉文版)》2019 年第 4 期。

22. 刘春堂:《缔约上过失之研究》,台湾大学 1983 年博士学位论文。

23. 刘春堂:《契约磋商与契约磋商者之责任》,载辅仁大学法律丛书编辑委员会:《辅仁大学法律丛书专论类(9)民商法论文集(二)》1990年版。

24. 刘春堂:《契约对第三人之保护效力》,载《辅仁法学》1985年第4期。

25. 刘得宽:《契约缔结过程上的情报提供义务——消费者保护重要课题之一》,载《法学丛刊》1998年第171期。

26. 刘贵祥:《论行政审批与合同效力——以外商投资企业股权转让为线索》,载《中国法学》2011年第2期。

27. 刘璐、高圣平:《格式条款之订入合同规则研究》,载《广西社会科学》2005年第2期。

28. 刘燕:《"专家责任"若干基本概念质疑》,载《比较法研究》2005年第5期。

29. 刘勇:《缔约过失与欺诈的制度竞合——以"欺诈"的故意要件为中心》,载《法学研究》2015年第5期。

30. 陆青:《论消费者保护法上的告知义务——兼评最高人民法院第17号指导性案例》,载《清华法学》2014年第4期。

31. 马新彦:《信赖与信赖利益考》,载《法律科学(西北政法学院学报)》2000年第3期。

32. 牟宪魁:《说明义务违反与沉默的民事诈欺构成——以"信息上的弱者"之保护为中心》,载《法律科学(西北政法学院学报)》2007年第4期。

33. 齐爱民:《电子合同典型法律规则研究》,载《武汉大学学报(社会科学版)》2002年第2期。

34. 钱玉林:《缔约过失责任与诚信原则的适用》,载《法律科学(西北政法学院学报)》1999年第4期。

35. 冉克平:《缔约过失责任性质新论——以德国学说与判例的变迁为视角》,载《河北法学》2010年第2期。

36. 尚连杰:《先合同说明义务违反视角下的缔约过失与瑕疵担保关系论——德国法的启示与中国法的构造》,载《政治与法律》2014年第11期。

37. 尚连杰:《信赖利益赔偿以履行利益为限吗——从一般命题到局部经验》,载《政治与法律》2017年第11期。

38. 沈小军:《德国法上保险人的咨询义务——兼论我国保险人说明义务的完善》,载《保险研究》2017年第3期。

39. 孙维飞:《〈合同法〉第42条(缔约过失责任)评注》,载《法学家》2018年第1期。

40. 汤文平:《批准(登记)生效合同、“申请义务”与“缔约过失”——〈合同法解释(二)〉第 8 条评注》,载《中外法学》2011 年第 2 期。

41. 唐明路、唐明晓:《缔约过失责任初探——与违约责任的异同》,载《河南省政法管理干部学院学报》1998 年第 2 期。

42. 唐先锋:《先契约义务的扩张》,载《当代法学》2003 年第 9 期。

43. 王利明:《编纂一部网络时代的民法典》,载《暨南学报(哲学社会科学版)》2016 年第 7 期。

44. 王文胜:《论合同法和侵权法在固有利益保护上的分工与协作》,载《中国法学》2015 年第 4 期。

45. 王泽鉴:《民法学说与判例研究》第 4 册,中国政法大学出版社 2003 年版。

46. 吴根发:《缔约中的信赖利益及其损害赔偿》,载《法学》1999 年第 3 期。

47. 吴宏:《“律师声明”中专家过错标准和责任形态——首例律师对“律师声明”承担专家责任案评析》,载《法学》2009 年第 9 期。

48. 吴颂明:《预约合同研究》,载梁慧星:《民商法论丛》第 17 卷,金桥文化出版(香港)有限公司 2000 年版。

49. 郗伟明:《论合同保护义务的应然范围》,载《清华法学》2015 年第 6 期。

50. 向恩明:《前契约说明义务之形塑与界限》,载《月旦法学杂志》2011 年第 3 期。

51. 解亘:《再论〈合同法〉第 121 条的存废——以履行辅助人责任论为视角》,载《现代法学》2014 年第 6 期。

52. 许德风:《论合同违法无效后的获益返还——兼议背信行为的法律规制》,载《清华法学》2016 年第 2 期。

53. 许德风:《意向书的法律效力问题》,载《法学》2007 年第 10 期。

54. 荀华、陈宽山:《缔约上过失责任制度的立法完善》,载《法学》1992 年第 7 期。

55. 严存生:《近现代西方法与道德关系之争》,载《比较法研究》2000 年第 2 期。

56. 杨彪:《律师专家责任认定的若干问题——王保富诉三信律师所财产损害赔偿案评析》,载《法学》2006 年第 4 期。

57. 杨茂:《完善我国保险人明确说明义务的法律思考》,载《现代法学》2012 年第 2 期。

58. 叶建丰:《缔约过失制度研究》，载梁慧星:《民商法论丛》第19卷，金桥文化出版(香港)有限公司2001年版。

59. 叶金强:《论中断磋商的赔偿责任》,载《法学》2010年第3期。

60. 叶金强:《合同法上承诺传递迟延的制度安排》,载《法学》2012年第1期。

61. 叶柳东、王宝道:《第三人缔约过失责任理论理解与个案适用——兼论出租人致使租赁合同与转租赁合同无效的责任认定》,载《法律适用》2010年第6期。

62. 尹鲁先:《缔约上过失责任初探》,载《法学研究》1990年第1期。

63. 于飞:《我国〈合同法〉上缔约过失责任性质的再认识》,载《中国政法大学学报》2014年第5期。

64. 于海纯:《保险人缔约信息义务的边界——以重要性标准之建立为中心》,载《比较法研究》2011年第2期。

65. 詹森林:《自始客观不能(二)》,载《月旦法学教室》2002年10月试刊号。

66. 张虹:《缔约磋商中保密义务的法律适用研究——以〈中华人民共和国合同法〉第43条为中心》,载《法商研究》2011年第2期。

67. 张家勇:《论前合同责任的归责标准》,载《法学家》2014年第1期。

68. 张家勇:《论前合同损害赔偿中的期待利益——基于动态缔约过程观的分析》,载《中外法学》2016年第3期。

69. 张金海:《耶林式缔约过失责任的再定位》,载《政治与法律》2010年第6期。

70. 赵文杰:《要约》,载王洪亮等主编:《中德私法研究》第13卷,北京大学出版社2016年版。

71. 周友军:《专家对第三人责任的规范模式与具体规则》,载《当代法学》2013年第1期。

72. 朱广新:《要约不得撤销的法定事由与效果》,载《环球法律评论》2012年第5期。

73. 朱广新:《民事法律行为制度的反思与完善》,载《政治与法律》2015年第10期。

74. 邹雄:《违反先契约义务责任探讨——兼谈〈合同法〉第42条的实现》,载《现代法学》1999年第5期。

75. [德]卡拉里斯:《债务合同法的变化——即债务合同法的“具体化”趋势》,张双根译,载《中外法学》2001年第1期。

76. [德]克默雷尔:《侵权行为法的变迁》(上),李静译,载王洪亮等主编:《中德私法研究》第3卷,北京大学出版社2007年版。

77. [德]霍斯特·艾登穆勒等:《评〈欧洲共同买卖法条例草案〉——欧洲合同法最新文本的不足》,王蒙译,载《北航法律评论》2014年第1辑。

78. [日]我妻荣:《关于私法方法论的一点考察》,载我妻荣:《债权在近代法中的优越地位》,王书江、张雷译,中国大百科全书出版社1999年版。

79. [美]富勒等:《合同损害赔偿中的信赖利益》,韩世远译,载梁慧星主编:《民商法论丛》第7卷,法律出版社1997年版。

80. [日]潮见佳男:《最近欧洲合同责任、履行障碍法的发展——荷兰修正民法典、德国债务法修正草案、欧洲合同法原则》,于敏译,载梁慧星主编:《民商法论丛》第8卷,法律出版社1997年版。

81. [日]宫本健藏:《日本的安全照顾义务论的形成与展开》,金春龙译,于敏、韩世远审校,载《清华法学》2004年第1期。

82. [日]内田贵:《契约的再生》,胡宝海译,载梁慧星主编:《民商法论丛》第3卷,法律出版社1996年版。

83. [意]桑德罗·斯奇巴尼:《〈国际商事合同通则〉与罗马法——债务人优惠制与国际贸易原则初探》,丁玫译,载《比较法研究》2000年第2期。

二、德文

1. Ballerstedt, Zur Haftungfür culpa in contrahendo bei Geschaeftsabschluss durch Stellevertreter, AcP 151(1950/51), S. 501.

2. Breidenbach, Die Voraussetzungen von Informationspflichten beim Versttagschluss, 1989.

3. Brox/Walker, Schuldrecht AT, 37. Aufl. 2013.

4. Canaris, Die Reform des Rechts der Leistungsstörungen, JZ 2001, S. 499.

5. Canaris, Schutzgesetze-Verkerspflichten-Schutzpflichten, in: Festschrift für Larenz zum 80. Geburtstag, 1983, S. 27.

6. Canaris, Die Vertrauenshaftung im deutschen Privatrecht, 1971.

7. Dauner – Lieb/Arnold/Doetsch/Kitz, Fälle zum neuen Schuldrecht, 2002.

8. Däubler, Die Reform des Schadensersatzrechts, JuS 2002, S. 625.

9. Fleischer, Informationsasymmetrie im Vertragsrecht, 2001.

10. Frotz, Die Rechtsdogmatische Einordnung der Haftung fur culpa in contrahendo, Gedenkschrift für Gschnitzer, 1969, S. 163.

11. Frotz, Verkehrsschutz im Vertretungsrecht, 1972.

12. Franz Leonhard, Verschuldenbeim Vertragsschlusse, 1910.

13. Fikentscher/Heinemann, Schuldrecht, 10. Aufl. 2006.

14. Flume, Allgemeiner Teil des bürgerlichen Rechts Ⅱ, Das Rechtsgeschäft, 3. Aufl. 1979.

15. Heinrich Stoll, Haftung für das Verhalten waehrend der Vertragsverhandlungen, LZ 1923, S. 532.

16. Schmoeckel/Rückert/Zimmermann, Historsch – kritischer Kommencar zum BGB, Band Ⅱ, 2007.

17. Hans Stoll, Vertrauensschutz bei einseitigen Leistungsversprechen, FS – Flume, Bd. Ⅰ, 1978, S. 741.

18. Stürner, Jauernig Bürgerlichen Gesezzbuch Kommentar 17. Auflage, 2018.

19. Karl Larenz, Lehrbuch des Schuldrechts, Bd. Ⅰ, 14. Aufl. 1987.

20. Kindereit, Wer fuehlt nicht, dass es hier einer Schadensersatzklage bedarf-Rudolf von Jhering und die "culpa in contrahendo", in: Hoeren (Hrsg.), Zivilrechtliche Entdecker, 2001, S. 107.

21. Kötz/Wagner, Deliktsrecht, 13. Aufl. 2016.

22. Kuepper, Das Scheitern von Vertragsverhandlung, 1988.

23. Looschelders, Schuldrecht Allgemeiner Teil, 15. Aufl. 2017.

24. Lorenz/Reihm, Lehrbuch zum neuen Schuldrecht, 2002.

25. Lutz Michalski, Das Rechtsinstitut der "culpa in contrahendo" (c. i. c.), Jura 1993, S. 22.

26. Mertens, culpa in contrahendo beim zustande gekommenen Kaufvertrag nach derSchuldrechtsreform, AcP 203 (2003), S. 818.

27. Michael Lehmann, Dipl. – Kaufmann, Die Buergerliche Haftung fuer Werbeangaben Culpa in contrahendo als Haftungsgrundlage für vertragesanbahnendeErklaerungen, NJW 1981, S. 1233.

28. Säcker Münchener Kommentar zum Bürgerlichen Gesetzbuch, 2021.

29. Motive zu dem Entwurfe eines Bürgerlichen Gesetzbuches für das Deutsche Reich, Bd. Ⅰ, 1888.

30. Nirk, Rechtsvergleichendes zur Haftungfür culpa in contrahendo, RabelsZ 18 (1953), S. 310.

31. Medicus, Zur Entdeckungsgeschichte der culpa in contrahendo, FS – Kaser, 1986, S. 169.

32. Medicus, Verschulden bei Vertragsverhandlungen, in: BMJ (Hrsg.), Gutachten und Vorschläge, Bd. Ⅰ, 1981, S. 479.

33. Medicus/Lorenz, Schuldrecht Ⅰ, 18. Aufl. 2008.

34. Paefgen, Haftung für mangelhafte Aufklaerung aus culpa in contrahendo, 1999.

35. Brudermüller, Palandt Bürgerlicher Gesetzbuch, 2020.

36. Peter Schlechtriem, Schuldrecht Allgemeiner Teil, 3. Aufl. 1997.

37. Picker, Positive Forderungsverletzung und culpa in contrahendo, AcP 183(1983), S. 369.

38. Protokolle der Kommission für die zweite Lesung des Entwurfs des Bürgerlichen Gestzbuchs, Bd. Ⅰ, 1897.

39. Pohlmann, Die Haftung wegen Verletzung von Aufklaerungspflichten, 2002.

40. Rohlack, Das Verhaeltnis der positiven Forderungsverletzung und culpa in contrahendo beim Kauf – und Werkvertrag, 1997.

41. Rudolf von Jhering, Culpa in contrahendo oder Schadensersatz bei nichtigen oder nicht zur Perfection gelangten Vertraegen, 1969.

42. Reinicke/Tiedtke, Kaufrecht, 6. Aufl. 1997.

43. Ruthers/Stadler, AT des BGB, 2009.

44. Schwab, Grundfälle zu culpa in contrahendo, Sachwalterhaftung und Vertrag mit Schutzwirkung für Dritte nach neuem Schuldrecht – Teil 2. Die Einbeziehung Dritter nach § 311 Ⅲ BGB, JuS 2002, S. 872.

45. Siebert, Soergel Kommentar zum Bürgerlichen Gesetzbuch, 2020.

46. Roth, Staudingers Kommentar zum Bürgerlichen Gesetzbuch, 2018.

47. Steinberg, Die Haftungfür Culpa in Contrahendo, Bonner Rechtswissenschaftliche Abhandlung Heft. 10, 1930.

48. Stoll, Tatbestaende und Funktionen der Haftungfür culpa in contrahendo, FS – von Caemmerer, 1978, S. 435.

49. Tomasz Giaro, Culpa in contrahendo: eine Geschichte der Wiederentdeckungen, in: U. Falk/H. Mohnhaupt (Hrsg.), Das Bügerliche

Gesetzbuch und seine Richter, 2000, S. 113.

50. Volker Emmerich, Das Recht der Leistungsstörungen, 6. Aufl. 2005.

51. Volker Emmerich, Zum gegenwärtigen Stand der Lehre von der culpa in contrahendo, Jur 1987, S. 561.

52. V. Bar, Verkehrspflichten, 1980.

53. Wieaker, Rechtsgeschicht der Neuzeit, 1967

54. Windscheid, Lehrbuch des Pandektenrechts, 8. Aufl. 1900.

三、英文

1. Atiyah, Misrepresentation, *Warranty and Estoppel*, 9 Alberta Law Review 347, 369 - 373(1971).

2. Basil Markesinis, Hannes Unberath & Angus Johnston, *The German Law of Contract, A Comparative Treatise*, 2nd ed., Hart Publishing Company, 2006.

3. Cartwright & Herrelink eds., *Precontractual Liability in European Private Law*, Cambridge University Press, 2008.

4. EC Melato, *Precontractual Liability*, in G. de Geest ed., Contract Law and Economics, 2nd ed., 2011.

5. Eric Mills Holmes, *Restatement of Promissory Estoppel*, 32 Willamette Law Review 263, Spring, 1996.

6. Farnsworth, *Precontractual Liability: Fair Dealing and Negotiation Failure*, Columbia Law Review, Vol. 87, p. 253 - 263.

7. Friedrich Kessler & Edith Fine, *Culpa in Contrahendo, Bargaining in Good Faith, and Freedom of Contract: A Comparative Study*, Harvard Law Review, 1964.

8. Gurry, *Breach of Confidence*, Oxford University Press, 1984.

9. G. Gilmore, *The Death of Contracts*, Ohio State University Press, 1974.

10. Henderson, *Promissory Estoppel and Traditional Contract Doctrine*, 78 Yale Law Journal 343, 348(1969).

11. Jansen & Zimmerman eds., *Commentaries on European Contract Laws*, Oxford University Press, 2018.

12. Jay M. Feinman, *Promissory Estoppel and Judicial Method*, 97 Harvard Law Review 678(1984).

13. Markesinis, Unberath & Johnston, *The German Law of Contract, A Comparative Treatise*, 2nd ed. , Hart Publishing, 2006.

14. Phuong N. Pham, *The Waning of Promissory Estoppel*, 79 Cornell Law Review 1263(1994).

15. Plucknett, *A Concise History of the Common Law*, Liberty Fund Inc. , 1956.

16. P. Giliker, *Pre – Contract Liability in English and French Law*, Kluwer Law International, 2002.

17. Schulte – Noelke, CESL Comments, Article 2.

18. Speidel, *Restatement Second: Omitted Terms and Contract Method*, 67 Cornell Law Review 785, 786 – 792 (1982).

19. Vogenauer & Zuloaga Rios, Art. 2. 1. 14, para. 7.

20. Wendell. H. Holmes, *The Freedom not to Contract*, Tulane Law Review, Vol. 60, p. 788(1986).

21. Zoll, *Culpa in Contrahendo in European Private Law*, in Schulze and Perales Viscasillas eds. , The Formation of Contract, Nomos Verlagsgesellschaft 2016.

后　记

本书是我2001年博士学位毕业论文的修改稿。此次借助国家社科基金，我的博士学位毕业论文得以修订并出版面世，内心充满感激。

在整体上，我保持了原文的主体部分，删除了原文不成熟的地方，并增补了新的资料，进行了新的思考。在2001年写作博士学位毕业论文的时候，首要的任务是弄清楚德国缔约过失制度的起源与成因，从而为我国缔约过失制度的继受找到原初规则以及理论基础。而现在缔约过失制度的理论基础已经成为学界的共识。所以，修改工作的目标主要是对原文内容的提升：一方面更全面地梳理德国缔约过失责任的历史、发展以及现状，另一方面发现与整理中国现行法上关于缔约过失的基本规则，证成缔约过失责任一般构成与具体类型这一特殊规范模式。

嗣后发展出来的缔约过失法上的请求权基础，与合同法上的请求权基础、侵权行为法上的请求权基础、不当得利法上的请求权基础、无因管理法上的请求权基础以及物上请求权基础等并列。历史当中的确存在一种真实的延续性，不仅仅是人，制度和学说也有其生命历程。在现行法上，涉及缔约过失法上的请求权基础的规则比较繁多；而在实践中，缔约过失法处理的问题极其广泛。对这一问题进行研究无疑具有十分重大的意义。

我的老师杨振山教授肯定我选定的这一题目，并对我寄予了深厚的期望。本书的出版，可以说是我多年的心愿，也是对老师希冀的落实。从论文的写作到答辩乃至嗣后的修改，老师都给予过鼓励性与建设性的建议。老师于我，不仅是传道授业的恩师，还是人生智慧的启发者。老师尤其擅长抽象思维、创造性思维；每次面对老师的指导，均有醍醐灌顶之感、思想升华之效。在此诉说多少的感谢与感恩，亦难以表达我内心意思之万一。

谢怀栻教授、江平教授、杨振山教授、马俊驹教授、王军教授、方流芳教授、赵旭东教授是我博士论文答辩委员会的委员。在答辩会上，他们提出了诸多尖锐的问题，有些问题，一直伴随论文的写作与修改。王家福教授、施天涛教授是博士论文评议专家，就论文写作我也多次请教张俊浩教授，几位老师对我也是悉心指导。至今记得诸位先生对后辈提出的建议与批评，现在修改的论文对于这些建议与批评也尽力回应与回答。至今想来，当年诸位先生的建议与批评，多是出自鼓励与爱护，都是要求我把问题研究透彻与深入。每当想起当年的情与景,自己总是感怀不已。诸位老师、前辈学术精深、虚怀若谷,又是如此提拔、抬举后进,人间真情,自是稀世珍宝。

米健老师为我铺垫德国留学之路,使我真正理解了德国法对本书的修改具有基础性的作用,德国的留学开启了我的学术之窗。在博士论文写作、修改的阶段,当时在德国留学的田士永博士、申卫星博士为我带回不少德文资料,时常想起,不敢忘怀当时的帮助。而在我回国之后,朱庆育博士、王轶博士、高圣平博士、龙卫球博士、张双根博士、张谷博士、戴孟勇博士等对我也是帮助良多。高鸿钧老师、崔建远老师、米健老师、李永军老师、韩世远老师等对我的帮助与提携也是让人心怀感激,这些老师都是我学习的榜样与前进的动力。

时间飞逝,山高水长,生活与学术都在继续。借用柏拉图的名言:生活得好、生活得美、生活得正当是同一回事,学术得好、学术得美、学术得正当也是同一回事。

2022 年 2 月 22 日

王洪亮